本书系2020年度国家社会科学基金项目

暨《中国特色自由贸易港立法体制创新研究》项目

（批准号20XFX023）研究成果

中国特色自由贸易港立法体制创新研究

刘云亮 等 著

Research on the Innovation of the Legislative System of
China's Free Trade Ports with Chinese Characteristics

人民出版社

目　　录

前　言

　　自由贸易港是当今世界最高水平的开放形态,建设中国特色自由贸易港,是习近平总书记亲自谋划、亲自部署、亲自推动的重大国家战略。随着自贸港全面封关运作临近,一系列高水平开放政策正在加速全面实施,制度集成创新也在全面推进。当下亟需探究如何充分运用和发挥《中华人民共和国海南自由贸易港法》(以下简称《自贸港法》)第10条有关海南自由贸易港法规制定权等规定,结合海南建设中国特色自由贸易港实际情况,立足对接 RCEP,对标 CPTPP、DEPA 等高水平国际经贸规则,以高水平对外开放,促进高质量发展,打造具有世界影响力的中国式现代化的自贸港新标杆。

　　打造自由贸易港政策和制度体系,关键在于立法先行,制定和出台具有中国特色自由贸易港法律法规体系。海南如何推进自由贸易港法治建设,已经纳入到国家的顶层设计范畴。法治自贸港、法治政府和法治社会,已经全面纳入到法治海南建设的重大内容。海南建设中国特色自由贸易港,需要解放思想、大胆创新。敢闯敢试,制度创新。敢为人先,体制创优。埋头苦干,机制创业,尤其是依法推动、促进和保障中国特色自由贸易港建设,探索建立开放型经济新体制。海南如何充分利用自由贸易港法规制定权,打造创新制度,营造体制优势,优化营商环境,推动机制创业,成为中国特色自由贸易港创新立法体制的一个重大问题。

　　国内外学者有关自由贸易港立法体制等相关问题研究有不少经验共识,对构建我国自由贸易港立法体制有一定经验借鉴。自由贸易港最初渊源可以追源到欧洲的自由港,如德国学者 M.Lux(1999)认为欧洲的自由港源可追溯于古希腊时代的泰尔和迦太基两个著名港口,最早公认 1547 年意大利热那亚湾的雷格亨港,如今自由贸易港主要包含港口改造、开放、自由等从事转口贸易的中国香港、新加坡。美国学者 Mary Jane Bolle(2013)指出自由贸易港区有许多不同称谓,如出口自由区、免税贸易区、自由关税区、免税区、自由工业区、自由港及对外贸易区等等。这些功能区最主要集中体现出"关税及关境监管"特殊制度设置方面。有关自由贸易港法治形式,几乎源自国内法单方所制定的相关制度。美国学者 Susan Tiefenbrum(2013)指出,"自由区"界定源自《关于简化和协调海关业务制度的国际公约》等国际公约。自由贸易港海关监管高效、透明、公开,也成为各成员国促进和便利贸易发展的重要标准。我国多数学者都将自由贸易港理解为"境内关外"自由贸易区域,把"关外"理解成一般情况下关税的豁免和常规海关监管的简化。自由贸易港建设重在立法先行创新,实现制度集成创新先行先试。自由贸易港建设立法创新意义,在于推动自由贸易港实现外向型经济新体制。

自贸港实行"一线"放开、"二线"管住、岛内自由的全岛封关运作的海关特殊监管机制,必定推进特殊的海关法治,构建海南自贸港物流、人流、资金流高度自由便利制度体系,实行更加凸显高科技发展支持的产权保护,强力构建促进公平竞争法治秩序,激发各类市场主体活力,营造公开、透明、可预期的投资环境。自由便利是自贸港的灵魂和精神,确保推进自贸港实现自由便利制度体系化。海南自由贸易港立法创新,突出旅游业、现代服务业和高新技术产业发展定位,市场要素的自由流动、特殊税制安排、良好法治环境。这亟待围绕自贸港贸易、投资等活动,厘定自贸港立法事权大小、中央事权与地方事权划分等事项内容,自贸港立法关键是解决好改革和立法同步协调的问题,充分利用自贸港立法权和地方立法权,构建中国特色自贸港法规体系。有关自贸港立法创新路径、方向等内容研究,重在聚焦处理好法制统一与自主立法、先进性与稳定性、国家政策与法律规范等关系,凸显从被动的"法律特区"试法转变为主动的"特区法律"立法,立法创新要发挥引导、推动、规范、保障改革的作用。研究中国特色自由贸易港立法体制创新机制问题,具有较强实践价值和理论意义,有助发展构建中国特色自由贸易港立法理论,研究海南建设中国特色自由贸易港法治保障,创新自由贸易港立法原则、权限、适用范畴及其相关制度等立法理论体系,扩充海南自由贸易港立法权,有助推动创建中国特色自由贸易港法规体系和法治体系。

建设中国特色自由贸易港,是我国全面深化改革开放的国家战略重大决策。推动自由贸易港立法体制创新,是构建和保障中国特色自由贸易港的政策和制度体系的根本路径。规范自由贸易港立法权限,是充分认知和运用自由贸易港立法权的法治思维体现和根本保障。科学推进自由贸易港调法调规,是促进构建自由贸易港法规体系的重要路径。简化自由贸易港授权立法的备案程序,是自由贸易港立法权的特殊性和创新性等属性所现所需。自贸港立法创新促成更加灵活的新体制和法治新秩序,打造开放层次更高、营商环境更优的开放型经济新机制。认知、评估、防范和化解自由贸易港立法的风险,是运用自贸港立法权的基本要求。

第一章　中国特色自贸港立法先行论

2018 年习近平总书记发表"4·13 重要讲话",海南建设中国特色自由贸易港将拉开我国对外开放新高地建设序幕。改革开放 40 年后,我国更全面推进加快改革开放步伐,海南自由贸易港的伟大实践将更加显现其改革开放的新使命新担当。"4·13 重要讲话"指出,自由贸易港是当今世界最高水平的开放形态,强化深化市场化改革,打造法治化、国际化、便利化营商环境,促进全面开放,吸引全世界投资者到海南投资兴业,积极参与海南自由贸易港建设,共享中国发展机遇、共享中国改革成果。① 习近平总书记亲自谋划、亲自部署、亲自推动建设海南自由贸易港的重大国家战略,致力推进高水平开放,建立开放型经济新体制的根本要求,是支持经济全球化,构建人类命运共同体的实际行动。② 习近平法治思想是马克思主义法治理论中国化的最新成果,是指导中国特色自贸港建设的法治思想。学习、掌握和坚持习近平法治思想,推进海南自由贸易港法治建设,强化自贸港法治建设,定规矩、明权限、划界限、透程序、细责任、促转型,全面促进制度集成创新,打造法治化、国际化、便利化营商环境。推进自由贸易港法治创新,构建

---

① 习近平:《在庆祝海南建省办经济特区 30 周年大会上的讲话》,《人民日报》2018 年 4 月 14 日第 1 版。以下简称"4·13 重要讲话"。2018 年 4 月 14 日发布《中共中央国务院关于支持海南全面深化改革开放的指导意见》,《人民日报》2018 年 4 月 14 日第 1 版。以下简称中央"12 号文件"。

② 《海南自由贸易港建设总体方案》,《人民日报》2020 年 6 月 2 日第 1 版,以下简称《自贸港方案》。

自贸港法治体系建设,打造中国特色自贸港法治创新"新高度""新典范"与"新标杆"。对标国际经贸规则,探寻和总结自由贸易港建设的中国路径和中国特色自贸港法治内涵,发展完善习近平法治思想指导下的中国特色自贸港法治理论。

第一节　自贸港法治先行知行

习近平法治思想,是在 2020 年 11 月召开中央全面依法治国工作会议上首次提出,会议明确指出,习近平法治思想充分显现了丰富内涵、深刻论述、严密逻辑、完备系统的法治理论体系,尤其是发展协同统筹了国内法治和涉外法治关系内容,全面阐述了新时代全面推进依法治国战略等一系列重大问题。① 习近平法治思想具有强烈的时代感,具有指导、保障和服务全面深化改革开放的伟大实践性。全面推进实施依法治国战略,是习近平法治思想的核心内容和重要的组成部分,是马克思主义法治理论中国化的最新法治成果,是习近平新时代中国特色社会主义思想的法治建设行动指南。习近平总书记从全局和战略高度定位法治、布局法治、厉行法治,创造性提出全面依法治国的一系列新理念新思想新战略,全面推动坚持和发展中国特色社会主义改革开放伟大理论的法治建设实践。② 面对世界"百年未有之大变局"的重要历史节点,习近平总书记从引领全球治理体系的高度,积极参与未来全球治理体系的变革,确定全面推进我国改革开放的战略目标和步骤。

习近平法治思想的中国特色自贸港实践,具有强烈紧迫现实意义。以习近平法治思想为指南,推动海南自贸港建设的法治创新,实现自贸港建设

---

① 《坚定不移走中国特色社会主义法治道路,为全面建设社会主义现代化国家提供有力法治保障》,《人民日报》2020 年 11 月 18 日第 1 版。

② 陈一新:《习近平法治思想是马克思主义中国化最新成果》,《人民日报》2020 年 12 月 30 日第 1 版。

的法治保障。这充分彰显习近平新时代中国特色社会主义思想,赋予海南作为全国全面深化改革开放试验区重大使命,凝聚彰显中国智慧、中国特色、中国道路、中国法治的中国方案。

一、自贸港法治建设导向价值

(一)"4·13重要讲话"指明自贸港建设方向

自由贸易港的发展历史有其特殊历程,13世纪法国开辟马赛自由贸易区,1547年意大利雷格亨(Livorno)被公认世界上第一个自由贸易港。随后全球自由贸易港便从地中海蔓延到远东,1842年中国香港也开始全面开放实行自由贸易港政策,也渐渐将自由贸易港定型于资本主义模式之下,极大促进资本主义经济繁荣发展。资本主义模式下的自贸港,激发了资本自由流动的活力,充分展示资本利润属性价值,也揭示资本文化社会劣根,也奠定人们对自贸港发展贸易投资自由经济和市场经济初始认知,也将自贸港制度归属于资本主义的"专利品"。事实上,贸易港崇尚贸易投资自由,并实施更加便捷优惠政策措施,其目的在于激活繁荣市场,打造优质一流的营商环境。因此,自贸港体制,实质上是一种贸易投资自由便利运行机制。

我国正在努力打造优化市场化、国际化、法治化的一流营商环境,全面推进深化改革扩大开放。党的十九大以后,面对如何推动我国形成更加全面开放新格局的新问题。探索新时代中国特色社会主义改革开放的新篇章,成为中国特色社会主义新发展的重大实践课题。2017年10月,习近平总书记在党的十九大报告提出"赋予自由贸易试验区更大改革自主权,探索建设自由贸易港",以此推动新时代全面深化改革开放新进程。如何推动我国形成更加全面开放的新格局,探索建设自由贸易港之路,成为我国新时代全面深化改革开放的先行先试之举。2018年4月在庆祝海南建省办经济特区三十年大会上,习近平总书记指出海南建设中国特色自由贸易港,将拉开我国对外开放新高地建设序幕。明确了改革开放40年后,我国更全面推进改革开放步伐,海南自由贸易港的伟大实践将更加显现其改革开放的新使命新担当。中央"12号文件"明确海南自贸港建设要打造更高层次、更高水平的开放型经济,海南"三区一中心"战略明确海南未来三十年发展目标。2022年4月海南省第八次党代会报告提出"一本三基四梁八柱"战略框架,①全面深化改革开放纵深推进,自贸港政策和制度体系初步建立,集聚和配置全球资源要素能力明显增强,制度集成创新能级大幅提升,营商环境达到国内一流水平。

建设中国特色自贸港,是党中央着眼国内国际两个大局的战略决策,需要深入学习领会习近平法治思想,更要强化坚持统筹推进国内法治和涉外法治。2020年11月在中央全面依法治国工作会议上,习近平总书记发表了重要讲话,即全面阐述十一个坚持。② 自贸港建设与法治创新保障,相辅相成、相互促进,更要牢记这十一个坚持的核心价值,准确把握推进实施新时代全面依法治国的战略目标,尤其把握自贸港建设中的法治和改革之间内在相辅相成的辩证关系,明确自贸港法治建设与法治创新的前进方向和法治特色发展道路。充分意识到坚持统筹推进国内法治和涉外法治,依法推进自贸港建设,探索中国特色自贸港法治建设,构建自贸港法治体系,成为海南建设中国特色自贸港的法治路径。"4·13重要讲话"指明了"海南要坚持开放为先,实行更加积极主动的开放战略,加快建立开放型经济新体制,推动形成全面开放新格局",这是自贸港建设的涉外法治建设和保障之

---

① "一本三基四梁八柱"战略框架,即"1348"框架,指坚持以习近平总书记关于海南工作的系列重要讲话和指示批示为根本遵循,以《中共中央、国务院关于支持海南全面深化改革开放的指导意见》《海南自由贸易港建设总体方案》《中华人民共和国海南自由贸易港法》为制度基石,以全面深化改革开放试验区、国家生态文明试验区、国际旅游消费中心、国家重大战略服务保障区为目标定位,以政策环境、法治环境、营商环境、生态环境、经济发展体系、社会治理体系、风险防控体系、组织领导体系为稳固支撑,在全面建设社会主义现代化国家、实现第二个百年奋斗目标的新征程上书写海南精彩篇章。

② 即坚持党对全面依法治国的领导;坚持以人民为中心;坚持中国特色社会主义法治道路;坚持依宪治国、依宪执政;坚持在法治轨道上推进国家治理体系和治理能力现代化;坚持建设中国特色社会主义法治体系;坚持依法治国、依法执政、依法行政共同推进,法治国家、法治政府、法治社会一体建设;坚持全面推进科学立法、严格执法、公正司法、全民守法;坚持统筹推进国内法治和涉外法治;坚持建设德才兼备的高素质法治工作队伍;坚持抓住领导干部这个"关键少数"。

根本要求。2021 年 6 月 10 日第十三届全国人民代表大会常务委员会第二十九次会议通过《中华人民共和国海南自由贸易港法》,该法开宗明义规定"建设高水平的中国特色海南自由贸易港,推动形成更高层次更高开放新格局,建立开放型经济新体制,促进社会主义市场经济平稳健康可持续发展"。表明建设海南自贸港已纳入依法治国战略实施范畴,依法推进自贸港建设,是国家法治建设的重要领域,充分显现自贸港建设的法治引领、促进和保障的重要性,更加凸显自贸港法治建设的价值导向引领意义。

（二）　自贸港法治建设核心指导

习近平法治思想是高标准、高质量、高起点建设自贸港的核心指导。"4·13 重要讲话"和中央"12 号文件"发表后,海南自贸区与自贸港法治建设问题就提到重要高度,2018 年 6 月中央全面依法治国委员会就开展全面推进海南法治建设,推进海南全面深化改革开放建设等问题,进行专题调研。2019 年 2 月 25 日习近平总书记主持召开中央全面依法治国委员会第二次会议,并发表重要讲话强调,改革开放 40 年的经验告诉我们,做好改革发展稳定各项工作离不开法治,改革开放越深入越要强调法治。会议通过了《关于全面推进海南法治建设、支持海南全面深化改革开放的意见》（以下简称《海南法治建设意见》）,会议强调要以立法高质量发展保障和促进经济持续健康发展。① 对改革开放先行先试地区相关立法授权工作要及早作出安排。知识产权保护、生物安全、土地制度改革、生态文明建设等方面的立法项目要统筹考虑,立改废释并举。

中国特色自贸港法治建设,以习近平法治思想为核心指导,结合海南建设中国特色自贸港实际情况,对标国际经贸规则,协同国内法治和涉外法治,推进中国特色自贸港制度集成创新,构建自贸港新体制新优势,探寻发展新机制、法治新秩序、服务新标准新要求。"坚持统筹推进国内法治和涉外法治",是习近平法治思想体系内容新发展,即从十个坚持发展到十一

---

① 《习近平主持召开中央全面依法治国委员会第二次会议强调——完善法治建设规划提高立法工作质量效率　为推进改革发展稳定工作营造良好法治环境》,《人民日报》2019 年 2 月 26 日第 1 版。

个坚持,将此前的"坚持处理好全面依法治国的辩证关系",发展完善为"要坚持在法治轨道上推进国家治理体系和治理能力现代化"与"要坚持统筹推进国内法治和涉外法治",①而且成为中国特色自贸港建设的法治创新发展导向和行动指南。将坚持统筹推进国内法治和涉外法治,就其逻辑关系而言,确实归属于"坚持处理好全面依法治国的辩证关系"范畴,是推动全面依法治国与国家治理之间的内在联系,彰显法治中国建设的新发展。《中共中央关于制定国民经济和社会发展第十四个五年规划和二〇三五年远景目标的建议》明确指出,"十三五"时期我国实现了全面建成小康社会决胜,2020 年"中国全面改革取得重大突破,全面依法治国取得重大进展,全面从严治党取得重大成果,国家治理体系和治理能力现代化加快推进,中国经济实力、科技实力、综合国力跃上新的大台阶"。② 海南自贸港将在"十四五"时期全面开建,新时代新征程新梦想,习近平法治思想成为海南自贸港法治建设的指导思想,将推动自贸港法治先行的创新力。

习近平法治思想集中体现了我们党在法治领域的理论创新、制度创新、实践创新、文化创新,具有深厚的历史底蕴、崇高的思想品位、鲜明的实践品格,彰显出至深的人民情怀、饱满的时代精神、恢弘的中国气派。③ 习近平法治思想的具有强烈的理论创新性和中国法治道路的时代特征,尤其是法治与改革辩证关系的创造性阐释,极大推动了全面深化改革开放和新时代新形势依法治国战略的服务与保障新思维新认知,把握改革与法治的相互协调、相互协同、相关促进的辩证关系,为全面推进依法有序深化改革开放提供的合法性保障,创造性揭示和促进中国特色社会主义法治现代性,提供了重要理论支撑。用"鸟之两翼、车之双轮"来形象隐喻全面深化改革和全面依法治国的辩证关系,足以阐述重大改革和于法有据互动关系,更加清晰喻示海南自贸港建设与推进自贸港法治先行的创新力和法治保障重要性。

---

① 邓联荣:《深刻认识习近平法治思想的重大意义》,《法学评论》2020 年第 12 期。

② 《中共中央关于制定国民经济和社会发展第十四个五年规划和二〇三五年远景目标的建议》,《人民日报》2020 年 11 月 4 日第 1 版。

③ 张文显:《习近平法治思想的基本精神和核心要义》,《东方法学》2021 年第 1 期。

建设海南自贸港,是新时代全面深化改革开放的重大举措,自贸港是全面深化改革开放的试验区,具有先行先试的制度创新重大价值和实践意义。

习近平法治思想引领中国特色自贸港建设,具有我国全面深化改革开放试验区的法治价值和重大实践意义。"4·13 重要讲话"指出"要更大力度转变政府职能,深化简政放权、放管结合、优化服务改革,全面提升政府治理能力。要实行高水平的贸易和投资自由化便利化政策,对外资全面实行准入前国民待遇加负面清单管理制度,围绕种业、医疗、教育、体育、电信、互联网、文化、维修、金融、航运等重点领域,深化现代农业、高新技术产业、现代服务业对外开放,推动服务贸易加快发展,保护外商投资合法权益,推进航运逐步开放"。①"4·13 重要讲话"指明了海南自贸港法治创新和法治保障的创新之路,自贸港法治创新更需要聚焦《海南自由贸易港建设总体方案》(以下简称《自贸港方案》)有关"614"自由便利及其相关配套制度,②构建自贸港法治新秩序新优势。这充分显现了自贸港法治建设的重点领域、主要内容及其海南特色,更加明确海南自贸港法治先行之必要性和目标性,构建自贸港新法治与新内容导向定位,显现习近平法治思想的自贸港法治实践指南价值。

二、自贸港法治先行理性认知

(一) 自贸港贸易投资自由便利制度的法治创新认知

自贸港法治先行,创新构建自贸港建设的法治引领、促进和保障制度,习近平法治思想是自贸港法治建设的核心指导。《自贸港方案》明确构建"614"自由便利及其相关配套制度,依法规定明细自贸港自由便利制度的法治空间,规制与自由便利制度密切相关配套制度的法治秩序。推进自贸港政府法治治理,依法定规矩、明权限、划界限、透程序、细责任、促转型。自

---

① 习近平总书记"4·13 重要讲话"。

② "614"即根据《海南自由贸易港建设总体方案》规定,海南自由贸易港构建 6 个自由便利制度(贸易、投资、跨境资金流动、人员进出、运输来往自由便利和数据安全有序流动)、1 个现代产业体系和 4 个配套制度(税收制度、社会治理、法治制度、风险防控体系)。

贸港更需要强法治、促规范、授法权、施创新。自贸港法治政府建设,更要基于资源配置市场决定性作用,简化弱化政府审批职能,提升和壮大政府服务及其监管能力,强化自贸港政府"法无授权不可为"理念意识,推进行政决策科学化、民主化、法治化,规范公正文明执法,强化制约和监督行政权力,建立权责统一、权威高效的依法行政体制。① 这些先知先行,正是自贸港法治先行的立足点。海南自贸港建设致力创新法治政府管理机制,推进自贸港市场开放新秩序,落实"4·13重要讲话"精神,深化地方党政机构改革,科学配置行政资源,转变政府职能,深化简政放权,结合自身实际改革和完善行政管理体制,为国家治理体系和治理能力现代化进行新的探索。海南自贸港"614"架构,重在强化机构改革,促进国家治理能力和治理体系现代化。自贸港自由便利制度,亟需强化相关配套制度,优化营商环境,推进自贸港法治建设的创新板块内容构建,实现自贸港有关法治国家、法治政府、法治社会"三位一体"协同推进。协同建设,表明了更需要协同推进创新,自贸港未来法治,都显现了未来的法治建设,应加强三大重点板块整体谋划、衔接配套,确保2035年基本建成法治国家、法治政府、法治社会。②《中华人民共和国海南自由贸易港法》就涉及上述三方面推进海南自贸港法治建设内容。习近平法治思想的核心引领,遵循《自贸港法》指引,推进海南自贸港法治先行先试,开创法治中国建设之先行示范先例。

高起点、高标准、高质量建设海南自贸港,制度创新、优势争创、机制重构、秩序治理、服务升级,成为推进海南自贸港建设法治保障的先知先行。推动自贸港"614"制度构建,亟需促进自贸港法治创新先行先试。在改革先行者看来,海南自由贸易港建设"必须以革命勇气和革命思维,推进法治改革、推动变法,坚决破除一切妨碍依法执政、依法治国、依法行政、依法治军、依法办事的体制机制弊端和思想观念"。③ 因为无论是世界上成功的自

① 江必新:《以习近平法治思想为指导着力解决法治中国建设中的重大问题》,《行政法学研究》2020年第6期。

② 黄文艺:《习近平法治思想中的未来法治建设》,《东方法学》2021年第1期。

③ 张文显:《新时代全面依法治国的思想、方略和实践》,《中国法学》2017年第6期。

贸港,还是较有影响力的国际金融中心,如纽约、伦敦、中国香港、新加坡等,其法治体系几乎都归属普通法系法域,法官造法的判例效应,成就其制度创新和法治创新的动力源法。① 如此表明法治先行成为自贸港建设的法治经验共性所知,推行自贸港法治先行和法治创新,争创海南自贸港新体制、新制度、新优势,成为自贸港法治创新和立法先行之识。认知和创制自贸港法治先行之道,成为推进自贸港法治创新的前提和理念之源。② 改革开放四十多年法治建设经验,成功构建以宪法为核心的中国特色社会主义法律体系,尤其是2013年党的十八届三中全会将"推进国家治理体系和治理能力现代化提升",作为我国全面深化改革开放总目标,2014年党的十八届四中全会做出全面推进依法治国的战略部署,明确"建设中国特色社会主义法治体系,建设社会主义法治国家"总体战略目标,科学系统地全面提出推进依法治国的基本原则和战略布局。党的十九大提出中国特色社会主义进入新时代,并系统回答包括依法治国战略目标在内的新时代坚持和发展中国特色社会主义的总目标、总任务、总体布局等基本问题。党的二十大报告指出"要完善以宪法为核心的中国特色社会主义法律体系,加强宪法实施和监督,加强重点领域、新兴领域、涉外领域立法,推进科学立法、民主立法、依法立法",以中国式现代化全面推进中华民族伟大复兴。

(二) 自贸港法治先行的理论核心指导

2019年中央全面依法治国委员会通过《海南法治建设意见》,明确海南未来法治建设的主要发展思路,指明全面推进海南法治建设的总目标及其规划路径。2020年11月中央全面依法治国工作会议,创造性确立习近平法治思想,强调坚定不移地走中国特色社会主义法治道路。习近平法治思想,已经发展形成"三新""三基""六论"等学理范式。③ 当下海南自贸港建

---

① 谭波:《海南自由贸易港法规的体系定位与衔接分析》,《重庆理工大学学报(社会科学)》2021年第5期。

② 刘云亮、许蕾:《中国特色自由贸易港法治创新研究》,《重庆理工大学学报(社会科学)》2021年第5期。

③ 张文显:《习近平法治思想的基本精神和核心要义》,《东方法学》2021年第1期。

设的法治创新和先行先试,更需要习近平法治思想指导中国特色自贸港建设的伟大实践。落实和贯彻习近平总书记"4·13 重要讲话",自觉用习近平法治思想指导海南自贸港建设,尤其是指引推动自贸港法治建设,充分发挥海南自贸港法治创新发展的引领、促进和法治保障先行先试的作用,巩固和丰富习近平法治思想内容核心作用,发展完善习近平法治思想体系。

习近平总书记"4·13 重要讲话",指出海南建设自由贸易港,"党中央着眼于国际国内发展大局,深入研究、统筹考虑、科学谋划作出的重大决策,是彰显我国扩大对外开放、积极推动经济全球化决心的重大举措。"表明海南自贸港具有伟大时代意义,将凸显中国新一轮对外开放和推进更加全面深化改革的新标杆和新前沿作用。改革开放以来,中国特色社会主义法治建设,实际就是一个通过法律法规的试行暂行、法治政策改革的区域试点、创办经济特区和特别行政区等办法反复试验、不断学习、抢抓机遇、以点带面、持续创新过程,是法律保守性与创新性之间的磨合协同的关系调和,显现出"摸着石头过河"的实事求是精神状态,促进法治发展的稳定性和可预期性,提升法治建设的实际质量。① 自贸港法治先行,不仅彰显依法治国战略目标要求,而且更加显现习近平法治思想强调"宪法的重要制度功能就是维护法制统一性,通过立法先行,实现其法治创新,推动自贸港法治保障的可行性","任何隔离国家、政府和社会关系,片面强调某一个方面法治建设目标的观点都是不切实际的,也无法在实际中得到真正有效的实现。"②在习近平法治思想指导下,全面强化海南自贸港法治建设和创新法治,完善自贸港立法授权,重在对标国际经贸规则,推动自贸港立法,构建自贸港法治体系。推动和保障自贸港自由便利制度集成创新,通过法治创新,确保自贸港建设大胆"试""闯"与"自主改"的建设者们有充分的"于法有据"。推进海南自贸港建设,重在充分利用立法体制创新,进行充分立法授权,主动

---

① 冯玉军:《论中国特色社会主义法治道路的内涵、特征、优势》,《河北法学》2021 年第 2 期。
② 莫纪宏:《论习近平关于宪法的重要思想的基本理论特质》,《法学评论》2021 年第 1 期。

适应自贸港体制改革创新发展需要。通过依法授权实现"立法和改革决策相衔接，做到重大改革于法有据、立法主动适应改革和经济社会发展需要。"①促成法治和改革相辅相成，实现法治建设持续发展和完善进程，终将实现改革与法治双轮驱动、同步推进，如愿实现良法善治。

海南自贸港建设，立法先行乃法治创新之根本举措。自贸港立法亟需创新体制，重大改革开放，尤其强化立法推进，及时实施改革措施先行先试，依法进行废改立释等改革开放与立法协同推进。"凡属重大改革要于法有据，需要修改法律的可以先修改法律，先立后破，有序进行。有的重要改革举措，需要得到法律授权的，要按法律程序进行。"②创新立法体制，是海南自贸港强化法治创新、法治服务与保障法治的重要路径。"中国特色自贸港法治建设，如何创设自贸港立法制度，思考运用授权立法，创设中国特色自贸港立法权，推进实施并形成中国特色自贸港立法制度，正是科学的法治思维和法治方式的过程。"③海南自贸港亟需强化运用法治思维和遵循法治程序规则，弘扬法治精神，助推海南自贸港重大改革于法有据。

关于不断完善立法体制，强化立法的科学性。自贸港立法体制创新，将是自贸港争创体制新优势合法性的动力源和根本保障。习近平法治思想有关改革发展与法治的关系问题的实践例证，生动揭示改革与法治如车之两轮、鸟之两翼，二者不可偏废。习近平总书记多次强调要"推进科学立法，关键是完善立法体制""优化立法职权配置""明确立法权力边界"。④ 法治对于改革具有引领、推动、规范和保障作用，改革对于法治则具有除去旧法、建立新法、完善机制和创新制度的推动作用。⑤ 海南自贸港法治创新与法治建设的实践，需要习近平法治思想来指引，而且还将进一步发展和丰富

---

① 江国华：《习近平全面依法治国新理念新思想新战略的学理阐释》，《武汉大学学报（哲学社会科学版）》2021年第1期。

② 中共中央文献研究室：《习近平关于全面深化改革论述摘编》，中央文献出版社2014版，第47页。

③ 刘云亮：《中国特色自由贸易港授权立法研究》，《政法论丛》2019年第3期。

④ 习近平：《加快建设社会主义法治国家》，《求是》2015年第1期。

⑤ 冯玉军：《习近平法治思想确立的实践基础》，《法学杂志》2021年第1期。

习近平法治思想体系内容,创新发展习近平法治思想的中国特色自由贸易港法治建设新篇章。

三、自贸港法治先行核心内容

建设中国特色自贸港,尤其需要强化自贸港法治思维,增强自贸港法治程序规则性,创新构建自贸港法治体系前瞻性,是全面实现依法治国战略目标的基本内容要求,更是党和国家事业发展奠定基础。这是依靠法律的规范力、执行力、强制力,促使我国全面朝着"两个一百年"奋斗目标、实现中华民族伟大复兴的中国梦前进和发展。[①] 自贸港政策和制度新体制的法治创新思路,本身就需要提倡法治思维先进性和法治方式科学性,并通过法治创新,实现法治体系更加具有发展空间的前瞻性。这正体现了自贸港建设自始至终都要尊崇法治、敬畏法律,转化为法治思维和行为活动法治方式和法治规则,以此促成优化自贸港市场化便利化法治化国际化一流营商环境。

（一）自贸港法治先行创新的重心

2020年6月1日在《海南自由贸易港建设总体方案》发布前夕,习近平总书记专门做出指示,"对接国际高水平经贸规则,促进生产要素自由便利流动,高质量高标准建设自由贸易港。要把制度集成创新摆在突出位置,解放思想、大胆创新,成熟一项推出一项,行稳致远,久久为功"。[②] 制度集成创新,成为海南自贸港建设的一个重要的关注点和发力点。自贸港强化制度集成创新意识,凸显自由便利制度为核心的自贸港政策制度内容的法治体系。海南自贸港建设需要推进一系列相关内容、领域、制度体系等,进行集约化、系列性、全方位、协同化的制度改革创新。

海南自贸港建设的法治优先之思维与方式,自始至终将自贸港建设纳入到法治化轨道,且推动自贸港法治创新和优化自贸港法治环境,来实践和发展习近平法治思想。习近平法治思想具有鲜明的系统化和针对性的统

---

① 胡明:《习近平法治思想:新时代中国法治战略的总指引》,《政法论坛》2020年6期。
② 《习近平对海南自由贸易港建设作出重要指示强调要把制度集成创新摆在突出位置》,《人民日报》2020年6月2日第1版。

一,既系统阐述依法治国战略目标的统一性,又注重依法治国的系统性安排。不仅全方位揭示了新时代法治建设应当遵循的基本原则、应当采取的总体方案和应当行进的法治道路,而且还指明了推行"全面依法治国"不局限于某一层面,要做到"各项改革措施在政策取向上相互配合、在实施过程中相互促进、在改革成效上相得益彰"①法治的系统化与针对性的统一,不仅表明自贸港制度集成创新具有强烈的现实性和实践性,而且预示自贸港推进重大制度改革创新,既要在党中央领导下进行顶层设计的制度改革安排,又要不断推进和充分发挥海南省主体积极性,促进实施相对小范围、部分领域、局部环节的改革方案和措施等。有关我国社会主义法治建设成功经验和深刻教训,习近平总书记深刻总结指出"法治兴则国家兴、法治衰则国家乱"的历史规律,并提出"全面依法治国是中国特色社会主义的本质要求和重要保障,是实现国家治理体系和治理能力现代化的必然要求"重要论断。② 海南自贸港制度集成创新,尽管显现出更多集成性、多元化、上下联动性等属性,但是集成创新更加强化于法有据和致力法治思维与法治方式的程序性、规则化,彰显自贸港法治创新与兴盛之举。

（二）　自贸港法治先行创新的根本要求

推动自贸港制度集成,构建优化市场化便利化法治化国际化一流营商环境。习近平总书记"4·13重要讲话"已指明,海南着力打造"三区一中心",③它是相互协同推进、相互建设、相互统筹发展的,构建自贸港最优营商环境,将是永恒的法治主题。营商环境没有最好,只有更好。法治是最好的营商环境,目前国际国内双循环经济发展,更要推动营商环境优化,强化政府"放管服",激发市场活力。2019年2月中央全面依法治国委员会第二次会议通过《海南法治建设意见》,习近平总书记在此次会议上强调,"要把

---

① 《习近平谈治国理政》第二卷,外文出版社2017年版,第109页。

② 付子堂:《习近平总书记全面依法治国新理念新思想新战略:发展脉络、核心要义和时代意义》,《中国法学》2019年第6期。

③ "三区一中心",即全面深化改革开放试验区、国家生态文明试验区、国际旅游消费中心、国家重大战略服务保障区。

工作重点放在完善制度环境上,健全法规制度、标准体系,加强社会信用体系建设,加强普法工作"①。在制度集成创新方面,尤其强化推进知识产权保护,2020 年 12 月 22 日十三届全国人大常委会第二十四次会议通过决议,设立海南自由贸易港知识产权法院,并于 2020 年 12 月 31 日挂牌成立。2021 年 1 月习近平总书记撰文指出,加强知识产权保护工作顶层设计、提高知识产权法治化水平、强化知识产权全链条保护、深化知识产权保护工作机制改革、统筹推进知识产权领域国际合作和竞争、维护知识产权领域国际安全等六个方面内容。② "4·13 重要讲话"已经指出,发展高新技术产业将成为海南主导产业,强化海南自由贸易港知识产权保护的国际化规则,将成为自贸港制度集成创新的一个重要领域和集合区。

自贸港制度集成创新涉及制度体系将是全方面、全角度、全系统等推进,并非零碎、局部、单一的改革创新之举措。为了进一步贯彻落实习近平总书记有关自由贸易港建设的重要指示,2020 年 10 月海南推出《海南自由贸易港制度集成创新行动方案(2020—2022 年)》,在具体行动任务上,明确党政机关的设置职能权限、法治化、贸易与投资自由便利、精简行政许可与深化"极简审批"、优化营商环境、社会治理、国家生态文明试验区建设、财税体制改革、国有企业改革、防范化解系统性风险等 18 个方面制度集成创新。③ 事实上,海南推进自贸港制度集成创新,不仅仅意识到任何片面的、局部环节的制度创新改革,都存在许多风险,有时候尽管局部改革有部分改善,但没有高站位的顶层设计、系统性、全方位、全局规划协同治理的制度创新改革,局部领域的制度创新也会导致失败。制度集成创新,更需要纳入法治轨道来推进和保障改革,以法治集成制度改革共识、以法治引领促进

---

① 《习近平主持召开中央全面依法治国委员会第二次会议强调,完善法治建设规划提高立法工作质量效率为推进改革发展稳定工作营造良好法治环境》,《人民日报》2019 年 2 月 26 日第 1 版。

② 习近平:《全面加强知识产权保护工作,激发创新活力推动构建新发展格局》,《求是》2021 年第 3 期。

③ 中共海南省委办公厅、海南省人民政府办公厅:《海南自由贸易港制度集成创新行动方案(2020—2022 年)》,《海南日报》2020 年 10 月 27 日第 3 版。

改革持续深入、以法治规范明晰改革方向、以法治强化制度集成创新效力、以法治防范和化解制度创新改革风险、以法治保障巩固制度创新等改革成果。

自贸港制度集成创新,立足点在于围绕"三区一中心"战略,聚焦贸易投资自由化便利化。我们清醒意识到"把制度集成创新摆在突出位置",更要强化习近平法治思想的理论指导,全面领悟依法治国战略的自贸港法治建设实践意义。自贸港建设尽管需要推进法治创新,打造最开放的经济形态,营造最优营商环境,但必须在遵循宪法规定和依宪治国、依法治国下进行。自贸港法治建设必须确保宪法权威至上,尊重和服从宪法最高法律地位、法律权威、法律效力。习近平总书记指出,宪法确立了社会主义法治的基本原则,明确规定中华人民共和国实行依法治国,建设社会主义法治国家,国家维护社会主义法制统一和尊严。① 遵守宪法规定,成为海南自贸港建设和推动制度集成创新,成为基本的底线要求。正是如此,《海南自由贸易港制度集成创新行动方案(2020—2022 年)》确立了坚持问题导向、示范引领、真抓实干、破立结合、协同创新等制度集成创新行动的五大原则,并明确加强组织领导、强化考核激励、加强舆论宣传、强化督导落实等四个方面的组织保障工作。"4·13 重要讲话"发表后,截至 2021 年 1 月 7 日海南已经正式发布海南自贸港第十一批共 111 项制度创新案例,②为推进海南自贸港营造一流优质营商环境作出巨大的贡献。

全面学习领悟习近平法治思想,持续推进海南自贸港制度集成创新,不断强化海南自贸港体制创新和争创新优势。自贸港制度集成创新集聚重大经济运行模式、行政管理、社会化治理、市场资源配置等方面制度、体制、机制的改革与创新法治,促进自贸港法治建设。习近平法治思想引领中国特色自贸港建设,指导新时代中国特色社会主义建设伟大实践。海南自贸港

---

① 中共中央文献研究室编:《习近平关于全面依法治国论述摘编》,中央文献出版社2015 年版,第 36 页。

② 《海南自贸港再发布一批制度创新案例,事涉审批、缴税、出口等》,海南自由贸易港网,资料来源:http://www.hnftp.gov.cn。

作为我国全面深化改革和扩大开放的试验区,其重大制度的改革按顶层设计安排推进,通过立法先行和废改立释等路径,实施自贸港一系列重大制度集成创新,推进法治创新并行,适时防范风险作为重大制度改革的底线控制,尝试构建与国际通行规则相适应相衔接的自由贸易制度体系,创新金融开放规制,促进政府职能转变和构建自贸港开放型经济新秩序、新体制、新法治。

第二节　自贸港立法先行目标新定位

在我国最大经济特区建设自由贸易港,有着与外国国情完全不同的中国实际情况和特色问题。习近平法治思想源自中国国情,促成于中国特色社会主义法治道路,立足于新时代中国特色社会主义理论实践,印证于建设法治中国的伟大实践,显现强力浓厚的中国风格和中国特色,已充分证明中国特色社会主义法治道路"融入世界、走向现代"。中国法治是"一国两制三法系四法域"的开放型法治,相互冲突、相互博弈、协调融合,兼容并包的法治创新理念。自贸港法治建设,更要在习近平法治思想指引下,对标国际经贸规则,探寻自贸港建设的中国路径和中国特色。海南自贸港建设及其法治创新、法治保障过程中,既要吸收借鉴世界上较为成功的自贸港建设经验和法治规则,"吸收外来",提取自贸港法治创新发展和优化法治环境的先进做法,同时又要充分结合海南建设自贸港实际情况,不断创新汲取中华法系文化精华,"勿忘本来",更不能照搬照套西方法治理念模式或制度样本,走形式的中国化。

一、自贸港立法先行新思维

（一）自贸港立法先行的法理依据

建设中国特色自贸港,不仅需要创新体制,更需创新法治,即创制自贸港政策制度新法治体系,并以此不断彰显、发展和完善习近平新时代中国特色社会主义法治建设的新内容、新体系,推进社会主义法治现代化。习近平总书记在党的十八届三中全会提出"推进法治中国建设"重申"共同推进、一体建设",以法治国家、法治政府、法治社会为核心内容的法治中国建设总体布局逐步形成,而法治政府建设是重中之重,将法治社会建设与法治政府建设共同推进,已是加速建设法治中国的新思路和新路径。① 除此之外,构建自贸港法规体系还需要对标国际经贸规则,推崇法治规制创新。《自贸港方案》明确"614"制度亟需从硬件、软件全系统全方位推进实施,法治创新是自贸港软环境最核心的内容,充分利用立法先行助推自贸港法治创新,以此促进构建自贸港"614"制度相适应的法律制度。

自贸港立法先行,源自法治先行的共识,成为法治先行的最初行为,更是推动法治先行的知行合一。当下法治中国建设需要有新认知、新共识,对"什么是中国应当实行的法治"和"中国如何实现法治"等基本问题需达成必要程度上的共识。② 自贸港法治建设倒逼政府进行更多制度集成创新和更广泛、更深层次的对外开放,这将推动中国法治建设的理念和实践创新现代化,正是这种倒逼体现了法治现代化的新发展、新认知。党的十八大以来,我国法治建设发生许多变化,中共中央不仅提出一系列有关法治建设的新思想、新理论、新观点,而且从根本上实施了充分彰显执政能力的推进法治理念和法治建设的举措。这十年来,党中央、国务院持续坚持强化和推进"放管服",连续召开十次全国深化"放管服"改革会议,再次强调"政府的权力边界就是法律法规,有权不能任性"。③ 政府治理与法治政府建设,仍是不断持续优化营商环境的总抓手。习近平法治思想,已经阐明政府治理与法治政府建设、重大改革与于法有据、统筹国内法治和涉外法治关系等内容,全面阐述了新时代全面推进依法治国战略等一系列重大问题,充分彰

---

① 肖金明:《推进法治社会理论与实践创新》,《法学杂志》2017 年第 8 期。
② 顾培东:《当代中国法治共识的形成及法治再启蒙》,《法学研究》2017 年第 1 期。
③ 《李克强出席第十次全国深化"放管服"改革电视电话会议》,《人民日报》2022 年 8 月 30 日第 1 版。

显新时代中国特色主义法治道路。① 以习近平法治思想为核心指导,积极推进自贸港立法先行,促进自贸港法规推动自贸港法治创新,推动实现发展新时代中国特色社会主义发展创新,做好习近平法治思想的自贸港实践。

(二) 自贸港立法先行与改革创新的辩证关系

自贸港立法先行,基于《自贸港法》规定法律依据,全面探析自贸港法治建设架构,构建与《自贸港法》相适应的自贸港法规体系,促成自贸港法治体系。围绕和突出自贸港制度集成创新的立法先行,争创自贸港法治体制新优势,彰显海南自贸港建设的重要特征。《自贸港方案》明确规定建立以海南自由贸易港法为基础,以地方性法规和商事纠纷解决机制为重要组成的自由贸易港法治体系,营造国际一流的自贸港法治环境。构建自贸港法治体系的重心,在于自贸港立法先行,加快推动构建自贸港法规体系,强化实施自贸港法规体系。法治创新是自贸港制度集成创新的法治保障根本要求,新政策、新制度和新秩序是构建自贸港法治体系的新内容,海南自贸港法治建设新标杆将成为习近平法治思想的实践先行典范。新时代改革开放法治现代化有着鲜明的新时代新思维特征,即越是改革开放,越是重视和强化法治建设,越要促进改革开放法治化现代化。

认知和把握自贸港立法先行,需树立科学创新的法治先行思维,凸显自贸港立法先行之举。立法先行,是指我国应将改革开放和其他创新体系的构造纳入法治的轨道,通过立法率先对相关问题进行治理,将立法行为在行政行为、政治行为和社会行为之前而为。其涉及与改革开放、创新、国家治理体系、法律空间等方面关系,核心价值体现在对建设法治国家、法治政府、法治市场、法治社会的意义。② 建设自贸港需要推进法治政府、法治市场和法治社会“三位一体”协同建设,创建自贸港法治机制新秩序,发展和完善

---

① 习近平:《坚定不移走中国特色社会主义法治道路 为全面建设社会主义现代化国家提供有力法治保障》,《人民日报》2020年11月18日第1版。

② 关保英:《依法治国背景下立法先行问题研究》,《中州学刊》2018年第11期。

新时代法治中国现代化建设。我国正在全面推进国家治理体系和治理能力现代化建设,依法推进国家治理,强化政府治理与法治政府、市场治理和法治市场、社会治理与法治社会等融合推进,实施法治创新,促进形成法治新秩序。① 自贸港法治建设和法治先行的目标是致力于创建我国开放程度最高、体制机制最新、政策措施最惠、营商环境更优、创新程度最强的自贸港立法先行,推进自贸港法治秩序创新制度。

自贸港立法先行与改革创新的关系,充分彰显了改革与法治引领、法治保障的辩证关系。做到改革于法有据,改革与修法同步。两者谁先行,立法先行确保改革于法有据,促进改革有法律依据保障,立法先行是实现法治创新的最有力行动。科学立法而言,改革先行并探索出成熟经验,方能制定、修改和废止法律。法治而言,改革先行则缺乏法律依据和支撑,于法无据将导致违法,改革缺失合法性。主张两者并行,相互相衔接,重大改革要于法有据,获得法律授权。立法要主动适应改革所需,修法与改革同步,立法先行,发挥立法引领和推动作用。② 自由贸易港是世界上最为开放的经济形态,亟需有最为创新、最为先进的经济形态发展理念,要求有超前的创新法治思维,促进改善和保障营造自贸港相适应的贸易投资自由化便利化法治化营商环境。

二、自贸港立法先行新路径

法治先行,力行创新,一直是我国改革开放以来不断认知、不断健全和不断发展社会主义法治建设的知行合一,尤其是 2012 年党的十八大以来,习近平同志高度重视新时代中国特色社会主义法治建设,并在顶层设计方面进行了大量创新。"主要涉及中国特色社会主义法治道路、中国特色社会主义法治理论、中国特色社会主义法治体系等内容,主要概括为:一条道

---

① 陈金钊、邵宗林:《法治思维、法治方式与法治拓展》,《上海政法学院学报(法治论丛)》2017 年第 3 期。

② 马怀德:《提高立法质量的三点建议》,《紫光阁》2018 年第 11 期。

路、一套理论、一套体系、一种文化、一部宪法、一种治理能力以及人权法治保障。"①充分显现出社会主义法治建设的创新性和发展力,表明新时代社会主义法治建设更需新活力新发展。创建自贸港新制度新机制,是推动和促进社会主义法治创新的新动力和新引擎。

(一) 自贸港立法先行的顶层设计

国家层面的立法顶层设计具有重大战略意义,推动自贸港立法先行更是国家立法的顶层设计内容之一。推进全面实施依法治国战略,是党的十八届四中全会通过《关于全面推进依法治国若干重大问题的决定》,确定全面推进依法治国,其总目标是建设中国特色社会主义法治体系,建设社会主义法治国家。② 就此意义而言,依法治国战略就是国家顶层设计的发展战略目标,统领规划国家法治建设,推动法治先行,力行法治创新。加强党对立法工作的领导,明确党中央决定重大体制和政策调整的内容立法,具有重大的顶层设计要求,此乃立法先行的顶层设计内涵表述。在具体立法先行的程序顶层设计规制方面,明确规定,党中央向全国人大提出宪法修改建议,依照宪法规定的程序进行宪法修改。法律制定和修改的重大问题,由全国人大常委会党组向党中央报告。有关立法原则的顶层设计要求,突出"深入推进科学立法、民主立法"。强化重点领域的立法,彰显社会主义市场经济本质上是法治经济,这成为立法先行的顶层设计内容安排,关键在于明确顶层设计的重点领域具体内容规划。

---

① 李雅云:《坚定不移走中国特色社会主义法治道路——创新法治建设领域的顶层设计》,《紫光阁》2018 年第 11 期。即中国特色社会主义法治道路、法治理论、法治体系、法治文化、依宪治国与依宪执政、国家治理体系与治理能力和全面加强人权法治保障等等。

② 在中国共产党领导下,坚持中国特色社会主义制度,贯彻中国特色社会主义法治理论,形成完备的法律规范体系、高效的法治实施体系、严密的法治监督体系、有力的法治保障体系,形成完善的党内法规体系,坚持依法治国、依法执政、依法行政共同推进,坚持法治国家、法治政府、法治社会一体建设,实现科学立法、严格执法、公正司法、全民守法,促进国家治理体系和治理能力现代化。《关于全面推进依法治国若干重大问题的决定》,《人民日报》2014 年 10 月 28 日第 1 版。

1.建设海南自由贸易港是国家推进全面深化改革开放的重大战略

习近平总书记"4·13重要讲话"指明自由贸易港是当今世界最高水平的开放形态,中央"12号文件"赋予海南经济特区新时代新使命,明确其战略定位"三区一中心",建设中国特色自由贸易港,成为海南新发展新战略新使命。《自贸港法》第10条三个条款涉及自贸港法规制定权、备案制度及其变通规定等内容,这些条款涉及有关自贸港法规体系构建"顶层设计"安排。自贸港立法的顶层设计,有许多可遵循和借鉴依据,《自贸港法》第6条已明确"国家建立海南自由贸易港建设领导机制,统筹协调海南自由贸易港建设重大政策和重大事项",2018年8月中央也专门成立"推进海南全面深化改革开放领导小组",国务院发展改革、财政、商务、金融管理、海关、税务等部门按照职责分工,指导推动海南自由贸易港建设相关工作。该机构将行使更多"顶层设计"权力空间,推进构建与海南自贸港建设相适应的行政管理体制,强化不断持续创建创新自贸港监管模式,依法督促海南切实履行责任,加强组织领导,全力推进海南自由贸易港建设各项工作。《自贸港法》第六条有关"顶层设计"的内涵及其实施机制,将自上而下持续推进海南全面深化改革开放,全面推进海南实施"三区一中心"战略。

海南自贸港是我国全面深化改革开放试验区,自贸港法治先行就是全面推进依法治国的体现和要求,立法先行和法治创新正是探究自贸港建设的有效性、秩序性、系统性和保障性"顶层设计"的显现。中共海南省八次党代会报告明确"一本三基四梁八柱"战略框架,明晰海南未来发展战略的顶层设计目标及其路径。中央"12号文件"和《自贸港方案》已经明确自贸港建设及其政策制度体系规划,自贸港法治建设也已纳入自贸港具体建设方案中来,《海南自由贸易港公平竞争条例》等四个主要法规也纳入到自贸港法治建设先行领域,构建以《自贸港法》为龙头的自贸港法规体系也纳入到自贸港法治体系中来。世界各国或地区自贸港设立及其发展,经历了最初的转口贸易型、生产加工型、综合型,到如今跨区域综合型发展模式的进程,其相对应特征显现为第一代自贸港的交通运输便利、第二代自贸港的加工生产高效、第三代自贸港的服务设施现代化的优质营商环境,现今第四代自贸港发展更加彰显人才、技术和物流等市场要素自由便利化国际化的法治化等属性特征。① 自贸港一次次转型升级发展,都离不开法治创新,推动司法保障。自贸港政策制度体系的法治化创新升级,引领、服务、保障和促进自贸港整体向前升级转型发展。海南自贸港建设,将推动制度集成创新,创建中国特色自贸港政策制度体系,推动海南自贸港建设法治化,促进和彰显中国社会主义法治现代化。建设自贸港重在创建制度新优势,体制新特色,亟需立法先行,推动立法创新保障。

2. 海南自由贸易港法治建设已纳入国家整体战略部署

自贸港立法先行的顶层设计,集中于自贸港法治建设的"顶层设计",即以 2019 年 2 月 25 日中央全面依法治国委员会第二次会议通过的《海南法治建设意见》为显著标志,该文件全面规划海南法治建设的总纲领、总目标和总任务,明确了自贸港法治建设的具体内容及其相关路径等。《自贸港法》总的指引和规划,促成以《自贸港法》为龙头,以自贸港法规为支撑和具体组成内容,以自贸港政策制度等文件规范为重要补充形式,构建自贸港法律制度内容体系等。这些因素,均很大程度显现出自贸港法律制度的"顶层设计"内容及其来源途径,表明自贸港法律制度的构建,更多创新内容体系的架构都具有充分的"顶层设计"内涵及其核心价值定位。自贸港立法先行的顶层设计,涉及中央国家层面立法规制和政策决策主体机构的"顶层设计"意义特殊性,凸显自贸港立法的"优势"及其软实力。"顶层设计"为自贸港立法先行及其优势,提供了立法主体的顶层作为空间,也满足自贸港立法空间发展所需。立法先行的顶层架构,不仅在自贸港授权立法或有关"调法调规"方面给予自贸港立法有更多的先行优势,而且海南省主体责任方面,也由于"顶层设计"获得更多更广泛的立法先行先试权限,充分显现出自贸港立法先行的众多优势。习近平总书记"4·13 重要讲话"、中央"12 号文件"、《自贸港方案》和《自贸港法》等,已经表明从海南自贸港

---

① 刘云亮:《中国特色自由贸易港建设法治先行论》,《上海政法学院学报(法治论丛)》2022 年第 2 期。

建设的战略目标,到自贸港法治建设引领、促进和保障,自贸港法规体系建设,将承担着更为重要的"顶层设计"任务。

自贸港法规体系及其更高级发展的法治体系,是自贸港建设的"顶层设计"内容,更是自贸港法治建设的软实力,立法先行则是自贸港法治体系之中的核心路径。《自贸港方案》以"614"制度顶层设计立法先行的内容导向,指明自贸港法治建设的路径方向,明晰自贸港法规体系的构建内容及其规划组成部分,彰显自贸港以自由便利制度为核心内容的顶层设计规划。《自贸港法》"614"制度,聚集成为自贸港法规体系的内涵拓展和发力的重要领域空间,更是自贸港法规体系的主要组成内容。

3.《自贸港法》已为海南自贸港立法先行提供顶层设计规划

构建自贸港制度顶层设计,即六个基本制度、一个现代产业体系和四个配套制度,其中五个基本制度集中凸显贸易、投资、跨境资金流动、人员进出、运输来往自由便利制度。《海南自贸港法》明确海南建立开放型经济新体制,自贸港重在推动制度集成创新,以此构建自贸港新规则、新规制、新机制、新法治等。自贸港实行"一线"放开、"二线"管住、岛内自由的全岛封关运作的海关特殊监管机制,必定推进特殊的海关法治,构建海南自贸港物流、人流、资金流高度自由便利制度体系,实行更加凸显高科技发展支持的产权保护,强力构建促进公平竞争法治秩序,激发各类市场主体活力,营造公开、透明、可预期的投资环境。自由便利是自贸港的灵魂和精神,确保推进自贸港实现自由便利制度体系化。持续创新是自贸港发展的动力和活力。自贸港五个方面自由便利制度,不是静止孤立的,而是一个不断持续发展完善并施以特色内涵及其需要一系列相关配套机制的自贸港核心制度,保障和促成自贸港实现自由便利制度体系化,推动自贸港构建持续创新机制。

海南本着"全省一盘棋、全岛同城化"理念,全力推进自贸港区域协同发展,打破传统体制机制束缚,优化科学设置行政区域,促进各类资源要素融合发展,推动跨地区、跨部门、跨行业、跨领域的跨区域协同发展,实现统一行政、统一市场、统一资源的统一监管服务,促成协同性、整体性、系统性的制度集成创新体系。2022 年 5 月海南省委实施儋（州）洋（浦）一体化机制,解决"有城无业、有业无城"制约发展的瓶颈问题,这就是自贸港推进区域协同发展的第一步。再如 2023 年底完工的海南环岛滨海旅游公路,将加速推动实现海南全岛滨海旅游资源大联动、大融通、大发展,充分彰显旅游资源管理体制大整合的制度集成创新的社会效应。制度集成创新是自贸港自由便利制度得以持续发展的动力源,亟需依法引领、促进和保障。同时,更需要建立推动持续创新的风险防控法治机制。促进持续创新和容错创新,探究自贸港贸易、投资、金融、数据流动、生态和公共卫生等领域重大风险防控机制。

当下自贸港如何推进法治创新,关键在于如何充分有效地实施自贸港法规的制定权,促进优化自贸港立法创新的路径。《自贸港法》第 10 条规定已经为海南自贸港立法先行提供顶层设计规划。依法引领、促成和保障自贸港建设,推进实施"1348"战略框架,需要探寻立法创新的优化路径,及时推出自贸港法规。依据《自贸港法》第 10 条第 1 款规定,创制自贸港法规时,海南结合自贸港立法创新的实际情况需要,有必要调整法律、行政法规的部分内容规定时,可能会因为在某些领域开展先行先试而需制定一些与上位法有差异的规范内容。因此,需要明确具体可以变通立法的需求情形,如何兼顾创新性立法、变通性立法和批准或授权性立法等类型选择,成为《自贸港法》第 10 条规定内容之情形。① 第 10 条第 1 款情形,更多凸显自贸港法规的创新型创制立法,其内容更多聚焦自贸港贸易、投资及其相关管理活动,集中于自贸港"614"制度的新内容新秩序新法治。第 10 条第 2 款情形,往往围绕国家现行法律、行政法规涉及的内容规定,海南根据自贸港

---

① 《自贸港法》第 10 条共三款,即第 1 款规定"海南省人民代表大会及其常务委员会可以根据本法,结合海南自由贸易港建设的具体情况和实际需要,遵循宪法规定和法律、行政法规的基本原则,就贸易、投资及相关管理活动制定法规（以下称海南自由贸易港法规）,在海南自由贸易港范围内实施"。第 2 款规定:"海南自由贸易港法规应当报送全国人民代表大会常务委员会和国务院备案;对法律或者行政法规的规定作变通规定的,应当说明变通的情况和理由"。第 3 款规定"海南自由贸易港法规涉及依法应当由全国人民代表大会及其常务委员会制定法律或者由国务院制定行政法规事项的,应当分别报全国人民代表大会常务委员会或者国务院批准后生效"。

建设实际情况,对相关法律法规的条款内容,进行调法调规,为自贸港建设解除法治"镣铐"禁锢,放开禁制,鼓励市场主体释放活力,激活自贸港市场活力。此外,也可依据此款规定海南自贸港可以就国家法律或行政法规事项,作出变通规定,可第 10 条的变通权限于投资、贸易及其管理活动,使得可变通的事项难以发挥出变通权的先行先试先变通的优先价值。第 10 条第三款规定情形,更具有开创性,其有关自贸港立法权做出更具有"弹性"规定,当自贸港法规涉及"越权"时,并未直接规定其无效,而是"应当分别报全国人民代表大会常务委员会或者国务院批准后生效",这暗示自贸港法规"立法空间",享有对上位法巨大的"变通权"。

（二）自贸港立法先行的海南作为

自贸港立法先行的时代背景,集聚显现海南自贸港"614"制度创新的迫切性和立法创新秩序新作为。国家授权和海南改革自主权,都是《自贸港法》的第 10 条和第 7 条等有关规定的范畴。海南作为集聚推动自贸港立法先行的改革自主权的地方主体,更要充分利用《自贸港法》赋予海南更大的权限,为海南探索高质量发展新路子拓展了更大空间。

1.海南是推动自贸港改革自主权的地方立法先行主体

《自贸港法》授权明确规定,国家建立海南自贸港的领导体制及与海南自贸港相适应的行政管理体制,国务院和国务院有关部门根据海南自贸港建设的需要依法授权委托海南省和海南省有关部门行使相应的行政管理权;海南省人大及其常委会可遵循宪法规定和法律、行政法规的基本原则,就贸易、投资及相关管理活动制定自贸港法规,涉及法律保留事项或者依法应当由国务院制定行政法规事项的,分别报全国人民代表大会常务委员会或者国务院批准后生效;国务院可以根据需要授权海南省政府审批农用地转为建设用地和土地征收事项;对全省耕地、永久基本农田、林地、建设用地布局调整进行审批。① 这些全新的制度设计,将推动海南自贸港"614"制度

---

① 胡光辉:《深入实施海南自由贸易港法　加快推进改革开放和高质量发展》,《今日海南》2021 年第 9 期。

集成创新提供更加"大胆试、大胆闯、自主改"的立法先行先试的空间。

立法先行是自贸港建设的法治创新的根本形式,先行立法的内容往往都具有最新的创新特征,主要围绕自贸港"614"制度构建去推动法治创新和制度集成创新。《自贸港法》实施以来,海南省人大常委会已经制定出台《海南自由贸易港公平竞争条例》《海南自由贸易港商事注销条例》等 17 项自贸港法规,以实际行动展示自贸港立法先行的海南行动。2022 年 8 月海南省人大常委会还专门组织制定"《海南自由贸易港法》配套法规专项规划(2021—2025)",将自贸港立法先行的海南行动明晰化、规划化,已经就自贸港法规体系的构建内容方向及其路径等,做出了相应的立法规划,明确自贸港立法先行先试的未来 5 年具体规划任务,也更加清楚自贸港立法先行的海南作为之发展趋势。这明确了自贸港立法先行的具体规划内容,也从更多"614"制度构建中探索立法先行的紧迫性和先行性。

2. 自由贸易港调法调规是推动立法先行之先行

自贸港立法先行是一个更加广泛的概念内涵及其外延要求,制定自贸港法规体系虽是一个法治先行和法治创新的核心内容。然而,自贸港调法调规工作也是"立法先行"重要内容形式之一,是"立改废释典"的立法完善的重要内容。推动自贸港调法调规工作,也是广义层面上的立法先行,涉及如何真正意义上推动实现依法治国战略实施。自贸港立法先行,也要"维护国家法治统一,是一个严肃的政治问题"。① 自贸港立法先行,也不能违背上位法规定。这对自贸港立法先行及立法创新具有重大意义,也给自贸港立法先行和法治创新指明了方向。自贸港立法创新,打造自贸港新政策和新制度体系,已是立法先行及创新的核心和重点。中央"12 号文件"已经明确规定,有关自贸港各项改革政策措施,"凡涉及调整现行法律或行政法规的,经全国人大或国务院统一授权后实施。中央有关部门根据海南省建设自由贸易试验区、探索实行符合海南发展定位的自贸港政策需要,及时向

---

① 《习近平谈治国理政》第四卷,外文出版社 2022 年版,第 291 页。

海南省下放相关管理权限,给予充分的改革自主权。"①调整现行法规,适时进行"废改立释",科学利用中央立法或授权立法,用好经济特区立法或自贸港授权立法等,拓展自贸港立法创新的领域和形式。"废改立释"是自贸港对现行法规进行变法创新的方式与路径,可以单独适用,也可兼而用之。依其不同情形和对象,则适用不同的变法形式和方法,目的仍将创新图变,营造中国特色自贸港新法治。

海南自贸港法治建设,要对标国际经贸规则。自贸港立法先行,须紧扣自贸港建设五大原则对应推进法治化,依据《自贸港法》作为自贸港法规体系的龙头架构,结合自贸港建设的最实际需求,加快推进打造自贸港法规体系,做大提升海南自贸港法治体系的规制力和保障力。构建自贸港法规体系,可以考虑自贸港对标国际高水平经贸规则。自贸港法规体系的构建,应该有其具体的标准方向及其定位坐标依据。世界上尽管成功的自贸港并不多,但成功的自贸港有其天时地利人和等诸多因素,其中充分吸纳运用国际高水平经贸规则,全面推进自贸港国际化等经验,成为不可忽视的自贸港法治经验。自贸港自由制度核心特征是本国法律规则的国际化,一国在进行自贸港法治创新过程尤其要明确其自贸港法规在国际法中的具体定位,保证与当前国际法体系的契合,体现其自贸港法规的国际合规性。

3. 对标国际高水平经贸规则是自由贸易港立法先行的根本要求

RCEP 是国际经贸格局变革与创新发展的最新形态,是实现"三位一体"自由便利化的重要窗口,形成了高度开放、自由便利的国际投资与贸易新规则。面对 RCEP 规则带来的新机遇和新挑战,海南自贸港应明确自身合理的发展定位,加强制度集成创新,加快完善与国际经贸规则相适应的自贸港法规体系,形成一流和优质的国际化、法治化、便利化营商环境。② 自贸港立法先行,也是聚焦于营商环境法治化、国际化、市场化,自贸港经贸规

---

① 参见中央"12 号文件"。
② 刘云亮、卢晋:《RCEP 视域下中国特色自贸港国际化建设的法治路径》,《广西社会科学》2022 年第 7 期。

则国际化与市场化是相互转化、相互促进、相互融合的。制定自贸港法规，其核心价值在于对标国际高水平经贸规则，诸如当下尤其是对标 RCEP、CPTPP 更加开放的贸易协定规则，争取在劳工和环境规则、竞争政策、国有企业、知识产权监管、互联网规则和数字经济等方面设定了更高的标准，制定与 RCEP、CPTPP、中欧全面投资协定等相对标的贸易投资规则，率先推动自贸港贸易投资竞争政策、知识产权保护等。[1] 经贸规则国际化原则，不仅是制定自贸港法规的一个重要准则要求，而且还是自贸港法规与国际高水平经贸规则接轨的协同化要求，这是海南自贸港建设走国际化之路的法治创新路径和法治保障机制，更是自贸港法规体系构建的标尺和导向。

（三）自贸港立法先行的央地协同机制

"会同立法"机制是《自贸港法》提出央地会商机制创新，目的是在通过中央部委与地方"会同"制定自贸港政策法规，并由此建构自贸港政策制定模式，强化自贸港特殊政策落地实施。自贸港"会同立法"机制有助推动自贸港在当前央地事权融合的基础上实现"先行先试"政策事权创新，有利助推自贸港法规政策体系"软法"实现向"硬法"转变，完善自贸港政策制定范式。"会同立法"显现出自贸港在建立"四梁八柱"政策制度体系中，在央地事权融合的基础上的创新特性，并将成为我国央地会商机制创新的一个重要补充形式，为我国地方治理提供可参考、可借鉴的实践范本。

1. 央地"会同立法"新情形

自贸港立法先行的创新机制，助推自贸港法治创新、引领、促进和保障。《自贸港法》也有许多条款规定了海南与国务院有关部门"会同立法"问题，诸如《自贸港法》第 14 条第三款、第 17 条第二款、第 19 条、第 20 条第一、二款、第 27 条第三款、第 28 条第一款、第 29 条第一、三款等规定，其实都明确海南自贸港法规"会同立法"顶层设计规划，赋予海南省与中央有关部门之间的会同立法事务"顶层设计"内容，明确如何推动海南省享有更多更自主

---

① 迟福林：《高水平开放的法治保障——海南自由贸易港法治化营商环境建设需要研究的六大问题》，《社会治理》2021 年第 6 期。

更充分的改革自主权，则是直接涉及自贸港法规体系构建路径的可行性、有效性及其便捷性。

《自贸港法》有关"会同立法"的规定，创设了自贸港法规体系构建的新路径，推动自贸港"会同立法"机制运行新天地。中央部委与海南省政府的会同，可以极大强化自贸港政策融合实施，推动部门规章或政府规章向自贸港法规升级发展，自贸港法规体系的形式更加多元化发展，"会同立法"机制，将促成自贸港法规政策体系的重要"软法"模式，使得"会同立法"的软法规范性文件更加彰显其立法技术价值影响力，显现我国地方立法软实力。《自贸港法》赋予了自贸港独特的"会同立法"权，也使得海南自贸港充分利用"会同立法"价值，促进自贸港法规体系构建。如何充分认知和发挥《自贸港法》赋予海南省"会同立法"权限，构建完善自贸港法规体系，彰显自贸港"重大改革于法有据"法治保障效应，已成为自贸港法治建设的重要问题。"会同立法"的推出将充分彰显以法治手段为自贸港制度创新保驾护航，以法律形式为自贸港建设提供法治指引的法治保障作用，是贯彻落实党的十八届四中全会决议有关"立法与改革决策相衔接，重大改革于法有据"的重大举措。

《自贸港法》第13、14、17、19、20、27、28、29条等条款规定，聚集海南自贸港有关"货物进出、跨境服务贸易清单、外商投资准入负面清单、市场准入、税制简化、进口商品征税目录、加工增值免税、封关税收管理"等"央地会同"事项内容，明确可以"由国务院会同海南省制定相关办法"，从而以自贸港政策制定模式创新的方式适应自贸港制度集成创新改革与社会经济发展的需要。自贸港"会同立法"机制，增进自贸港立法权"空间"，间接扩容海南省改革自主权，从而有效扩大海南自贸港立法权，"会同"显现中央放权的方式，更加促进国务院主管、有关部门等协同海南省在贸易、投资等相关管理活动的事权内制定相应规范，为构建自贸港法规体系和政策制度体系奠定了路径，有助推动中央相关部门规章、政策等规范性文件，渐行渐近发展升级，加速自贸港法治进程，促进自贸港立法权运行机制进一步完善。①

---

① 刘云亮：《中国特色自贸港法规体系构建论》，《政法论丛》2021年第6期。

诸如商务部已出台《海南自由贸易港跨境服务贸易特别管理措施(负面清单)(2021年版)》并利用"会同"方式同有关部门共同解释,标志自贸港"会同"机制已开始运作,并将逐渐在实践中完善。

2. 央地"会同立法"属性认知

自贸港是"先行先试"的制度创新高地,以《自贸港法》为依据,推进"会同立法"模式实践,不仅能够使海南能够充分利用自贸港立法权为制度创新作好"先行先试"的尝试,而且还促进保障海南充分发挥制度创新的优势,以制度创新红利实现弯道超车。诸如《自贸港法》第56条规定,国务院及其有关部门和海南省可以根据本法规定的原则,按照职责分工,制定过渡性的具体办法,推动海南自贸港建设。这无疑从央地关系事权划分下为自贸港"会同立法"试验提供了法律依据。"会同立法"不仅能够促进自贸港立法创新,还能解决央地关系视域下"中央虽然放权,但又缺乏明确的法律依据"的自贸区立法权力协调分配机制问题。《自贸港法》有关"会同立法"规定,拓展中央各部委与海南省推进诸多政策制度措施实施的合作机制。

推动"会同立法"的本质属性,仍是立法机关运用法律规范特有的调整手段对拟调整的社会关系予以规范,从而使其符合设定目标。《自贸港法》明确了自贸港立法权行使规则,指明海南省人大及其常委会行使自贸港立法权限范围。《自贸港法》成为自贸港法规体系的"四梁八柱",构建自贸港法规体系,亟需拓宽自贸港法规体系的构建路径。"会同立法"则成为自贸港法规体系和政策制度体系的创制的新形式新机制,彰显了"会同立法"机制创新满足的庞大政策制定需求,显现出自贸港"会同立法"价值所在。值得注意的是,"会同立法"也存在一些法律问题亟待研究,诸如在实践中,立法者采取"维持现状、局部微调"策略缓解立法权难以适应、调整事权运用的问题,可在一定程度上发挥作用。① 但在2015年修订《立法法》使地方立法权限更加扩容情况下,不宜采取"绥靖"手段解决地方事权与立法权不能

---

① 宋方庆等:《我国地方立法权配置的理论与实践研究》,法律出版社2018年版,第156页。

适应的问题,央地"会同"机制虽可以一定程度上作为立法活动的"下位替代品",通过政策制定方式缓解此问题,但仍未能根本上化解央地事权与立法权的划定关系。由此,在贯彻中央关于推进各级政府事权法治化基础上,赋予地方更大的改革自主权,并由"会同立法"模式确立双方对于共同事权应尽的责任,从而在双方会同融合的基础上实现事权与立法权配置的相互对应。

自贸港"会同立法"先行先试的新尝试。央地会同之势,推动会同立法之空间,助推自贸港政策制度实施落地之实。同时,作为央地关系的重要主体,自贸区所在地政府期待调整相关法律,但其面临中央与地方有关自贸区法律事权不明晰,央地涉自贸区法律规范适用关系复杂,自贸区法律地位不明等困境。① 《自贸港法》有关"会同立法"规定,无疑是具有先行先试的立法创新价值意义,也将极大促进自贸港法规体系的构建,尤其是推进自贸港法规体系的软法形成,增强自贸港政策制度的软实力。"会同立法"实施在于拓展央地事权、立法权关系的巨大空间,指示自贸港法规政策制度领域方向,极大预示了央地会同之事项事宜事权空间,尤其是自贸港开放与自由的空间有了更多的想象力。

三、自贸港立法先行新规制

自贸港法治建设目标,并不是追求法治创新,而是通过自贸港立法先行,推动自贸港"614"制度构建,以此促进自贸港建设的法治创新、引领、促进和保障,其充分显现自贸港立法先行的核心价值要求。追求和实现自由贸易港法治建设的"新高地""新典范"与"新标杆"目标,最根本目的仍是在于建设自由贸易港能够彰显中国特色,尤其是实现中国特色自贸港法治新秩序,破解世界著名自贸港几乎全出自英美法系"魔咒"法治神话,打造具有社会主义法治典型的中国特色自贸港法治新篇章。② 自贸港法治新秩

---

① 叶洋恋:《央地关系视域下的中国自贸区制度法治化建设:困境、障碍和完善进路》,《河北法学》2021 年第 4 期。

② 刘云亮:《中国特色自由贸易港法治创新研究》,法律出版社 2022 年版,第 29 页。

序,源自立法创新和先行,立法先行先试本是自贸港制度集成创新的立法新要求。

（一）编制自贸港立法规划

建设自贸港,借鉴域外成功经验本无可厚非,问题是自贸港域外成功经验往往具有强烈的域外因素和域外属性,尽管在依法规制、服务和保障等方面具有自贸港的共性认知和做法,但更重要在于构建自贸港的中国特色法治规制和打造市场化、国际化、法治化的一流营商环境。这一经验共识和中国特色的核心价值,揭示了自贸港建设的法治共性与共识,意识到自贸港法治先行和法治创新、引领、促进与保障机制重要性。自贸港立法先行先试、变法创新、于法有据与法治特色的理性先知共识,需要有法治建设与法治创新规划,尤其是立法规划。中央"12号文件"明确2025年、2035年自贸港政策制度体系构建目标任务,尤其强调要求"根据国家发展需要,逐步探索、稳步推进海南自贸港建设,分步骤、分阶段建立自贸港政策体系"。这表明自贸港政策和制度体系,实行"逐步探索、稳步推进","分步骤、分阶段"（即"两步两分"法）规划推进,自贸港建设将与自贸港法治建设相协调相促进相发展。

自贸港建设涉及方方面面,有关监管机制、理念、对象、方式、体制、发展定位等方面,遵循借鉴国际通行"先立法、后设区"惯例,完善立法,为自由贸易港的改革创新和可持续发展等"先行先试"提供合法性依据。[①] 事实上,中国（上海）自贸区等实践经验已证明,"先行先试"是自贸区最为成功的经验。上海自贸区率先推出的投资贸易"负面清单"制度,已适用全国所有的自贸区,而且其形式也适用到市场监管等非投资贸易领域。因此,有学者建议自由贸易港建设,也可在已有自贸试验区"先行先试"基础上进行制度创新,探索符合中国实际,并能够对接国际标准的新制度和新规则。[②] 自贸港建设的核心点在于强化和突出制度集成创新,聚焦自贸港"614"制度

---

① 竺彩华:《中国建设自由贸易港须立法先行》,《国际商报》2018年2月27日第2版。
② 李思奇、武赟杰:《国际自由贸易港建设经验及对我国的启示》,《国际贸易》2018年第4期。

的立法先行先试,促成自贸港法治建设创新,打造自贸港立法先行之法治创新根基,实现自贸港法治建设高质量高目标。自贸港重大制度改革需要依不同情形进行"废改立释",有的实践条件还不成熟、需先行先试的,则依据法定程序进行授权。改革和法治如鸟之两翼、车之两轮,期待两翼齐飞、两轮共进,一如既往护航新时代改革开放蹄疾步稳、行稳致远。① 事实上,中国特色自贸港法治建设,并不是"孤军奋战",更不是脱离海南实际"自由梦想"。

自贸港立法先行,致力推行"614"制度改革开放的立法先行先试,寻求创新体制、创新机制、争创新优势,实现自贸港法治创新引领、促进和保障,更要善于总结新经验、新规律,尝试新规则、新规制,图新法治、新秩序。"地方立法要有地方特色,需要几条就定几条,能用三五条解决问题就不要搞'鸿篇巨著',关键是吃透党中央精神,从地方实际出发,解决突出问题。"②结合海南自贸港"614"制度构建的实际情况,推进自贸港立法先行。自贸港立法先行,要有科学周密规划,不仅需要中央顶层设计的《海南法治建设意见》和《海南自贸港法》等重大文件及其国家最高权力机关立法等法治创新的建设规划,也需要海南省人大常委会专门制定通过的"《海南自由贸易港法》配套法规专项规划(2021—2025)",将自贸港立法先行的海南行动明晰化、规划化。这明确了自贸港立法先行的具体规划内容,也从更多"614"制度构建中探索立法先行的紧迫性和先行性,也以此推进海南自贸港法治建设,尤其是立法工作的全面系统规划。自贸港法治建设规划涉及立法层面规划,也涵括具体依法行政、市场法治化与国际化发展规划,还有社会治理层面的社会法治建设一体化发展问题。自贸港建设重点在体制制度改革先行先试,推进制度集成创新,并协同改革实施法律法规体系的废改立释,推动自贸港调法调规工作,促进海南经济特区法规体系向自贸港法规体系转型升级发展,放胆变革旧法治和旧法序,开创和创新法治和法

---

① 李小健:《在法治下推进改革,在改革中完善法治——从"摸着石头过河"到"凡属重大改革都要于法有据"》,《中国人大》2018年12月5日。

② 《习近平谈治国理政》第四卷,外文出版社2022年版,第292页。

制新天地。

（二）用好自贸港"小切口立法"

推进实施依法治国战略，是长期的治国方略。坚持国家法治统一，更是实现依法治国战略的根本要求。自贸港建设，主张法治先行和立法先行，不仅体现了依法治国战略目标内容和重大改革开放于法有据，而且显现了依法治国战略实施的自贸港建设制度集成创新的立法先行必要性和试验性。推动自贸港建设，构建"614"制度，涉及方方面面，需要"两步两分"推进构建自贸港法规体系，完善自贸港法治体系。在这一过程中，一方面要亟需加快促进科学完整的自贸港法规体系构建；另一方面也要结合自贸港建设的实际情况，依据不同时期、不同情形、不同需求等立法情形，选择确定更迫切、民众更关注、焦点更突出的问题，进行"快、准、灵"的立法。在立法形式方面，习近平总书记还指出"要研究丰富立法形式，可以搞一些'大块头'，也要搞一些'小快灵'，增加立法的针对性、适用性、可操作性。"①因此，自贸港立法焦点要多元化，不仅聚焦"大块头""影响大"的问题进行立法。还要关注凸显自贸港立法特色，更重要在于解决自贸港最迫切、最实际、最突出"小快灵"的问题，是几条就定几条，不要动不动就搞"大而全"的立法。

《自贸港法》实施以来，海南自贸港"小快灵""小切口"立法就很有特色，诸如 2021 年 9 月 27 日海南省第六届人民代表大会常务委员会第三十次会议《海南自由贸易港反消费欺诈规定》（共 20 条）、2021 年 12 月 1 日海南省第六届人民代表大会常务委员会第三十一次会议《海南自由贸易港免税购物失信惩戒若干规定》（共 10 条）和《海南自由贸易港闲置土地处置若干规定》（共 15 条）等等，就是典型的"立短法""小快灵"立法，充分彰显其最实际最接地气的立法形式，其在具体法规名字上，往往用"规定"或"办法"，而不是"条例"。"小切口立法"最大特征就是，能够解决自贸港最接地气、最实际的问题，往往是自贸港立法较为灵活、较为快捷的立法形式，它以快速促进解决问题为立足点、着重点，突出自贸港问题意识和立法焦点结

---

① 《习近平谈治国理政》第四卷，外文出版社 2022 年版，第 293 页。

合,可以通过诸多"小切口""立短法""小快灵"等立法形式,完成自贸港立法先行和法治创新的热点,逐步推进自贸港立法实现法规体系的构建,最终实现构建自贸港法治体系。

（三）促进自贸港立法机制创新

自贸港法治建设,是一项长期的系统的工程,主张法治先行和立法先行,将聚焦创建自贸港制度集成创新,紧扣自贸港"614"制度,推动促成自贸港法治体系,尤其是探索自贸港立法体制创新,更好促进自贸港建设。《自贸港法》第10条三款内容聚焦自贸港立法重大问题,规定自贸港法规制定权、备案制度和变通权等内容,有关条款还涉及中央有关部门与海南省"会同立法"事项情形程序等内容,还涉及有关自贸港授权立法及其调法调规等方面内容。事实上,自贸港法治创新,立法形式创新,就是法治创新的基本形式,有立法创新,才能有真正意义的法治内容创新。自贸港立法形式创新,是自贸港法治创新的根本动力和保障。

自贸港法治创新内容和形式的统一,将有效推动自贸港法治建设,实现法治引领、促进和保障。法治先行,尤其是立法先行,是彰显依法治国战略和法治中国建设基本要求。"全面推进依法治国是一个系统工程,是国家治理领域一场广泛而深刻的革命。"①全面深化改革开放是一场新的伟大革命,推进依法治国战略实施,是全面深化改革开放的引领、促进和保障。

创新自贸港立法体制,是促进自贸港法治创新必经之路,探寻自贸港立法体制创新,不仅确保参与自贸港建设大胆"试""闯"与"自主改"的建设者们有一个"合法""于法有据"的说法,而且更是致力营造和探索中国特色自贸港政策体系、监管模式和管理体制,打造优化、市场化、便利化、法治化、国际化营商环境。自贸港立法体制创新将聚焦"614"制度推动更大开放和重大改革创新,需要一个不断解决改革开放所遇到的重大实践问题和法治理论价值认知重构过程。"依法治国,要求全社会都需强化法律的权威性与至上性。即使强化全面深化改革的背景下,我们也不能忽视法律的权威

---

① 《十八大以来重要文献选编》(中),中央文献出版社2016年版,第154页。

性与至上性。"①自贸港立法体制创新,将聚焦自贸港立法权、立法事项、立法内容范围、立法程序规制、立法风险防控等内容,尤其涉及认知划定和规制自贸港立法权与经济特区立法权、地方立法权等关系问题。

有关自贸港法规制定权,《自贸港法》第 10 条第一款已经明确规定,其权限内容集聚"贸易、投资及相关管理活动"制定自贸港法规,这与《立法法》有关地方立法权限规定要求有较大的"突破"。事实上,中央与地方事权划分标准,都与各国政治、经济、文化习惯、民族、宗教及其法治文明等因素紧密相关,国体与政体、国家结构形式与地理区域位置等也影响和决定中央与地方事权关系。基于不同标准,我国事权根据归属主体不同,分为中央事权、地方事权、中央与地方共享事权,依内容属性不同,分为立法监管与事权实施。② 在明确中央与地方事权后,地方立法权则不能越权越位,在未获得中央授权或未经合法途径,则不可擅权。立法事权在中央与地方之间划分标准,更多考虑地方立法权本质属性与属地现实情况相结合。我国国体与政体国情,中央集权与单一制结构中央权威,决定了立法事权更加集中于中央。立法明确地方立法权的范围,可以赋权与控权的功用,也可防控地方政府间的立法竞争。主张将立法事权进行纵向划分呈现"倒金字塔"结构,向中央立法倾斜,全国人大及其常委会享有《立法法》第 11 条所规定的十一项专属事权。③ 中央立法专属权,充分确保和维护中央立法权统一性和权威性。在规制事权配置路径上,主张原则上与事权实施的配置相适应,但也不一定强求立法权与事权实施完全对应,中央可依实际情况采取相应授权等路径进行配置。诸如财政基本法"三类三级"配置路径,即中央政府事权、地方政府事权和中央与地方政府共享事权,分别对于三种配置路径。这

---

① 杨在平:《"改革于法有据"的四维审视》,《理论探索》2016 年第 1 期。

② 魏建国:《中央与地方关系法治化研究:财政维度》,北京大学出版社 2015 年版,第 9 页。

③ 刘剑文、侯卓:《事权划分法治化的中国路径》,《中国社会科学》2017 年第 2 期。将事权划分为三类,分别对应配置三种路径规制,以此理顺中央与地方事权关系,进而明晰了中央与地方立法权限。

表明地方立法权受到相应严格的限定,"贸易、投资及相关管理活动"成为自贸港立法权限的焦点区域,超越这方面的自贸港立法就需要启动授权机制。

1988 年 4 月 13 日第七届全国人民代表大会第一次会议通过了有关海南建省创办经济特区授权立法决议,明确经济特区立法权限及其适用条件、程序,明确了"授权海南省人民代表大会及其常务委员会,根据海南经济特区的具体情况和实际需要,遵循国家有关法律,全国人民代表大会及其常务委员会有关决定和国务院有关行政法规的原则制定法规,在海南经济特区实施,并报全国人民代表大会常务委员会和国务院备案",①其授权立法的出发点,在于海南经济特区的具体情况和实际需要。如今三十五年前后的具体情况及其实际需要都发生相应变迁,尤其是自贸港需要更大更多"大胆试、大胆闯"举措的立法创新引领和保障。理解、认知和把握自贸港立法权,还需要有一个创新的法治思维和法治方式,意识到自贸港担当全面深化改革的先行试验区排头兵,有着超前创新意识,大胆推进国家政府、市场和社会治理过程,其本身就是战略转型的过程,需要法治思维,以法治方式推进,形成法治秩序。② 自贸港立法体制创新,先要有相应的法治思维突破,认知创设自贸港新制度新法治亟需有更加创新的立法体制,有充分的立法权和便捷的立法程序规制。

自贸港立法体制,重在构建创设授权立法新机制,增设中国特色自贸港立法权,促成中国特色自贸港法规体系。研究中国特色自贸港授权立法制度,核心内容在于探索授权立法新机制。事实上,无论是经济特区授权立法,还是自贸区"授权立法""调法调规",更需要研究如何利用"授权立法"制度,促进自贸港立法体制创新。诸如 2013 年上海自贸试区创设之初,大力推行金融制度改革,助推上海离岸金融业务发展,推动上海国际金融中心

---

① 1988 年 4 月 13 日第七届全国人大第一次会议《全国人民代表大会关于建立海南经济特区的决议》。

② 陈金钊、邵宗林:《法治思维、法治方式与法治拓展》,《上海政法学院学报(法治论丛)》2017 年第 3 期。

建设,设想打造建设国际金融中心法律制度,并推进创新顶层设计"法律特区"。在此域内"在这个法律特区之内,可以通过委托立法权制定先进的金融法规乃至民商事规则体系、设立独立而公正的司法制度、使行政执法机制更加合理和统一、建立和健全行政程序,并组建政府律师队伍。"①上海自贸区高格调、高起点、高目标的法治创新意识,也为建设自贸港法治创新之路,提供了很有价值意义的立法创新借鉴经验,法治创新思维与导向,也指明了自贸港建设更需要引入法治创新引领、促进和保障意识,探讨构建自贸港立法体制新规制和法规体系。此前经济特区等授权立法,是促进构建自贸港立法创新的根本路径。事实上,限定经济特区立法权或适用逐一单项授权,或采取更多更繁"备案"式立法审查,甚至呼吁全国人大应及时废除授权立法或更多适用特殊事项个案式单项授权,不再进行一揽子授权。②

自贸港法治创新的价值认知,关键在于立法创新。我国改革开放四十多年来,中国特色社会主义法治道路是发展创新形成的,已被实践证明是符合中国实际所需的,是党领导人民推动法治中国建设与创新的结果。党领导人民实现中国梦与中华民族伟大复兴,将不断发展、推进法治中国建设和创新发展,法治创新的价值理论,又不断充实和完善中国特色社会主义法治理论体系。③ 建设中国特色自贸港,不仅要创新制度,促成新体制新机制,而且也要通过中国特色自贸港法治创新实践,构建中国特色自贸港法治创新理论。只有如此认识,才能认知中国特色社会主义法治理论体系持续发展的伟大实践意义,法治理论得以不断丰富、充实和发展。自贸港法治创新理论与实践发展,也将不断充实、纳入到法治中国建设的理论与实践体系中来。如此发展显现自贸港建设的法治创新实践意义,彰显自贸港新体制、新机制的法治新动力。自贸港孕育许多最新法治创新理念,将聚集和发展更

---

① 季卫东:《金融改革与"法律特区"——关于上海自贸区研究的一点刍议》,《东方法学》2014 年第 1 期。

② 李洪雷:《在新的历史条件下用好经济特区立法权》,《学术前沿》2018 年第 7 期。

③ 陈佑武、李步云:《中国法治理论四十年:发展、创新及前景》,《政治与法律》2018 年第 12 期。

多彰显法治中国建设的未来法治理论。中国特色法治建设创新理念与时俱进，将不断丰富和发展社会主义法治建设而贡献中国的法治智慧与方案。①

法治创新是不断发展和完善社会主义法治建设的需要，也是继续健全我国社会主义法律体系的必然路径。自贸区作为自贸港"前身"，曾努力尝试进行法治创新，已充分彰显其法治创新的灵性和动力。上海自贸区法治创新受到立法体制等许多因素影响，其先行先试、深化改革试点等出现依法创新很难。自贸区法治创新在现行立法体制上难有突破性，仅依据行政授权也难能僭越。有学者主张推进以修订《立法法》为突破口，推动多途径改革，助力自贸区法治创新。② 自贸区法治创新限定太多，诸如法律已有规定，则严格依法律规定。法律未有规定或规定不明，政策却有相应规定且与法律原则无悖逆的，则依政策所定。政策创新的灵活性与法治创新的迫切性，是自贸区先行先试的新路径和新形式，这预示自贸港亟需推进法治创新，寻求自贸港法治秩序新创制，实现自贸港法治新优势。

法治国家建设，是人类文明社会共同奋斗目标。各国虽有各自特色内容、要求各异的法治目标，各国法治模式也是不一。不同国情，也有不同法治理念和不同法治实践。主张法治创新，更多基于既存的利益关系法治秩序的必要重构与组合，涉及法治理念与思维转变的重整与挑战，创新法治新规制新秩序。鼓励与保护创新，须树立科学创新观，有正确的法治创新认知。自贸港法治先行，在于推行创新法治，追求一种创新制度新体制的新法治保障，是自贸港新法治新秩序"先行先试"和"于法有据"的创新融合。自贸港法治先行的价值，在于显现推动社会法治进步发展的动力源。诸如上海自贸区2013年创设之初，期待创新关税关境监管模式，主张"一线放开、二线管住"。放开和管住是一对矛盾，自贸区主张实施此模式，创新难度太大，而自贸港实施此模式乃"恰合其形，正合其时"，是制度创新和法治创新

---

① 刘云亮：《中国特色自由贸易港建设法治先行论》，《上海政法学院学报（法治论丛）》2022年第2期。

② 刘沛佩：《对自贸区法治创新的立法反思——以在自贸区内"暂时调整法律规定"为视角》，《浙江工商大学学报》2015年第2期。

的结合。因为自贸区金融监管要符合潮流,由行为监管、规则监管向原则监管演变,这并非放松监管,而是追求更有力度、更有效果的监管,其本身就是监管创新、制度创新和监管法治创新。① 自贸区亟待将有关市场准入、国民待遇、负面清单、安全审查、清洁环境等问题,纳入到立法先行之列,这也给海南自贸港立法创新提出新理念新路径。这表明无论是自贸区建设,还是中国特色自贸港建设,法治先行是建设自贸港必然的根本要求,是全面深化改革开放的必然要求,是改革开放成果进一步巩固和保障的法治化必然趋势。

第三节　自贸港立法先行可循经验

《自贸港方案》明确 2025 年,初步建立以贸易自由便利和投资自由便利为重点的自贸港政策制度体系,明确了自贸港法治制度的建设目标,即以海南自贸港法为基础,以地方性法规和商事纠纷解决机制为重要组成的自贸港法治体系,营造国际一流的自贸港法治环境。② 制度集成创新,不仅将亟需和助力自贸港法规体系的构建,而且更加关注和集聚自贸港有关贸易、投资、金融、税收以及政府市场社会治理等领域改革创新方面的法规体系建设。建设自贸港,是一个改革的过程,要对贸易、投资、金融、税收、人才等多领域法律法规和制度规则进行创新,每一步都涉及到突破旧观念、旧体制。在改革过程中,要把握好改革、发展、稳定的关系,坚持"先立后破、不立不破"。③ 这指明了自贸港将在上述领域推动敢闯敢试的制度集成创新,并在这些方面推动自贸港立法先行先试,实现立法创新。自贸港立法先行,具有

---

① 沈国明:《法治创新:建设上海自贸区的基础要求》,《东方法学》2013 年第 6 期。

② 中共中央、国务院:《海南自由贸易港建设总体方案》,《人民日报》2020 年 6 月 2 日第 1 版。

③ 何立峰:《在海南建设中国特色自由贸易港,引领更高层次更高水平开放型经济发展》,《人民日报》2020 年 6 月 2 日第 1 版。

许多开创性,探索自贸港立法先行需要遵循的原则,是认知和把握自贸港立法先行和立法创新的核心内容和导向。

一、自贸港立法先行的自由便利价值认同

《自贸港方案》明确了海南自贸港建设的指导思想,即"以习近平新时代中国特色社会主义思想为指导,确定了四个坚持,统筹推进'五位一体'总体布局,协调推进'四个全面'战略布局,对标国际高水平经贸规则,解放思想、大胆创新,聚焦贸易投资自由化便利化,建立与高水平自由贸易港相适应的政策制度体系,建设具有国际竞争力和影响力的海关监管特殊区域,将海南自由贸易港打造成为引领我国新时代对外开放的鲜明旗帜和重要开放门户"。这进一步明确自贸港立法先行的指导思想和导向指南,彰显自贸港建设法治引领、促进和保障的价值导向。

(一) 自由便利是海南自由贸易港开放型经济体制的核心价值

无论是"4·13 重要讲话""12 号文件",还是《自贸港方案》《自贸港法》等,都极其鲜明指出建设中国特色自贸港内涵在于推进实施全面深化改革开放,其核心是实现自贸港主体高度享有充分的自由便利。自贸港是当今世界最开放的经济形态,自由便利是自贸港"614"制度的核心内容,更是自贸港立法先行的聚焦点。立法先行是法治建设的先行者和总抓手,自贸港立法先行,也是推动自贸港法治建设的先行先试之重大举措,构建自贸港法规体系,乃是自贸港法治体系的核心内容。习近平总书记曾经指出,建设中国特色社会主义法治体系是推进全面依法治国的总抓手,全面推进依法治国涉及很多方面,在实际工作中必须有一个总揽全局、牵引各方的总抓手,这个总抓手就是建设中国特色社会主义法治体系。依法治国各项工作都要围绕这个总抓手来谋划、来推进。[①] 打造自贸港法治新秩序总抓手,需要从自贸港政策和制度体系着手,构建自贸港法规体系,其关键在于立法先行,制定和出台自贸港法规体系。自贸港建设立法先行,实现于法有据,核

[①]　习近平:《论坚持全面依法治国》,中央文献出版社 2020 年版,第 93 页。

心问题在于赋予海南省人大及其常委会享有与自贸港建设相适应的立法权,以此推进自贸港法治建设,已经纳入到国家的顶层设计范畴。① 构建自贸港法规体系,在指导思想上需站在对标国际高水平经贸规则的高度,坚守习近平新时代中国特色社会主义思想的立场,解放思想、大胆推进自贸港制度集成创新,围绕自贸港贸易投资自由便利制度,敢想敢闯,推进建立与高水平自由贸易港相适应的政策制度相适应的法治体系。

世界上自贸港源自于自由贸易活动,尤其是转口贸易,更是自贸港经济发展的原动力,其发力于此核心动力而促成实现自贸港自由便利的基本制度,并充分彰显强烈自由便利的内涵。1547 年意大利热那亚湾的雷格亨港成为世界上第一个自贸港,开放、包容、自由与发展,转口贸易便利便捷,则构建了自贸港的核心制度内容。自贸港货物进出自由、资本自由流动、人员出入境自由进出、服务便捷高效等内容,充分彰显其制度的形式与内容的融合发展,推动发展自贸港优化营商环境的基本特征属性。当下,全世界实施类似自贸港政策和制度的国家地区或城市 130 多个,还有实施一定自由贸易政策的自由经济区 2000 多个,其中较为著名的有中国香港、新加坡、迪拜和鹿特丹等。② 自贸港开放型经济新形态新机制,重在吸纳自贸港自由便利制度的灵气。

(二) 自由便利制度是海南自由贸易港法规体系的为核心内容

围绕自贸港"1348"战略格局,推进自贸港法治建设新高地,重在自贸港立法先行,构建以自由便利制度为核心内容的自贸港法规体系。《自贸港法》奠定了自贸港法治建设的"四梁八柱",以此为自贸港法治基础,聚焦自贸港"614"制度,打造和拓展自贸港法规体系。《自贸港方案》明确的五大自由便利和数据安全有序流动制度,聚焦和构筑自贸港法规体系的核心内容,促成自贸港法规体系充分彰显"自由便利"色彩,营造自贸港优化营商环境的法治保障机制。在开放经济形态方面,海南自贸港与国内 19 个自

---

① 刘云亮:《中国特色自由贸易港授权立法研究》,《政法论丛》2019 年第 3 期。
② 陆剑宝:《全球典型自由贸易港建设经验研究》,中山大学出版社 2018 版,第 27 页。

贸区相比,具有贸易投资自由化水平更高、金融开放创新的步子更大、大幅度减少人员流动限制、交通运输更自由便利化、数据流动开放安全可控等五个鲜明特征。① 这些鲜明特征不仅是构建自贸港法规体系的温床,还是自贸港法规体系的开放型形态的发源地和实际需求。自贸港法规体系的开放形态,其内容最能凸显自贸港开放包容多边贸易经济活动规则,归属自贸港法治建设的"四梁八柱"架构,其中有关五个自由便利制度更是自贸港法规体系之核心。围绕构建自贸港五大自由便利制度,将制定出台一系列有关自贸港市场更开放、更自由、更便利的政策制度的法规等规范性文件。自贸港法规体系的开放形态特征,集中显现自贸港最核心的开放架构和市场包容度,呈现出自贸港法规体系的胸怀平台。

二、自贸港立法先行的属性特征认知

建设中国特色自贸港,构建自贸港法规体系,强化自贸港法治体系现代化。自贸港法治创新,总的抓手就是加快推进自贸港立法先行,依法引领、促进和保障自贸港制度集成创新,促进自贸港法治体系的构建。自贸港立法先行的基本特征,集中体现突出改革创新。习近平总书记曾经指出,新时代最根本的特征之一就是不断强化倡导"以改革创新为核心的时代精神"。② 自贸港法治创新,聚焦自贸港法规体系的构建,在于发力自贸港法治建设的核心内容。"积极探索建立适应自由贸易港建设的更加灵活高效的法律法规、监管模式和管理体制,下大力气破除阻碍生产要素流动的体制机制障碍","加强改革系统集成,注重协调推进,使各方面创新举措相互配合、相得益彰,提高改革创新的整体效益。"③自贸港立法先行主体特殊性、立法先行聚焦领域特殊性、立法先行路径特殊性、立法先行程序规则特殊性要求、立法先行风险防控特别规制等方面内容。

---

① 裴长洪:《海南建设中国特色自由贸易港,"特"在哪里?》,《财经问题研究》2021 第 7 期。

② 《习近平谈治国理政》,外文出版社 2014 版,第 40 页。

③ 《自贸港方案》规定。

（一）自贸港立法先行的主体特殊性认知

从《自贸港方案》和《自贸港法》内容规定,可以看到,涉及自贸港法规体系的立法主体,不仅是海南省主体地位,而且还有来自国家高层机构主体"顶层设计",即全国人大及其常务委员会、国务院、中央全面依法治国委员会、中央全面深化改革委员会、推进海南全面深化改革开放领导小组等中央有关机构,都直接涉及海南自贸港政策、法律、法规等重大制度的"顶层设计"安排,是自贸港立法先行最基本的重要主体,都是推动自贸港立法先行的主力军和顶层设计的先行者。《中华人民共和国海南自由贸易港法》就是由全国人大常委会制定的,《关于全面推进海南法治建设、支持海南全面深化改革开放的意见》则是在中央全面依法治国委员会第二次会议通过的。"顶层设计"的主体,成为直接推动自贸港立法先行的最有力的顶层主体。海南省人大及其常委会,则是推动海南自贸港法规制定的最基本的重要主体机关,如 2021 年 9 月海南省人大常委会制定《海南自由贸易港公平竞争条例》《海南自由贸易港优化营商环境条例》《海南自由贸易港社会信用条例》《海南自由贸易港反消费欺诈规定》四个重要法规,《自贸港法》实施一年后,海南省人大常委会制定出台了 17 部自贸港法规,充分显现海南省人大常委会基本主体的重要性地位。

（二）自贸港立法先行的适用领域内容特殊性认知

自贸港立法先行聚焦内容在于自贸港"614"制度,基于此创新自贸港自由便利制度,以此推进自贸港法律规则的国际化,一国在进行自贸港法治创新过程尤其要明确其自贸港法规在国际法中的具体定位,保证与当前国际法体系的契合,体现其自贸港法规的"国际合规性"。[①] 对标国际经贸规则,推进实施 RCEP 规则的更优营商环境。构建自贸港自由便利制度和"614"制度的法治新秩序,成为自贸港立法先行的核心内容和规制重点。有关自贸港立法先行的路径特殊性,既要从自贸港立法先行的顶层设计探

① 范健、徐璟航:《论自由贸易港制度的法律属性——兼论"中国海南自由贸易港法"创制的本土化与国际化》,《南京大学学报》2019 年第 6 期。

寻路径,又要从海南省主体责任研究自贸港立法先行的法规体系构建路径,实现上下共同推进自贸港立法先行的创新路径。《自贸港法》还创新推出了自贸港立法的中央与地方共同推进实施"央地会同"立法路径,这在立法体制上具有很大的创新性,能够足以推进自贸港立法创新发展,尤其是"央地会同"立法将赋予自贸港更广泛更开放的立法规制,实现"会同立法"新途径新空间。

(三) 自贸港立法先行的程序规则和风险防控等特别规制认知

自贸港立法先行,也需要有相应的程序规则给予保障和规制,立法程序规则彰显其立法活动的特殊性和保障价值。自贸港立法需要有授权,尤其是涉及自贸港"614"制度的立法程序保障,诸如自贸港立法先行,在《立法法》规制下,关键在于倘若依然适用其传统的备案制度,能否确保其有先行之效用,显现其自贸港立法创新"优先""优势""试行"的特别之处。当然,这些属性特征,也一定程度显现自贸港立法先行具有风险性。我们清醒认识到,自贸港建设强调"自由便利"制度为中心的改革开放,其风险属性本来就具有,即两方面风险,外来因素的风险和自身免疫力因素的风险。前者是内外制度反差的风险,后者是内在因素未能调控和清醒自身定位导致立场、态度及其行为引发的风险。

《自贸港方案》指出自贸港建设,要制定实施有效措施,有针对性防范化解贸易、投资、金融、数据流动、生态和公共卫生等六大领域重大风险防控体系。自贸港建设将遇到许多风险,制定有关风险防控的自贸港法规,在相应的自贸港法规当中纳入自贸港建设的风险防控意识,"预设"相应的风险防控条款,强化自贸港建设的安全稳定有序进行。诸如当今人类社会发展进入到数字化时代,数字化贸易与数字化安全,成为各国强烈关注和意识到的数字风险与安全问题。强化自贸港数据安全有序流动,成为自贸港风险防控体系的重要部分。数据跨境风险往往涉及一个国家政治、意识形态等领域安全稳定风险,各国对跨境数据保持强烈高度关注。其目的就是推进信息数据跨境自由、有序、安全流动,要分步骤、分阶段、分区域推进跨境数据自由流动和信息监管。有学者建议可在高新技术产业园区率先放松信息数据跨境自由流动,进行高压力测试;借鉴新加坡互联网分类许可证管理制度经验,实施分类监管制度;在总结试点经验的基础上,建立信息数据综合风险评估指标体系和风险防范机制;条件具备时,在保障国家安全、数据安全前提下,全域实施信息数据跨境自由、有序、高效、安全流动。① 构建自贸港风险防控体系,并将其意识融入到自贸港法规当中,促成自贸港立法风险意识隐含于自贸港法规体系当中。自贸港立法先行本身就具有"先行""试行""暂行"特征属性,对这些应有相应的风险防控意识,只有真正做好自贸港立法先行的风险防控,才能真正确保立法先行的风险得以化解及其有效治理,并将立法先行的成功经验得到总结提升。

三、自贸港立法先行的创新动力知行

自贸港立法先行,不仅仅要求有科学正确的导向规制和发展定力的核心价值内容,而且还要求能够确保持续优化营商环境治理法治化的创新动力源。立法先行,在于推动制度集成创新。只有促进持续创新,社会才能永续前行。国家鼓励创新创优先行先试,持续优化立法先行。2022 年 6 月修订《反垄断法》第 1 条增加"鼓励创新"规定,凸显国家"鼓励创新"战略定位和重大意义。

（一）立法先行之创新是自贸港持续优化营商环境的否认之否认

自由便利制度,是自贸港优化营商环境的核心内容,优化营商环境则关注持续创新自由便利制度,实现自由再自由、便利再便利、创新再创新,推进营商环境持续优化,促成优化再优化的辩证发展。"贸易发展创新,就是要通过管理体制的创新,以及监管制度、发展模式的调整,来构建更有利于要素流动、要素驱动和创新驱动结合型的营商环境。"②自贸港立法先行的核心要求,还要持续彰显自贸港立法创新的贸易投资活动自由便利价值,还促

---

① 夏锋:《中国特色自由贸易港治理体系框架建构和制度创新》,《经济体制改革》2021年第 4 期。

② 邓慧慧、刘宇佳:《反腐败影响了地区营商环境吗? ——基于十八大以来反腐行动的经验证据》,《经济科学》2021 年第 4 期。

进与其相关监管机制创新,促成知行合一的系统创新,同时确保吸纳新技术新发展,期待新认知推动创新举措。如5G之下大数据、区块链、人工智能,其发展逻辑张力就是基于4G之下营商环境之否定,促成自贸港实现更多5G新业态之创新发展。

自贸港立法先行的创新动力,在于认知把握自贸港持续优化营商环境的动态性与发展性。"营商环境只有更好,没有最好"①揭示一个重要的哲理,即政府"应引导企业走创新驱动高质量发展之路,实现宏观经济目标与微观企业发展的有机结合,为经济高质量发展奠定良好的微观基础"②自贸港立法先行创新,将聚焦法治海南、法治自贸港数字政府、智能政府和强化数字监管,是一种数字时代创新转型升级发展要求。立法先行创新,在于促进自贸港政府治理、政府转型和智慧政府建设,推动政府"放管服"再创新,实现传统政府职能否定之否定,创优自贸港营商环境的新动力。

自贸港立法创新优化营商环境,对旧事物的自我否定,是对旧营商环境必然否定,其意在创新优化营商环境。否定是催生营商环境优化的前提,优化营商环境是通过否定带动起来的。营商环境的辩证否定,实质是创新优化,持续推进创新是最大的特征。揭示事物自身发展规律,足以认知事物一般要有一个完整的过程,如先肯定事物存在、到否定事物不利因素、再到发现事物新的有利因素,最后实现否定之否定的升级认知,这才是认知和持续优化自贸港营商环境的世界观和辩证法。

（二）　自贸港立法先行创新是释放市场活力的最根本途径

创新的否定之否定规律,有鲜明特征属性,即持续创新秉承"不动摇、不懈怠、不折腾"原则,呈现创新连续性的注意力。当下主张自贸港立法先行与创新立法,仍是坚持完善"放管服"为核心的政府治理与法治政府建设,显现优化营商环境的创新持续性,释放市场活力,此乃优化营商环境的

---

① 《习近平出席首届中国国际进口博览会开幕式并发表主旨演讲》,《人民日报》2018年11月6日第1版。
② 李政、刘丰硕:《层层加码与城市创新——基于省市两级经济增长目标差异的实证分析》,《吉林大学社会科学学报》2022年第1期。

否定之否定的前提。

自贸港营商环境持续创新优化,法治保障创新优化自贸港法治秩序的新成果,彰显营商环境法治效力,实现市场主体利益最大化的法治路径。法治保障机制,激发市场主体积极性和创新力,自由度与便利度融合,释放社会发展创新机制新活力。当下打造数字经济、平台经济融合发展,构建"共建共治共享"社会信用体系平台,创新创优营商环境。如探究区块链与法律强制性元素融合,实现法律与技术完美结合,共创技术与法律的共建共生共享的新型人际生态关系。

自贸港立法先行的创新度是促进自贸港实现制度集成创新的核心度。立法创新是自贸港优化营商环境的动力源和第一抓手,立法先行创新度则是成为推动优化营商环境的制度集成创新要素集合。自贸港制度集成创新的效应与优化营商环境的效用,是否一致,成为评价两者关系是否协调的重要指标。改革要创新,立法要先行,法治要创新保障。创新需要优先解放思想,勇于运用否定之否定规律。我们百年大党成功经验,就是不断创新进取,开拓前行,改革开放,团结奋进。创新就是不断取得更大新胜利的经验法宝。解放思想,锐意进取,成为改革开放、发展生产力的根本动力。创新是真正推动营商环境优化的核心动力,实事求是则是实现真正推动发展创新的根本路径。创新行为来自创新思维,重在发现解决新问题,探究实践新理念、新思路、新政策等。立法先行的创新哲理在于从优而创,实现制度集成创新体系化、机制化、成片化,形成具有较大影响力的创新度,推动营商环境的优化。创新度显现出制度集成创新上升到相对高度,呈现创新政策已经具有整体性、系统性。政策体系的效应由宏观到微观,由局部到整体,由浅入深,由表及里,全方位优化我国营商环境①。创新与创新度,其词性显现单数与复数关系,其制度改革却显示了单项创新与集成系统创新的差异。

围绕创新问题,习近平总书记指出,创新驱动发展是重大战略,创新是

---

① 马冉、马帅:《政策工具视角下我国优化营商环境高质量发展研究》,《重庆社会科学》2021 年第 11 期。

长远发展的动力,要把制度集成创新摆在突出位置。国家治理坚持推动制度体系创新建设摆在突出位置,强化和优化政府"放管服"治理。"应当破除对于市场效率与经济价值的单一信奉,需要通过事中事后监管体系与事前许可之间的妥当衔接,来实现市场效率与社会安全、环境安全等'非经济目标'之间的恰当平衡。"优化政府治理与法治政府协同发展,彰显促进制度创新创优营商环境的有效路径。

（三）自贸港立法先行是制度集成创新的法治保障

海南自贸港构建"614"制度重大改革创新,亟需推动自贸港立法创新,彰显法治引领作用和法治创新的社会价值。自贸港制度创新和法治创新并行,把防范风险作为制度创新的底线控制,构建自贸港法治体系,促进构建自贸港开放型经济新体制、新法治与新秩序①。自贸港法治创新,促进自贸港"营商环境只有更好,没有最好"法治实践。营商环境法治化,才是真正推动优化营商环境的有效途径。"营商环境只有更好,没有最好"揭示了优化营商环境的哲理与治理辩证法,指明营商环境的优化工作理念路径方向。优化营商环境需要法治引领、保障和促进,法治创新正是适应和推动营商环境优化的发展需要。我们更清醒认识到,自贸港意识到持续推进营商环境法治化,实践"营商环境只有更好,没有最好"的法哲理,探索自贸港立法先行制度集成创新的法治保障新机制。

制度集成创新,诠释新时代中国全面深化改革开放的持续发展闯劲与创新动能的自贸港标杆。自贸港立法先行创新,将聚焦优化营商环境的实践法治化。法治化营商环境建设,制度完善是核心,能力提升是关键。营商环境法治化,成为"法治是最好的营商环境"的强力实践。法治创新促进制度集成创新的知行合一,推动政务公开透明化、制度化、标准化、信息化,形成可预期的法治环境。自贸港立法先行先试,助推自贸港制度集成创新的法治化,确保自贸港营商环境优化处于一种发展促进的动态之中。研究自

---

① 刘云亮:《中国特色自由贸易港建设法治先行论》,《上海政法学院学报(法治论丛)》2022 年第 2 期。

贸港制度集成创新法治化的内容及其立法路径,也是探寻和实现自贸港营商环境持续优化的法治引领、促进和保障机制。打造良好的自贸港法治环境与优化的营商环境,才是促进社会资源配置的市场决定性机制有效运行,充分彰显市场经济、法治经济、法治环境与营商环境等最佳融合一体。自贸港立法先行先试,法治创新推进市场经济与时俱进,显示法治创新的普遍性、公共性和特殊性的融合体。

第四节　自贸港立法先行的中国特色

　　海南自由贸易港建设要突出体现出中国特色,尤其是彰显自贸港法治建设的"中国特色"。自贸港法治建设重在法治创新,聚焦凸显"中国特色"的法治引领、促进及其保障。自贸港法治建设,并非仅仅求成于法,有制于法,形式于法,更重要在于自贸港法治体系及其核心内容结合地气、吻合实际、符合国情,彰显自贸港法治之中国方案、中国范式、中国道路,汇成自贸港建设成功之中国实践、中国经验、中国特色。

一、自贸港立法先行必须立足中国特色

（一）自贸港立法先行彰显法治中国特色

　　海南自贸港作为我国全面深化改革开放试验区,其本身就是一场新的伟大革命,即以习近平法治思想为指导,树立法治思维,强力全面推进海南法治建设,全力支持海南全面深化改革开放,充分彰显自贸港实施依法治国战略价值目标,推进自贸港法治创新的一场法治建设伟大实践和思想革命。法治创新革命要求我们必须以革命勇气和革命思维,推进法治改革、推动"变法"。习近平法治思想,是促进和保障新时代推进依法治国战略目标的思想认知的理论依据和行动导向,确保自贸港推进法治创新的理论依据重大价值意义,充分彰显自贸港实施依法治国战略的有效性、秩序性、系统性和保障性。高举习近平法治思想的伟大旗帜,推动海南自贸港建设,强力推

进自贸港法治创新,构建自贸港法治体系,打造中国特色自贸港法治创新"新高度""新典范"与"新标杆"。习近平总书记"4·13重要讲话"指出,"以'功成不必在我'的精神境界和'功成必定有我'的历史担当,保持历史耐心,发扬钉钉子精神,一张蓝图绘到底,一任接着一任干,在实现'两个一百年'奋斗目标、实现中华民族伟大复兴中国梦的新征程上努力创造无愧于时代的新业绩!"习近平总书记嘱咐海南,弘扬钉钉子精神,坚定法治创新理念,持续推动构建自贸港法治新体系新秩序。

海南自贸港法治建设的三个重要目标,即"努力推进海南建设成新时代改革和法治双轮驱动、协同发展的新高地""努力推动将海南打造成法治化自由贸易港的新典范""努力推动将海南树立成新时代法治中国建设的新标杆"。中国特色自贸港法治建设"三新"重要目标,要围绕"加快形成国际水准的现代化政府治理体系",在坚持依法行政、依法治理的基础上,推动自贸港政府治理体系和治理能力现代化,推动形成法治化社会治理格局。全面推动实施海南自由贸易港法,完善自由贸易港立法授权,充分用足用好经济特区立法权,重在"加快建成对标国际的法律制度体系"。在自贸港法治保障服务方面,促进建设高效能司法裁判体系,高起点构建国际仲裁中心,高标准建设国际调解中心等等。同时,加快构建高端涉外法律事务的法律服务机构。自贸港法治建设,需要把握好自贸港法治服务特色,诸如突出家族信托财产理财经营特色法律问题。① 这为海南建设中国特色自由贸易港法治体系指明了发展方向和创新思路,也充分阐述了海南法治建设的重大理论和实践问题。

法治建设新标杆,则指海南自贸港建设,实现法治建设新高地与新典范战略目标之下,营造出具有中国特色的自由贸易港法治社会,是新时代法治中国新标杆。其核心内容是推进自贸港立法,尽快构建具有中国特色且形成"对标国际的法律制度体系",并推动海南自贸港"具有国际水准的现代

---

① 刘云亮:《家族信托财产的法律价值及规制》,《山东师范大学学报(社会科学版)》2020年第1期。

化政府治理",建设具有世界影响力的中国特色自由贸易港,率先实现社会主义现代化。新标杆的根本内涵在于打造中国全面实现社会主义现代化的自贸港法治样板和标杆,是实现中国特色社会主义核心价值的先行区,是海南建设自由贸易港政策制度法治体系的根本要求。法治建设新标杆,是自由贸易港法治创新高地与法治建设新典范的最佳融合度和最高发展极,充分彰显自贸港法治建设与创新的中国特色。如果说自贸港法治建设新高地与新典范,是体现和反映了中国建设自贸港法治创新的"点"与"面",那么,法治创新标杆则成为中国特色自由贸易港法治建设和法治中国建设的新道路与新发展方向。建设海南自由贸易港,重在体现中国特色。习近平总书记"4·13 重要讲话"指出,自由贸易港是当今世界最高水平的开放形态。突出全面改革开放是自贸港制度集成创新的重要领域和空间,构建自贸港中国特色社会主义法治体系,彰显自贸港法治中国特色。中国特色、中国国情、海南定位等,成为海南建设自贸港的关键词。海南自贸港,将聚集打造"614"新制度、新机制、新优势,正在努力营造和探索中国特色自由贸易港政策体系、监管模式和管理体制,打造优化、市场化、便利化、法治化、国际化营商环境。围绕"614"进行大规模的重大改革,并伴随着规模力度更大的开放,其过程就是一个不断解决改革开放所遇到的重大实践问题和法治理论价值认知重构过程。这一过程本身就是探寻海南自贸港建设特色所在,寻找中国特色自贸港海南实践之道路。

(二) 自贸港法治创新聚焦法治中国特色

习近平法治思想源于中国社会主义法治建设新时代新实践,就是源自中国特色社会主义法治建设的伟大创新。在习近平法治思想指引下,研究海南自贸港法治建设新高度、新典范、新标杆,探究自贸港法治创新内容及其法治特色,构建自贸港法规体系,发展充实中国特色社会主义法治体系,为中国特色自由贸易港建设提供法治理论保障和法治实践指导。

海南自贸港是新时代中国特色社会主义伟大实践的改革开放试验区,习近平法治思想指导自贸港法治建设的实践,将不断推进自贸港法治创新,并指导促成中国特色自由贸易港法治体系。习近平法治思想集成新时代中国特色社会主义的伟大实践。习近平总书记关于中国特色社会主义法治的重要论述,彰显马克思主义法律思想中国化最新成果、当代化和现实化的核心成果,具有鲜明的时代特征。① 探索社会主义自由贸易港法治理论和实践,是不断发展和充实习近平法治思想的基本要求,是充分彰显了依法治国战略的新时代法治属性。自贸港法治创新内容,显现出习近平法治思想立足于中国国情,立足于解决中国问题,立足于指导中国发展这个“第一要务”。海南自贸港更要放眼全球,彰显习近平法治思想在实现大国崛起的全球治理格局意识,进一步从大国飞跃到强国,实现从“历史和现实、理论和实践、国内和国际等的结合”。② 这不仅仅显现习近平法治思想的国际化视角和参与全球治理格局站位,而且彰显习近平法治思想的中国特色、法治中国经验在世界上的法治影响力和代表性。“小智治事,大智治制”,不仅强化国家治理的硬实力,更要注重提升国家治理的软实力,将中国实践特色化与国际化有机融合。中国法治道路应当始终坚持社会主义制度,自贸港法治建设更要准确领悟和把握习近平法治思想的“十一个坚持”,尤其是坚持始终以人民代表大会制度为根本保障,坚持人民民主和人民主体,把所有国家权力最终集合到人民这一个焦点上,而通过权力的内部和外部监督制约体系来确保其运行的价值指向与方向归属。③ 习近平总书记“4·13重要讲话”指出,“新时代,海南要高举改革开放旗帜,创新思路、凝聚力量、突出特色、增创优势,努力成为新时代全面深化改革开放的新标杆,形成更高层次改革开放新格局。”这一定位,指明海南自贸港发展方向、路径、内容与形式、特色优势、战略目标等格局站位,更加清晰中国特色自贸港建设道路和发展趋势。习近平法治思想的重大特征,即马克思主义法治理论中国化,彰显中国特色社会主义法治道路。“走什么样的法治道路、建设什么样的

---

① 张文显:《习近平法治思想研究(上)》,《法制与社会发展》2016年第2期。

② 习近平:《高举中国特色社会主义伟大旗帜　为决胜全面小康社会实现中国梦而奋斗》,《人民日报》2017年7月28日第1版。

③ 汪习根、陈骁骁:《习近平关于中国特色社会主义法治重要论述的科学构成》,《中共中央党校学报》2018年第6期。

法治体系,是由一个国家的基本国情决定的。"①以十一个坚持为核心的习近平法治思想体系,充分彰显中国特色社会主义法治体系核心内容和特色所在,显现新时代中国特色社会主义理论的新国情和新思想,自贸港法治建设,将不断实践和发展习近平法治思想,尤其是构建自贸港"614"自由便利制度的法治服务与保障体系,实现习近平法治思想新思维、新格局、新发展的自贸港法治实践。尽管世界上自由贸易港法治体系更多归属于英美法系,司法保障体系也更多显现出法官判例效力作用,但这并不能只认可英美法系的唯一正确性,不能否定或排斥其他法系在自由贸易港建设中的法治作用,更不能将英美法系视为全世界自由贸易港建设发展的统一法治模式,并以此强化英美法系在自由贸易港建设中影响,使其示范效应的绝对化和普及化。

二、自贸港立法先行创新法规体系特色

自贸港发展史有其显著的特色,即聚焦以西方国家为代表的贸易自由便利制度史。近四百年的自贸港发展史,遍布世界各国的自贸港,其贸易"自由便利"制度发展的精髓在于法治引领、促进及其保障自贸港不断发展繁荣国际贸易自由经济,促进和见证全球经济国际化发展。由于各国政治制度、经济体制、法律文化等差异,也决定了不同国家或地区创建自贸港法治制度的内容体系及其路径等方面,也存在巨大差异。不同类型的国家实施自贸港政策,有不同的考量要素,也存在不同的定性标准,其实施自贸港"自由便利"政策的宽松度也不尽相同。成功的自贸港经验有些政策在别的自贸港未必见得也一定能适合,"水土不服"的现象也不少。自贸港立法先行一定要探寻到"中国特色",不仅自贸港建设要有中国特色,自贸港法治建设,尤其是自贸港立法要凸显法治中国特色。

构建自贸港法规体系,是打造海南自贸港持续优化便利化、国际化、法治化营商环境的根本要求。自贸港法规体系凸显自贸港基本制度特色中国

---

① 习近平:《加快建设社会主义法治国家》,《求是》2015 年第 1 期。

化、经济形态机制开放化、治理机制透明化、经贸规则国际化等特性,其推动自贸港法治创新,促进和保障自贸港制度集成创新。实行"两步两分"规划原则,成为自贸港法规体系构建的规划目标内容及其时间安排。习近平法治思想是自贸港法规体系构建的指导思想,《自贸港法》是构建自贸港法规体系的规划依据和基准导向,《自贸港方案》"614"制度是自贸港法规体系构建对象内容,强化党的全面领导和党建引领是自贸港法规构建最根本的保障机制。既要充分发挥海南行使自贸港立法权的主动性,又要高度重视海南与国务院有关部门"会同立法"的灵活性与协同性。

认知自贸港法治创新"特色",重在把握法治见得的中国特色问题。建设自贸港,强调"中国特色"与"法治特色",其逻辑思路是相同的,我们清醒意识到"不能不顾中国的实际,中国实践必然会产生中国的问题,中国法治就是要解决中国的问题。"①建设中国特色自由贸易港,就是要充分体现中国情结和中国价值意义,将中国元素融入到海南自贸港建设的伟大实践中去,彰显自贸港法治建设的中国实践、中国模式、中国价值。新时代中国特色社会主义法治建设的发展方向,就是要立足中国"实际",走出符合中国特色实际的法治发展道路。中国自贸港法治创新等法治建设,更要有更多的中国元素,深层挖掘自贸港建设的中国法治资源。"法治特色"是自贸港法治建设在适应改革"先行先试"、法治秩序"变法创新"和制度实施"于法有据"等基础上,强化和突出自贸港建设重视本土法治资源重要性和特色性,尤其是彰显中国特色社会主义核心价值观的社会主义法治理念,凸显中华法系适用"实用性"。

探索"中国特色",一直是中国革命实践的根本问题,也是我国改革开放四十多年伟大实践的经验总结。"中国梦、中国精神、中国力量、中国方案"等关键词,已经成为我们未来不断发展的主题词和话语,显现出揭示中国元素"独特性"理论追求。中国特色自贸港法治建设创新性,在于挖掘

①　武树臣、武建敏:《中国的法治发展:改革开放四十年的回顾与展望》,《山东大学学报(哲学社会科学版)》2018 年第 4 期。

"中国特色"具体内涵,走出自贸港建设中国法治特色道路。建设中国特色自贸港坚持"四化"(市场化、国际化、法治化、现代化)标准,努力营造自贸港优质营商环境,构建中国特色自由贸易港制度政策体系与法治秩序,但是更要牢记坚持发展体现"中国特色",符合"海南发展定位",争创新时代中国特色社会主义生动范例。海南建设自贸港,创建自贸港法治建设特色,关键在于吸纳法治精髓和自贸港法治经典制度或法则范式,将其转化或提炼成具有中国法治特色和语境的中国法治建设特色之路,让海南成为展示"中国风范、中国气派、中国形象的靓丽名片"。

三、自贸港立法先行促成法治体系特色

自贸港法治特色之路,并不是强调自贸港法治建设内容"独一无二",而是突出在借鉴和吸纳世界上成功的著名自贸港法治经验基础上,探寻和发现适合中国自贸港建设的法治模式和制度内容,显现出适合中国本土的法治资源,我们努力打造中国"法治现代化的过程也是法治本土化的过程"。事实上,日本推进法治现代化建设,其做法仍是在根植日本本土司法资源基础上将日本司法组织架构西方化,但日本法律的社会运作仍是根植于本土的。① 因此说,本土司法资源仍是推进自贸港法治创新和法治建设的根基,海南研究和探寻自贸港法治中国"特色",构建中国特色自贸港法治秩序和法治创新制度优势,是法治本土化路径的根本内容要求。

充分运用自贸港立法权,构建自贸港法规体系,必须始终坚持习近平法治思想,坚持新时代中国特色社会主义相关理论,坚持中国共产党领导。习近平法治思想,是中国特色社会主义法治理论的最新重大创新发展。推进新时代的中国法治改革,必须始终坚持以习近平法治思想为根本遵循,悉心把握新时代中国法治发展面临的历史性任务,着力解决影响法治高质量发展的体制性、机制性、保障性问题。② 自贸港立法先行及其法规体系的核

---

① 季卫东:《面向二十一世的法与社会》,《中国社会科学》1996 年第 3 期。
② 公丕祥:《习近平法治思想中的改革论述》,《法学》2021 年第 2 期。

心意义,重在凸显中国特色社会主义法治体系的创新价值,推动自贸港法治创新,引领、促进和保障自贸港制度集成创新。我国党的十四大提出建设社会主义市场经济体制后,便创造性提出构建与社会主义市场经济相适应的法律体系,便有了完整的中国特色社会主义法律体系理论。"中国特色"集中反映的是当代中国法律体系的民族特色,把中国特色社会主义法律体系作为中国特色社会主义制度的重要组成部分,赋予其应有的"制度"定位,则意味着中国特色社会主义制度正在走向成熟。① 自贸港立法先行,有其导向定位围绕凸显自贸港核心制度,自贸港自由便利制度法治化,构建自贸港法规体系的有两大独具特色理念,即自贸港自由便利制度体系理念和自贸港治理体系共建共享共治理念。有关前者自贸港立法先行,显现其法规体系构建理念的"左手",有关后者自贸港立法先行,彰显自贸港法规体系理念的"右手",共构建自贸港法规体系之特色内容与形式。构建中国特色自贸港法规体系,不仅强化彰显自贸港贸易投资自由便利制度等核心内容,而且更要凸显以海南自由贸易港法为基础,以地方性法规和商事纠纷解决机制为重要组成的自由贸易港法治体系,打造具有世界影响力的国际一流的中国特色自由贸易港法治环境。

《自贸港法》在总则已经明确了自贸港法规体系构建的主要理念导向,自贸港政策制度、组织保障、社会治理等三大体系创新,它们相互交融、相互协同、相互促进的,这也可以从法律法规体系架构及其组成部分的相互关系剖析透视可知。法规体系以"骨架"显现,法律治理实践则以"血肉"粉饰。"从法制向法治""从字面法到行为法",法制是秩序,实施才是法治。自贸港法规体系是创新自贸港法治秩序,推进自贸港法规实施才是实现自贸港法治体系。法治体系与法制体系、法律体系,在概念上各有侧重,不能相互涵摄或替代。在当代中国,法制作为宏观的静态规则整体,更多具有制度形态,法律法规则是具体某项制度的权利义务主体的权威规范载体。法治更

① 李婧:《中国特色社会主义法律体系的概念演进与制度定位》,《社会科学战线》2012年第10期。

侧重于这些静态制度的法规实施于具体动态事务活动的具体治理,"反映了社会主义法制系统和法律体系的实践向度,接受法律规范质量、法制权威性与有效性等指标的评价。"①海南自贸港法规体系以自由便利制度为立足点,并紧扣《自贸港法》第 2 条第 1 款所列明贸易投资等六个方面内容发展规范自贸港有关自由便利制度。该法总则开宗明义就规定自贸港自由便利制度的根基作用,揭示自由便利制度是自贸港的制度灵魂,围绕自贸港自由便利制度制定自贸港法规,才是构建自贸港法规体系的最根本所在。自贸港实施制度集成创新,推动制度变迁,将是自贸港最高水平全面深化改革开放的最大红利。自贸港建设,强化通过改革开放,最大化降低制度性交易成本,建立包容性的发展观念和制度体系,将顶层设计与基层创新相结合,共同推进自由贸易港制度体系的建立和完善。② 构建自贸港法规体系,将极大增强自贸港法治创新秩序,降低自贸港商事交易成本,最大化优化营商环境,推动营商环境法治化。

《自贸港法》总则第 8 条专门就自贸港指明了"构建系统完备、科学规范、运行有效自贸港治理体系",其适用于自贸港政府机构改革、职能服务标准、社会治理能力及其创建共建共治共享的社会治理体系,甚至推进自贸港行政规划改革创新的优化设置等内容。围绕此方面理念思路,推进深化自贸港治理体系方面改革的立法活动,制定与此密切相关的自贸港法规,完善自贸港法规体系,这便是自贸港法规体系理念的"右手"效应。"右手"面对的是实际问题为导向,需要用法治思维去解决自贸港建设中存在的实际问题。坚持学习运用习近平法治思想,树立问题导向意识理念,探索构建自贸港法规体系的实际"问题导向"。"坚持改革方向、问题导向,适应推进国家治理体系和治理能力现代化要求,直面法治建设领域突出问题,回应人民

---

① 廖奕:《中国特色社会主义法治体系的话语生成与思想内涵》,《苏州大学学报(哲学社会科学版)》2021 年第 2 期。

② 史本叶、王晓娟:《探索建设中国特色自由贸易港——理论解析、经验借鉴与制度体系构建》,《北京大学学报(哲学社会科学版)》2019 年第 4 期。

群众期待,力争提出对依法治国具有重要意义的改革举措。"①构建自贸港
法规体系理念,即探究自贸港立法的"问题导向",尤其是紧扣自贸港治理
体系中的敏感问题、热点难点问题,"查堵点、破难题、促发展",探究制定与
此密切关联的法规。习近平法治思想的"问题导向"意识,是构建自贸港法
规体系理念的重要抓手。

---

① 习近平:《论坚持全面依法治国》,中央文献出版社 2020 年版,第 89 页。

第二章 中国特色自贸港立法创新优势论

第一节 自贸港立法创新正当性

一、自贸港立法创新紧迫性

海南作为全国最大的经济特区,拥有为推动经济高质量发展,促进开放型经济体制改革探索先行、积累经验的先行先试优势。经历了建省办经济特区三十五年的发展,已从一个落后的边陲小岛发展成为我国新时代全面对外开放的最前沿,正在努力建设具有世界影响力的中国特色自贸港。高水平开放高质量发展建设海南自贸港,着眼于扩大对外开放,推动新一轮全球化,作出的重大决策战略部署,更是未来国家不断创新对外开放模式的目标导向。海南经过了四年多的全面深化改革开放,从自由贸易试验区到自由贸易港发展的重大转变,各项发展取得了阶段性的成就,但随着海南自由贸易港发展的不断深入,各类新问题、新需求、新困扰不断出现。与此同时,与其问题和困难相对应的配套法律解决机制也成为了自贸港法治创新必须关注的重点问题,如何平衡改革创新自主权行使与法治创新的关系亦是现实的关键焦点。①

（一）改革开放先行区亟需自贸港立法创新

改革开放四十多年来,我国取得了突飞猛进的发展,成就显然,综合国

---

① 王春业:《论我国特定区域法治先行》,《中国法学》2020 年第 3 期。

力和国际影响力不断提升,使我国在经济全球化的进程中的重要地位不断凸显。在改革开放的初期,为了实现经济快速发展的需要,我国积极引入国际资本进入中国市场投资和发展,以提高我国经济发展的国际化水平①。在引进外资的过程中,国家不断地出台相关政策和制度,设立了一批具有先行先试、充当着我国改革开放主力军的重要对外开放试验窗口,我国开始出现了一些具有创制、试验和变通功能的经济特区。比如深圳、珠海、汕头、厦门等早期的经济特区,包括海南经济特区。从区域范围上看,这些区域发展的经济特区极大不同,各个区域发展状况特色也有较大差异,分处不同省份、市区。后来随着我国经济持续快速发展和宏观调控政策的不断调整优化,又开始形成一批具有特殊功能的经济发展区域,比如长三角区域、京津冀发展合作区域。还有一些因国家特殊战略而专门设置的特殊区域,例如对台合作的平潭综合实验区和推动粤港澳大湾区建设的横琴粤澳深度合作区。当今世界,在经济全球化趋势加快和新冠疫情给世界经济发展带来的冲击下,为了更好地适应全球经贸发展的新趋势以及新冠疫情的影响下如何在实现世界经济复苏的过程中发挥中国智慧和担当,海南自由贸易港,这个作为祖国最南端的特殊经济功能区和开放型经济的重大试验田,由此应运而生。面对错综复杂的国内外发展形势,海南作为祖国南大门的独特地理单元,如何守好祖国的南大门,在面临各种复杂重大的风险下,如何建成全球最大的自由贸易港,打造世界最高标准的投资贸易自由化水平,海南被国家赋予了更高的发展要求。②

　　2017年10月党的十九大报告明确指出,要赋予自由贸易试验区更大的自主改革权,探索建立自由贸易港③。"4·13重要讲话"指出,支持海南逐步探索稳步推进中国特色自由贸易港建设,分阶段、分步骤建立自由贸易

---

① 刘云亮、卢晋:《RCEP视域下中国特色自贸港国际化建设的法治路径》,《广西社会科学》2022年第7期。

② 刘云亮:《中国特色自贸港法规体系建构论》,《政法论丛》2021年第6期。

③ 习近平:《决胜全面建成小康社会　夺取新时代中国特色社会主义伟大胜利——在中国共产党第十九次全国代表大会上的报告》,人民出版社2017年版,第41页。

港的政策和制度体系,加快形成法治化、国际化、便利化的营商环境和公平统一开放高效的市场环境①。中央"12 号文件"明确了海南"三区一中心"的战略定位,即全面深化改革开放试验区、国家生态文明试验区、国家重大战略服务保障区、国际旅游消费中心。2020 年 6 月 1 日,中共中央、国务院印发的《自贸港方案》正式发布,提出"要建立以海南自由贸易港法为基础,地方性法规和商事纠纷解决机制为重要组成的自由贸易港法治体系,营造国际一流的自由贸易港法治环境。"《自贸港法》明确海南自由贸易港建设的法律导向定位,将使海南自由贸易港政策和制度体系得到法律的确认和保障,并赋予海南充分的改革开放自主权②。作为我国深化对外开放的重大战略部署,中国特色自贸港应当注重并发挥立法创新的作用,从而确保中国特色自贸港的正确建设方向。我国改革开放四十多年的经验也证明,改革越是深入就要越重视和发挥法治的积极作用。海南自由贸易港是具有中国特色的自由贸易港,其建设的综合性、系统性、复杂性决定了必须发挥法治建设的作用。事实上,海南自由贸易港是我国实施更高水平对外开放和建设更高层次开放型经济的重大战略部署,其作为兼具改革与法治元素的产物,其建设过程本质上就是一个既破又立的治理过程,使得整个建设过程运行于法治的轨道上,其方能行稳致远。此外,海南作为面向太平洋和印度洋的重要开放门户,亟需在贸易投资自由便利、跨境资金有序流动便利、运输往来便利、数据安全有序流通便利、完善产业体系、税收制度、法治制度等方面作出系统安排,而这些都需要以法治建设为最佳推进手段,否则前述政策制度将无法发挥其强大的效能③。

海南自贸港相比于国内已有的 21 个自由贸易试验区,共同点在于都是

---

① 习近平总书记"4·13 重要讲话"。

② 在地方立法权中,海南除了省级和设区的市级人大及常委会的立法权外,还有自治地方的自治条例、单行条例以及经济特区法规制定权。2021 年 6 月 10 日《海南自由贸易港法》通过后,全国人大常委会创造性规定了"海南自由贸易港法规"这一全新的法规形式,为海南自贸港建设过程中的立法需求提供新的路径。

③ 韩逸畴:《海南自由贸易港建设对接高标准国际规则——重点、难点问题与解决路径》,《经贸法律评论》2021 年第 4 期。

通过国家正式批复或批准的方式而得以明确和固定,都是新时代改革开放的新高地,旨在实现货物贸易自由化;特殊点在于海南自由贸易港不仅仅是形成可复制、可借鉴的创新方案,而是打造全世界贸易投资自由便利的最高标准,形成具有独创性的制度集成创新成果。另一方面国家在制度和政策上赋予海南自贸港更多的优惠政策,特别是"零关税、低税率、简税制"为主的税收政策、负面清单管理制度、"一线放开,二线管住的特殊海关监管制度"、事中事后的市场监管模式、宽松便利的人员流动机制、货物贸易便利化等方面的优惠政策,使其获得了更多的发展动力和权能。为了促进海南自由贸易港实现更高国际化水平的发展,当年中央给予的一些经济特区各项优惠政策已无法满足自由贸易港建设的实际需求,海南需要在更高水平之上谋划自贸港的法治创新路径,迫切需要国家权力机关根据本区域发展的特点和实际状况制定更为先进、更加超前的制度规范,赋予海南更多改革自主权。《自贸港法》作为调整和规范海南自贸港建设的专门法,其原则性规定过多,无法完全解决自贸港高速发展面临的各种问题,其中第 10 条规定了海南自贸港可以根据本法,结合海南自贸港建设的具体情况和实际需要,遵守宪法和法律、行政法规基本原则上,就投资、贸易及相关管理活动制定海南自由贸易港法规,而且自贸港可以对法律或行政法规作出变通规定,但要作出变通情况说明。此外,涉及依法应当由全国人大常务委员会或国务院制定法律或行政法规的,应当分别报全国人大常务委员会和国务院批准。虽然海南自贸港法规相比于经济特区法规是一种新兴的地方法规,但适用范围、行使原则基本与一般经济特区法规仍存在一致性,且第 10 条的授权立法的权限仍较保守和限缩,自贸港法规立法权限存在一定限制,无法真正做到一揽子经济自主发展、地方社会治理自主充分的开放授权新模式。从海南自由贸易区四年来实践发展建设来看,在投资贸易、财税体制、海关监管、金融领域管制等方面,需要向中央报批的仍然要占到百分之三十以上,现有的《自贸港法》赋予的改革发展自主权仍比较受限,以法治化为核心的制度集成创新成果显得相对碎片化。因此,加快明晰、理顺中央国家机关与海南的事权关系,充分在法治框架下授予海南更多经济和社会发展自主权,成为推动新时期中国特色自由贸易港建设的关键因素①。

(二) 制度集成创新亟需自贸港立法创新

习近平总书记对海南自由贸易港建设作出的重要指示已明确,要把制度集成创新摆在突出位置,制度集成创新是推动海南自由贸易港建设的重要方向和发展动力,也是中央为海南自由贸易港建设提出的方向指引。对此,海南自贸港必须将制度集成创新摆在自由贸易港建设中的突出位置,尤其要加强立法体制创新为根本出发点的重大制度集成创新机制建设。海南作为兼具中国特色和地方区域特色的自由贸易港,根据《中共中央国务院关于支持海南全面深化改革开放的指导意见》以及《党中央、国务院关于海南自由贸易港建设总体方案》(以下简称自贸港方案)的规定,海南自贸港肩负着推进高水平开放以及建立开放型经济新体制等历史使命,以建设全球开放水平最高的特殊经济功能区,《自贸港法》作为海南与国内其他自贸试验区具有最大制度区别的特殊法治安排,通过法律的形式单独授予海南自贸港法规的一种新型地方立法权,自贸港法规制定权的功能定位也具有特殊性,这也是其作为新型地方立法权的重要体现②。因此,受海南自贸港功能定位、立法需求以及立法权限等因素的影响,自贸港立法权的功能应当聚焦制度集成创新、打造更高开放水平经济体制建设以及构建突出国际化和海南本土特色的自贸港法治体系。与此同时,要通过立法创新的路径来逐步推进自贸港的制度集成创新,作为我国建设当今世界最高水平开放的高水平试验田,海南自贸港建设需要全方位、大力度地推进制度集成创新。而在制度集成创新过程中,必然会涉及现有政策法规、行政管理体制、产业结构、经济体系进行适度调适,以满足海南自贸港发展与管理的需求。③ 根据我国《立法法》以及相关法律的规定,贸易投资自由便利为核心的经贸模

---

① 刘云亮:《中国特色自贸港法治先行论》,《上海政法学院学报》2022 年第 1 期。

② 熊勇先:《论海南自由贸易港法规制定权及其行使》,《暨南学报》(哲学社会科学版)2022 年第 8 期。

③ 苏海平、陈秋云:《法治视野下的自由贸易港立法权研究——基于央地立法权限互动的视角》,《上海对外经贸大学学报》2022 年第 5 期。

式事关海南自贸港建设的核心领域和关键事项,均属于国家基本事权的范畴,一般地方性法规立法权和经济特区立法权均无法进行调整,进而可能产生制度集成创新过程中的上位法冲突障碍。正由于要发挥海南自贸港作为国内更高水平开放试验田的特殊功能价值,《自贸港法》第 10 条规定了海南拥有自贸港法规制定权,是一种有别于经济特区立法权和一般地方立法权的新型地方立法权,是国家赋予海南更大改革自主权的体现,以推进各项领域的制度创新,破除各种体制机制障碍和弊端。截至 2022 年 10 月,海南自贸港已经推出了 14 批共 128 项制度创新案例,其中有 8 项被国务院作为优秀案例向全国复制推广,因而,以自贸港立法体制创新其首要功能应当是围绕海南自贸港政策制度体系,推进制度集成创新,从而为各项改革措施提供规范支撑。海南从最开始建省创办经济特区,发展到自由贸易试验区和设立自由贸易港,充分显现海南发展开放型经济持续不断深入。当前,自贸港以法治为核心的制度创新体系还处在初步建立阶段,中央各部门对海南专门出台的一些政策性文件、产业发展指导意见甚至包括国家层面的一些批复本身并不等同于法律规范,难以作为规范基础或法律依据。因此,运用《海南自由贸易港法》授予海南的新型地方立法权。使得各类制度集成创新成果和优惠政策通过法定程序转化为成熟的立法经验,真正实现固根本、稳预期、利长远的长远目标,成为实现海南自由贸易港治理能力和治理体系现代化的必然需求。

（三）建设具有世界影响力的自贸港法治创新亟需自贸港立法创新

当今世界百年未有之大变局加速演进,在新冠疫情形势不断严峻和推进中国式现代化道路建设的国内外双重背景下,全球经济发展遭遇的冲击困境和国内改革发展面临的阻力史无前例,经济全球化也朝着新的模式转变,开放与竞争也成为了当今时代经济发展的鲜明主题。《自贸港方案》提出了海南在 2020 年、2035 年和 21 世纪中叶不同时间阶段的发展目标,描绘了中国特色自贸港未来发展规划的蓝图。2020 年自贸港建设取得明显进展并与全国同步实现全面建成小康社会的伟大目标;2025 年实现全岛封关运作,初步建立自贸港的政策和法治体系;2035 年自贸港各项制度和法治体系更加成熟定型,将建成具有国际竞争力的自由贸易港,到本世纪中叶全面实现美丽新海南的建设目标。2022 年 4 月,习近平总书记在海南考察调研时强调,要统筹疫情防控和经济社会发展,统筹发展和安全,解放思想、开拓创新,团结奋斗、攻坚克难,加快建设具有世界影响力的中国特色自由贸易港,让海南成为新时代中国改革开放的示范。无论是建设具备国际竞争力的自由贸易港,还是具有世界影响力的中国特色自贸港,都离不开法治创新的制度保障作用,尤其要加强以立法先行为主导的法治创新路径模式,立法体制创新是自贸港法治创新的前提和逻辑起点,自贸港的建设和管理应遵循立法先行从而推动法治创新,以科学高效精准的立法成功对接全球较高标准的国际经贸规则,提升海南自贸港法治的国际化水平,也是加强自贸港涉外法治工作的重要组成部分。

海南自贸港建设从顺利开局到进展明显再到蓬勃展开,①党的二十大报告提出,要实现更加主动的开放战略,加快海南自由贸易港的建设。在改革开放的新时期,建设具有世界影响力的中国特色自贸港是全面深化改革开放的战略举措,也是实现中国式现代化道路的生动实践。自贸港的立法体制创新不仅对内要推动区域开放战略目标的实现,对外要推动"一带一路"建设和融入全球自由贸易区战略,以高质量的立法创新推动国际经贸规则的演进和变革。提升自贸港法规体系国际化程度,加快与国际通行的投资贸易规则和国际商事惯例接轨,是打造自贸港法治化、国际化、便利化的一流营商环境的制度安排,是以立法创新推动经贸体系国际化的根本体现,《自贸港法》第 9 条规定:国家支持海南自贸港主动适应国际经济贸易规则和全球经济治理体系新趋势,积极开展国际交流合作②。这对自贸港

---

① 习近平:《高举中国特色社会主义伟大旗帜 为全面建设社会主义现代化国家而团结奋斗——在中国共产党第二十次全国代表大会上的报告》,《人民日报》2022 年 10 月 26 日第 2 版。

② 刘云亮、卢晋:《中国特色自贸港对接 CPTPP 经贸规则的可行性基础及法律对策研究》,《西北民族大学学报》(哲学与社会科学版)2022 年第 6 期。

立法体制创新工作提出更高的法治建设要求。2022 年《区域全面经济伙伴关系协定（RCEP）》的全面生效实施，作为全球经济规模最大、区域跨度最广的全球自贸协定，对全球经贸规则的变革与重构将产生深远性影响，也体现了国际经贸规则演进的新趋势①。海南作为国内改革开放的前沿高地和国内面向 RCEP 各国地理位置较为邻近的中心区域，自然要在地方法规体系建设中实现与 RCEP 经贸规则对接，做好开放性压力测试，在全国作出开放示范，同时，地方立法工作也要与时俱进，提升立法创新高度，积极对接高水平国际经贸规则体系，在 RCEP 的影响下，世界经济的中心已从欧洲北美开始慢慢转向亚太地区，而亚太的重心在南海区域，这为海南自由贸易港打造高水平的对外带来很大的发展机遇，海南应积极主动发挥其独特的区位和生态优势，成为连接中国南海市场、亚太市场的重要中心枢纽，当然，在融入抓住 RCEP 生效给海南新一轮开放建设的新机遇下，也要客观辩证面对 RCEP 生效后高度开放和灵活统一的区域大市场给自贸港政策红利淡化带来的新挑战。

立法体制创新要积极探索与高标准国际经贸规则相衔接的自贸港法规体系，以 RCEP 为例，建设具有世界影响的中国特色自由贸易港，是一个机遇和挑战并存的过程。为了应对国内外复杂多变的经济形势带来的挑战冲击，海南自贸港必须要具备以高水平地方立法为核心的法治创新能力，形成与高标准国际经贸规则相衔接的制度体系。根据我国对 RCEP 成员国做出的有关关税、投资、跨境服务、人员和货物流通等具体开放性承诺，标志着我国对外贸易的发展进入了一个全新的阶段，海南作为我国与东盟各国合作来往的最前沿区域，必须要对 RCEP 各成员方以及 RCEP 成员方之外的其他国家或地区作出更加包容开放的制度机制，实现人员、技术、资金、货物、运输工具自由便利流通，贯彻落实好习近平总书记对海南自贸港建设作出的各项指示要求，积极融入全球经济治理体系之中，以适应各种国际局势变

---

① 王跃生等：《中国经济对外开放的三次浪潮及其演进逻辑——兼论 RCEP、CECAI、CPTPP 的特征和影响》，《改革》2021 年第 5 期。

化带来的差异化环境。

在实现封关运作准备的关键时期以及 RCEP 逐步生效到运行成熟的阶段性时期，为海南各项法律制度的完善、建立以自贸港法为核心，与高标准国际经贸规则相配套实施的成熟规则体系预留创新空间，以此适应国际经济格局变化带来的新机遇和挑战。此外，在未来海南自由贸易港在全岛进行封关运作后将被定义为"境内关外"，实行特殊的海关监管制度，但仍然还是属于我国主权之内。在此期间，自贸港地方立法权的行使必然会对当前现有的规范进行调整，为今后海南如何适用我国参与缔结的国际经贸协定提供明确的适用规则。在宪法基本原则和精神的指引下，协调处理好《自贸港法》与各种国际自贸协定间的关系，努力形成一套系统全面、科学规范并与先进国际经贸规则相适应的自贸港法规体系，以高水准创新的立法体制建构适应海南实现建设具有世界影响力的自由贸易港建设目标奠定法治基础①。

二、自贸港立法创新适格性

欲行法治，先行立法。《自贸港方案》和《自贸港法》出台后，海南自贸港的性质和地位在政策和法律层面得到了根本的确认和巩固。这也是区别于国内其他自由贸易试验区的根本特征之一，海南自贸港立法内容具有明显的区域特色性和政策优惠性，在打造较高开放水平的经贸规则中主要是实行特殊的政策安排，注重打造法治化、国际化、便利化的投资环境，积极引入国内外先进资本入驻海南。由于实行与内地有差异化的特殊政策，所以立法中必然要体现一些特殊性和超前性，海南自贸港虽然获得了中央赋予的优惠政策，但立法体制完善方面仍存在许多难以解决的困境。在打造世界最为开放的经济形态必然需要提供充足的法治供给以保证自贸港制度集成创新所需的法治需求，海南兼具经济特区、自贸试验区和自贸港的功能定位，本质上体现着一种集全面改革开放和全面推进依法治国相协调的科学

---

① 何志鹏:《国内法治与涉外法治的统筹与互动》，《行政法学研究》2022 年第 5 期。

机制,并且作为我国完善市场经济体系,推进经济全球化的有效试验机制,不仅以科学有效的地方局部试验促进新一轮国家对外开放战略,加快实现建设具有世界影响力自由贸易港的长远目标,而且在逐步探索推进中国特色自贸港建设过程尽可能的降低对我国法律体系和法制统一原则的减损,从制度上协调好改革开放、试验田和法治先行的关系。

（一）自贸港立法创新受制于底线与上线风险防控

建设中国特色自由贸易港,并非是简单复制经济特区和国内其他自贸试验区的发展经验,而是在现有水平基础上借鉴国际较高水平自贸港的先进经验,始终坚持立法先行,为实现更高水平的开放提供法治引领和促进保障机制。授予海南自贸港更为充足的区域立法权是自贸港法治创新的内在要求,但也存在学界中不少的争议发声。① 有学者认为,国家专门为一个地区单独进行立法,让其长期独占国内其他地区没有的改革试验功能,并独享《自贸港法》和中央各部门专门制定的优惠政策下的制度性红利,有违我国《宪法》中的平等原则和社会主义法制统一原则。党中央决定在海南探索建设中国特色自贸港前,海南已是全国最大的经济特区,作为全国经济特区,被赋予了较为优惠的特殊政策和宽泛的经济特区法规制定权,但经济特区建设三十多年来的实践,特殊的政策和特区立法虽然为推动海南的改革发展,激发地方创新活力起到了促进和保障的作用,但相比于国内其他经济特区和较发达的沿海地区,海南与内地的发展仍然存在较大差距,在全国仍属于欠发达地区,由此引发一些讨论争议,认为这种立法体制与宪法的实质平等原则有差异②。

《自贸港法》第 10 条授予了海南自贸港立法权,本质上是一种特殊的地方授权立法,自贸港法规立法权与经济特区存在本质差异,第 10 条规定的立法权主要聚焦投资、贸易及其管理活动,能够触及《立法法》第 11 条的法律保留条款和行政法规专属制定的事项,具有较为充足且较大权限的立

---

① 胡加祥:《我国自由贸易港建设立法模式研究》,《法治研究》2021 年第 3 期。
② 王建学:《改革型地方立法变通机制的反思与重构》,《法学研究》2022 年第 2 期。

法创制和变通权,相比于以往的地方立法权,自贸港法规立法权是一种高度开放且权限聚焦概括的经济型立法权。然而,这种高度的概括性一揽子立法授权,经过专门的立法巩固确认,具备了长期试验的周期稳定性。有部分学者也认为,由于对自贸港赋予了独特的立法特权,使得自贸港内对港外一般地区形成了长期性的制度壁垒,"境内关外"的法律属性一定程度上塑造了"国中之国",而且自贸港法未明晰其制定的宪制基础,也容易引发违反法制统一和单一制国家结构的学理争议①。此外,特殊的授权立法机制下进行立法体制创新,需要制定的许多与自贸港建设有关的地方法规,加快构建自贸港法规体系,其涵盖的领域和内容较为全面广泛,其潜在的立法风险防控问题较为迫切②。《自贸港法》和《立法法》对海南地方立法权的行使规制主要集中在法规备案审查上,《自贸港法》对自贸港法规的备案审查和批准生效的规范内容上也较为原则性无具体的程序性边界机制,缺乏较为系统的程序性制约机制,存在立法风险防控的问题。

《自贸港方案》明确提出要在 2025 年初步完成自贸港政策和法规体系建构,海南自贸港的各项政策性规定和改革试验成果需要立法予以确认和转化,自贸港立法创新也需要与之适应的监督机制,以保证程序正义和立法的科学性有效性。主要体现在自贸港授权立法监督机制不完善,更多体现在立法监督主体的较为有限以及缺少较为正式的授权立法评估机制和法律控制手段。③ 一是对于自贸港授权立法进行备案审查的主体仅有全国人大常委会和国务院。由于全国人大常委会肩负着审查全国各地庞大的立法内容和立法主体的繁重任务,无法保证其审查的效率性,应纳入更多监督主体例如国家监察委进行立法监督以保证立法工作的节制性。④ 二是自贸港地

---

① 李德旺、叶必丰:《地方变通立法的法律界限与冲突解决》,《社会科学》2022 年第 3 期。

② 刘云亮、翁小茜:《中国特色自由贸易港授权立法风险防控机制研究》,《海南大学学报》(人文社会科学版)2021 年第 5 期。

③ 王建学、张明:《论海南自贸港法规的备案审查》,《河北法学》2022 年第 10 期。

④ 谭波:《海南自由贸易港法规的体系定位与衔接分析》,《重庆理工大学学报(社会科学版)》2021 年第 5 期。

方立法缺乏相关的科学评估机制和相应的立法控制机制。制度化规范化的程度较低，未明确对于不适当行使改革自主权的责任追究机制，而且中央和海南的会同立法机制也尚在初步构建阶段，未形成系统化的科学模式。自贸港法规体系建设需不断的进行立法体制创新，立法创新的路径是否完全符合自贸港本质定位的需要，是否存在系统性的立法风险，也应探索建设立法风险防控机制，确保各项改革发展的政策和制度整体良性发展。

（二）有限的授权立法制约高度开放型法治建设

海南从最建省创办经济特区，到创设自由贸易试验区，再设立自由贸易港，这是开放型经济不断深入发展的具体表现。目前，海南自贸港以法治为核心的社会治理模式还处在初步建立阶段，制度集成创新程度不足，自贸港法规体系建设刚刚起步。由于海南当前的一些政策性文件、产业发展指导意见甚至包括国家层面的一些批复本身并不等同于法律规范，难以作为规范基础或法律依据。因此，运用授权立法的方式使得各类制度集成创新成果和优惠政策通过法定程序转化为成熟的立法经验，真正实现固根本、稳预期、利长远的长远目标，成为实现海南自贸港治理能力和治理体系现代化的必然需求。由于当下海南自贸港的地方立法权受限，面对现实发展需要，对本岛内法治建设呈现出相对乏力的状况。由于自贸港授权立法的范围所涉及的领域有很多都是国家权力机关自主立法的专门事项，体现在我国《立法法》第11条关于法律保留的相对事项。自贸港发展涉及到的领域，比如投资贸易、金融领域开放、税收和财政制度、人员跨境流动、商事纠纷解决机制等都是国家权力机关的立法权限范围，《自贸港法》第10条规定的自贸港法规立法权难以全面施行，中央对海南自由贸易港授权立法的行使制定了严格批准生效模式和程序性约束，立法自主权未完全下放。然而，海南自由贸易港的建设和发展本身就是一项市场经济体制的重大发展变革，涉及到投资、贸易、金融、税收、产业发展、大数据、社会治理等领域的改革创新，是一项系统化、长期性的庞大工程。必然要涉及到国家层面法治统一和地方立法自主权的关系，自贸港立法路径创新要体现在海南的发展定位上，协调好中央事权和海南经济发展自主权的合理配置关系，要体现出敢闯敢试、改革创新的时代精神。中央赋予海南在相关领域行使授权立法权,本质和出发点就在于要发挥出自贸港在法治建设中的立法先进性和创新性,对中央层面的上位法作出更全面补充和衔接①。可现实是国家权力机关所管辖事项的众多繁杂、法律规范制定的成熟性要求以及海南自由贸易港内各种新情况、新问题、新变化的发生,决定了由国家权力机关或国务院提供统一的制度规范不具有现实性,而《自贸港法》第 10 条授权立法的空间限缩性使得海南诸多政策优势存在难以转化的现实困境,比如将海南打造成世界"国际旅游消费中心的"的海南离岛免税政策进一步释放,以及有助于将海南建设成我国"医疗硅谷"的博鳌乐城国际医疗旅游先行区的医疗产业政策实施范围扩大,这都是协调特定区域快速发展与立法模式创新应考虑的现实迫切问题②。

（三） 自贸港立法创新致力"614"制度构建

海南自贸港"614"制度是《自贸港方案》的重点内容,是自贸港顶层设计的方向引领,也与国际知名自贸港的制度构建特征类似,"614"制度总体内容是自贸港立法创新的基础性要件,为未来法治海南的建设明确了方向,围绕中国特色、国际高标准体系、"三区一中心",提升立法创新水平,更好完善"614"制度③。完善"614"制度的顶层设计需要强化法治保障,但从海南自贸港建设的总体布局和行政区划分布来看,海南自贸港建设的范围是海南全岛,是要在大部分农村土地面积和人口、单一的产业结构下,逐步推进高水平自贸港的建设,是海南实现"全省一盘棋""全岛同城化"的一次系统测试,难度不亚于改革开放 40 多年的发展历程,这使得自贸港的立法创新工作提出了更高更前瞻的要求和挑战。海南不仅是全球地域面积覆盖最广阔的自贸港,而且还是一个多民族聚居的区域,少数民族人口达到百万以

① 王建学:《论中央在区域协调发展中的地位与职责》,《法学杂志》2022 年第 3 期。

② 臧昊、梁亚荣:《论海南自由贸易港立法权的创设》,《海南大学学报》(人文与社会科学版)2021 年第 5 期。

③ 蔡宏波、钟超:《中国特色自由贸易港的营商环境与法治建设》,《暨南学报》(哲学与社会科学版)2021 年第 6 期。

上,团结各民族人民共建自贸港、发展少数民族经济也是立法工作的重点内容。虽然建省办经济特区以来,在民族法制建设方面取得了较多成效,各自治县充分行使自治权,各民族市县的政治、经济、文化及法治水平都有很大程度的提高。但如果以更高的发展水平,以满足最高开放水平形态的要求来衡量还存在一定的差距,主要表现在一些民族自治县民族自治立法运用行使的不够,其固有自治的特点未完全体现,缺乏系统的少数民族市县干部人才培养、民族地区乡村旅游法规、文化传承人扶持激励政策及推动民族地区经济发展相关的自治条例。

此外,从立法上全面对接"614"制度的全方位,需要中央和地方相互协助和共同推进,会同制度一系列推进自贸港建设与管理的法律法规,中央和地方权力资源配置的良性循环有助于保障海南自贸港在法治轨道上完成"614"制度的合理设计,保障海南各项经济活动和秩序平稳推进。中央和海南在事权分配上的协调与平衡本身就存在诸多难题,《自贸港法》对海南地方立法的授权规定的也较为原则和笼统概括,中央和海南的"会同立法"机制也处于初步构建阶段,还尚未形成体系化的立法沟通协商机制,再加上第十条规定的新型立法授权类型在行使上也存在诸多的限制,不利于海南的改革自主权能够及时高效的行使解决发展过程中出现的具体问题。因此,在正当合理的程序基础上处理好中央和海南的事权分配关系,加强协同合力,进一步明确海南改革发展自主权的权限,为推进"614"制度的全面构建奠定法治基础。

（四）　自贸港立法创新亟待促升拓展优化

发展是当今国内各区域发展的第一要务,区域的法治发展水平和能力则是该区域经济社会发展水平的关键性因素。无论是经济特区,还是自贸港快速发展,都有一个显著的特征,即打造投资、贸易自由便利,优化营商环境,转变政府职能,都需要与之相适应的制度法则。作为国家统一的法制规则下形成的中国特色社会主义法律体系,为海南自贸港发展仅提供的是基本的框架设计和原则要求,只能满足一般地方市场经济发展的基本需要,与形成高水平的自贸港开放型经济体系有一定差距,无法真正满足海南自由贸易港法治建设的需要。相比于当年国内的五大经济特区的法治发展实践状况,海南目前总体的法治建设水平在全国范围内还属于中下游阶段,在经济立法自主权上还存在一些限制瓶颈。在当年的珠海、深圳等经济特区发展过程中,中央层面授予了该地较大的立法自主权,使得该地在发展过程中制定了一系列先行先试、符合开放型经济发展的特区经济立法,打造了较高水平的法治发展环境,从根本上推动和保障了经济特区的全面高质量发展,释放了市场经济发展的活力。当下国内外各种复杂的经济形势影响,以及当前新冠疫情给经济发展带来的困境,自贸港如何在国内外复杂的发展背景下打造成为全球具有独创性、先进示范性的中国特色社会主义实践典范区,允许其立法创新,让改革自主权法治化、制度化,成为促进自贸港快速发展的迫切需要和现实选择。

《自贸港法》生效至今,海南省人大常委会充分利用该法第10条规定的授权立法出台的涉及自贸港建设的自贸港法规一共有17部,涉及营商环境建设、反欺诈惩戒、社会信用体系建设、征收征用、产业发展、社会治理、推进市场公平竞争机制等,均为海南省人大常委会制定。海南省人大常委会充分利用自贸港法授予的自贸港法规立法权,展现了自由贸易港建设的海南智慧。海南自由贸易港当前的自由贸易港法规立法权的行使呈现"小切口,短立法"的特点,立法针对的事项较为单一和分散缺少体系化构建,无法全面涵盖自贸港发展的关键领域,难以实际解决自由贸易港发展中的难点和痛点。比如知识产权保护、大数据时代下的数据流通安全保障。因此,为了实现自贸港产业体系发展的全面升级和转型,必须加快提高自贸港法治水平和法治能力,打造一套高于全国水平的法治体系,使其拥有与自身发展水平相适应的更高水平的法治,一套高于全国水平的法治,将极力促进自贸港健康持续发展,反之,则会淡化自贸港强大吸引力和政策优势。

三、自贸港立法创新导向性

（一）习近平法治思想引领自贸港立法创新

习近平总书记"4·13重要讲话"强调,海南自贸港建设要体现中国特色,符合中国国情,符合海南的发展定位。海南自贸港建设的核心本质体现了以中国特色社会主义作为根本立足点,法治体系的构建方向也应在社会主义法治体系的框架内进行。① 习近平法治思想是中国特色社会主义法治体系和海南自贸港法治体系的重要组成部分,坚持以习近平法治思想作为自贸港立法创新的顶层设计新思想,遵循习近平法治思想的基本原则,以立法创新助推法治创新。自贸港法治体系的建设必然涉及立法、行政、司法、法治监督等事项,其中立法创新环节是法治体系建构的主导核心要素,海南自贸港立法体制创新进一步丰富了习近平法治思想的新内涵。从经济特区向自由贸易港的升级转型,其背后更多体现了法治理念的深层变化,更折射出习近平法治思想对于优化海南自贸港立法体制,促进法治创新的重要法治意义,是海南统筹全面依法治国和全面深化改革开放的行动指南。

随着时间推移,自贸港地理区位和功能定位都发生了根本性变化。在经历了四代不同类型模式自贸港发展历程之后,中央决定在海南打造以知识智能和人才技术为主导的自贸港新类型,促进产业和商业要素充分自由流动。自贸港虽与国内其他自贸试验区在法治模式建构上都有着类似特点,都强调立法先行推动改革,但最大的不同在于海南自贸港实现了中央决策的制度化和法治化,从地方层面立法上升到中央专门立法,是习近平法治思想的一次生动实践②。与国际典型自贸港例如新加坡等的法治实践类似,都通过了国家专门立法的方式推进自贸港国际一流营商环境的建设,但这都是在西方资本主义模式下的自由贸易港形态,以西方法治文本为依托实行资本主义类型的自贸港法律制度。自贸港的中国特色属性决定了海南自贸港的立法体制完善不能照抄照搬其他资本主义自贸港的法治模本,如何走出一条符合中国国情和海南实际的特色化立法创新路径,成为我国建设全球唯一的社会主义类型自贸港的经贸法治体系。习近平法治思想坚持

① 朱景文:《法治道路与法治体系的关系——习近平法治思想探析》,《法学家》2021年第3期。

② 龚柏华:《中国自由贸易试验区到自由贸易港法治理念的转变》,《政法论丛》2019年第3期。

自上而下、自下而上双向互动推进改革与法治有机统一,坚持立法体制的创新变革和稳定性的有机统一,坚持借鉴国际知名自贸港法治建设经验和立足本土法治现状的有机统一,破除我国自贸港法律制度的"资本主义中心主义",一味以国际知名自贸港的模式为根本参照的片面思维,为海南探索建设中国特色自贸港的政策和法律体系过程中提供了思路借鉴①。

（二）开展调法调规工作以适应高水平开放的需求

中国特色自贸港调法调规是一项扩大对外开放、协调利益关系、加强制度集成创新、与高水平国际经贸规则接轨的一项系统性工程,是统筹全面深化改革、全面推进依法治国、提升全球经济治理能力一体化建设新格局的关键要素。习近平总书记"4·13重要讲话"、中央"12号文件"②和《自贸港方案》明确指出,自贸港建设涉及到各项改革措施,凡涉及调整现行法律或行政法规的,经全国人大及其常委会或国务院授权后实施。中央全面依法治国委员会审议通过《海南法治建设意见》,提出建立健全法律制度体系,按照相关立法权限开展相关的立改废释活动,打造国际化、法治化营商环境。因此,自贸港封关运作进入关键期,积极开展与高水平开放相适应的调法调规工作具有强烈必要性。海南全面深化改革开放需要与之匹配的法治保障,从海南建设办经济特区到逐步探索、稳步推进建设中国特色自贸港,无论从国家还是地方,都不断运用法治手段为海南发展提供制度上的引领、促进和保障。从国家层面的法治保障上看,《自贸港法》为自贸港建设提供了法治层面的基础保障规范。从海南地方层面的法治保障上看,主要是海南省人大及其常委会利用自贸港法规立法权、经济特区立法权、一般地方性法规立法权等多重立法深化改革,凸显海南特色,推动区域发展③。结合海南自贸港"境内关外"的属性,以及未来封关运作实际发展的需要,要实行不同于内地的政策制度和法规体系,要在遵循《宪法》规定和国家法制统一

① 张文显:《习近平法治思想的实践逻辑、理论逻辑和历史逻辑》,《中国社会科学》2021年第3期。

② 习近平总书记"4·13重要讲话"和中央"12号文件"。

③ 刘云亮:《中国特色自贸港法规体系建构论》,《政法论丛》2021年第6期。

的基础上,对国家总体法治层面与和海南省地方立法的相关领域和事项进行"立改废释",并有针对性、精准性的调整相关的法律法规,进行立改、调整、清理、创新、升级,加强以经济建设领域为核心的促进型立法,以适应海南自贸港建设稳步推进的法治需求。由于海南自贸港建设还尚处在封关运作的准备阶段,政策和制度体系还未完全形成系统的体系化构建,以自贸港法为基础的法规体系正在构建当中。《自贸港法》出台后,以自贸港法为基础的调法调规工作,将成为海南自贸港法治体系建设的常态化工作。由于海南自贸港建设覆盖范围较广,涉及领域宽泛,[①]与我国现行有效的293部法律有一定关联关系,而目前的调法调规工作进度还无法完全适应自贸港建设的步伐,以《立法法》第13条为基础的改革型试验授权决定,因其特点具有针对性和临时性,而自贸港需要对标国际较高水准的开放模式进行与之相适应的法治化制度集成创新,所以改革型试验立法决定,已不能完全适应特殊功能经济区域的高水平开放需求[②]。当下在梳理海南现行有效的地方法规基础上,关键要以《自贸港法》第10条为调法调规的基本依据,对标国际高水平经贸规则,进行制度集成创新,废止与自贸港建设不相适应的法律法规,制定符合海南自贸港发展定位的地方法规。

（三）授权立法原则是自贸港立法创新的根本遵循

海南自贸港法规立法权是新时期我国全面推进新一轮对外开放的重大事项授权立法机制,作为一种新型的授权立法形式,理应符合《立法法》中的授权立法明确性原则。习近平总书记在党的十八届四中全会提出重大改革须于法有据的论述时,我国在推进对外开放的道路上,已经形成了三种形式的重大改革特别授权模式,一种是全国人大常委会根据《立法法》第16条暂时调整法律实施;另一种是国务院根据《行政法规制定程序条例》第35条暂时调整行政法规实施;还有一种是海南省人大及其常委会依据《自贸港法》第10条之规定行使自贸港法规制定的权限。在统筹先行先试改革和

---

① 周子通、陶慧:《地方立法统计分析报告:2022年1月至6月》,《地方立法研究》2022年第4期。

② 赵一单:《立法法第13条有创制性规定的空间吗》,《政治与法律》2022年第8期。

全面依法治国的背景下,自贸港立法权是国家赋予海南在打造开放型经济,扩大对外开放新格局的特殊规范权限,也是重大改革事项授权模式的新内容。自贸港法规之运行自然要在符合中国特色授权立法明确性的基本要求,坚持《立法法》第13条的立法明确性原则,是对《自贸港法》第10条规定的授权立法事项笼统模糊的弥补与修复,也是对立法权力运行的有效监督。

重大改革授权立法明确性,要求立法创新要遵循可预测性、可操作性、可审查性,制定自贸港法规以投资、贸易及管理活动的授权立法事项从字面上理解过于原则化。因此,自贸港立法权作为中国特色社会主义法治体系的一部分,基于维护国家法制统一和处理好法治与改革的关系,自贸港立法权要用好用全用足,亟待把自贸港法规的立法事项在法律解释上符合立法的精神,遵循授权立法明确性的法理精神,即以人民为中心、法律保留和法安定性。我国《宪法》第2条第一款规定了"国家一切权力属于人民",体现了以人民为中心的立法理念。以人民为中心的立法理念,是海南自贸港立法的根本出发点,是彰显海南自贸港人民性和共享性的本质特征;法律保留事项的明确性,自贸港法规创制和变通功能的权力边界,哪些法律保留事项是自贸港立法权可以触及,哪些不能超出授权范围是《宪法》和《立法法》中关于权力制约原则的要求,旨在防止地方立法权脱离中央的监督产生滥用的风险;自贸港授权立法的明确性也是法定性的根本要求,由于自贸港法规可以对国家法律保留事项进行立法,触及法律保留事项往往会调整现行的法律制度,根据国家法律法规数据库检索,截至2022年6月20日,全国现行有效法律为293件,半数涉及自贸港建设,例如海事海商、种子农业、财税、金融、生态、知识产权、仲裁等。关系到国家的基本制度和公民的权利义务,所以立法权限运行必须明确具体,保障社会主体的可预期性,这样我国通过自贸港建设实施更高水平的对外开放才会更加有说服力,在法治轨道上加快世界一流营商环境的构建。

（四）自贸港立法创新亟需推进政策党规与法治协同发力

分阶段、分步骤构建海南自贸港的政策体系和法治体系,是实现2025

年、2035 年、2050 年不同时间节点自贸港建设阶段性目标任务和最终目标的重要抓手。在推动海南自贸港运用自贸港法规开展地方立法的过程中，最关键的问题之一是如何协调好法规与政策的关系，即政府规范性政策文件和地方法规的协调。为了持续推进海南自贸港的建设，国务院及各部委不断出台一系列针对自贸港建设和管理的相关政策性文件，中央各部委为海南也共计出台了 180 多份专项政策性文件支持和保障自贸港建设大局。这为海南自贸港制度创新指明了大体方向，也是自贸港地方立法创新的规范来源之一。政策性的规范性文件只是一个总体的宏观部署，在自贸港不断全面深化改革开放的动态进程中，也具有不确定性和阶段性。要清楚的认识到政策的红利是有过渡期和时效性的，政策保障的稳定性、公开性、透明性、可预期性等价值导向有待进一步研究和考证，而法治先行的优势在于为改革发展注入更加稳定和持久的动力，政策洼地的形成更多是来源于中央的授权和鼓励，而海南要打造制度创新的新高地需更加重视立法体制创新与政策模式优化的协调关系。要合理明晰二者间的聚焦点，政策性规定的设计主要是加快吸引各方面要素的集聚，迅速扩大自贸港人流、物流、资金流的经济流量和宽松幅度，同时弥补自贸港法规的不足。而自贸港法规立法权致力通过构建系统科学的法规体系，为海南促进投资贸易自由化，打造公平、透明、可预期的营商环境提供制度的保障和推动作用①。因此，应在精准解读、准确定位和理解政策性规定本质的基础上，对其内容进行有选择性的总结和提炼，探索将科学有效的政策性规定转化为自贸港法规制度设计的实践路径，真正强化两者间的有效衔接。

与此同时，也要注意把控授权立法的运用准确度，在自贸港立法权不断扩容的背景下遵循立法节制性原则，未来自贸港推进立法创新工作要适当引入比例性考量，从立法的适当、必要性和均衡性等几个方面进一步保障自贸港立法的科学化和合理化，尽可能降低改革试验对区域法治的不当减损。此外，把握党规和政策的灵活性、补充性和试验性优势，加快构建自贸港党

---

① 庞凌：《作为法治的规则思维及其运用》，《法学》2015 年第 8 期。

内法规体系,立法事项应经过科学论证,海南自贸港的建设和管理有许多领域都需要改革创新,应当进行辩证性的思考,稳步推进,并不是所有领域都需要自贸港立法权去创制新法,不是所有关于投资贸易便利化的领域都需要上升到立法,在事项上应当有的放矢。在一些实践中具有广泛需求、切实可行但又无法及时上升到立法的事项,可以通过政策性的规定和党内法规的引领,发挥政策引导和党建引领,进行前期的探索和试验,经实践检验行之有效后,再通过自贸港立法权制度化和规范化,为此需要完善党内法规体系,坚持立改废释并举,完善规范性文件清理工作机制,提高立法解释水平,提高党规质量,并注重党内法规同自贸港法规体系的衔接,形成自贸港法制体系和党内法规体系相辅相成、相互促进、相互保障的立法体制新格局①。

（五）自贸港立法创新凸显以人民为中心的法治价值

社会力量的关注度和参与度是自贸港立法体制创新的社会保障要素,自贸港立法保障工作应当发挥各大社会力量的优势作用,动员公众参与自贸港法治建设的积极性与热情度。② 党的二十大报告提出,"完善社会治理体系。健全共治共建共享的社会治理制度,提升治理效能。"特定区域的法治建设水平不仅需要域外人才资源,更需要本土人才资源。海南当地公众对自由贸易港的定位和性质认知程度,是该区域法治发展水平全面协调发展的首要因素,法治建设的根本和中心首先在于人,根据唯物史观的观点,人民群众是历史的创造者,是社会变革的决定力量。人民也是法治建设的根本主体和力量源泉,法治建设必须依靠人民群众的伟大力量,这是党领导人民在实现依法治国的实践道路上得出了普遍真理。海南自由贸易港的法治建设是党和国家的重大发展战略,必须始终践行"以人民为中心"的法治发展理念,在自贸港建设过程要始终把保障人民群众的合法权益和根本利

①　吕品:《党内法规体系构建的若干问题思考》,《南京社会科学》2018 年第 12 期。

②　习近平:《高举中国特色社会主义伟大旗帜　为全面建设社会主义现代化国家而团结奋斗——在中国共产党第二十次全国代表大会上的报告》,《人民日报》2022 年 10 月 26 日第 2 版。

益放在中心位置上,以实现人的全面发展①。

根据《自贸港方案》的建设布局来看,自贸港的建设范围是在海南全岛 3.38 万平方公里的范围内,实现城乡和海陆统筹,实现城乡协调发展。海南自由贸易港内当前 1000 万左右的人口,有 600 多万人口位于农村,全岛百分之八十的土地面积还未实现城镇化。城乡发展不平衡、差距大,人均 GDP 水平低,高等教育发展水平相比于内地较为滞后。种种不足和短板影响了海南当地民众对自贸港法治建设认知度不高,参与度低,相反,自贸港法治建设和发展水平必须首要依靠海南人民,尤其是海南本土居民的积极参与,提高他们的认知度,重视加强对《自贸港法》的宣传和教育,以此充分调动当地群众参与自贸港法治建设的积极性。然而,作为全国最大的经济特区,海南普通民众的公众参与积极性普遍缺乏热情,与自贸港建设的人才需求不相适应。主要原因在于当前自贸港建设的红利未全面惠及到海南本土民众身上,自贸港建设的根本目的之一是让广大群众尤其是海南本土民众共享改革发展的重要机遇和重大发展红利。虽然建省以来,海南城乡居民生活明显改善,但仍未达到全国平均水平,城乡发展不协调,岛内长期"物价高,收入低"的现状未得到改变,各种政策红利还未完全惠及到海南本土民众,岛内民众生活质量和水平未得到实质改观,而法治建设水平是由一地的经济发展水平所决定的,其中也包括当地民众的生活质量水平,当地民众的生活质量未发生实质的改善,从而影响了他们参与自贸港法治建设的积极性。

党的十九大提出了共建、共治、共享的社会治理新格局,明确了公众参与在社会治理体系中的重要作用。② 公众参与权是现代法治发展中的重要权利之一,是宪法基本权利的延伸和体现,国家有义务尊重和保障每个公民的公众参与权。海南自由贸易港的法治建设,关系到每一个民众的根本权

①　李宜钊、魏诗强:《海南自由贸易港高质量发展研究》,《公共管理学报》2022 年第 4 期。

②　廖永安、王聪:《我国多元化纠纷机制立法论纲——基于地方立法的观察与思考》,《法治现代化研究》2021 年第 4 期。

利和利益,应当重视公众参与在海南自由贸易港立法建设工作的关键作用。海南自由贸易港不仅拥有独一无二的区位优势和热带资源优势,还是全国著名的"三大侨乡"之一,具有独特的侨务资源优势,拥有100多万归侨和300多万琼籍华人华侨聚居在东南亚各地,活跃于政、商、学各界,人文优势明显。因此,努力发挥海南强大的人文优势和完善海南本地公众参与社会管理制度,解决当前自贸港建设公众认知度低、参与度不足等现实问题,拓宽公众参与自贸港法治建设的新渠道,在建设中国特色自由贸易港法治体系中发挥民众的智慧和力量,构建海南法治发展和社会治理的新格局。

（六）强化自贸港统战工作的立法创新

统一战线是中国革命和社会主义建设时期我们党取得伟大胜利的"三大法宝"之一。不论是战争年代还是和平建设时期,都对团结各民族人民共同奋斗,发挥了宝贵作用。海南建省办经济特区以来,统战工作是卓有成效的。在贯彻中国共产党领导的多党合作和政治协商制度、民族区域自治制度中,团结全省人民建设好经济特区、促进改革开放、改善经济发展和民生等诸多方面取得了较好的成绩。当前建设中国特色自贸港是继中国最大经济特区之后的又一开放战略安排,这项战略任务伟大而艰巨,需要团结全省各族人民及岛外有关人士和各民族人士共同参与、共同奋斗,因此统战工作法治建设是海南自贸港未来发展的重要一环,做好新时代的自贸港统战立法保障工作,主要应从两大方向考虑,一是进一步做好岛内归侨和侨眷的法律权益保障和激励政策,海南是我国著名的侨乡,在南洋一代的侨胞其后裔大约上百万。海南归侨和侨眷的数量庞大,将在自贸港建设过程扮演重要支撑作用,应更好利用这股优质资本,进一步落实归侨和侨眷的相关法律法规规定,加强归侨侨眷的专项性地方立法,解决好个别历史遗留问题及财产纠纷,完善相关投资类法律法规,改善投资环境,严格执行优惠税收政策,加强执法保障,贯彻平等原则,保护其合法权益和健全相应的司法救济制度,增强其参与自贸港建设的积极性和信心。二是要结合海南岛多民族聚居的省情,做好民族团结统战性工作布局,重视自贸港民族法规体系建设,为铸牢中华民族共同体意识提供有力的法治保障。① 习近平总书记在2019年民族工作会议上强调,要全面贯彻落实民族区域自治法,健全民族工作法律法规体系,依法保障各民族合法权益。这为海南在自贸港建设背景下做好新时期的民族团结进步事业工作,完善民族法规体系提供了根本方向指引。在建设海南自贸港中,各大少数民族群众是一股重要的推动力量,发展民族经济,改善民族地区营商环境应列入到自贸港立法规划之中,依法治理地区民族事务,确保各民族群众在法律面前人人平等,平等地参与改革开放建设事业。在高度开放背景下也要加强民族领域意识形态风险防范,提高政治站位,加强法律规制,依法防范民族领域系统性风险发生,妥善处理涉民族因素的法律案件,坚定不移贯彻党中央关于铸牢民族共同体意识的主线工作,团结自贸港内各民族群众在法治保障的基础上,共建共商共享自贸港,进一步提高各民族群众在自贸港建设下的参与感、获得感和幸福感,为创新自贸港立法体制机制,提高自贸港治理体系和能力现代化,提供充足的组织保障和精神支撑。

第二节　自贸港立法创新空间性

一、自贸港立法创新类型

（一）依中央授权明确自贸港立法创新对象

2023年修订的《立法法》第80条规定"省、自治区、直辖市的人民代表大会及其常务委员会根据本行政区域的具体情况和实际需要,在不同宪法、法律、行政法规相抵触的前提下,可以制定地方性法规。"此项规定是2015年《立法法》的一项关键制度完善修订举措,在赋予地方立法权的基础上对立法制定时限、程序、类型作出更为鲜明的规定,为地方立法活动可能的创

---

① 《〈唱响铸牢中华民族共同体意识的时代强音〉——读习近平总书记〈在全国民族团结进步表彰大会上的讲话〉》,《学习时报》2022年6月8日第2版。

新提供了空间,有助于全面推进我国依法治国系列制度落地实施,可为全面深化改革打下坚实的法制基础。创新是立法的生命,建设自贸港需要以充分的立法创新以适应实际建设情况,以创新手段打造崭新的立法体制,实施创新的法律制度体系。但是,立法创新必须在合理的空间内进行,才能确保其沿着正确的路径迈进,而不致异化为以创新为名急功近利,甚至"勇闯"立法禁区,为同种立法创新的实施实践蒙上一层污点。① 自由贸易港立法创新需要以《总体方案》为基础,在《自由贸易港法》的范围内寻求模式与内容层面的创新,避免出现为寻求过分权力而进行"立法权力寻租",通过地方立法的方式变相保护地方利益,将"查漏补缺"的地方立法异化为利益博弈,危害自由贸易港建设大局。

与我国其他自由贸易区不同,海南自由贸易港具有行政区域性,超越了传统意义上自由贸易港"事由上置,权属下级"的特征,以法律、中央政策的形式,确认自由贸易港作为立法主体具有适格的立法权限:《自由贸易港法》规定,海南因授权而享有自由贸易港立法权,可"在遵循宪法规定和法律、行政法规的基本原则的前提下,就贸易、投资及相关管理活动制定海南自由贸易港法规,在海南自由贸易港范围内实施"。同时,《总体方案》提到,要"建立以海南自由贸易港法为基础,以地方性法规和商事纠纷解决机制为重要组成的自由贸易港法治体系,营造国际一流的自由贸易港法治环境",还可"在遵循宪法规定和法律、行政法规基本原则前提下,支持海南充分行使经济特区立法权,立足自由贸易港建设实际,制定经济特区法规"。中央的授权无疑使海南行使立法权"于法有据",在推进制度创新时有"稳扎稳打"的心理支撑。在《立法法》修改完善立法制度,推进立法多元化的背景下,一般地方立法创新的难度因程序、对象掣肘而呈线性上升,自由贸易港立法创新目的是建设有中国特色的法规制度,完善"四梁八柱"体系。在有中央各有关部门利用相应政策制度"背书"的背景下,更应充分利用相

① 牛振宇:《地方立法创新空间探析——以"不抵触"原则的解读为视角》,《地方立法研究》2017 年第 6 期。

应政策制度,运用相关立法授权,积极创新、敢于创新适应自由贸易港建设需要,满足自由贸易港"全面深化改革开放试验区"的战略定位。

在海南省第八次党代会上,海南省委主要负责同志作出了主题为《解放思想开拓创新团结奋斗攻坚克难加快建设具有世界影响力的中国特色自由贸易港》的重要报告,提出要坚持全面深化改革,建设勇于创新、充满活力的自由贸易港,将制度集成创新放在首要位置上,并提出了包含理论指引、政策依据、目标定位与重点任务的"一本三基四梁八柱"战略框架,为自贸港法治创新提供了一条可行的道路。① 具体而言,自贸港立法创新可紧扣《总体方案》提出"贸易投资自由化、便利化","建设现代化财税体系","创新生态文明体制机制","打造共建共治共享的社会治理格局"出发,通过立法创新,建立以"便利"为特点的自由贸易港政策制度现代化体系。自贸港立法创新将再次对中央——地方事权分布与立法权分置提出新课题,为两者权力的合理分配发出新挑战。为打破过往央地权责分置的"零和游戏"模式,寻求两者间的有效运行机制,把握《总体方案》对自由贸易港未来发展的走向部署,有效运用《自贸港法》赋予海南的立法权力,是自贸港立法创新的关键着力点。

(二)"短平快"灵活立法促进自贸港高质量发展

"法律是治国之重器、良法是善治之前提",立法质量的重要性不容置疑。全面依法治国,必须坚持立法先行,发挥立法的引领和推动作用,抓住提高立法质量这个关键,以良法促进发展、保证善治。② 自贸港立法创新要在适应海南省实际情况的基础上遵循科学立法、民主立法的原则,合理利用"三重立法权"制定法律法规。同时,需要注意的是,随着自贸港建设逐渐展开,改革也已缓缓迈入深水区,需要以充分法制保障为改革划出"红线",以防改革在试行时因触及中央事权而陷入被动。此时,传统的"提出—审

---

① 况昌勋、王江顺:《锚定"一本三基四梁八柱"战略框架推动海南全面深化改革开放和中国特色自由贸易港建设行稳致远》,《海南日报》2022 年 5 月 8 日第 1 版。

② 《"短平快"立法项目增多 人大法工委谈如何保证立法质量》,中国新闻网,https://www.chinanews.com/gn/2017/03-09/8169477.shtml。

议—表决—公布"立法程序,已不能适应自由贸易港"高标准、高质量、高速度"的立法需求,需要通过以"短平快"为标志的立法模式创新,适应当前自由贸易港改革发展的需要。

《自贸港法》颁布后,海南省人大及其常委会已能够同时行使三种立法权——一般地方立法权、经济特区立法权、自贸港立法权。在享有"三重立法权"的优势下,"短平快"立法模式的适用有一定基础:在 20 世纪海南初次据授权享有经济特区立法权时期,就有学者认为,在经济特区的立法中,应当在法规的体例形式上"不拘一格"不求大而全,小而全,而是力求"短平快"立法。① 在当时海南经济特区基础差、底子薄,农村地域广、人口多,地区发展不平衡,且特区的优惠政策弱化,政策引力不再是投资者考虑投资的主要因素的背景下,提出要充分利用立法权限,巩固法治优势,用好、用足、用准经济特区立法权,再造海南特区投资引力,无疑是刺激特区市场,突出特区开放性、超前性、灵活性特点的最佳方式。在立法实践中,海南省立法机关也确实采取了相关方式,目的是拓宽起草法规的渠道,同时加强对法规中重大问题的协调。2003 年,海南省人大常委会法制工作委员会在起草《关于加快处置海南经济特区停缓建工程的决定》时,就采取由常委会主任会议先提出议案,由法工委相关部门进行后续立法的模式。② 这种立法模式初具"短平快"雏形,达到了"淡化部门痕迹、减少中间环节、缩短立法周期"的立法创新目的,并在涉及到政府职能部门权限或省人大职权范围内的权责划分问题上,采取由省一级政府协调——主任会议前置协调的方式,在上会讨论前即解决问题,最大程度上杜绝可能发生的权责不一致现象。这种"短平快"立法模式并未在海南大规模推行,使得海南在过去一段时间的立法存在"难以用足"(立法数量与内地经济特区存在较大差距)、"难以用好"(部分法规篇幅较长,原则性、口号性条款过多,存在"为了立法而立法""大而全"等立法倾向)、"难以用巧"(创新不够,没有做到"大胆闯、大

---

① 符琼光:《关于海南经济特区立法的思考》,《海南大学学报(人文社会科学版)》1998 年第 3 期。

② 谭兵等:《海南经济特区立法研究》,南方出版社 2008 年版,第 119 页。

胆试")、"程序迟滞"(起草渠道单一、部门立法倾向明显、审议程序走过场)等问题。① 由此,可见在过去一段时间内,海南并未充分利用特区立法权,也未体现经济特区立法的根本性质——"变通"。

自贸港立法应当吸取过往经济特区立法的经验,切实保证在遵循《总体方案》《自贸港法》的基础上,发挥自贸港应具备的"变通"特性,通过独特的"短平快"立法机制,满足自由贸易港现行的立法需求。需要注意的是,"短平快"立法还有以下几个问题需要解决:第一,"短平快"立法对象是否特定。由于《自贸港法》第 10 条规定,海南自由贸易港立法权行使范围限于"贸易、投资及相关管理活动",表明"短平快"立法模式只能适用于上述范围。但是,《自贸港方案》要求海南应当在"贸易、投资、跨境资金流动、人员进出、运输来往自由便利和数据安全有序流动"上建立基本规则。那么,能否在上述立法权限范围内采用"短平快"立法模式,放胆变革创新旧法制秩序,开创新立法模式,是"短平快"立法模式运用面临的首要问题;第二,"短平快"立法程序是否特定。海南经济特区采取的"提出议案——审议立法"立法程序,能够最大程度打通立法环节,加快立法效率,也自然会引起是否逾越《立法法》规定之虞。能否在《立法法》授权范围内最大程度简便立法程序,是"短平快"立法模式面临的基础问题;第三,"短平快"立法是否可复制。立法探索成熟后可以被其他地方立法复制借鉴,甚至被国家立法吸收采纳,是立法创新的重要价值所在。② "短平快"立法模式在自贸港立法机制中运用成熟后,势必需要被其他地区加以复制,以适应移植地特色,填补当前我国地方立法模式缺陷。这就为"短平快"立法模式的实施实践提出了更高的要求:如何在通过立法确认自由贸易港改革成果、破解自贸港创新难题、引领自贸港改革进程的同时,更好的适应不同地区、不同环境的立法需要,是"短平快"立法模式面临的本质问题。

---

① 卢腾达:《用足用好海南经济特区立法权路径研究——以中国特色自由贸易港背景下完善法治保障为视角》,《人大研究》2020 年第 8 期。

② 《创制性立法:创造性开展地方立法的重要举措》,光明网,https://m.gmw.cn/baijia/2022-09/28/36053858.html。

对于海南而言,自贸港法规的制定权通过《自贸港法》得以最终确定后,即据授权享有包括一般地方立法权、经济特区所在省的立法权及海南自贸港法规制定权等三种不同性质立法权,"三重立法权"并驾齐驱的格局也就同时得以确立。① 对于海南省而言,如何通过多层次行使这一系列立法权力,更好地建设自由贸易港法规政策体系,已然成为创新自由贸易港立法模式的重要课题,具有明显的现实意义。有学者认为,自由贸易港立法权是适应海南自贸港特殊地位与本地特色,结合法定立法与授权立法模式特点的,专属于自贸港的立法权限。② 多层次创新立法,就是要在发挥自贸港立法权,最大程度发挥海南自主性的基础上,通过行使海南省地方立法权限与经济特区立法权限,立足于自由贸易港建设实际,健全并完善自由贸易港地方法规体系和法治体系,为自由贸易港建设提供政策制度指引和法治保障,将自由贸易港建设为"法律法规体系更加健全,风险防控体系更加严密"的制度创新高地。

为建设有"中国特色,海南味道"的自贸港法规制度体系,海南需要在遵循国家顶层设计的基础上,对接现行法律规范,科学梳理现行立法体制下立法创新所面临的制定、实践层面障碍,由此积极行动,将立法创新付诸于实践。贯彻落实习近平总书记"4·13 重要讲话"与 2022 年 4 月 13 日在海南考察时提出的"抓好海南自由贸易港建设总体方案和海南自由贸易港法贯彻落实,把制度集成创新摆在突出位置,强化中央统筹、部门支持、省抓落实工作推进机制"等有关自由贸易港建设的精神,实施中央"12 号文件"、《总体方案》的具体内容,对接《自由贸易港法》等一系列自由贸易港法律、政策,以"三重立法权"这一"三驾马车"机制的驱动充分激发、调动海南建设自贸港立法创新体制的积极性与主动性。自贸港创新立法基础就在于此:首先,在面对如封关运作海关监管、贸易活动自由边界设定等自贸港建

---

① 谭波:《海南自由贸易港法规的体系定位与衔接分析》,《重庆理工大学学报(社会科学)》2021 年第 5 期。

② 黄少宣:《自由贸易港法规立法创新研究——兼论海南地方立法模式发展》,《太原学院学报(社会科学版)》2021 年第 5 期。

设面临的核心、疑难问题时,可利用自贸港立法权,在中央授权的边界内积极进行有指向性、专门性特点的立法活动,提升自贸港法规的针对性与实用性,进而实现立法主动适应改革的创新需求;①其次,行使并充分利用经济特区立法权,立足自贸港建设实际,制定经济特区法规,是《自贸港方案》的明确要求。因具有运作模式成熟、涉及范围广、运作经验充分等特点,在面对经济发展、生态环境事项内亟需处理的法制问题时,可以积极通过行使经济特区立法权的模式进行变通立法。最后,属于城乡建设、历史文化保护等地方管理事务的,应运用一般地方立法权进行处理。充分行使、运用一般地方立法权,推动省一级与设区的市一级地方立法权有效互动,分层立法,由此落实中央相关政策与制度,维护法制统一,有十分重要的意义。

从经济特区发展到自贸港,"创新"一词在海南省地方立法中始终处于秉要执本的地位,不断地以创新谋发展,使自由贸易港法制永葆鲜活,是作为立法者应尽的使命。同时,结合中央制定政策与海南建设自由贸易港的实际需要,善用多层次立法权,勇敢地去创新、尝试、试错,做到在竞争中寻求比较优势,在法律中寻获弹性空间,在先行先试中留存变通余地,有效提升立法质量、水平,是彰显特区建设精神内涵,为推进新时代我国高水平对外开放、顺应世界发展趋势打下法制基础的重要表现。

二、自贸港立法创新权限②

我国现行立法体制框架确立于 1982 年《宪法》,2000 年《立法法》又进一步完善具体立法事项规则,涉及最高权力机关的专属立法事项、具体授权立法、扩大地方立法权限范围及部门规章制定权限等等。2015 年再次修订《立法法》,主要就立法体制、税收法定、授权立法、适当扩大设区的市地方立法权等内容,再进行修改完善。在授权立法时限、授权事项范围、授权适用原则、授权实施情况报告等方面,也做了更具体规定。直接规制和限定此

---

①　熊勇先:《论海南自由贸易港法规制定权及其行使》,《暨南学报(哲学社会科学版)》2022 年第 8 期。

②　刘云亮:《中国特色自由贸易港授权立法研究》,《政法论丛》2019 年第 3 期。

前包括经济特区立法在内的所有授权立法活动,形成我国较具有特色且相对完善的授权立法制度。此次修订还强化全国人大实施包括经济特区立法在内的行政法规地方性法规备案制度,积极处理有关国家机关和社会团体、企事业组织以及公民提出的审查建议。① 表明经济特区立法活动也纳入到修订后的立法法规范范畴,逐一事项授权立法、逐一事项备案、逐一事项报告的经济特区立法制度,让海南省人大及其常委会形式上,虽然仍充分享有经济特区立法权和省级地方立法权"双重立法"属性,但是严格的备案审查制和三个"逐一"制,足以制衡海南经济特区立法"任性""自主性"和"创新性"。面对此形,中国特色自由贸易港立法创新性又如何凸显,成为自贸港体制创新和法治创新的重要突破口。

（一）自贸港授权立法形式创新

值得肯定的是新修订的《立法法》,有助于促进我国全面深化改革和全面推进依法治国新发展,更加全面完善和规范我国授权立法制度和实践。全国人大及其常委会授权经济特区立法决定,许可被授权机关制定有关变通国家法律、行政法规的地方性法规,该变通即"有权依据具体情况,对法律、法规等上位阶法作非原则性的变动和突破"②。如此表明授权经济特区立法"初心",就是"变通""创新",是经济特区基于政策内容先行先试的改革策略,率先尝试试验性立法创新,探寻体制改革的立法依据,为体制创新优势进行相应的授权立法,保障突破性改革具有内容和形式的合法性。授权立法具有变通底线要求,其目的在于把控授权立法,确保授权立法对法律稳定性、统一性和权威性等不构成威胁。③ 如此构成我国立法制度的中央立法与地方立法关系的秩序性、持续性与和谐性,促进经济特区持续稳定有序推进法治创新和制度体制创新发展与完善。

设立自由贸易区,尝试打造一种新体制,推行投资负面清单制度,强化简政放权,实施创新法律制度。然而,我国设立的20多个自贸区并不是具

---

① 刘风景、李丹阳:《中国立法体制的调整与完善》,《学术研究》2015 年第 10 期。
② 庞凌:《关于经济特区授权立法变通规定的思考》,《学习与探索》2015 年第 1 期。
③ 尹德贵:《全面深化改革视野下的授权立法》,《学术交流》2015 年第 4 期。

有法律意义上的行政区划,往往分属于不同选择区域的"飞地",其行政管理、司法实务管辖等都具有非行政区域性,如此状态亟需通过自贸区立法创新,实现法治创新和推进创新管理体制,消除立法体制的阻碍。① 自贸区法律定位具有特殊性,其与经济特区一道尝试立法创新,"摸着石头过河"成为制度创新的心理支撑。防止改革乱象,避免改革风险,降低改革成本,亟需强化顶层设计,并鼓励大胆探索、先行先试创新法治。② 新修订《立法法》越是将多元化的立法制度进行完善,各层次的立法创新就越加艰难,经济特区和自贸区授权立法的完善与规范,也增加了经济特区和自贸区立法创新的难度和程序障碍与限制。如今建设中国特色自由贸易港,将"逐步探索、稳步推进海南自由贸易港建设,分步骤、分阶段建立自由贸易港政策体系。"③这"两步两分"(即逐步探索稳步推进与分步骤分阶段)的构建模式,更加需要能够充分彰显立法创新能力和法治保障力的自由贸易港立法制度。也预示自由贸易港政策创新与监管制度,将会受到来自现行法律或行政法规的强烈约束,通过政策和立法创新将产生与上位法矛盾,并引发法律冲突的风险。

建设中国特色自贸港,研究和探寻政策创新空间拓展的合法性问题,"两步两分"是一种强调渐进性的创新和突破,是亟需获得全国人大授权,创制一种不同于经济特区与自由贸易试验区的授权立法、且专门针对和适用于中国特色自由贸易港建设的特殊授权立法体制,即中国特色自由贸易港立法权制度。该制度核心在于立法形式上获得全国人大授权海南省人大及其常委会,享有制定专门适用海南自由贸易港建设所需的自由贸易港法规,使海南形成具有包括经济特区立法、省级地方立法和自由贸易港立法的"三权立法"机制。自由贸易港立法,将成为现行立法体制之外创新。其形式创新渴望来自全国人大创新授权立法,以此助推和创新发展我国多元化

① 刘沛佩:《对自贸区法治创新的立法反思》,《浙江工商大学学报》2015 年第 2 期。

② 张文显:《中国法治 40 年:历程、轨迹和经验》,《吉林大学社会科学学报》2018 年第 5 期。

③ 即中央"12 号文件"。

的立法体制,适应我国全面深化改革开放新需要新发展,满足自由贸易港建设所亟需的来自顶层设计意义的自下而上的改革试验所需。

（二）自贸港立法权限创新

创制中国特色自由贸易港立法新体制,不仅仅需要全国人大出台有关自由贸易港授权立法的决议,而且更重要的是明确自由贸易港立法权限、范畴、情形等内容。自贸港创新立法,更多关注和聚焦的问题在于,自贸港建设,究竟能够获得来自中央许可原本属于中央事权的授权范围。这涉及中央与海南自贸港建设所涉及的地方事权厘定与授权关系问题,突破地方事权一般意义上的界定,不仅需要有法理依据和实践所需,而且更需要创新的勇气和正当路径。

世界各国有关事权认知与划定,中央与地方事权划分标准,都与各国政治、经济、文化习惯、民族、宗教及其法治文明等因素紧密相关,国体与政体、国家结构形式与地理区域位置等也影响和决定中央与地方事权关系。立法事权在中央与地方之间划分标准,更多考虑地方立法权本质属性与属地现实情况相结合。我国国体与政体国情,中央集权与单一制结构中央权威,决定了立法事权更加集中于中央。立法明确地方立法权的范围,可以赋权与控权的功用,也可防控地方政府间的立法竞争。在规制事权配置路径上,主张原则上与事权实施的配置相适应,但也不一定强求立法权与事权实施完全对应,中央可依实际情况采取相应授权等路径进行配置。诸如,财政基本法"三类三级"配置路径,即中央政府事权、地方政府事权和中央与地方政府共享事权,分别对于三种配置路径。划分地方性事务与中央性事务,是厘定地方立法权限的重要前提。建设中国特色自贸港,赋予自贸港授权立法,创制自贸港立法权,将直接构成对十一项中央专属事权的挑战。自贸港立法创新,将再次考验我国立法体制的统一性和多样性。解放思想,敢试敢闯,制度创新,成为海南建设中国特色自由贸易港的精神所现。授权试行,激发主体,放胆创新,释放活力,成为建设海南自由贸易港的基本路径。

促进自贸港立法创新,也将再次考验和检验中央与地方立法权的黄金分割点。事实上,两者平衡并不是绝对的,在中央与地方权限分割中,寻求创新发展的新平衡机制,不仅可以彰显权力合理的纵向配置,提高公共部门履行职责的质量和效率,从而最大限度地促进社会福利的增长,[1]而且无论是联邦制国家的地方权力范围由地方宪法所保障,或是单一制国家的地方立法权却由中央政府通过修改宪法来实现。[2] 其理论依据,源自显现信息优势和简化管制结构的"事务管辖权"配置原则。科斯曾言,搜集信息、制定法规与政策和执行活动花费等因素决定了政府管制成本,"信息优势"是政府降低管制成本的核心要素和基本关注点。[3] 适当授权或放权,调动地方事权管辖的积极性,激活地方创造力,释放海南建设自贸港立法活力,另个层面上展示我国多元化的立法体制,从完善再到更完善,进而又实现新完善的螺旋式上升发展态势。

(三) 自贸港立法程序创新

法治保障,程序优先。授权立法,创新程序。海南建设自贸港,寻求体制新优势。《立法法》更多赋予地方立法权,但其立法程序上更加强化合法性,突出实施地方立法备案制度,涉及合法性审查的情形、审查机关及其审查权限,体现授权或放权的同时,强化和加大对地方立法的监督。立法程序的正当性与合法性,规定集中表现为立法权限依据的充分性和程序规则的具体性。十三届全国人大一次会议通过宪法修正案,决定设置宪法和法律委员会,负责合宪性审查以及有关地方法规合法性审查等方面工作。地方立法,无论是职权立法,还是授权立法,受各种主客观因素影响和制约,如认知规制内容不充分、立法能力有限、地方当局或部门意志等等,都影响地方立法或经济特区立法质量。《立法法》规定备案审查适用对象除全国人大及其常委会所制定法律之外的所有行政法规、地方法规和经济特区法规等

---

① Jonathan Rodden,Comparative Federalism and Decentralization:On Meaning and Measurement,4 Comparative Politics 2004,P 482.

② Ronald Watts,Comparing Federal Systems(Montreal:McGill-Queen's University Press,2008),P 83.

③ 朱新力、余军:《行政法视域下权力清单制度的重构》,《中国社会科学》2018 年第 4 期。

等。这表明备案审查是合宪性审查与合法性审查的衔接与协调，有平行原则、合法性审查优先原则等两项原则，而且还主张吸纳合宪审查的精神，拓展备案审查的范围和层次，实现两者融合。① 立法程序上设定合法性审查、合宪性审查制度，是依据正当程序理论和更多地方立法或授权立法的实践所需而确定的。全国人大常委会有权撤销地方性法规，其依据在于下级权力机关须就地方法规，向上级权力机关备案或审查制度，重点审查"超越权限""下位法违反上位法规定"及"违背法定程序"等三种情形，以便审查和鉴定该立法程序的合法性。因此，海南自贸港授权立法具有特殊性，其特殊性不仅表现在自贸港立法权来自于全国人大或全国人大常委会授权决议，而且授权的立法权限远超越经济特区立法权。自贸港立法在程序上可主张依据授权决议，豁免其合法性审查程序，待自贸港法规试行一段时间，创新机制稳定和完善后，方启动和适用相应的合法性审查程序。如此，更加便于促进创新自贸港体制形成。

尝试自贸港立法程序创新，旨在促进制定海南自贸港所需特色法规。如果依然启动合法性或合宪性审查，逻辑上就会导致否定海南自贸港法律地位及其法规创制的法律意义。因此，主张自贸港法规，在适当合理试行期限内，不受《立法法》有关条款所规定的合法性审查制度约束，不仅具有其法理依据和实践价值意义，而且更需要实现立法先行与创新同步。自贸港立法先行，就是立法保障和鼓励创新，鼓励通过自贸港立法，适用特殊、快速、有效的立法程序，将中央赋予海南建设中国特色自贸港特殊政策，转化为先立、先行、先闯的自贸港法规。

（四）自贸港立法权限拓展

全国人大及其常务委员会通过授权立法决议，赋予自贸港享有立法权。这将是海南自贸港法治建设的基本路径，是自贸港建设立法先行的基本要求和趋势所向。自贸港立法权限事项、内容、范围、情形及其条件等方面问题，更需聚焦研究。赋予自贸港立法权，不仅是展示国家改革开放政策的顶

---

① 苗连营:《合宪性审查的制度雏形及其展开》,《法学评论》2018 年第 6 期。

层设计方向,而且还要充分发扬特区敢闯、敢试、敢干的精神,促进自贸港法治保障。

建设自贸港,关键是如何将授权立法的政策优势转变自贸港体制新优势。中央给予海南自贸港怎样的政策和如何创新机制,需要海南充分运用自贸港立法权,将中央立法政策的转变为地方立法权的新一轮发展提供了契机。海南自贸港立法权,与经济特区立法权相比,尽管两者属性上同属全国人大授权立法,然而前者更加凸显自贸港特色内容,尤其在立法内容上涉及贸易投资自由、金融货币自由、出入境自由等方面创新体制,尝试下放或授权一定权限,归属海南自贸港行使创新"实验""试验"功能,充分激发和调动海南自贸港立法积极性和主动性。

有关地方立法权限范围,焦点更多落在《立法法》规定十一项内容事项。一般地方立法活动也只能在这十一项内容范围之外开展,即使是经济特区立法或自贸区立法也未能凭借授权立法,涉足这些事项。事实上,有关十一项事项的立法条件不成熟时,全国人大及其常委会有权授权国务院,先行制定有关部分事项的行政法规,但不涉及有关犯罪和刑罚、对公民政治权利的剥夺和限制人身自由的强制措施和处罚、司法制度等事项。如此表明,这十一项事权可以有一定例外,可以例外之外再有条件依法授权。建设自贸港亟需创新体制,创建新关境监管制度,将涉及重构财政、海关、金融和外贸等基本经济制度,调整有关经济活动犯罪和刑罚制度,甚至在诉讼和仲裁制度方面也亟需进行便利化改革相关制度等。

有关海南自贸港授权立法,形式上不适宜适用前者,适宜后者可能性和必要性更充分些。因为自贸港亟需授权立法,并不是一般意义的地方立法所求,而是特定区域创新经济体制、创制新法所需,这与现行《立法法》的规定也是相吻合的。全国人大及其常委会给国务院的授权、省级人大及其常委会等给省级人民政府的授权应主要属于创制新法的权力,全国人大给经济特区立法机关的授权则应属于局部中止现行法和创制新法的权力。[1]　正

---

[1]　杨登峰:《行政改革试验授权制度的法理分析》,《中国社会科学》2018 年第 9 期。

是因为授权创制新法,也才显示出其立法授权的时限性和适用内容的试验性,授权立法将为正式立法积累经验。有关自贸港立法授权,无论形式内容都是综合的和深层次的授权,后者授权往往是单一改革事项涉及具体措施的授权。自贸港授权立法倘若仍适用后者授权,仍采取"摸着石头过河"以改革试点决定的形式尝试授权立法,则难以适应自贸港建设所需。海南自贸港立法在理念和路径上,更加渴望在"深水区"自由自在地游泳,而不是保持"摸着石头过河"下探索式游泳。自贸港需要更多、更大的创新发展空间,需要更深层次、更加全面系统的改革开放,亟需得到更加充分、更能完整展示建设自贸港主动性和创造性的授权立法。

（五）简化自贸港法规备案程序

中央立法十一项事项涉及内容之重要性,不仅体现在《立法法》专门就授权立法做出专门条款内容规制,而且还单列第五章"适用与备案审查"专门规定行政法规、地方性法规、自治条例和单行条例、规章的适用效力和备案制度问题。第106条还规定了依授权立法的法规,报授权决定机关备案,事实上要求经济特区法规仍需报送备案,而且还需就有关变通情况进行说明。以此强化非法律的法规、规章适用效力的严肃性和效力审查程序性的法律意义,增强立法活动严肃性和法规规章权威性。自由贸易港授权立法,因其更需要赋予立法创造性、主动性和试验性,尤其强化注重其立法及时性和先行性,在认定其立法效力、适用其法规备案程序等方面,更需要慎之又慎。自由贸易港授权立法,不仅其立法权要创新范围,扩其权限,其法规备案程序也需要简化便利易行。倘若仍依现行备案制度行事,仍实施"一事项、一授权、一备案"制,将会极大挫伤建设自由贸易港的积极性和创新性,自由贸易港法规很难及时充分发挥其试验性法规效能。适用授权立法,目的就是推进试验性立法,若依繁苛程序和条件前置其效力适用,则会影响或抑制授权立法的适用意义。试验立法之"试验"流于形式的深层根源在于,在试验名义下,立法者对其立法的正当性与科学性的论证义务被弱化。

海南自贸港建设"先行先试",其立法当然归属试验性立法,且属于下位法,其最大特色和优势就是突破现行法秩序,创新体制,其最大风险就是很有可能与现行上位法律规范相抵触,根本上违背"下位法不得与上位法相抵触"立法原则,导致其合法性受到质疑。全国人大常委会对下位法进行合宪性或合法性审查,其途径主要有主动备案审查或被动审查,审查客体主要聚焦主体是否适格、内容是否违宪违法等等。① 合法性审查与立法法所明确的地方立法与经济特区立法备案制,有着极其密切关联性。改革开放的立法先行,于法有据与立法备案,实施合宪性和合法性审查都是相互依存、相互促进的。在改革开放和经济社会发展中,坚持立法先行,发挥立法引领和推动作用。这是实现立法和改革决策相衔接,保障重大改革于法有据的重要路径和程序要求。自贸港授权立法,其创新体制和促进改革的试验性和保障性功能,需要划定和确认与现行《立法法》有关备案审查制度内容要求相比,更加简便易行的程序规则。如何设置或简化自贸港立法的备案程序,也由此成为自贸港立法创新要求。

海南建设自贸港急需推进有关自贸港立法活动,拓展海南自贸港立法权限,属于中国特色自贸港法治建设的顶层设计重大事项,其路径可否考虑如下:即由推进海南全面深化改革开放领导小组,根据海南自贸港建设实际情况,决定向中央全面依法治国委员会,提出授权海南省人大及其常委会,享有自贸港立法权决议的建议。中央全面依法治国委员会,将根据海南建设中国特色自贸港的立法体制创新要求,提请全国人大及其常委会,建议授权海南省人大及其常委会,制定有关自贸港建设相适应的法规,并明确自贸港立法事项、权限、适用程序及其风险防控等有关内容,全国人大及其常委会由此启动海南自贸港立法授权的动议。

三、自贸港立法创新内容

(一) 财政税收方向的立法创新

财税政策是客观经济规律的一定反映,是政府干预经济活动的主要调

---

① 范进学:《论中国合宪性审查制度的特色与风格》,《政法论丛》2018 年第 3 期。

控手段,也是公共政策的重要组成部分,更是政府在一定意识形态下的产物。自贸港建设需要有与其相配的财政税收政策支持,在开发建设期不能脱离中央财政。故而充分发挥全国上下制度一盘棋与集中力量办大事的制度优势,采取积极的财政政策,推行税制简化,是当前自由贸易港建设的主要任务。《自贸港法》第四章对自贸港财税制度作出了规定,确认中央财政支持的适用期间限于"在海南自由贸易港开发建设阶段",并且应"结合税制建设情况,确定适当的支持力度"。中国特色自贸港性质要求立法主体积极创新,通过制定的积极财税政策制度,充分发挥贸易财税制度本身具有的宏观调控特质,实施具有吸引力的地域化财政税收管理机制,使重大改革于法有据,为自贸港基础设施建设提供支持。

财政政策是国家制定的指导财政分配活动和处理各种财政分配关系的基本准则。是客观存在的财政分配关系在国家意志上的反映。一般而言,财政政策涉及补贴与投资两大方面。在自贸港视域下,当前海南省具有"产业结构单一,人口稀少,市场格局小,经济基础较差,基础设施不够完善"等问题,故内部财政资源相对有限,在全岛封关后能否支撑高速发展仍是未知数。① 因此,建设自贸港财税制度,首要任务即是对基础性、公益性设施项目作出投资,通过立法创新,在自贸港范围内实行不同于内地的差异化财政政策制度,促进财税补贴由直接向间接转变,在微观层面降低"引进"企业的运营成本与技术创新风险,促进资金良性运转,增加经济效益,通过有效的财政政策支持,产生相关产业集聚效应,引导产业结构优化升级,并由此改进企业管理模式,提升自贸港在全球范围内的综合竞争实力与发展水平。②

税收政策在自贸港建设中具有重要地位,税收制度的简化不仅是税收政策的重要一环,还是与境外发达自贸港对标的重要举措。《自贸港方案》

---

① 崔馨心、陈朝晖:《〈海南自由贸易港法〉中税收制度的实施》,《天津法学》2022年第1期。

② 贾康等:《海南自由贸易港财税制度建设的国际经验借鉴》,《财会月刊》2021年第22期。

要求海南以特殊的税收制度安排作为构建自贸港政策制度体系的保障,并按照零关税、低税率、简税制、强法治、分阶段的"十五字原则",逐步建立与高水平自由贸易港相适应的税收制度。在 2025 年前应当完成对增值税、消费税、车辆购置税、城市维护建设税等相应税目的简并,并启动征收销售税的调研工作,并在 2035 年前进一步推进财税体制改革,简明税制,扩大海南地方管理权限。但是,相较于国际知名的自贸港,海南自由贸易港的税收制度与环境尚未达到国际水平,难以实现建设自贸港的最终目标。① 因此,自贸港税收制度的建构需要把握制度集成创新原则,通过立法创新模式遵循税收法定主义,并由此构建国内领先、世界一流的税收制度体系,为自贸港全岛封关奠定制度基础。

根据《自贸港法》第 27 条规定,由海南省政府会同国务院有关部门及时提出税制改革简化的具体方案,保障自由贸易港税收制度建设与税制体系改革依法推进,促使自贸港各项税收政策落地生效。目前,国务院各部委与海南省政府已相继出台了关于游艇、交通工具、自用生产设备等物品"零关税"的实施办法,以及数部关于自由贸易港税收制度的部门规章与规范性法律文件,目的在于建成与境外高水平自贸港相适应的中国特色自贸港税收政策体系,并以海南为样板,为全国性的税制改革提供可复制的有效经验。

从海南省层面看,自贸港税收制度建设需要贯彻《总体方案》要求,从顶层设计着眼,对国内外税收征收进行一揽子布置,并根据自贸港建设的实际情况,通过制度创新、立法创新,对可能产生的全新税收业务(如封关后的进出口"零关税"制度)进行规制。② 同时,可由税类税目税种的相互依托出发,通盘谋划,分阶段、分步骤推动税收制度改革,通过协调一致的税收制度形成制度合力,为自贸港经济社会发展提供强有力的保障。

---

① 黄少宣、刘云亮:《海南自由贸易港税制简化研究》,《海南金融》2021 年第 12 期。

② 郭永泉:《海南自由贸易港税收制度集成创新的重点难点问题及对策建议》,《税收经济研究》2021 年第 6 期。

（二）生态环境方向的立法创新

海南省位于中国最南端,行政区域包括海南岛、西沙群岛、中沙群岛、南沙群岛的岛礁及其海域,是全国面积最大的经济特区,拥有全国最好的生态环境,具有成为全国改革开放试验田的独特优势。海南地处热带边缘,是一个热带省份,属热带海洋性季风气候,冬季吹偏北风,夏季吹偏南风,素有"天然大温室"的美称,且全年无霜冻,冬季温暖,是中国南繁育种的理想基地。① 优越的生态环境是海南建自由贸易港的根本保障,也是促进海南可持续发展的重要优势。2021 年,海南省空气优良天数比例为 99.4%,其中优级天数比例为 83.1%,良级天数比例为 16.3%;在省属 19 个市县中,三沙、五指山、琼中等 3 个市县环境空气质量达到国家一级标准,其余市县均达到国家二级标准;全省地表水水质为优,水质优良(Ⅰ～Ⅲ类)比例为 92.2%,劣 Ⅴ 类比例为 1.6%;全省主要河流水质为优,监测的 76 条主要河流 141 个断面中,Ⅰ～Ⅲ类水质比例为 91.5%,同比持平劣 Ⅴ 类比例为 2.1%,同比上升 1.4 个百分点;全省 18 个市县(不含三沙市)的生态环境状况指数介于 70.36 至 91.65 之间,平均为 80.41,生态环境状况等级为优,全省植被覆盖度高,生物多样性丰富,生态系统稳定。② 在庆祝海南建设办经济特区三十周年大会上,习近平总书记指出:海南要牢固树立和全面践行绿水青山就是金山银山的理念,在生态文明体制改革上先行一步,为全国生态文明建设作出表率。海南省委主要负责同志要求海南省打造国家生态文明试验区,做到"在生态文明体制改革上先行一步,实行最严格的生态环境保护制度,构建高效统一的规划管理体系,完善以绿色发展为导向的考核评价机制,推动全省生态文明建设达到并保持国际一流水平"。③ 海南建设国家

① 《海南史志:第一章 区划、环境及资源》,海南史志网,https://www.hnszw.org.cn/xiangqing.php? ID＝94101。

② 《2021 年海南生态环境状况公报》,海南省生态环境厅网站,http://hnsthb.hainan.gov.cn/xxgk/0200/0202/hjzl/hjzkgb/202206/t20220602_3205707.html。

③ 《锚定"一本三基四梁八柱"战略框架加快建设中国特色自由贸易港》,《求是》2022 年第 11 期。

生态文明试验区,目的在于探索生态环境保护制度、生态资源利用制度、生态责任—风险防控制度建立建成,形成一批可复制、可推广的生态文明成果,为全国的生态环境建设作出表率。

目前海南省的生态环境建设仍存诸多问题:对环保工作重要性认识不足,生活垃圾及渗滤液污染问题整改不力,环境基础设施建设落后;自然保护区管控不力。2016 年中央第一轮环境保护督察反馈问题涉及关于自然保护区项整改就有 13 项;此外,环境保护工作力度推进不足,环境治理能力较差,缺乏相应环境立法规划,存在从队伍、制度到理念的众多不足。

2019 年 5 月,中共中央办公厅、国务院办公厅根据中央"12 号文件"和中央办公厅、国务院办公厅印发的《关于设立统一规范的国家生态文明试验区的意见》,制定了《国家生态文明试验区(海南)实施方案》,要求海南在 2025 年达成"生态文明制度更加完善,生态文明领域治理体系和治理能力现代化水平明显提高,生态环境质量继续保持全国领先水平"的生态环境建设目标,这与《总体方案》对海南省打造自贸港生态文明试验区,创新生态文明体制机制的要求不谋而合。自贸港生态环境的保护需要遵循"法治引领、立法先行"的原则,从自身实际情况出发,充分运用经济特区立法权与自由贸易港立法权,结合《自由贸易港法》,配套进行自由贸易港生态环境立法,完善相关法律法规。① 具体而言,海南可从三方面展开生态环境立法:一是生态环境保护。通过立法建立环境治理体系、绿色低碳循环经济法律体系,严格执行自贸港系列环境保护法律法规,完善国家公园等自然保护地建设,以"生态环境积分""排污许可"制约企业滥排滥放现象,倒逼企业主动采取手段保护环境,提升群众环保意识;二是资源利用发展。通过立法制定相关政策程序,通过环境行政许可,行政监督管理等方式实现对生态资源的合理利用与高效分配,维护国家作为资源所有者的权益,促使企业合理

---

① 李猛:《双碳背景下海南自由贸易港绿色低碳循环发展经济体系构建》,《经济体制改革》2022 年第 3 期。

利用生态资源;三是生态权责一体。落实严格生态执法,确立"权责一体"理念,开展专门执法专项行动。同时,相关职能部门积极普及《海南省环境保护条例》《海南省水污染条例》等生态环境保护法律法规,发挥法的教育作用,震慑危害环境的不法分子。

（三）社会治理方向的立法创新

社会治理的内容涉及政府、社会组织、企事业单位、社区以及个人等多种主体,通过平等的合作、对话、协商、沟通等多元化方式,依法推进社会事务、社会组织和社会生活的规范化,其目的追求实现公共利益最大化。中央"12号文件"对自由贸易港的社会治理作出了三阶段战略目标安排:第一阶段目标是到2025年明显提高社会治理体系和治理能力现代化水平;第二阶段目标是到2035年基本形成现代社会治理格局,共建共治共享的社会治理制度基本完善,高效的社会治理体系基本成熟,社会充满活力又和谐有序;第三阶段目标是到本世纪中叶实现自由贸易港社会治理现代化。根据《总体方案》规定,海南省应当推进政府机构改革和政府职能转变,在2035年前建立"系统完备、科学规范、运行有效的自由贸易港社会治理体系",自由贸易港社会治理体系应当是共建共治共享的社会治理新格局的生动体现,以立法创新模式为自由贸易港社会治理打下坚实法制基础,推动政府职能转变,是自由贸易港社会治理体系建设的应有之义。《自由贸易港建设白皮书(2021)》明确,海南要在2025年前实现建立"精细智能社会治理样板区"的战略目标,推动政府服务"零跑动"改革,利用互联网大数据加快推进全省一体化在线政府服务平台和"互联网+"监管系统建设,完善监管模式,从根本上打破部门间信息壁垒,打造良好的社会治理格局。由此,建设与当前自由贸易港发展相适应的自由贸易港社会治理格局体系,创新、完善社会治理模式,已成为建设自由贸易港的关键问题。

综上所述,自贸港社会治理机制创新需要在法治引领下进行,以《自贸港法》为基础,灵活运用特区立法权与自由贸易港政策制度,完成"高效、灵活、服务人民"这一社会治理目标。第一,创新基层治理模式。自贸港的政府治理须以"精简、高效、统一、灵活"为主要特点,并兼具政府机构和商业机构的性质。① 自贸港应当参照新加坡、迪拜等先进自由港的有益经验,从海南实际情况出发,深化推动"放管服"改革,推进基层法治型党组织建设,将权力与资源下放到基层中,侧重于提供精准化、精细化服务,不断加强法治宣传,提高政府行政职能与行政效率;第二,创新信息治理模式。随时代与社会发展,信息技术、数据越来越成为数字资源中最为关键的部分,具有极高的经济价值。培养高水平开放型经济发展体制,首要任务就是发展数字经济。自贸港应当"分阶段、分步骤"推进跨境信息数据自由流动,并加强监管。《自贸港方案》对数据安全有序流动作出了专项制度安排,并提出要开放增值电信业务、及时开展国际互联网数据交互试点。还应在积极总结试点经验的基础上建立风险防控机制,尽量在 2025 年全岛封关前后实现数据自由流动;第三,创新群众参与模式。党的二十大报告把发展全过程人民民主,确定为中国式现代化的本质内容要求,就"发展全过程人民民主,保障人民当家作主"作出全面部署和明确要求。在社会治理创新过程中,海南应当积极利用地方各级人民代表大会制度机制,开拓更多制度化民主参与途径,让人民群众参与到公共事务、基层民主立法的监督、表决和管理过程中,积极培育民众的参与精神,化解矛盾冲突,应对社会风险事件。②第四,创新党建引领模式。治国安邦,重在基层;管党治党,重在基础。加强党建引领下的基层社会治理创新,是推进国家治理体系和治理能力现代化的重要内容。③ 以基层党组织为抓手,发挥中国共产党基层党组织体系的灵活作用,有效运作党组织,促进自由贸易港社会治理创新,实现充分社会共治,是一条现实可行的路径。

---

① 夏锋:《中国特色自由贸易港治理体系框架建构与制度创新》,《经济体制改革》2020年第 4 期。

② 吴方彦:《建设海南自由贸易港社会治理共同体的现实路径》,《南海学刊》2021 年第 2 期。

③ 中央党校(国家行政学院)党建引领基层治理创新调研组:《党建引领基层社会治理创新实践》,中国人大网,http://www.npc.gov.cn/npc/c30834/202001/f1aaeadb6fb944299dd5-d5225fda582b.shtml。

第三节　自贸港立法创新体制新活力

我国现有的立法体制确立于 1982 年的《宪法》,现行宪法以专章的形式规定了国家机关的构成体系,明确了国家权力机关与行政机关、司法机关、监察机关以及中央与地方权限划分的关系①。2015 年的《立法法》修正案,针对立法体制创新、授权立法形式创新、授权立法具体权限事项、地方立法权扩容上作出了进一步全新的规定。同时,也强化了全国人大常委会对于经济特区法规在内的授权性行政法规、地方性法规的备案制度进行进一步严格规制,积极处理对有关法规合宪性、合法性提出的审查建议作出有效回应。《自贸港法》第 10 条也明确了有关海南自贸港法规的严格备案程序和批准程序。海南省人大及其常委会虽拥有一般地方性法规、经济特区法规和自贸港法规立法权的"三重立法"属性,但是严格的备案和批准审查程序,对海南自贸港地方立法的积极性、自主性和创新性作出一定的制衡限制。面对严格规范审查程序,自贸港立法创新机制如何创新完善,成为自贸港法治创新和立法模式优化的现实关键问题。

一、自贸港授权立法创新体制

新修订的《立法法》和新出台的《海南自由贸易港法》,都是对我国全面深化改革开放和全面依法治国加速推进的有力促进,是对改革先行示范区进行自主探索,开展各项先行先试的法治保障,进一步完善我国授权立法制度的理论与实践。《自贸港法》的新型授权立法模式,丰富了我国地方法规种类的制度体系,规定了自贸港法规新型地方立法权,授权海南省人大及常委会创制变通有关国家法律、行政法规事项,对法律、行政法规专属的调整

①　苏海平、陈秋云:《法治视野下的自由贸易港立法权研究——基于央地立法权限互动的视角》,《上海对外经贸大学学报》2022 年第 5 期。

事项进行有限的变动和适度的突破①。如此规定表明了自贸港立法创新机制的核心内容,在于授权立法模式的变通和创制。自贸港基于中央对海南的专门政策内容和上位法的依据,率先对有关先行先试的事项进行立法探索,积极主动对标国际经贸规则,探寻自贸港政策和制度体系的创新机制,用好用足自贸港法规制定权和经济特区立法权,为体制创新和多元化发展进行相应的授权立法,保障先行试改革具有合法依据和形式内容的合法性。自贸港是我国完善对外开放体制、建立高水平的开放型市场经济体制以及对接国际社会的重要窗口,始终以中国特色社会主义制度为本质要求,在世界自由港的发展史上是史无前例的开创路径,作为一个经济基础弱且产业结构单一,人口较少且农业为主导的岛屿经济体来说,海南将面临一系列改革发展的困境。立法先行和法治创新将为海南的新一轮开放与发展提供根本保障和道路指引,以确保海南在法治的引领和推动下全面深化改革开放,因此海南自贸港应当重视法治创新的价值功能,尤其重视立法创新的建设完善。

海南自贸港致力于打造全球开放水平最高的开放形态,自贸港需要全方位推进改革创新,《自贸港方案》对海南自贸港建设和管理过程中各项政策和措施作了全面的规定,而各项改革措施的推进需要系统完备的法律规范来支撑,从而确保改革与法治协同推进,获得在现行法律下逾越"红线"的适法性。由此,《自贸港方案》明确提出要建立以海南自由贸易港法为基础的地方法治体系。《自贸港法》实施后,为海南自贸港建设提供了基础性和框架性的一般规范保障,体现了法治先行是改革发展的制度顶层设计,彰显了立法创新之于一个地区甚至一国之重要性。②《自贸港法》是海南自贸港建设的专门法与特别法,对海南自贸港建设与发展的总体性问题和基本政策措施,进行了统一性的概括法律规范供给,但其未对海南自贸港建设过

---

① 韩龙、戚红梅:《海南自由贸易港法(草案)的三维透视与修改建议》,《海南大学学报》(人文社会科学版)2021年第2期。

② 刘云亮:《中国特色自由贸易港建设法治先行论》,《上海政法学院学报》2022年第1期。

程中的各项领域和重要制度作出全面事无巨细的规定,所以无法完全协调好自贸港建设中的立法需求与供给的辩证性问题。根据《自贸港方案》的规定,地方法规与商事纠纷解决机制是自贸港法治体系的重要构成元素。因此,在实施自贸港配套法规建设的专项规划中,应在遵循《自贸港法》的基本原则和规定上,充分将各种不同的地方法规有机衔接,创新海南自贸港法规体系建构,为特定经济功能区域的发展提供充足且优势的立法供给。为了促成海南自贸港法治体系的建构与完善,在《立法法》授予了海南双重立法权的基础上,《自贸港法》对海南省人大及其常委会进行了全新的立法授权种类和模式①。依据《自贸港法》规定,海南省人大及其常委会依法可以制定与投资、贸易及其管理活动有关的自贸港法规,该项特殊地方立法权更加聚焦且变通幅度较为宽泛,可以对《立法法》第 11 条规定的国家法律、行政法规专门的事项进行创制或变通,这极大地拓宽和丰富了海南自贸港的地方立法权限,为满足海南自贸港高质量发展与高水平开放相衔接提供了有效的立法创新保障促进机制,并能促进海南自贸港建设开展相应的调法调规行动,进一步加快建设自贸港法规体系。作为全国人大常委会单独对专门地区作出的单独授权立法的制度安排,自贸港法规立法权与其他三种地方立法权(一般地方性法规立法权、特区法规立法权、民族自治法规立法权)有着较大差异。

当前,有部分学者从授权立法角度分析了自贸港法规的性质及其与其他立法的衔接,并对自贸港法规制定权行使后的潜在风险与立法监督保障机制等方面的内容进行了分析②。作为一种新型的授权立法权,自贸港法规制定权的权属来源与根本性质还需进一步深析,需要围绕其立法属性和权限范围,对其行使的范围与程序要求进行深入分析,从而进一步明晰其运行规则与立法权限边界。此外,海南省人大及其常委会分别拥有四种不同

---

① 韩逸畴:《海南自由贸易港建设对接高标准国际规则——重点、难点问题与解决路径》,《经贸法律评论》2021 年第 4 期。

② 刘云亮、翁小茜:《中国特色自由贸易港授权立法风险防控机制研究》,《海南大学学报(人文社会科学版)》2021 年第 5 期。

类型的地方立法权,为了充分发挥不同地方立法权的立法功能优势,应当明确各类地方法规的属性及立法权限与适用范围,界定各类立法权行使的具体位阶效力,进一步发挥海南多重地方立法权的独特法治优势,从而促进海南自贸港政策制度和法治体系的建设,为海南自贸港建设与发展提供规范支撑①。因而,在《自贸港法》生效施行后,海南自贸港的立法体制就由自由贸易港法规立法权、经济特区法规立法权、地方性法规立法权以及民族自治法规立法权构成,其中自贸港法规立法权是海南相较于国内其他经济特区和其他自由贸易试验区独有的地方立法权,一定意义上丰富了海南的地方法治体系,从效力位阶上来看,自贸港法规应当高于或等同于经济特区法规(因为自贸港法规的内容比经济特区法规更加聚焦且能涉及国家法律保留事项),高于一般地方性法规,低于民族自治法规,经济特区法规则介于自贸港法规与一般地方性法规之间,但效力应当高于一般地方性法规,和自贸港法规一样,在特定事项调整上效力低于民族自治法规。主要是因为民族自治法规涉及《宪法》确立的国家基本政治制度—民族区域自治制度,从规范依据上有宪制基础,而自贸港法规和经济特区法规更多承载的是一种改革试验功能,带有试验性、时效性和试错性。

从时代背景和功能定位来看,自贸港的属性及概念与经济特区、综合保税区以及自贸试验区等有着本质的差别。虽然自贸港与经济特区在经济属性和定位性质上有一定相似性,都扮演着国内改革开放试验田的重要区域角色,但这并不意味着自贸港是经济特区的一种形式,也不代表自贸港是经济特区的简单升级版,两者的法律定义上也并非是相互包含和转化的关系②。根据我国的区域发展实践,经济特区和自贸港之间并没有直接必然联系,虽然两者也存在一些共性,经济特区的相关法律法规也不是自贸港法律制度的组成部分,也不完全适应自由贸易港的开放与发展建设需求。如上海浦东新区法规的制定权,在法律性质上属于经济特区法规,在法律地位

① 张牧君:《海南自由贸易港建设的目标、挑战及立法应对》,《东南学术》2021 年第 2 期。
② 胡加祥:《我国自由贸易港建设的法治创新及其意义》,《东方法学》2018 年第 4 期。

和自贸港法规也有着本质区别。① 全国人大常委会依据授权决定授予上海市人大及其常委会制定浦东新区法规,可以对法律、行政法规事项进行变通,但不是根据《立法法》第 84 条制定的经济特区法规。从法理上来论证,经济特区法规制定权来源于全国人大授权,在效力上要高于一般的地方性法规。由于《自贸港法》的性质是法律,应当由全国人大及其常委会制定,那么《自贸港法》第 10 条里对自贸港的授权立法机制,海南省人大及其常委会制定的自贸港法规在效力上与经济特区法规相当,在特殊事项上可能会高于经济特区法规的效力。② 可见,自贸港并非是经济特区的组成部分和简单升级版,而是经过在自由贸易试验区和经济特区先行发展后进一步对更好水平的开放模式和更加健全的经济体制建设而做出的"境内关外"的全球最高水平对外开放形态的探索升级,是一项全新的重大发展战略。由此可知,即使海南兼具省级行政区域、经济特区、多民族聚居区和自由贸易港的多重地域角色,在法律定义上明确不同经济功能类型是有现实必要且具有示范意义的。

总体来看,《自贸港法》明确海南地方立法权新形态有助于明确精准定义自贸港的国际通行概念并确定其多元化内涵,有利于统一学界对于自贸港法律地位的认知,促进国际上对于中国特色自贸港的国际认同感,也有利于海南自贸港进行多元化的制度集成创新,自贸港授权立法创新机制将构成了海南自贸港实现法治海南建设规划目标的前提和基础。以立法的明确形式授权自贸港新型地方立法权的规范形式,可以有效地在特殊复杂的国

---

① 为贯彻落实习近平总书记在浦东开发开放 30 周年庆祝大会上的重要讲话精神和党中央、国务院《关于支持浦东新区高水平改革开放打造社会主义现代化建设引领区的意见》(以下简称"《意见》"),2021 年 6 月,十三届全国人大常委会第二十九次会议审议通过《关于授权上海市人民代表大会及其常务委员会制定浦东新区法规的决定》,授权上海市人大及其常委会根据浦东改革创新实践需要,遵循宪法规定以及法律和行政法规基本原则,制定浦东新区法规,在浦东新区实施。与此同时,全国人大常委会制定《海南自由贸易港法》,规定海南省人大及其常委会有权制定海南自由贸易港法规。至此,经济特区、浦东新区、海南自由贸易港等改革开放前沿阵地,都由法律或者有关法律问题的决定作出特殊的地方立法安排。

② 谭波:《海南自由贸易港法规的体系定位与衔接分析》,《重庆理工大学学报(社会科学版)》2021 年第 5 期。

际经济形势下和国内较大的区域竞争环境下,为海南争取到必要的法权优势,提升海南自贸港在国内外对各项人力要素和资本要素的吸引力,产生"虹吸效应",提升地区发展的内外竞争力。《自贸港法》对海南立法的充分授权的根本目标,在于打造国内国际最高开放水平提供有效的法治供给,强化法治化制度集成创新机制,具有世界影响力的中国特色自贸港。

中国特色自贸港建设,触动和挑战了 2015 年修订《立法法》的立法体制。2023 年 3 月修订《立法法》就海南自贸港立法问题,做出了专门规定。即新修订《立法法》第 84 条,增加两款,其中第三款规定"海南省人民代表大会及其常务委员会根据法律规定,制定海南自由贸易港法规,在海南自由贸易港范围内实施",明确了"海南自由贸易港法规"的制定主体是"海南省人民代表大会及其常务委员会",并规定"海南自由贸易港"作为其适用范围限定。2023 年修订《立法法》第 109 条,第五项修改为:"(五)根据授权制定的法规应当报授权决定规定的机关备案;经济特区法规、浦东新区法规、海南自由贸易港法规报送备案时,应当说明变通的情况"。如此明确"海南自由贸易港法规"仍需报送备案,而且其备案程序及其条件要求没有特别"例外"情形,与"经济特区法规、浦东新区法规"备案要求一致,尤其是强调"应当说明变通的情况",海南自由贸易港法规没有"特殊性"。2023年修订《立法法》的有关说明,海南省儋州市比照适用《中华人民共和国立法法》有关赋予设区的市地方立法权的规定,儋州市人大及其常委会享有相应的地方立法权。这些一系列内容规定,明确了海南自贸港立法体制有了很大创新。自贸港授权立法机制创新,推进了自贸港立法模式、立法形式、立法程序和立法权限的多元化创新,是检验中央和地方事权在事权配置上实现新平衡机制的试金石。对特定改革开放前沿区域进行适当放权和授权,调动地方的积极性和主动性,激活地方改革创新的创造力,充分发挥海南自贸港地方立法的特色优势,也可展示我国多元化立法体制创新的制度优势①。

---

① 臧昊、梁亚荣:《论海南自由贸易港立法权的创设》,《海南大学学报(人文社会科学版)》2021 年第 5 期。

中国特色自贸港的授权立法机制,是通过全国人大常委会的授权,创制一种不同于经济特区法规和上海浦东新区法规的特殊授权立法体制,即中国特色自贸港立法权体系,将立足于在现行《立法法》规定的立法体制之外实现制度创新,适应我国全面深化改革开放新发展新趋势的需要,实现自上而下发展多元化立法体制,满足海南自贸港建设所需要的来自顶层设计的自下而上的改革发展的创新性试验田①。

二、自贸港调法调规创新立法路径

中国特色自贸港是全球最高开放水平的特殊功能区域,经济活动高度开放自由决定了自贸港需要高水平的法治保障作为依托,开展自贸港调法调规工作是彰显法治与改革良性互动的根本体现,是贯彻习近平法治思想的创新举措。面对新时期国内外经济形势的最新变局以及加快实现封关运作的目标任务,全面推进从国家到地方对自贸港的调法调规工作,加强对重点开放领域的立法修法调法工作,对提升对外开放质量、适应国际经贸规则体系重构、正确处理法治创新与人民权利保障的矛盾、加强涉外法治建设具有现实且迫切的必要性。

自贸港调法调规工作机制应定性为广义上的促进型立法手段,在借鉴我国"入世"时的调法调规经验和 RCEP 生效后国内各省市调整本土法规的地方立法经验基础上,应围绕主体职责分工、内容体系建设、促进保障措施完善、责任监督机制落实等方面,促成自贸港调法调规的制度框架,加快形成以国家统一立法调法为基础,海南发挥特殊立法权限为保障和补充的系统性调法调规形式②。结合海南自贸港"境内关外"的法律地位,以及未来封关运作实际发展的需要,要实行不同于内地的政策制度和法规体系,要在遵循《宪法》规定和国家法制统一的基础上,对国家总体法治层面与海南的地方立法的相关领域和事项进行适当的立改废释,有针对性、精准性的

---

① 迟福林:《策论海南自由贸易港》,海南出版社 2020 年版,第 65 页。
② 刘云亮、卢晋:《中国特色自贸港对接 CPTPP 经贸规则的可行性基础及法律对策研究》,《西北民族大学学报(哲学社会科学版)》2022 年第 6 期。

调整相关的法律法规,进行立改、调整、清理、创新、升级,以适应海南自贸港建设稳步推进的法治需求。由于海南自贸港建设还尚处在封关运作的准备阶段,政策和制度体系还未完全形成系统性的体系化构建,以自贸港法为基础的法规体系打造正在构建阶段,自贸港法规这一新型地方立法权的制度属性和运行路径尚未详备①。在某种意义上,《自贸港法》的出台后,以自贸港法为基础的调法调规工作,将成为海南自贸港法治体系建设的常态化工作,从国家法律制度层面,由于海南自贸港建设覆盖范围较广,涉及领域宽泛,②与我国现行有效的290余部法律有一定关联关系,而目前的调法调规工作的进度还无法完全适应自贸港建设的步伐,以《立法法》第13条为基础的相关授权决定的临时性和个别性,因未形成系统性和体系性,已不能完全适应特殊功能经济区域的高水平开放需求。从海南地方立法保障层面,在梳理出海南现行有效的地方法规的基础上,应以自贸港法第10条为海南调法调规的基本依据,以对标国际高水平经贸规则为目标,废止与自贸港建设不相适应的法规,借鉴国际经验,立足中国特色,制定符合海南定位的经济特区法规、自贸港法规、地方性法规,并加强不同法规间的衔接,加快调法调规的实践进度,创新法规体系构建的新模式。

海南自贸港调法调规工作机制,从广义上来理解不仅是对有关法律法规进行简单的修改废止或者暂停调整,而且是一种广义上的经济促进型立法模式。自贸港作为经济特区的全面升级版。目前,国家对海南自贸港实行的调法调规主要形式包括立法、修订废止法律法规、立法授权、释法等途径。当前已经在《自贸港法》基础上并调整了一批法律、行政法规在海南自

---

① 虽然国家立法层面已经承认了海南自由贸易港可以在投资、贸易及相关管理活动上进行自主立法,制定自贸港法规,但有哪些领域有立法需求,哪些现行的法规不能适应自贸港发展的要求,还没有研究清楚,也就难以开展相关的立法工作,进行法治化的制度集成创新。王瑞贺主编:《〈海南自由贸易港法〉释义》,法律出版社2021年版,第16页。

② 周子通、陶慧:《地方立法统计分析报告:2022年1月至6月》,《地方立法研究》2022年第4期。

贸港的适用,海南在此基础上制定了 17 部自贸港配套法规,而中国特色自贸港调法调规的功能目标就是要界定理顺各类调法调规形式间的相互关系,实现立法资源的优化配置。因此,应科学定位中国特色自贸港调法调规工作机制的规范性质。从法治发展模式类型来看,促进型立法保障不同于以行政性、管制性、义务性规范为主要内容的传统法律规制模式,旨在以"引导、激励、服务、协商、扶持、促升"为主要手段,促进或推动某项事业发展或某种制度体系形成。自贸港促进型立法保障,主要基于海南自贸港是全球最高开放水平最高的特殊经济功能区的区域定位和承载国家战略使命而决定的。2025 年海南自贸港进行封关运作后,将成为我国的海关监管特殊区域,将全面实行"一线放开,二线管住"的贸易管理制度①,也需要在某些领域实行与内地有差别化的规范制度,这些领域有的已制定全国性统一法律、有的属于法制领域上的规范空白点、有的涉及国家基本事权或现有的规范内容,无法适应自贸港"境内关外"的区域特性须予以调修,亟待通过全国人大常委会、国务院统一授权主导、中央部门与海南相互协作、全社会共同参与下开展自贸港建设的调法调规工作。根据立法学原理的扩大解释理论,由于自贸港法治体系构建事项内涵丰富、领域广泛,是一项系统性工程,因此对于自贸港的调法调规事项,不能仅局限于对现有法律的修改调整,而是立法体制创新的新形式,性质上也属于促进性立法范畴。目前,国家在完成了第一批海南自贸港调法调规工作的基础上(已调整了 3 部法律和 5 部行政法规),在 2020 年 6 月 1 日《自贸港方案》颁布后,为保证海南自贸港建设顺利开局开启了第二批调法调规工作,国家层面全国人大常委会已制定了《自贸港法》,地方层面海南省人大常委会共制定出台了共计 22 部以海南自贸港命名的配套法规,其中自贸港法规 13 部,经济特区

---

① "一线"放开、"二线"管住,即指在海南自由贸易港与中华人民共和国关境外其他国家和地区之间设立"一线",在海南自由贸易港与中华人民共和国关境内的其他地区(简称内地)之间设立"二线"。"一线"放开主要是指禁止、限制进出口清单以外的货物、物品自由进出,海关依法进行监管;"二线"管住主要是指货物从海南自由贸易港进入内地,原则上按进口规定办理相关手续,照章征收关税和进口环节税。

法规 9 部①。例如为优化海南营商环境,解决企业市场准入自由便利化,打造公平统一、竞争有序的市场环境,促进自贸港市场健康规范运行,海南省人大常委会分别制定了《海南自由贸易港优化营商环境条例》《海南自由贸易港企业破产程序条例》《海南自由贸易港公平竞争条例》,为促进保障自贸港重点产业和民生事业发展,也分别制定了《海南自由贸易港博鳌乐城国际医疗旅游先行区条例》《海南自由贸易港安居房建设和管理若干规定》等多部促进型法规。这种新型调法调规模式作为促进型立法的重要体现,也是对管理型法治模式的重要补充,以推进自由便利为核心的自贸港政策和法治体系为重点,有效适应了开放型经济多元发展和法规体系国际化趋势②。中国特色自贸港调法调规工作机制,应整合各种促进投资贸易自由便利化的立法资源,借鉴国际通行经贸规则和国内典型省份的先进地方立法经验,利用自贸港新型特殊的授权立法权,在产业发展、数字经贸、多元化纠纷解决机制等方面,制定综合性和促进性的自贸港法规,发挥调法调规之于自贸港立法体制创新的规范价值。

三、自贸港"会同立法"软法治理创新机制

习近平总书记"4·13重要讲话"提出,自由贸易港是当今开放水平最高的开放形态,海南自贸港建设要把制度集成创新放在重要位置,分阶段、分步骤构建中国特色自贸港的政策和制度体系,加强海南自贸港法治建设,促进和彰显中国特色社会主义的制度自信。在《自贸港法》出台之前,我国针对探索海南自贸港建设的主要规范性文件和规范依据主要是党中央、国务院专门针对海南制定的专门规范性文件,指引着自贸港法治体系建设和

---

① 海南自贸港法规制定权和上海浦东新区法规制定权创立不久,实践中的问题还有待进一步观察。截至 2022 年 2 月底,海南省人大常委会共制定 13 件自贸港法规,另在海南自由贸易港法颁行前通过行使经济特区立法权制定了 2 件与自贸港相关的法规,这些法规涉及经济、贸易、投资等领域。参见王建学:《改革型地方立法变通机制的反思与重构》,《法学研究》2022 年第 2 期。

② 李德旺、叶必丰:《地方变通立法的法律界限与冲突解决》,《社会科学》2022 年第 3 期。

制度集成创新机制完善,发挥着重要作用,《自贸港法》的出台,也是将党中央关于推动海南自贸港建设的重要决策部署和改革开放新举措转化为具体制度规范的根本形式。

(一)《自贸港法》创设中央地方"会同立法"模式

推进自贸港立法创新机制构建,其路径除了前述两种的授权立法机制创新和调法调规路径之外,依据《自贸港法》有关条款规定,还有一种构建软法治理保障立法创新的表述形式,即国务院主管部门、有关部门"会同"海南省,诸如《自贸港法》第 13 条第 2 款规定"海南自由贸易港禁止、限制进出口货物、物品清单,由国务院商务主管部门会同国务院有关部门和海南省制定"。① 会同立法机制,是一种软法治理的法治创新路径,也是构建自贸港地方法规体系的重要路径,因此成为海南自贸港法规体系的一个重要构建路径,尽管会同立法机制很大程度上与立法权限仍有一定差距,但中央部委与海南省政府的会同,将极大强化自贸港政策落地实施,并促进该政策向法治化转型,从部门规章或政府规章向自贸港法规升级转型发展,使其成为自贸港法规体系的名副其实构建路径。

此外,《自贸港法》第 14 条第三款、第 17 条第二款、第 19 条、第 20 条第一、二款、第 27 条第三款、第 28 条第一款、第 29 条第一、三款等规定,这些条款都是涉及有关中央各部委"会同"海南协商推进自贸港立法问题的内容,也成为自贸港法有关完善和推进自贸港政策制度体系和自贸港法规体系的重要路径。"会同立法"的构建路径,其核心内容是中央各部委与海南省作为自贸港重大政策出台的商议或决策机构,负责制定实施有关自贸港政策,在条件成熟时再促进将其升级推进法治化,推进自贸港法规体系。会同行为的属性,仅仅定性为中央部委与海南省政府之间的协商行为,达成相关问题或政策规制的内容共识。其达成共识成为会同的最佳结果,也是促成会同立法的基本前提和根本要求,是促成自贸港法规体系的构建路径必经之路。不能达成或无法形成共识,会同立法则无法成行自贸港法规体系

---

① 刘云亮:《中国特色自贸港法规体系建构论》,《政法论丛》2021 年第 6 期。

之构成路径。

事实上，会同之事与会同之议，都充满不确定性，如何推动海南省享有更多更自主更充分的改革自主权，则是直接涉及自贸港法规体系构建路径的可行性、有效性及其便捷性。依据《海南自贸港建设总体方案》相关规定，中央专门成立了海南全面深化改革开放领导小组，其办公室设立在国家发展和改革委员会，由国家发展改革委、财政部、商务部、中国人民银行、海关总署等部门分别派出干部驻海南实地指导开展自由贸易港建设工作，有关情况及时上报领导小组。这充分显现了会同机制的重要性及其及时性、可行性，为了确保充分发挥自贸港建设的智库智囊作用，2020年6月16日国务院批准成立"海南自由贸易港建设专家咨询委员会"，为海南自由贸易港建设建言献策。这也很大程度上促进与强化中央地方"会同立法"机制相应，"会同立法"机制的效应具有一定放大效用，关键是如何有效理顺会同协同机制，促进自贸港法规体系的构建路径快捷性。

此外，自贸港"会同立法"创新机制还体现在党中央决策部署和专门的特殊政策安排，截至2022年6月，中央各部门针对海南自贸港建设专门出台了180多部政策规范性文件，指引着海南自贸港加快实现封关运作的正确方向，为自贸港政策和制度体系完善提供了重要的软性补充和保障作用，也是自贸港软法治理形式创新的法治创新形态[1]。与世界其他自贸港发展方式不同，海南自贸港的建设是在党中央着眼于全球发展视野，把握世界经贸格局新动向，进行全方位的决策部署下作出的全新战略安排。特殊的优势在于拥有党中央的坚强领导和专门的决策部署，为推动自贸港立法创新机制完善提供了强有力的组织保障和方向指引[2]。按照《自贸港方案》的总体要求，明确按照分阶段、分步骤的原则部署自贸港建设。以"两步两分"的方式构建自贸港的政策和制度体系，并规定2025、2035两个时间阶段的具体任务目标。打造较为完善的自贸港政策和制度体系必然包含了科学的党建

---

① 刘云亮：《经济法的软法形式、理性与治理》，《南京社会科学》2018年第4期。
② 周旺生：《立法学》，法律出版社2009年版，第126页。

领导体制机制建设,坚持党建政治引领是加快自贸港核心政策落地成效的核心保障。中共海南省委组织部发布的《关于坚持党建引领海南自由贸易港建设的意见》,也明确了 2025 年时间节点党建引领自贸港建设的主要目标,并提供保障措施加以保障。因而,海南自贸港地方法治体系建设也要协调好与党建促进保障机制的关系,在党的领导下逐步探索建设中国特色自贸港。

(二) 自贸港"会同立法"软法治理创新

党对中国特色自贸港建设的领导是全面、整体、系统的,从中国的改革开放发展史和中国特色社会主义法治事业的建设实践来看,基本遵循了党的先行实践探索,总结经验,确定为党的大政方针,然后再上升到国家的法律和政策层面,领导中国特色社会主义事业建设的路径模式和历史成功经验。海南自贸港法治建设涉及的领域和内容十分广阔和复杂,会涉及中国特色社会主义法治体系的方方面面,《自贸港方案》明确提出了"海南自由贸易港法治体系"这一重要概念,《自贸港法》的出台,是将党关于自贸港建设的相关政策和重要指示,以及党中央、国务院颁发的《自贸港方案》重要内容,经过法定程序上升到具体法律规范的过程,是将党领导自贸港建设实现具体制度化、法律化、规范化的根本形式,是软法治理和硬法保障相结合的促进保障创新模式。

海南要坚持和加强党的全面领导,确保全面改革开放正确方向。党领导自贸港建设和深化自贸港立法体制创新具有高度协同性和互补性,必须正确处理好党的政策和自贸港授权立法创新的关系。海南自贸港拥有中央赋予的三大立法权和变通权。其中,自由贸易港法规立法权是中央针对海南自贸港全面深化改革开放和对标国际先进的需要,专门赋予海南的一项专属立法权,也是党对海南自贸港发展制定的方针政策付诸于法治实践的具体体现,深刻说明了党和法、党的领导和依法治国是高度统一的,党的领导和推进自贸港政策制度和法治体系建设也是高度一致的[1]。党领导自贸

---

[1] 周叶中:《论习近平关于依法治国和依规治党相互关系的重要论述》,《政法论丛》2021 年第 4 期。

港建设的专项政策和包含自贸港法在内的一系列配套法规,都是自贸港建设的重要调整机制,既有明显区别,又具有一致性和兼容性,在全面推进改革开放的道路上,要注重明晰二者间的制度内容和规范理念,坚决避免重政策轻法律、用政策代替法律等错误倾向。

党对自贸港的领导工作是牵头抓总、运筹谋划、督促落实,不是越俎代庖,而怎么开展自贸港建设的具体工作,贯彻党中央的决策部署、推进贸易和投资自由便利、优化营商环境、创新社会治理,则应积极运用地区一般立法权的实施性和保障性机能,发挥经济特区立法权的变通优势和自由贸易港法规立法权的立法创新优势。由于自贸港建设的不断推进,将催生各种新业态、新模式、新事物,区域经济集团化的快速发展也将加快国际经贸规则体系的革新,可能会导致海南自贸港现有的法规体系滞后于大开放和快速发展的大环境,暂时无法制定和修改相关的法律法规。此时,可以充分发挥党内法规的灵活性和互补性优势,将属于自贸港法规和特区法规规范的事务,通过先行先试方式先制定党内法规,待条件成熟时再转化为具体的法规内容,以契合自贸港的地方法治特色和实践需要。对此,要善于党建和法治的各自优势,促进党的政策和自贸港法律法规互联互动,善于通过法定程序将党的具体政策落实到自贸港法规体系内容之中,保障党的政策有效落实,确保党领导自贸港全面深化改革开放建设的核心地位毫不动摇。

四、自贸港法规备案制度创新

海南自贸港法规是以有限突破的创制和对现有上位法规则创新变通的新型授权地方法规。其立法权限和变通幅度已经超出现存所有的地方法规,容易形成区域性的制度壁垒和对法制统一精神的误读。为合理把握和区分区域法治先行与社会主义法制统一的定义和关系,创新自贸港备案审查机制就成为自贸港立法先行的必要环节。①《自贸港法》第10条规定的备案审查方式为双轨制审查模式。《自贸港法》第10条赋予了海南省人大

---

① 王建学、张明:《论海南自由贸易港法规的备案审查》,《河北法学》2022年第10期。

及其常委会就贸易、投资及相关管理活动制定海南自贸港法规。可对法律或者行政法规作出创制或变通性规定,是一种新型的地方立法权,不仅进一步丰富了海南省地方法规体系,也拓展了我国法规体系中的授权立法权种类,而且在满足一定条件下可以触及国家基本事权的规则保留类型。因此,为了保证在遵守宪法及相关法的规定及法律、行政法规的基本原则前提下,通过备案审查机制创新实现对自贸港立法权的有效规制,成为了一项对权力监督与制约基本原则贯彻的实践性现实问题。

(一) 创新自贸港法规备案制度的必要性

在明晰自贸港法规的性质定位和运行原则基础上,保证海南自贸港法规立法权行使真正把握好改革与法治先行的辩证关系,提高促进改革开放有关法律法规的立法质量,同时进一步完善国家的备案审查制度。自 2015 年《立法法》修改以来,地方立法权的不断扩容,成为推动地区发展,彰显区域特色,解决地方发展的实际问题与困境的重要方式,随之而来也出现了一批具有改革先行,以地方为命名的特殊授权性法规形态①。当然,改革越是深入,越要进一步加强法治的规范与引领,备案审查机制创新也成为对特定改革先行区的立法监督的新要求。

《中央全面依法治国决定》首次提出要进一步规范所有规范性文件的备案审查方式,要把所有规范性文件纳入备案审查范围,根据该项监督要求和落实全面依法治国的战略需要,自贸港法规作为推动海南自贸港地方法规体系建设的重要推手,也不能脱离备案审查的监督。只不过在监督的方式、要求和程序上会有别于其他不同的地方法规,兼顾法制统一与改革创新的需要。据此,不断扩展和创新备案审查机制和范围,已是宪法、法律要求的一项必备程序,是全国人大常委会、国务院依法行使法规备案监督权的有效方式。《自贸港法》第 10 条首先是明确海南省人大及其常委会授权立法的职责和权限,其次则是聚焦于立法机关的备案批准相关的审查监督方式,无论是制度设计上还是立法权限的内容要求上,可以看出来对海南自贸港

---

① 姚魏:《论浦东新区法规的性质、位阶与权限》,《政治与法律》2022 年第 9 期。

立法权创新的备案审查模式有着创新性的规定。

根据国家法律法规数据库和北大法宝数据库检索可知,自从《自贸港法》2021年6月10日通过后,一年多以来,截止到2022年7月份,海南省人大常委会一共制定了17部以自贸港命名的配套自贸港地方法规。其立法速效率、质量、数量、规模均体现了高效、提质、庞大且全面的特征,许多立法事项也走在了全国前列。立法权限、变通幅度和立法事项均超出一般地方性法规、经济特区法规以及浦东新区法规的调整和变通范畴。然而,根据查阅海南省人大常委会的官网信息,所披露的法规信息公开情况并没有提到有关自贸港法规的报送备案和报请批准情况,[①]全国人大常委会法工委的《2021年备案审查工作情况的报告》也没有显示出自贸港法规的备案审查和批准状况。据此,引发了诸多学术疑问,海南自贸港法规备案审查的逻辑设计是什么,其实施过程中的实践困境在哪? 自贸港法规的备案审查方式和程序要求和其他地方法规有无本质差异以及上位法依据的规定要求,种种疑问的取决于对自贸港法规作为一种新型的授权性地方立法权的功能定性,以及它作为突破现有法律制定的地方立法权与国家宪法法制统一之间的协调辩证二元关系。同时,也需要在备案审查监督机制中,规制自贸港法规备案审查方式的专门性和独特性。从制度背景和功能设计上看,对海南自贸港法规制定权,实行高度授权,是一种满足自贸港改革所需,积极对标国际先进的自贸港法治形态的现实要求[②]。自贸港法治体系建设的目标是通过以立法体制创新推动制度集成创新,形成"虹吸效应",汇聚全球各项优质资本集聚海南自贸港,成为我国不断对接世界先进开放形态的主要窗口和国内营商环境一流的开放型经济新高地,努力建设成为具有世界影响力的中国特色自贸港。

海南自贸港开放性和自由便利的属性本质,必然要匹配与之对应的高度灵活的立法创制和变通权限。在合理限度上适当变通和突破全国统一性

---

① 全国人大常委会法制工作委员会法规备案审查室:《〈法规、司法解释备案审查工作办法〉导读》,中国民主法制出版社2020年版,第133页。

② 崔凡:《国际高标准经贸规则的发展趋势与对接内容》,《学术前沿》2022年第1期。

的法律规定,但海南以往固有的三大地方立法权难以满足海南自贸港最高开放水平形态的实践需求,例如,一般地方立法权有限、经济特区立法权滞后时代发展、民族自治法规立法权事项单一且权限要求严格等。从狭义的备案审查来讲,在所有地方法规备案审查范围全覆盖的背景下,所有地方法规均应履行事后进行备案的程序要求。具有较大变通权限的海南自贸港法规,还需要在备案的时候向接受法规备案的主体履行说明对上位法进行变通的理由①。因此,海南自贸港法规变通进行备案时的说明义务,既包括情况说明也包含说明理由,2023 年《立法法》第 109 条第五款也规定了作为授权性立法的经济特区法规和浦东新区法规,仍需向备案审查机关说明情况和理由。

(二) 自贸港法规备案制度的创新内容

自贸港法规在备案过程中有较强的说明义务和约束机制,其主要原因在于一是海南自贸港法规变通权幅度最大且事项聚焦,而且具有对标高水平经贸规则进行法治试错的因素;二是为了贯彻改革开放须在法治轨道上有序推进的要求,全面统筹全面深化改革与全面推进依法治国的有机统一,也是我国备案审查制度不断进步和完善的结果,做到全方位覆盖的有力监督保障。2021 年 6 月 10 日新设立的两大授权性地方法规立足于 2015 年新修的《立法法》,其通过的《自贸港法》和全国人大常委会的授权决定确立的备案审查批准机制创新和履行立法变通的说理义务,都是在具体法律授权时作出的配套法治匹配。海南自贸港法规因全面深化改革开放而创,也因建设自贸港对接国际先进贸易规则而不断创新,促进自贸港法规体系建设而具有制度创新的生命力。

改革加速与法治先行必须坚持"双轮驱动",法制统一虽非形式意义上的内容相一致,但也要求下位法尊重上位法精神,遵守合宪合法的具体要求。海南省人大及其常委会被赋予具有时代意义的自贸港法规制定权也包

---

① 叶洋恋:《央地关系视域下的中国自贸区制度法治化建设:困境、障碍和完善进路》,《河北法学》2021 年第 4 期。

含变通,在全国统一大市场的建设下,也会造成海南与其他区域的法制壁垒,会引发立法权平等原则的学理争议①。因此,基于改革发展而新设的自贸港法规制定权,不能违反国家法制统一的内在要求,并且保持区域法治先行与社会主义统一之间的有机平衡,以《宪法》及相关法要求的法制统一规定规范开放性法权的合理有序行使,借助较为自主且创新的立法权限,真正发挥地方立法的创造性和特色性,尽可能大力释放海南自贸港的各项优惠政策和时代红利。赋予海南省人大及其常委会享有自贸港法规制定权,是履行国家改革开放重大战略的制度要求,落实和完善对于海南自贸港的备案审查机制,则是对海南自贸港法治创新和试验性立法探索行稳致远的有效法治保障。这就要求海南自贸港法规在变通上位法规定和触及法律、行政法规专属事项的时候,要落实事后积极备案接受监督和事前接受批准才能生效相结合的规范路径。有权力必然要受到有效的规范监督,是法治国家的基本要求和中国特色社会主义法治的基本理论。相比于对其他地方立法权的备案监督要求,自贸港法规立法权既然拥有更大的立法权限和变通权限,也应当严格遵循与之相对应的备案审查的法治监督要求。

完善全国人大常委会、国务院对特定授权性立法的备案审查方式。从实践层面来看,全国人大常委会、国务院理应区分海南自贸港法规与其他不同的地方法规的备案审查要求,要审查内容、审查方式和审查时限上应合理区分,保证备案审查的效率和落实时效性安排,以推动国家不断扩大对外开放紧迫性的趋势,同时,要履行备案审查机制透明化、规范化和公开化,及时公布法规备案和批准情况的相关信息,自觉接受社会公众监督。② 贯彻"全过程人民民主"的原则,真正体现法治、科学、民主的基本立法精神,尊重公民对立法工作监督的基本权利,落实备案审查公开机制,有助于公众发挥审查建议权,及时发现自贸港法规在制定或变通过程中的合宪性、合法性或者合理性,保证改革经得起法治的检验,彰显人大在立法备案工作中的

---

① 王春业:《论立法权扩容背景下地方立法的节制》,《法治研究》2018 年第 1 期。
② 宋才发:《地方立法的功能、权限及质量》,《社会科学家》2022 年第 3 期。

主导地位。

海南自贸港实现封关运作后,在"全省一盘棋""全岛同城化"的驱动下,全岛成为海关监管特殊区域,将实行与内地相区别的贸易、投资、金融、出入境等诸多领域的制度和政策法规,也因制度创新和政策法制优势而形成改革开放的新高地。为更好的规范和监督海南自贸港立法权的行使,缓解因特殊的区域法治安排而引发的合宪性争议和地区法制权限差异,所以要通过完善科学的备案监督机制来平衡不同的区域法制差异①。备案审查机制创新有助于打造社会主义法制统一与地方立法自主创新的良性协调机制,平衡二者之间形成的紧张关系,进一步贯彻在法制统一的基础上,实现海南自贸港制度集成创新法治化、权威化的顶层设计。在立法种类和立法权限形态呈现多元化的背景下,尤其是出现以特定地名为命名的地方法规类型,使授权性的地方立法权有着个性化和专门性的特点。因此,应当思考如何将地方立法体制创新和与之对应的备案审查监督机制,融入到中国特色自贸港法治体系的构建之中,前述的制度安排应在未来《立法法》修改过程中予以确立,进一步明确授权立法的特殊形态和一般性规定,进一步规范授权性地方立法权的行使,巩固特定区域的改革先行权。2023 年 3 月,我国《立法法》的修正案已由第十四全国人民代表大会第一次会议表决通过,关于各类法规形态之间的衔接关系和对于授权立法权形态的明晰,是此次《立法法》修改对深化改革与促进区域先行先试应当作出的规范回应。一方面,可以进一步明晰专门性的地方法规的性质定位和备案审查安排,更好平衡法治与改革的关系②;另一方面,可以在授权立法章节进一步规定特定区域的地方法规变通权性质,根据原则性的规定,统筹《立法法》第 13 条与《自贸港法》第 10 条的有效衔接,以及未来可能出现的新的授权立法形态进行前瞻性规定,合理平衡立法扩容与立法资源节制的关系③。

---

① 贺海仁:《中国法治的结构转型及其内在挑战》,《河北法学》2021 年第 8 期。

② 杨登峰:《关于立法法修改的几点意见——以科学立法为中心》,《地方立法研究》2022 年第 6 期。

③ 刘小妹:《法律体系形式结构的立法规范》,《法学杂志》2022 年第 6 期。

第四节　自贸港立法创新保障新机制

一、设置推进自贸港立法协同创新统筹机构

（一）设置推进自贸港立法协同创新统筹机构的必要性

海南自贸港重点在于改革，其制度建设需要充分利用海南省本身所具备的实施全面深化改革和试验最高水平开放政策的独特优势。在改革中，立法处于举足轻重的位置，只有立法者充分发挥立法引导、推动、规范、保障改革的作用，才能及时调整自贸港社会关系，进而推动经济社会的发展。于此，自贸港相关立法部门应当主动出击，通过立法的方式发挥法律本身对改革与经济社会发展本身所具备的积极作用，不能消极等待中央相关政策落地而错失发展良机。

根据《中华人民共和国地方各级人民代表大会和地方各级人民政府组织法》（以下简称《地方组织法》）与《立法法》的规定，地方人民代表大会有权根据本地区发展的实际需要，在不与宪法、法律、行政法规相抵触的前提下，对部分事项制定地方性法规，并有权通过成立法制工作委员会的方式进行听取、审议备案审查工作情况报告等进行地方立法工作。自贸港进行地方立法，立法主体法定为海南省人民代表大会及其常委会。随着经济社会的发展，城镇化水平的大幅提升使与其相关的经济、土地、人口、管理等方面形势更趋复杂，更何况是在自贸港这一"制度创新高地"上，所面临的问题相较于一般经济特区而言更加棘手，解决的需求也自然更为急迫，亟待自由贸易港的立法者以法治思维寻获立法空间，让改革"于法有据"，实现良性循环。

成立推进自贸港立法协同创新统筹机构，通过授权立法模式开展自贸港法规制定等立法活动，及时发现、完善实践中所出现的法律空白，以通过自贸港立法的形式解决中央不能或不便进行插手或解决的问题，在维护法制统一的前提下保证地方立法积极性、自主性，并对在自由贸易港行之有效

的立法举措通过中央—地方协调交流机制进行推广,是当前自由贸易港立法创新的重要手段。

（二）推进自贸港立法协同创新统筹机构设置的正当性与科学性

成立自贸港专门立法领导机构,并不是要剥夺海南省人民代表大会及其常务委员会的立法权力,亦不是对现有传统地方立法模式的"照搬照抄",更不是在央地框架关系中要求中央政府的"放权",而是为了在当前自贸港建设的大背景下,通过加快立法效率,优化立法程序的方式,以"重大改革于法有据"为基础,在不扼杀改革能动性的基础上实现立法创新机制与自由贸易港改革手法的良性互动,从而对标国际先进规则,推动改革向深水区继续前进,做到"以高水平开放推动高质量发展",通过创新驱动法律制度、创新引领法律执行,是自贸港立法创新机制的重要法宝。自由贸易港专门立法领导机构与现行的地方立法领导机制确有不同:

第一,立法职能不同。《立法法》规定,地方立法权专属于"省、自治区、直辖市的人民代表大会及其常务委员会",且必须在"根据本行政区域的具体情况和实际需要,在不同宪法、法律、行政法规相抵触的前提下",方能制定地方性法规。对于经济特区立法而言,《立法法》也明确规定,只有经济特区所在地的省、市的人民代表大会及其常务委员会,据全国人民代表大会常务委员会授权,方能制定法规,且只能在经济特区范围内实施。与传统经济特区立法不同,《自贸港法》明确规定,自由贸易港立法权专属于海南省人民代表大会及其常务委员会,并且需要做到"自由贸易港法规报中央备案,对变通事项说明理由",这就为自由贸易港专门立法领导机制的设置释放了空间。

第二,管理设置不同。立法是国家重要的政治活动,关系到党和国家事业发展的全局。坚持党对立法工作的领导,是我国立法发展的一条基本经验,是立法工作取得伟大历史性成就的政治保证,也是实现党对国家生活领导的基本形式。[①] 传统的地方立法机制虽也处于"党管立法,授权实施"的

---

① 封丽霞:《中国共产党领导立法的历史进程与基本经验——十八大以来党领导立法的制度创新》,《中国法律评论》2021 年第 3 期。

标准之下,但随着"党领导立法"的内涵不断被丰富和发展,在《自贸港法》出台,海南省地方因享受"三重立法权"而具备史无前例的权限时,建立自由贸易港专门立法领导机制,创设自由贸易港立法专门领导机构,在新时代具有重要意义。

第三,设置角度不同。过去的经济特区立法目的,是通过及时有效的调整,使经济特区在改革开放之中走在时代前列,引领我国其他地区建设,为全国性立法积累经验。建设自由贸易港,则是时代发展赋予了海南新时代新任务,也使海南省必须"与时俱进",建立专门自由贸易港立法领导机构,以充分的上层建筑设置适应自由贸易港建设的要求。

（三）推进自贸港立法协同创新统筹机构协调运作模式

自《自贸港法》正式颁布后,在全国人民代表大会常务委员会的指导和支持下,海南省人民代表大会常务委员会及时制定贯彻实施《自贸港法》配套法规专项规划,对自由贸易港在 2025 年、2035 年、2050 年后的几个时间节点的立法任务作出了系统性安排。截至 2022 年 6 月,海南省人民代表大会常务委员会运用自由贸易港法规制定权,紧贴自贸港建设急需,先后制定17 件自贸港法规,由此促成自由贸易港法规体系。海南省人民代表大会常务委员会的立法活动,彰显了"对经济社会发展的引领和推动更突出、更有力、更有效"的立法目的,也为创制自贸港专门立法领导机构,深化以海南省委全面深化改革委员会办公室为代表的相关政府机构良性互动,促进自贸港立法程序简便化、实用化、专门化提供了有益经验。

中共海南省委深改办的主要职责,在于贯彻落实党中央关于全面深化改革开放的方针政策和海南省委决策部署,具体研究拟订并组织实施海南全面深化改革和自贸港建设中长期规划、政策措施和规章制度。自贸港立法专门领导机构与海南省委深改办的互动,是坚持开门立法,深入践行全过程人民民主不断扩宽立法的渠道的重要措施。

海南省人民代表大会及其常委会,是海南自贸港法规的制定机构。中共海南省委全面深化改革委员会办公室、中共海南省委自由贸易港工作委员会办公室(简称省委自贸办)等有关部门,则是制定、落实、实施自贸港政策的具体工作机构,这些机构将联合促成自贸港协同工作机制,推进法治引领、促进保障自贸港建设发展。同时,制定相关政策支持自贸港立法程序运行,建立良好的立法资源供应框架,形成海南本省各级组织之间的良好互动体系,以完善的法律制度规范提升自由贸易港的吸引力,是当前自贸港法治建设的重要领导机构。为此,加强自贸港法规立法机构与相关部门合作,紧扣自由贸易港发展急需,衔接立法决策与改革创新体制机制,从而推动自由贸易港法律法规体系程序创新简化建设,是当前自由贸易港在"三重立法权"基础上进行创新的重要抓手。

二、充分发挥自贸港智库专家作用

(一)充分发挥海南自贸港专家咨询委员会等智库作用

2016 年 5 月 17 日,习近平总书记在哲学社会科学工作座谈会上强调:"要建设一批国家亟需、特色鲜明、制度创新、引领发展的高端智库,重点围绕国家重大战略需求开展前瞻性、针对性、储备性政策研究"。① 2015 年 1 月 20 日,中共中央办公厅、国务院办公厅印发了《关于加强中国特色新型智库建设的意见》,由此掀起了"智库建设热"。自贸港建设在顶层设计上离不开一系列法治智库的支持:依据《自贸港方案》规定,国务院发展研究中心组织成立海南自贸港专家咨询委员会,对海南自贸港建设开展全过程评估,牵头设立专家咨询委员会,为海南自贸港建设建言献策。2020 年 12 月,国务院发展研究中心对海南自贸港建设作出首次评估,确保自贸港建设朝正确方向发展。2020 年 6 月 16 日,海南自贸港建设专家咨询委员会在北京成立。专家咨询委员会成立以来,在琼开展了一系列实地调研和咨询服务工作,为海南自贸港建设提供了较好的决策参考和智力支持。②

为贯彻落实习近平总书记在庆祝海南建省办经济特区 30 周年大会上

---

① 习近平:《在哲学社会科学工作座谈会上的讲话》,国务院新闻办公室网站,http://www.scio.gov.cn/31773/31774/31783/Document/1478145/1478145.htm。

② 《海南自由贸易港建设白皮书(2021.06—2022.05)》,海南自由贸易港官方网站,https://www.hainan.gov.cn/hainan/hnzmygtt/202207/710928762ea7480b9e69fe7e77b9fcad.shtml。

的重要讲话与《指导意见》精神,结合《中共中央办公厅、国务院办公厅印发〈关于加强中国特色新型智库建设的意见〉的通知》,海南省于 2020 年 4 月 15 日出台了《海南省新型智库建设管理办法》,明确了海南省应当打造"围绕海南全面深化改革开放国家重大战略需要,以服务省委省政府科学民主依法决策为宗旨,以经济社会发展战略和公共政策为主要研究对象"的智库研究平台,并规定了新型智库的建设任务及其组织、成果管理、考核机制。自此,海南省的智库建设迈入了发展"快车道"。

　　海南自贸港智库建设不仅获得了充分的政策支持,在实践中也取得了极大成效。2022 年 7 月 25 日,海南省首批 9 家重点新型智库和 2 家重点新型培育智库获得授牌。贯彻落实智库建设,明确重点新型智库建设的"时"与"势""高"与"远""特"与"新",可为加快推进海南自贸港建设全岛封关运作准备工作提供智力支持,从顶层设计层面为自由贸易港的建设绘下蓝图。

　　(二) 发挥海南自由贸易港立法咨询委员会作用

　　自由贸易港立法咨询委员会属于自贸港立法专家智库。立法专家智库的问题导向性(解决法治实践中出现的实际问题)、重大型(确定重大决策的合法性)、时代性(以时代的重要法治理论和法治现实问题为主攻)、创新性(以创新法治理论引领我国法治发展)、战略性(为国家法治建设做战略规划)而被称为"智库建设的皇冠"。[1] 现代社会以法治为基础,法治智库的属性决定了其在广泛决策议题中具有基础作用,是自由贸易港建设的法治咨询服务作用。自贸港建设的主要法治问题,有自贸港建设的立法规划、调法调规、对标国际经贸规则、立法风险防控、法规体系建设等重要问题。

　　与法治建设领域相关的官方智库,多数是处于人民代表大会常务委员会下属的研究机构或具备法人条件的事业单位。这些机构多数是专门从事地方立法研究和咨询工作的机构。例如上海市在 2003 年 10 月就成立了上海市人民代表大会常务委员会下属的上海市法学研究所,以"国家高端智

---

① 何家华:《中国法治智库分析》,《情报杂志》2019 年第 2 期。

库"为平台,坚持学科建设和智库建设双轮互动,开展法学各个领域的研究。海南省也在 2006 年 4 月 13 日成立了海南省地方立法研究会,目的是团结动员海南全省立法理论工作者、立法实际工作者,开展多方位、宽领域、深层次的地方立法研究和交流,为促进海南改革开放和经济社会又快又好发展提供服务。① 同时,各地在法治智库的基础上组建的地方立法咨询专家库或立法专家顾问库,也是官方法治智库的另一种模式。在《自由贸易港法》实施前,海南省就成立了海南自由贸易港立法咨询委员会,16 名境内外经济、法律专家学者和相关法律实务工作者入选该委员会,将为构建海南自贸港法律法规体系提供智力支持,此实现"广开言路、汇聚才智,为构建自贸港法律体系提供智力支撑,促进立法质量和效率进一步提高"最终目标②。海口市也成立了政府立法咨询专家库,发挥专家在政府立法等法治工作中的积极作用,更好地落实依法治国方略,为建设自贸港营造公正透明、体系完备的法治环境,并助力立法咨询体系进一步完善。

目前,海南省法治智库建设还存在不足:第一,智库机构不能长久持续运行。例如,前文所提到的海南省地方立法研究会现在已注销停止运作,造成我省在《自由贸易港法》落地后缺乏相应智库机构为省人大提供顶层设计支持。第二,智库思想创新性不足。目前,海南本省智库主要聚焦于比较法研究领域,研究自由贸易港发展路径问题,而不重视自由贸易港基础法治理论,也不关注自由贸易港立法流程中出现的一些实质性问题(例如"调法调规"),导致难以实现自由贸易港法治理论突破和创新。第三,智库缺乏专门人才。作为智力密集型机构,智库对人才的要求更高、更迫切。目前,自贸港建设仍面临人才的匮乏问题,许多地方人大建立的专家智库明显人才缺乏。同时,由于考评机制的缺乏、缺乏政策制度衔接,为"领导批示"马首是瞻等问题,导致智库研究人员积极性不高,都只是依靠"挂名"进行智库研究,这样也不能作出什么开创性的,有利于自由贸易港法治发

① 《海南省地方立法研究会成立》,《海南人大》2006 年第 5 期。
② 《海南自由贸易港立法咨询委员会 7 日在海口成立》,《海南日报》2021 年 1 月 8 日第 1 版。

展的成果。

（三）构建完善海南自由贸易港法治建设智库运作机制

海南建设自贸港，只有充分重视法治建设，才能将自由贸易港打造为改革开放的新高地、新典范。由此，海南应当加快建设自由贸易港法治智库，建立健全法治决策咨询制度，完善法治决策支撑体系，为自贸港法治建设提供高质量的智力支持和人才支撑。

海南建设法治智库，要在坚持中国共产党领导的前提下，以习近平法治思想为指引，从我国国情与海南自由贸易港建设的实际情况出发，围绕自由贸易港建设时出现的重大法治理论与实践问题进行研究，为中央与海南省委在进行自由贸易港顶层设计时提供有益经验，以作出具有"中国特色、海南味道、符合实际情况"的决策，彰显自由贸易港本身"改革开放新高地"的特色。2019 年 2 月 25 日中央全面依法治国委员会第二次会议通过《海南法治建设意见》，该意见指出"支持海南建立自由贸易试验区和自由贸易港法治建设研究院"，海南要"建立引进高端涉外法治人才机制，组建新型国际化法治智库"。

海南应当吸引相关法治人才，通过大力引进全国乃至世界知名的领军级别法治人才及团队，充分推动跨地域、跨领域的法治协同创新，促进人才要素的灵活流动和有效聚合，建设自由贸易港法治专家库，探索利用法学专家为自由贸易港建言献策的机制，推动自由贸易港法治人才资源的有机融合和能力优化。自贸港应当建立科学灵活的用人机制。通过创新经费管理、构建经费筹措渠道等方式，强化智库工作人员责任感，着力提高智库管理运营与行政人员比例，重视专职研究人员和辅助人员的有机结合，激发解决自贸港面临实际法治问题的积极性，提出具有针对性、实效性的法律咨询建议的智库建设目标。

三、对标自贸港建设总体方案推进立法创新

（一）依据自贸港建设方案推动立法协同创新

在《立法法》2015 年修订，立法权下放至设区市的背景下，享有地方立

法权限的主体将大幅扩容,省级人大与有关立法事项政府部门之间的立法协调工作的重要性日益突显出来。科学合理的地方立法协调制度的构建,对于促成地方人大与各省级机关良性互动,优化立法资源配置、维护法制统一、彰显地方立法特色等具有重要意义。地方立法协调工作机制即就地方立法事务,由具有立法权的地方人大常委会与司法厅等相关政府部门在立法进行的全程序中进行协调,在保证立法顺利进行的前提下使立法符合各方的需求与目的,其主体是以地方人大为主导的地方立法机关,包括地方人民代表大会、地方人民代表大会常务委员会及其下属法工委等机构,有时还包括地方人民政府。与之相对,地方立法协调的对象应该是地方立法多元参与主体之间的关系,主要是地方立法机关、与政府相关部门等个体之间的关系。① 目前,对于地方立法协调的相关研究,更多是从人大主导立法的角度出发,贯穿于地方立法的立项、起草、论证、审议及修改、废止、解释和备案审查等立法各环节的全过程,探讨地方立法参与各方的沟通制度机制及相应的程序,具有很强的实践意义。②

江西省人大常委会 2006 年制定《江西省制定地方性法规协调制度》,涉及地方法协调制度,确立了协调立法争议实行分工协调、各负其责的原则,同时确立了两种类型的争议解决机制与立法争议处理情况说明制度。这一制度有助推进立法协调工作公开化、透明化,便于不同立法阶段进行的协调工作相互衔接,最大限度地提高立法效率。当前的地方区域立法协调仍存在缺乏立法的理论分析框架,难以实现理论与实践、立法与社会之间的互动和沟通等问题。建立自由贸易港特色法规制定协调制度,需要在参考自由贸易港建设的大背景下对上述问题加以参考解决。

(二) 自贸港推进立法协同创新

党的十八届四中全会通过的《中共中央关于全面推进依法治国若干重

---

① 张恩典:《省市地方立法互动互补的协调性研究》,《人大研究》2019 年第 12 期。

② 刘高林:《地方立法协调初探》,《法治社会》2017 年第 5 期。

大问题的决定》提出："建设中国特色社会主义法治体系,必须坚持立法先行,发挥立法的引领和推动作用,抓住提高立法质量这个关键。加强立法工作组织协调,是新形势下加强和改进立法工作,提高立法质量的重要着力点。"习近平总书记在党的二十大报告中强调,要全面推进科学立法、严格执法、公正司法、全民守法,增强立法系统性、整体性、协同性、时效性。建立自贸港立法协调推进保障机制,也是自由贸易港法治建设促进"四梁八柱"体系建设的主要抓手。通过建立海南省人大法工委与海南省司法厅的协调,将有助于厘清立法难题、提升立法效率,使自由贸易港的立法工作更符合实际、更适应时代发展。

在目前我国地方立法工作的实践中,多数情况都是先由本省人大常委会法工委制定年度立法计划,再由省司法厅组织实施具体立法计划,提交省政府专门会议讨论通过,提交省人大有关专门委员会审议,最后提请省人大常委会审议。例如,2020年吉林省就召开立法协调小组扩大会议,会议上提出要创新工作方式,维护立法计划刚性,统筹协调整体推进立法工作,要突出重点,发挥立法引领和推动作用。同时,由省人大常委会法工委通报本省常委会2020年度立法计划情况,由省司法厅通报了省政府落实省人大立法计划安排,由省人大有关专门委员会通报了立法项目准备情况。① 在海南省,一般程序是由海南省人大常委会负责牵头,召开与省政府相关部门的立法协调对接会。例如,在出台《海南自由贸易港种业若干规定(草案初稿)》时,就由省人大常委会副主任与海南省副省长召集并出席了立法协调对接会,提出省政府有关部门要坚持问题导向,加强调查研究,涉及国家部委事权的要抓紧与国家有关部委进行沟通协调,还需充分做好法规出台前的准备工作,为海南自由贸易港建设提供法治保障。② 在海南与我国其他

①　《省委全面依法治省委员会立法协调小组召开扩大会议暨省人大常委会落实年度立法计划协调会》,吉林人大网,http://www.jlrd.gov.cn/cwhgz/lfdt/202005/t20200510_7206679.html。

②　《省人大常委会召开与省政府立法协调对接会》,海南人大网,https://www.hainanpc.net/hainanpc/xwzx/ldhd/20211105010654966685/index.html。

区域的充分立法实践已经证明,在建设自由贸易港发展体系的过程中,建立部门协调保障立法机制是有其必要性的。

(三) 完善自贸港立法沟通协调机制

为贯彻《自贸港方案》与《自贸港法》要求,海南省人大常委会办公厅、海南省人民政府办公厅出台了《关于完善省人大常委会与省政府立法沟通协调机制的意见》(琼常办发〔2021〕21号)与《海南省人民政府办公厅关于进一步加强政府立法协调监督工作的通知》(琼府办函〔2022〕31号),目的在于加强立法组织领导,做好立法统筹协调,夯实立法工作责任,抓紧立法工作进度,按时保质完成各项立法任务。制度的生命在于落实,海南省人民政府办公厅在《关于印发海南省人民政府2022年立法工作计划的通知》中就提出,要"完善立法体制机制,提高立法质量和效率,立法起草单位要严格按照立法程序,做好调查研究、意见征集、专家论证等工作,确保草案送审稿质量,起草过程中遇有重大疑难问题要主动与省司法厅联系,共同研究解决,省司法厅要及时跟踪了解立法工作计划执行情况,提前介入立法项目的起草工作;要加强与省人大专工委的沟通联系,主动听取意见和建议,形成立法工作合力"。

对于自贸港法规体系建设与完善而言,良好的立法协调工作有利于通过事前立法协调维护地方立法规划计划的严肃性、发挥政府及部门在立法中的基础性作用,达到"丰富立法形式,突出海南特色,解决实际问题,提高立法效率"的自由贸易港立法目标。在确定自由贸易港立法项目前,在向公众征求意见的基础上应及时与地方政府特别是相关政府部门进行协调,因为政府部门处在社会治理的第一线,掌握关键信息情况,能为立法提供有力帮助。在确定立法项目后,省人大法工委作为起草机构,应按照立法各自对应的领域与相关部门提前进行组织协调,建立立法重复审查机制,突出立法本身的可操作性。在立法落地后,应当与司法厅等实施实践机构相协调,要广泛听取和搜集相关方面对该立法项目的意见,为海南自由贸易港立法后续修改提供实证资料。

四、构建自贸港法治智库交流与涉外人才培养机制

(一) 域外民间法治智库介绍

专家学者们运用敏捷智库平台智慧交流分享意识形态,进而影响政府决策、公共政策制定,甚至司法立法,已成为域外国家社会政治生活的常态。在美国,根据《联邦政策咨询委员会法》(Federal Advisory Commission Act, "FACA")规定,智库应为总统、联邦政府、一个或数个机构或官员提供咨询建议,从法律上为智库介入政府事务开了"绿灯"。① 1830 年,美国就建立了世界上第一所智库—迪克森富兰克林研究所。经过近两百年的发展,智库已成为影响美国公共领域决策和司法立法的政治力量,被美国人称为社会中继立法、行政、司法和媒体之后的"第五支力量",成为能够表达社会各方利益的重要"传话筒"。智库专家们往往通过与议员们约谈,出入国会听证、作证等方式,提出解决政治、社会问题的办法和对策建议,影响政府立法活动。②

与自贸港性质相似的新加坡自由贸易区,早在 20 世纪 60 年代就建立了新加坡国际事务研究所(Singapore Institute ofInternational Affairs,"SIIA")和尤索夫·伊萨克东南亚研究所(ISEAS-Yusof Ishak Institute)。这些智库均以东盟作为研究重点,旨在就地区和国际事务进行研究、分析与讨论以及为推动环境可持续性问题提供政策建议,且不接受新加坡政府的定期资助。在新加坡,智库的主要任务是与研究机构建立合作关系网络,并促进各国专家间就国际政治经贸的重要问题进行建设性和实质性的交流。③

党的二十大报告提出,要"实施更加积极主动的开放战略,推进高水平对外开放,稳步扩大规则、规制、管理、标准等制度开放,加快建设贸易强国,推动共建'一带一路'高质量发展,维护多元稳定的国际经济格局和经贸关系"。自由贸易港的建设与推进高水平开放、建立开放型经济体制息息相

---

① 沈进建:《美国智库的法律责任与法律约束初探》,《中国社会科学评价》2016 年第 2 期。

② 沈进建:《美国智库的形成、运作和影响》,《中国社会科学评价》2016 年第 2 期。

③ 王蓉、陈菲:《新加坡智库在东南亚区域治理中的作用探究》,《智库理论与实践》2022 年第 5 期。

关。推动自由贸易港高质量发展,需要结合《自贸港法》及其相关法律制度体系,对现行国际法律规范进行研究,并通过建立自由贸易港涉外法治创新委员会等方式,完善自由贸易港民间智库平台,为支撑自由贸易港法治建设提供"民间智慧",以协调国际法治与国内法治的关系,构建争端解决机制,通过完善自由贸易港商事制度的方式,提高自由贸易港立法体系与商业运行体系的公信力。美国、新加坡两种不同类型的民间智库建设模式,为自贸港智库建设指明了可行道路。

(二) 海南国际仲裁院——自贸港法治智库可参照的范例

为营造海南自贸港法治化、国际化、便利化营商环境,贯彻习近平总书记"4·13 重要讲话"精神,海南省人民政府在原海南仲裁委员会基础上改制设立了海南国际仲裁院这一国际化仲裁机构。[1] 了解海南国际仲裁院如何贯彻《总体方案》要求,以实际行动推动人才引进政策的制定和实施,为有意愿到海南来建设自由贸易港的境内外人才,提供发挥作用的岗位和平台,可为自由贸易港民间法治智库的建立提供良好范本。

1. 建立海南国际仲裁院。海南国际仲裁院采取理事会主导的法人治理结构,实行决策、执行、监督相互制衡的治理机制,能够为海南自由贸易港建设提供优质高效的法治保障。

2. 吸引境外人才推动仲裁机构国际化发展。海南国际仲裁院组建了由国际知名专家组成的仲裁理事会,其中外籍人士占三分之一,理事会的权威性、国际性位列全国前列。同时,为适应海南自贸港建设发展,通过提升改造、全面优化仲裁员队伍结构的方式,建立了分布全球 38 个国家和地区的境外仲裁员队伍,共占仲裁员队伍的近三分之一,实现了主要法域全覆盖,为自贸港建设储备了大批高端涉外法治人才。

3. 设立专门内设机构,精细化助力自贸港法治建设。海南国际仲裁院专门设立国际商事调解中心,建立调解员队伍,面向境内外开展业务,同时

---

[1] 《海南政协委员过建春:海南应在我国人才密集地区建立自由贸易港岛外智库平台》,中经联播网,http://cctv-cmpany.net/channel21/68675.html。

对标境内外知名调解、仲裁机构先进理念制定调解规则,可为当事人提供"仲裁+调解"双轨运行并有效衔接的纠纷解决法律服务。

（三）自贸港法治智库国际化合作机制

1. 把握自贸港法治智库发展的正确方向。规制自贸港涉外法治创新委员会的功能,不仅仅是为自贸港相关法律政策的制定提供参照,同样还始终在坚持中国特色社会主义道路,维护法制统一的前提下,发出"海南声音",聚焦国家的重大长远战略安排和自由贸易港未来国际竞争力问题,引领自由贸易港法治建设的新方向和新格局。

2. 促进自贸港法治智库参与决策咨询服务。《关于加强中国特色新型智库建设的意见》指出,中央政研室、国务院发展研究中心等机构要"加强与智库的沟通联系,高度重视、充分运用智库的研究成果"。自贸港要建立导向明确、模式灵活、运作高效的法治智库,建立自贸港决策咨询发布中心,使其能够积极参与人大、政府立法,参与自由贸易港重大决策咨询,健全研究报告、咨询报告等成果转化为应用的载体和渠道,建立自贸港法治战略研究的信息库。

3. 打造自贸港法治智库品牌。完善民间智库规范化管理,不仅要拥有体制机制、人才、资金等条件,还要具备特色的智库文化。智库文化是智库的灵魂,一流的社会智库要培育自己独特的具有核心竞争力的智库文化。[①]自贸港法治智库要通过举办会议活动、建立域内外分中心、出版科研成果等方式,与国内外有识之士展开积极沟通,讲好中国故事,体现自贸港特色,以此搭建"以我为主"的专业化、特色化、集群化的全球法治高端对话平台,提升智库的国际化水平和国际影响力。[②]

---

① 隆国强:《智库的文化是智库的灵魂》,《中国经济时报》2014年9月15日第2版。
② 林必恒:《探索自贸港法治智库的建设路径》,中国日报网,https://baijiahao.baidu.com/s? id=1689552431668228812&wfr=spider&for=pc。

第三章　中国特色自贸港调法
调规制度论

　　探索建设中国特色自贸港是党中央统筹国际国内双重背景,立足于"双循环"发展新格局,打造我国对外开放的新标杆,凸显了海南自贸港实施最高水平开放的主基调。海南全面深化改革开放需要与之匹配的法治保障,从海南建设办经济特区到逐步探索、稳步推进建设中国特色自贸港,无论从国家还是地方,都不断运用法治手段为海南发展提供制度上的引领、促进和保障。海南自贸港调法调规工作是一个从立法、执法、司法到法治监督进行全方位制度集成创新的过程,自贸港制度集成创新,不仅需要打造以自由便利为核心的地方法规体系,而且更加聚焦于从中央到地方,对投资、贸易、税收、金融、人员管理及政府治理等方面的法律法规进行必要的调适,并积极制定符合自贸港功能定位的发展促进型法律法规[1]。从国家层面的法治保障上看,《海南自由贸易港建设总体方案》明确以海南自由贸易港法为基础,以地方性法规和商事纠纷解决机制为重要组成的自贸港法治体系。

　　《自贸港法》已为自贸港建设提供了法治层面的基础保障规范。从海南地方层面的法治保障上看,主要是海南省人大及其常委会利用自贸港法规立法权、经济特区立法权、一般地方性法规立法权等多重立法深化改革,凸显海南特色,推动区域发展。根据海南自贸港"境内关外"的属性,以及未来封关运作实际发展的需要,要实行不同于内地的政策制度和法规,要在

---

[1]　刘云亮:《中国特色自由贸易港法规体系构建论》,《政法论丛》2021 年第 6 期。

遵循《宪法》规定和国家法制统一的基础上,对国家总体法治层面与和海南省的地方立法的相关领域和事项进行"立改废释",并有针对性、精准性地调整相关的法律法规,进行立改、调整、清理、创新、升级,以适应海南自贸港建设稳步推进的法治需求。由于海南自贸港建设尚处在封关运作的准备阶段,政策和制度体系还未完全形成系统的体系化构建,以自贸港法为基础的地方法治体系正在构建当中。《自贸港法》出台后,以自贸港法为基础的调法调规工作,将成为海南自贸港法治体系建设的常态化工作。由于海南自贸港建设覆盖范围较广,涉及领域宽泛,①与我国现行有效的293部法律有一定关联关系,而目前的调法调规工作进度还无法完全适应自贸港建设的步伐,以《立法法》第16条为基础的改革型试验授权决定,因其特点具有针对性和临时性,无法开展创制型立法,而自贸港需要对标国际较高水准的开放模式进行与之相适应的法治化制度集成创新,所以改革型试验立法决定已不能完全适应特殊功能经济区域的高水平开放需求②。在梳理海南现行有效的地方法规基础上,把党中央关于全面深化海南改革开放的重大战略与宪法规范衔接,以自贸港法、立法法作为自贸港调法调规的核心依据,促进对标国际高水平经贸规则,强化自贸港调法调规与国际规则管理接轨的精准度,废止与自贸港建设不相适应的法律法规,制定符合海南自贸港发展定位的一般地方性法规、经济特区法规、民族自治法规和自贸港法规。

第一节　自贸港调法调规制度价值认知

中国特色自贸港调法调规是扩大对外开放、协调利益关系、加强制度集成创新、与高水平国际经贸规则接轨的一项系统性工程,是统筹全面深化改革、全面推进依法治国、提升全球经济治理能力一体化建设新格局的关键要

---

① 周子通、陶慧:《地方立法统计分析报告:2022年1月至6月》,《地方立法研究》2022年第4期。

② 王春业:《论我国"特定区域"法治先行》,《中国法学》2020年第3期。

素。习近平总书记"4·13 重要讲话"、中央"12 号文件"①和自贸港方案明确指出,自贸港建设涉及到各项改革措施,凡涉及调整现行法律或行政法规的,经全国人大及其常委会或国务院授权后实施。中央依法治国委员会审议通过《海南法治建设意见》并建立健全自贸港法律制度体系,按照相关立法权限开展相关的立改废释活动,打造国际化、法治化营商环境。因此,自贸港封关运作进入关键期,积极开展与高水平开放相适应的调法调规工作具有强烈必要性。

一、自贸港调法调规制度法理认知

中国特色自贸港作为我国"境内关外"的一块特殊经济区,从中央到地方分别打造一套有别于内地专属于自贸港的特殊政策和法律制度,进行有针对性、可操作性和创新性的调法调规法治促进保障工作,乃自贸港法治体系建构的核心。海南自贸港调法调规的制度创新工作,亟需贸易、投资、海关监管、税收、金融、人才、出入境管理、生态环境保护、产业体系构建、民族地区跨越式发展等重要发展领域。海南自贸港调法调规工作机制,是助推自贸港制度集成创新的重要抓手,涵盖了有关自贸港建设相关的基础性法律制度和地方政策法规体系自上而下良性联动的相关性和逻辑性。自贸港是面向全球高度开放的双循环联结平台,其调法调规的法治功能定位应与最高开放水平经济形态,其开放型、自由便利型的经济属性决定了自贸港调法调规的基本路径导向。自贸港贸易投资自由便利法律制度、金融创新监管体系、税收优惠特殊安排、政府职能转变、社会治理模式、促进对标高水平国际化经贸制度等,构成了调法调规的清晰思路方向。准确把握自贸港调法调规制度的法理基础和精细化内涵,关键在于如何认知自贸港调法调规的规范内容和调整范围,通过体系化的系统认知,精准定位调法调规的法理内涵及法治创新价值。自贸港调法调规,其内涵主要是海南在推进中国特

---

① 臧昊、梁亚荣:《论海南自由贸易港立法权的创设》,《海南大学学报(人文与社会科学版)》2021 年第 5 期。

色自贸港建设和管理中,要以习近平法治思想为引领,以宪法及相关法为根本核心,以自贸港法为依据,以积极接轨国际法治体系和坚持中国特色为原则导向,以打造法治化、国际化、现代化一流营商环境为目标路径,聚焦投资贸易、运输往来、跨境资金流通、人员出入境管理、数据安全有序流通等五大基本制度框架,结合自贸港"三区一中心"战略定位和现代化产业体系构建等核心内容,从国家层面顶层设计到海南具体的改革发展规划,实行国家统一专门立法和修订法律、海南进行特殊授权立法、补充立法和有针对性调整地方法规体系的法治创新举措,对自贸港发展相关的法律法规规章进行科学合理的立改废释,即以国家基本立法权为基础,海南自贸港地方立法权为根本性补充保障,对法律、行政法规中不适宜自贸港"境内关外"特性的内容进行调适或暂停适用,必要时可运用国家基本立法权制定和修改相关法律法规,为打造最高水平的开放经济形态提供规范支撑,并用好用足自贸港地方立法权,将前述核心内容的相关政策性内容、方案设计转化为具体操作性强的地方法规,并加强四大地方立法权的科学运用,强化一般地方立法权、经济特区立法权、自贸港法规立法权、民族自治地方立法权的有效衔接,常态化清理更新不符合高水平开放型经济体制建设的地方法规,促成系统科学、规范统一的自贸港法治体系和法规体系①。

　　自贸港调法调规的内涵探析,须紧扣党的二十大报告关于"全面依法治国,推进法治中国建设"的专章论述。党的十八大以来,在习近平法治思想的指导推动下,全面依法治国总体格局已经形成,法治国家建设深入推进,社会主义法治体系正在加快形成。党的二十大报告关于社会主义法治体系的重要论述,有助于丰富自贸港调法调规的制度内涵,更新调法调规的规范属性。聚焦自贸港调法调规有助于创制和调整有关自由便利和开放型经济体制建设的法律法规制度,提高制度集成创新水平,迎合国际经贸规则变革新趋势。不仅要认识到调法调规对于建设自贸港法治体系和法规体系

---

① 刘云亮、许蕾:《海南自由贸易港法规的体系定位与衔接分析》,《重庆理工大学学报(社会科学版)》2021 年第 5 期。

的重要意义,自贸港调法调规实际也是对于中国特色社会主义法治体系的丰富和外延拓展,更加注重以"1348"战略框架为创新路径,紧扣《自贸港方案》中有关"614"制度的具体内容,促成自贸港法治体系和法规体系相结合的法治创新新格局。

二、自贸港调法调规制度理性底线

自贸港调法调规工作的基本思路,要加强以法治为核心的制度创新顶层设计,实现更高水平的法治创新示范。其立法理念是调法调规的指导思想和基本原则,支撑着自贸港调法调规体系的构建方向,自贸港调法调规工作体系构建总体上应坚持党的领导,以习近平法治思想为指导,立足于中国特色的高度政治站位,理顺国家法制统一和区域法治创新的关系,积极融入国际经贸规则新体系,协调好改革创新与法治保障的关系[①]。

（一）坚持党的领导、政府推进、社会共治等基本思路

世界知名自贸港多属于西方资本主义经济体,这个共识原则是社会资源的市场决定性作用,弱化政府职能。中国特色自贸港是在党中央的领导下推进的,践行社会主义法治道路,彰显了社会主义法治的制度优越性,属于"党政推进性法治"[②]。党的十九届四中全会将"党的领导"作为立法工作的首要遵循,党规政策体系和法治体系间具有高度连贯性和协同性,中央"12号文件"、《自贸港方案》都明确规定海南建设中国特色自贸港"强化党的领导",《自贸港法》由全国人大常委会审议通过,显现了党的领导下,依法实施推进自贸港调法调规,贯彻科学立法、民主立法、依法立法的基本原则,重视社会公众广泛参与。即党的领导调法调规工作,保证调法调规工作的正确政治方向,政府作为区域法治建设和优化营商环境的关键主体,负责具体工作的推进落实以及自身职能优化,社会组织和大众则是自贸港调法规则工作机制的协同主体和参与主体。2021年9月中共海南省委印发了

---

① 龚柏华:《中国自由贸易试验区到自由贸易港法治理念的转变》,《政法论丛》2019年第3期。

② 陈利强:《中国特色自贸区(港)法治建构论》,人民出版社2019年版,第131页。

《法治海南建设规划(2021—2025)》提出加强党对法治海南建设的集中统一领导,充分发挥党总揽全局、协调各方的核心作用。

此外,《最高人民法院关于人民法院为海南自由贸易港建设提供司法服务和保障的意见》,也明确提出打造共建共治共享的社会治理新格局,支持智慧海南的建设。自贸港调法调规工作事项是一项系统性、专业性、复杂性的长期性法治课题,要在遵循"中央批示(授权)—法治先行(调法调规)—制度集成创新(建制)—市场优化(营商环境)"的逻辑递进基础上,科学有针对性地对相关领域进行"立改废释"。因此,需要多方主体相互协作、协商共治、共同推进此项工作,只有在坚持党领导和职能部门主导推动下,以习近平法治思想为思路引领,才能有效促成自贸港调法调规的思维逻辑和促进保障模式,调动各项积极要素、协调好多方利益关系、形成法治合力。

(二) 遵循国家法制统一与区域法治创新相协调原则

维护社会主义法制统一和尊严,任何组织和个人都没有超越宪法、法律的特权。这是我国《宪法》规定,我国《立法法》也明确立法要遵循社会主义法制统一基本原则。坚持法制统一,规范立法权力有序运行是我国社会主义法制的基本属性,国家专门制定《自贸港法》,是我国区域发展立法史上的首创之举。2020年4月,全国人大常委会、国务院结合海南自贸港建设的法治保障需要作前期性法治探索,自《自贸港方案》出台到《自贸港法》颁行以前,海南在紧密结合自由贸易港建设实际的基础上正有针对性地开展调法调规工作,在《全国人民代表大会常务委员会关于授权国务院在中国(海南)自由贸易试验区暂时调整适用有关法律规定的决定》《国务院关于在中国(海南)自由贸易试验区暂时调整实施有关行政法规规定的通知》授权下,海南省人大、省政府已暂时调整了《中华人民共和国土地管理法》《中华人民共和国种子法》《中华人民共和国海商法》《中华人民共和国海关事务担保条例》等法律、行政法规部分条款的适用范围与权限,标志自由贸易港第一批"调法调规"事项顺利落地;2021年6月10日,《自贸港法》通过颁行后,允许境外机构在海南自贸港境内设立理工农医类学校,涉及调整《中华人民共和国中外合作办学条例》的内容也已通过《自贸港法》第40条的规定得以确立,在此基础上制定了17部与自贸港相关配套地方法规,使得自贸港第二批调法调规事项暂时告一段落;2022年10月8日,国务院发布了《国务院关于同意在天津、上海、海南、重庆暂时调整实施有关行政法规规定的批复》,其中对海南省调整实施《民办非企业单位登记暂行条例》,放宽对外商捐资办非营利性社会服务机构的准入条件,这标志着海南自贸港第三批调法调规事项的启动。

海南自贸港"境内关外"特殊区域定位,《自贸港法》赋予海南调法调规的依据和保障。有些内容会涉及《立法法》第8条的十一种应当制定法律的基本情形,这势必会引发对社会主义法制体系的统一性和权威性造成影响的学理争议。① 有学者也提出,授权海南自贸港特殊的地方立法权限,是否会对现有的国家法律体系造成一定程度的挑战,例如在投资、贸易及其管理活动的事权上进行制度先行的法治创新实践,往往会与上位法内容相矛盾从而产生规则的效力位阶冲突。

社会主义法制统一的基本内涵,一般指的是形式法制意义上的统一性和协调性,传统的立法理论认为,在法制层面上,法制统一首先是要求下位法不能与上位法相抵触,其次是下位法内容和上位法要保持一致相似,要在上位法的幅度里作出规定,否则可能就会因为与上位法抵触而被撤销或宣告无效。站在自贸港这一拥有法治先行特殊权限的对外开放新高地上,对于调法调规的具体内容事项,应对社会主义法制统一的内涵作出与新时期对外开放格局相衔接的全新定义。为了将中国特色自贸港的建设打造成为我国面向全球高度开放的多边平台,更好地融入国际一流的制度体系之中,应当允许自贸港在规则制度领域先行一步,对法律、法规做出合理的内容调整,做到既接轨国际又具有中国特色的法治体系和政策制度。如果一味地要求自贸港调法调规内容与上位法保持一致,则可能导致中国特色自贸港

① 谭波:《海南自由贸易港法规的体系定位与衔接分析》,《重庆理工大学学报(社会科学版)》2021年第5期。

法治体系构成内容显得机械保守,使得自贸港法规这一全新的授权立法模式难以发挥实质的区域法治创新功能。

(三) 调法调规须对标高水平国际经贸规则

党的二十大报告提出,要实行更加积极主动的开放战略,构建面向全球的高标准自由贸易区网络,加快推进自由贸易试验区、海南自由贸易港建设,共建"一带一路"成为受欢迎的国际公共产品和国际合作平台。2020年11月15日,中国正式签署RCEP,2021年9月,中国正式申请加入CPTPP。[①] 从我国加入WTO后,曾通过修法和调法调规,主动顺应世界经贸规则主流趋势,积极尝试在国内法律制度改革上加强与国际通行规则和国际投资惯例的衔接,积极主动融入国际经贸制度的体系架构之中。2022年1月1日,RCEP正式生效,作为由东盟与中国主导下的全球最大区域多边自贸协定,东盟与中国作为彼此间最大贸易伙伴,双方的经贸合作关系将进一步深化。海南自贸港在地理位置上处于我国面向东盟各国的前沿区域,东盟十国都位于海南四小时经济飞行圈内,发展互补性、地理环境、人文习俗等都具有高度相似性。为了加快构建面向东盟各国开放"泛南海经济圈",叠加RCEP机遇效应,全面高质量落实RCEP协定,海南自贸港的调法调规工作要从更高站位视野,系统研究RCEP有关内容,探究如何根据自贸港的多重立法权优势,将一些备受关注并符合我国改革试点方向的领域逐步将其本土法规化。另外,我国也为加入CPTPP进行多边协商谈判,涉及跨境数据流动、国有企业改革、政府采购、服务贸易全面开放、劳工保障标准、知识产权保护、纠纷仲裁条款等内容。自贸港作为国家压力测试的主阵地,应肩负起为中国加入全面性、进步性、创新性的自贸协定进行规则试验、法规体系优化,形成创新示范的使命责任。海南自贸港在法治先行的轨道上推进调法调规工作,是在为中国制定、引领和对接国际经贸规则做长期性的先行先

---

① RCEP是当今全球覆盖人口最多、规模最大的自贸协定,但RCEP成员结构、规则标准要求、国民人均收入都远低于CPTPP。CPTPP虽然经济规模总量仅占全球的13%,其覆盖地域范围领域最广、成员结构以发达国家为主,发展潜力巨大,被誉为21世纪高标准经贸协定。

试。因此,海南自贸港作为我国打造高水准开放的新模式,注重对标 RCEP、CPTPP 等国际高水平经贸规则,为形成全国统一大市场,进行规则试验,以期形成与国际接轨的自贸港调法调规制度体系。

（四）自贸港调法调规应立足于中国特色

中国特色是海南建设自贸港的最根本要求,是坚持习近平新时代中国特色社会主义思想的重要体现,也是区别于西方资本主义自贸港的根本差异。中国特色是海南自贸港调法调规立足点,要充分彰显中国特色的基本制度站位。习近平总书记 2022 年 4 月在海南视察调研时,就建设海南自贸港作出重要指示,强调提出三个"坚持不动摇原则",即坚持党的领导原则不动摇、坚持中国特色社会主义制度不动摇、坚持维护国家安全不动摇原则①。中国特色成为海南自贸港推进调法调规工作的政治方向。坚持党的领导原则是未来国家制定自贸港建设的专门性法律和修改、解释相关法律法规、海南用好用足多重地方立法自主权,进行调法调规的首要原则。习近平总书记"4·13 重要讲话"指出,海南建设自贸港要借鉴国际经验,坚持中国特色,符合海南发展定位。《自贸港方案》和《自贸港法》也明确了自贸港建设要坚持中国特色社会主义道路,坚持以人民为中心。制定、修改、实施自贸港法规,不仅要以投资贸易等领域为重点对标国际通行经贸规则,更要深入中国特色自贸港法治体系建设的创新实践。运用国家立法权或地方立法权进行调法调规,不仅要借鉴国际有益法治经验,更要坚持以中国特色社会主义制度为出发点,立足底线思维,确立自贸港调法调规路径模式的制度基石。探索建设中国特色自贸港调法调规工作,主动适应国际经贸规则重构的目标要求,全面系统推进调法调工作在贸易、投资、资金、人员流动等领域实现一系列自由化和便利化的法治环境。进行多维度、全方位的立改废释法律法规更新工作,也要统筹自由便利和风险防控辩证关系,提高域外风险识别的能力,在维护国家安全,坚持社会主义核心价值观的原则底线

---

① 《习近平在海南考察时强调解放思想开拓创新团结奋斗攻坚克难加快建设具有世界影响力的中国特色自由贸易港》,《人民日报》2022 年 4 月 14 日第 1 版。

上,推进自贸港法治建设行稳致远。

三、自贸港调法调规制度创新立法价值

中国特色自贸港调法调规的法治实践举措,其本质属性是中国特色社会主义法治体系的重要组成部分,自贸港调法调规,以构建和丰富自贸港法治体系为目标抓手,是中国特色社会主义法治建设的生动实践。通常国际知名的自贸港都有一个共性,在经济领域,不仅能实现市场高度开放和投资贸易活动自由便利制度,而且打造拥有健全的法制保障体系和法治化、国际化、现代化的一流营商环境,这使海南自贸港更加强调法律法规制度集成创新。《自贸港方案》指出海南自贸港将实施"614"制度,其中法治体系是构成"614"制度的关键一环,自贸港现代化产业体系和监管体制也是建立在现代法治规则的基础之上。自贸港法治建设,重在充分利用自贸港法规立法权,在诸多领域先行先试、探索优化的法治保障之路径。加大海南自贸港调法调规工作力度,实质上是坚持以法治化为基础推进制度集成创新,形成在全国具有独创性且先进性的区域法治经验,进而为打造具有国际竞争力的外向型经济发展水平,提供开放型的法律促进保障机制,提升海南自贸港的国际化发展水平①。

"立改废释"不仅是自贸港调法调规的主要形式,也是实现制度集成创新的新路径,更是提升自贸港法治国际化水平的重要推手。自贸港调法调规不仅仅对国内法律法规进行完善更新,也要聚焦国际视野,面向域外的经贸规则和法律制度,以最开放的标准去适应全球其他经济体或地区的经贸法律制度,成为我国现行各种国际新型经贸规则的形态样板,应对日益复杂激烈的国际制度竞争环境②。自贸港调法调规的法治创新实践,推进我国自贸区法治建设,可以有效发挥法治先行的优势,及时梳理出与我国差异较大的内容条款,对其开展充分比较分析和评估,对自贸协定中较为敏感的领

① 刘云亮、卢晋:《中国特色自贸港对接 CPTPP 经贸规则的可行性基础及法律对策》,《西北民族大学学报(哲学社会科学版)》2022 年第 6 期。

② 杜涛:《对外关系法的中国范式及理论展开》,《云南社会科学》2022 年第 4 期。

域可在岛内进行局部性的调法调规,分阶段分步骤开展规则压力测试,待条件成熟时可在全国开展相应的法律法规调整更新工作,成为依法有效助推自贸港制度集成创新模式的法治创新体制新秩序。

第二节　自贸港调法调规制度格局

建设具有世界影响力的中国特色自贸港,迫切需要构建与最高开放水平相适应的法治体系,《海南法治建设意见》已明确 2020 年、2025 年、2035 年的海南法治建设的目标任务,要立足于海南"三区一中心"战略定位①,全面推进对标国际标准、体现中国特色、符合海南发展定位的法治建设,将海南打造成全面依法治国的生动范例。自贸港调法调规的内容方式是完善中国特色社会主义法治体系的重要组成部分,也是全面推进依法治国和全面深化改革开放的根本体现,自贸港调法调规也是法治化制度集成创新的发展范例,是打造具有世界影响力的中国特色自贸港法治体系的基本制度格局。

一、自贸港调法调规的思路导向

建设具有世界影响力的中国特色自贸港,是中国式现代化道路建设的创新生动实践。习近平总书记对海南工作的重要指示批示精神,是新时代海南自贸港建设的顶层设计思路,习近平法治思想是海南自贸港调法调规的根本方向指引,是自贸港法治创新和丰富自贸港法治理论与实践的指导思想。中国特色自贸港调法调规的具体规范实践,是将习近平新时代中国特色社会主义思想和习近平法治思想的法治精髓理念运用到海南法治建设规划之中,贯彻落实党的二十大报告关于法治中国建设的新要求,促成自贸

---

①　"三区一中心"指的是全面深化改革开放试验区、全国生态文明试验区、全国重大战略服务保障试验区和国际旅游消费中心。

港共建共治共享的法治新秩序。自贸港法治体系和地方法规体系建设,需要全面加快调法调规的进度,促成在全国具有独创性的法治创新案例成果,保障"三区一中心"战略稳步实施。自贸港调规主要目标在于构建完善自贸港法规体系和法治体系。推进自贸港法治体系和法规体系建设的根本路径,在于以全面的"立改废释"为主要路径的调法调规新模式,以法治先行和法治创新相结合,加强改革促进型立法创制,同时把握好立法体制创新的必要性,遵循比例性原则,做到法治创新与立法节制相统一①。习近平总书记在党的二十大报告中对我国社会主义法治建设所取得的历史性成就、发生的历史性变革作出总结,指出:"社会主义法治国家建设深入推进,全面依法治国总体格局基本形成,中国特色社会主义法治体系加快建设,司法体制改革取得重大进展,社会公平正义保障更为坚实,法治中国建设开创新局面。"加快社会主义法治体系建设是实现法治中国建设规划的主要抓手,分阶段、分步骤实现 2025 年、2035 年法治中国建设规划的阶段性目标,需要涉及全方位、深层次、系统性的法律法规体系全面性完善,具体的实施路径在于进一步加快建设社会主义法治体系。

调法调规的总体思路,需围绕社会主义法治体系的实施路径来谋划推进,自贸港调法调规的工作推进,应以法治先行和法治创新为核心方法,以自贸港法治体系和地方法规体系为总目标抓手,坚持改革创新与立法先行同步深入,关键在于授予海南省人大及其常委会更多的法治创新自主权,以激发海南在调法调规过程中的积极性和创造性,创造出更多具有先行先试、改革创新的法治成果②。全面深化改革开放和自贸港封关运作已进入了关键期,使得从中央到海南对自贸港建设在法制规范层面,开展制定、认可、修改、废止相关规范性文件的工作已迫在眉睫,对自贸港建设有关的法律法规规章进行调整、更新的需求会不断增强,并需要在全新的制度型开放领域开展相应的立法。《自贸港法》为海南的法治体系和法规体系构建提供了基

---

① 刘亮、邹立刚:《海南自由贸易港立法的框架性制度创新探析》,《海南大学学报(人文社会科学版)》2020 年第 3 期。

② 胡加祥:《我国自由贸易港建设立法模式研究》,《法治研究》2021 年第 3 期。

础性框架,涉及多领域的制度创新还须在中央统一授权、部委支持指导,海南亟须加快落实开展全方位的调法调规工作,用好用足自贸港法授予的新型地方立法权,对标全球高水准的发展模式,进行更高水平、更宽范围、更大程度的调法调规模式,是自贸港实现高质量法治建设的重点内容,以满足与高水平开放相适应的高质量法治保障要求。

二、自贸港调法调规的原则标准

《自贸港法》第3条明确了海南自贸港建设的基本原则和底线思维,这集中体现了自贸港建设的价值内涵,精准把握海南自贸港的中国特色本质属性、国际化建设的全球共性、彰显海南特色的实际定位、以人民为中心的发展理念等,奠定了自贸港调法调规的基本原则标准。将宪法及相关法作为自贸港调法调规的制度原则底线,以《自贸港法》作为调法调规的基本上位法依托,结合自贸港更高水平开放的新要求,加快调法调规的实质性进展,需遵循以下原则标准:

(一) 在合宪性原则基础上深化改革开放

我国现行宪法在序言中确立了改革开放的基本国策,《宪法》第3条第四款明确了中央和地方的职权划分,在党中央统一领导下,充分发挥地方的积极性和创造性。自贸港调法调规工作是将海南自贸港先行先试的改革发展成果载入宪法相关条款,推动宪法有效实施的有效途径。海南自贸港建设如何协调好中央和海南的事权划分是开展制度先行先试,保证自贸港调法调规合法合宪的重点内容,亟需央地关系的平衡协调机制构建。虽然我国已经制定了《海南自由贸易港法》,规定了授予海南较大的改革自主权和较为充分的立法权限,由海南省人大及其常委会制定海南自贸港法规,也规定了国务院及其有关部门和海南自贸港的有关管理权限,对涉及中央和海南在自贸港建设中的组织协调关系、会同立法要求也有相应的规定,但总体上还缺乏一部较为详细划分央地事权的宪法相关法条规定,2015年新修订的《立法法》也未对特定改革先行区的授权立法作出系统性的规定。《宪法》第5条规定了一切法律、行政法规和地方性法规都不与宪法抵触。按照依宪立法的精神和原则,前述所指的"一切"是一个开放性和宽泛性的概念,理论观念上和逻辑设计上都应当把所有法律法规规范纳入合宪性审查范围,不仅包括现行单一制国家结构下国家所有的法律规范形式,也包括《自贸港法》出台后,依据法律授权的新型地方性法规,即海南自贸港法规。

　　海南自贸港调法调规涉及的领域较为广泛,且更多触及国家经济基本制度,应当在立足于合宪性原则上逐步有序推进,把重要的改革创新成果与宪法规范相衔接,海南自贸港调法调规规范体系建设,本质上也是一种重塑性改革,其指的是建设中国特色社会主义制度的自贸港,会对国家的一些基本法律制度和地方的立法体制进行再更新、再调整、再规范、再创制的重塑性改革,自贸港调法调规既需要全国人大及其常委会、国务院进行顶层设计,遵循推进全面深化改革开放和经济全球化重大战略的全方位大局观,又要善于发挥海南当局大胆闯、大胆试、自主改的改革创新决心,尊重特定区域开展先行先试的基层创造,体现改革的群众观。因此,在推进依宪法治国的道路上,调法调规工作要做到"有宪可依",建设中国特色自贸港是我国改革开放建设的一次创造性实践,国家法律层面的调法调规工作要积极努力创造,把党和国家建设海南自贸港的一系列制度创新成果转化为宪法相关规范的内容,才能在坚持宪法"控权论"基础上更有效地推进依宪治国的重大法治战略,强化对各种立法调法行为"违宪必究"的合宪性审查机制,加强对海南自贸港授权立法自主权行使合宪性审查的有效监督,防范改革自主权滥用①。换句话说,即便现行宪法及其相关法没有明确新型授权立法的种类,按照依宪立法、依宪治国的基本原则和要求,每一项与自贸港建设相适应的调法调规和立法项目也必然要符合宪法要求,接受合宪性审查的约束机制。

　　(二) 对标高水平国际经贸规则要积极作为

　　近年来,国际政治、经济、军事、外交格局日益复杂多变,尤其在新冠疫

---

　　①　王建学:《海南自由贸易港法制定思路的学理阐释》,《天津大学学报(社会科学版)》2021 年第 4 期。

情肆虐和乌克兰危机等复杂背景下,世界经济发展不确定因素多发,我国需要建立一个能与国际通行规则对接的国际高水平自由贸易港。海南作为新时代中国改革开放的示范,其核心就是要承担高水平开放的桥头堡、制度集成创新的新高地以及高标准制度开放的压力测试试验田。当下以美国为首的西方国家不断推行单边主义、保护主义和民粹主义,尤其是特朗普时期推行的"美国优先",再到现任总统拜登正式成立"印太经济框架",其核心是企图遏制中国的崛起,在国际多边治理和全球贸易规则重构中,将中国边缘化。"二战"后美国主导建立了联合国、世界银行、国际货币基金组织、世界贸易组织,一直掌握着国际规则制定和修改的主动权和话语权,自身也有一套比较完善的域外法律管辖、法律规则域外适用和执行的美国涉外法律制度,可以熟练地运用各种规则方式开展跨国诉讼和仲裁,并运用自身主导的规则体系对他国进行国际法律制裁。由此可见,未来中美之间将要进行的是一场长期性的战略竞争,而且更多将会以"规则战""制度战"形式进行①。面对美国非理性霸权主义,我们实现中华民族伟大复兴,必须发挥21个自贸区和自贸港先行先试的优势,形成一批在全国自贸试验区中具有可借鉴意义的开放型压力测试创新案例。

海南自贸港相对独特的地理单元战略位置,也成为国家试行各种规则制度的压力测试平台之一。《自贸港法》第9条明确规定,国家支持海南自由贸易港主动适应国际经贸规则和全球经济治理体系改革新趋势,积极开展国际交流合作。主动对标国际高水准的经贸规则是自贸港不断扩大对外开放的必经之路,也是海南自贸港调法调规的重点方向。自贸港调法调规工作不仅要符合海南的实际情况,也要积极主动与国际接轨,适应国际经贸规则重构的新趋势。以法治先行为引领,创新调法调规的新模式,引入国际上先进并符合我国未来改革方向的通行规则,在岛内试行进行规则压力测试,实现国际通行经贸规则和中国特色本土规则良性对接,为中国在参与国际法治改革中掌握国际话语权,参与全球经贸竞争中积累宝贵经验。通过

---

① 何志鹏:《国内法治与涉外法治的统筹与互动》,《行政法学研究》2022年第5期。

调法调规的一系列制度措施,完善海南自贸港对外开放的经贸法律体系,以法治手段助推海南自贸港经济社会实现全面发展,提高中国特色自贸港的国际影响力①。

（三）要顺应"614"制度设计和制度集成创新的新挑战新要求

自贸港建设的总体目标是要分阶段、分步骤逐步建成具有较强国际影响力的高水平自贸港,确立"614"制度重视与国际自贸港的先进经营方式、管理方法和制度安排相接轨。围绕"614"制度,推进自贸港调法调规,充分发挥自贸港立法权的特色优势,对标《自贸港方案》实施调法调规工作,充分显现自贸港法治创新之路和法治建设路径。建设中国特色自贸港不仅是国家改革开放战略的重要一环,也是彰显自贸港"614"制度的根本特征,凝聚海南自贸港的中国特色,共享新时期中国改革开放的最新机遇和制度红利,这也是中国特色自贸港与西方资本主义自贸港在发展特征上的本质区别。海南自贸港作为全国全面深化改革开放试验区,要"加快建设具有世界影响力的中国特色自由贸易港"。自贸港建设,要"把制度集成创新摆在突出位置,解放思想、大胆创新,成熟一项推出一项,行稳致远,久久为功"。通过调法调规模式推进制度集成创新,成为海南自贸港建设的重中之重,作为我国建设具有世界影响力的中国特色自贸港,依法推进自贸港建设,须探寻自贸港法治创新路径。截至目前,海南自贸港已推出了14批128项制度创新案例,其中有8项制度创新案例被国务院推广。党的二十大报告关于对外开放的最新战略规划,已为海南自贸港调法调规工作高质量推进提供了方向指引,加强以法治创新为核心的调法调规工作思路,构建与最高开放水平形态相匹配的自贸港法治体系的调法调规工作目标,中国特色自贸港建设以"614"制度为主要内容彰显自贸港法规体系,涉及贸易投资自由便利等核心事项,均属于法律和行政法规调整的范畴,不能仅靠地方立法修法为主的调法调规方式,应更多涉及中央层面的调法调规内容,从而为

①　李德旺、叶必丰:《地方变通立法的法律界限与冲突解决》,《社会科学》2022年第3期。

推进制度集成创新、打造系统完备的自贸港政策和法治体系提供规范支撑。

（四）符合中国特色自贸港法治创新实际和问题导向

中央"12号文件"已明确要以海南自贸港"三区一中心"战略地位为格局出发点，完成2020、2025、2035海南自贸港法治体系建设的目标任务，全面对标国际高水平标准、坚持中国特色、符合海南发展定位的法治体系，通过全面系统的调法调规专项法治建设规划，努力将海南自贸港打造成全面依法治国的生动范例。自贸港调法调规的方向和范围，调整哪些领域与自贸港建设有关的法律法规，制定哪些可以促进自贸港建设的法律法规，是由我国的基本国情和海南的实际省情具体决定的。综合考量海南现有的社会发展水平以及未来封关运作后的法治需求，坚持从实际出发，明确问题导向。世界上实施自由港政策和制度的国家或地区有400多个，实施的政策和法律制度都不相同，新加坡等国际上知名自贸港的法治实践经验也并不完全适合中国特色自贸港调法调规的具体操作实践。自贸港调法调规具体实践形式，要以解决自贸港法治体系建设存在的难点堵点为着力点，以解决法治创新环节和改革为突破口。无论是党的十八届四中全会通过的《中共中央全面推进依法治国的决定》、中央全面依法治国委员会通过的《关于全面推进海南法治建设、支持海南全面深化改革开放的意见》，还是中共中央印发的《法治中国建设规划（2020—2025年）》等法治建设决策部署，都提出了法治建设应当直面问题所在，针对特定重大改革事项要有具体针对性、可操作性的法治举措。《自贸港法》颁布实施以来，2021年9月海南省人大常委会通过了4部以海南自贸港命名的首批配套地方法规，结合海南自贸港建设的实际情况，尤其是突出国内旅游热门省份特色，紧扣海南旅游消费者反映投诉最频繁的消费欺诈问题，专门制定出台《海南自由贸易港反消费欺诈规定》，这也是全国首部专门针对消费欺诈，保护旅游消费者权益的专项地方法规，突出了问题导向，解决广大群众对旅游市场欺诈宰客乱象得到依法规制以及消费权益得到维护等难点痛点问题。为了推动本土特色化旅游产业发展，加快国际旅游消费中心建设，2022年3月24日，海南省人大常委会通过了《海南自由贸易港游艇产业促进条例》,这也是我国首部专门针对游艇产业发展进行的地方性立法。

（五）调法调规工作应受到全过程人民民主的规制

自贸港调法调规工作要全程体现"全过程人民民主"原则。《宪法》第2条规定了国家的一切权力专属于人民。人民民主本质上来说就是一种全过程式的民主,自贸港调法调规的法治实践应全范围落实全过程人民民主的鲜明底色。习近平总书记所作的党的二十大报告对全过程人民民主做出了专门的论述,对发展全过程人民民主、保障人民当家作主,加强人民当家作主制度保障、全面发展协商民主和基层民主、巩固和发展最广泛的爱国统一战线等四个方面作出了部署,为进一步坚持和发展全过程人民民主指明了方向。相比较而言,自贸港制度建设的具体方向比较聚焦于五大领域实现自由便利,其调法调规工作更应集中"小切口、短快灵、精细化",不宜过多强调和突出大而全、宽范围,应更多突出地方特色和地方法规体系建设的具体性、灵活性和可操作性。① 自贸港调法调规是民主立法的重要一环,也应坚持和体现"全过程人民民主"原则,对岛内人民群众反映强烈、直接影响岛内人民权利义务以及涉及岛内民族地区发展和少数民族群众权益保障的法规,要进行有针对性的立调废释、集中清理审查。

自贸港调法调规工作涉及的领域广、内容庞杂,需要具备较强的专业性和技术性,应提升公众参与立法的强度,尤其要重视第三方专业机构或团队的积极性,更有利于提升自贸港调法调规的精准性和科学性,做到节约立法成本、便捷惠民。《海南省制定与批准地方性法规条例》第12条的规定,实际上就是强调要构建一个多元性的地方立法制定起草机制,为公众参与立法,提供了制度上的保障,也体现了全过程人民民主的民主思想。以满足一般性立法的普遍性要求和重大性立法的专业性需求,以保证地方立法的实质性和高质量。让自贸港调法调规的法治创新工作机制,真正实现在投资

---

① 周叶中:《论习近平关于依法治国和依规治党相互关系的重要论述》,《政法论丛》2021年第4期。

贸易、跨境资金流动、运输来往、人员流动的自由便利化和数据跨境传输流动的规范安全有序,从而显著提高岛内人民群众的幸福感、参与感和获得感,彰显全过程人民民主在自贸港调法调规过程的根本优势。自贸港建设全方位的调法调规模式的内涵,既包含从国家统一法律规范到地方法规体系的法治创新举措,同时也包括凸显特殊经济功能区的特殊治理模式与遵循权利本位间的协调。开展调法调规是自贸港政策和制度体系建设的创新方式,是全过程人民民主在地区立法工作中的实践范例,充分体现自贸港法规创新性的人民性本质特征,面对法治引领和推动自贸港建设的新挑战,促成自贸港共建共治共享的法治新秩序。

三、自贸港调法调规的实施要务

开展自贸港调法调规工作,构建自贸港法治体系和地方法规体系,推进新时代法治中国建设,丰富社会主义法治体系的内涵,必须坚持以习近平法治思想为指导,借鉴国际上知名自贸港法治建设的成功经验,把握我国法治建设的历史规律,着力解决自贸港调法调规工作对现有法律体系框架可能会带来的新问题、新要求、新挑战等问题。自贸港调法调规的重大法治意义,彰显了完善特定改革先行区域法治体系建设的法治创新价值,促进自贸港制度集成创新体系建设,优化对外开放型法规体系建设,加速自贸港国际化道路进程。自贸港调法调规不仅要树立以社会主义核心价值观为核心的底线思维,又要具备国际知名自由港的法治通行标准,凸显自由便利与开放包容的制度理念。因而,为了完成高水平中国特色自贸港建设的战略目标,加快实现自贸港封关运作,需要破除现有法律体制中不相适应的内容和瓶颈。

海南自贸港封关运作后,将成为全球地域面积最大和开放水平最高的特殊经济功能区,自贸港建设将涉及经贸制度、社会治理体系、司法制度等国家事权的基本事项,面临着改革创新与坚持传统守法主义间的紧张关系。党的十八大以来,我国开启了继21世纪初加入WTO后的对外开放新浪潮,其中加快建设中国特色自由贸易港是我国新时期开放型经济发展的重点内容,也是推进我国制度型开放的试点新高地,自贸港实现封关运作后的开放标准也应更多聚焦到以规则、规制、管理、标准为核心的制度型开放模式①。借鉴国际发展经验,世界主要知名的自贸港都具备高水平开放的国际化特征,也有与国际高水平开放环境相匹配的法律制度,充分彰显高度自由、高度开放、高度法治的优势特色。自贸港对有关法律法规规章进行调整、更新的需求会不断增强,并需要在全新的制度型开放领域开展相应的立法调法,将顶层设计和区域创新相结合,共同推进自贸港制度体系的建立和完善,进一步优化营商环境。

自贸港调法调规工作体系建设是立法体制创新的新形式,本质上也属于广义上的促进型立法。目前,国家在完成了第一批海南自贸港调法调规工作的基础上(已调整了 3 部法律和 5 部行政法规),在 2020 年 6 月 1 日《自贸港方案》和 2021 年 6 月 10 日《自贸港法》通过后开启了新一轮调法调规工作,其依据就是《自贸港法》。海南省人大常委会共制定出台了共计17 部以海南自贸港命名的配套法规,例如为优化本土营商环境,解决企业市场准入自由便利化,打造公平统一、竞争有序的市场环境,促进自贸港市场健康规范运行,海南省人大常委会分别制定了《海南自由贸易港优化营商环境条例》《海南自由贸易港企业破产程序条例》《海南自由贸易港公平竞争条例》;为提高自贸港药品贸易便利化水平和海关通关时效,节约企业成本,让岛内群众共享开放环境下的制度红利,海南省人大常委会利用自贸港法规立法权制定了《海南自由贸易港药品进口便利化若干规定》;为促进保障自贸港重点产业和民生事业发展,分别制定了《海南自由贸易港博鳌乐城国际医疗旅游先行区条例》《海南自由贸易港安居房建设和管理若干规定》等促进型地方法规;为了建立与具有世界影响力自贸港相适应的监管模式和管理体制,为建设国家级经济开发区提供法治保障,制定了《海南自由贸易港海口高新技术开发区条例》。这种新型调法调规模式,作为促

---

① 王跃生等:《中国经济对外开放的三次浪潮及其演进逻辑——兼论 RCEP、CECAI、CPTPP 的特征和影响》,《改革》2021 年第 5 期。

进型经济立法的重要体现,也是对管理型法治模式的重要补充,以推动自由便利为核心内容的自贸港政策和法治体系为重点,有效适应了开放型经济多元发展和法规体系国际化趋势。自贸港调法调规工作,①应整合各种促进投资贸易自由便利化的立法资源,借鉴国际通行经贸规则等立法经验,在产业发展、数字经贸、多元化纠纷解决机制等方面,制定促进性的自贸港法规和调整现有与改革发展相阻碍的法律法规,发挥调法调规创新的制度创造价值。

第三节　自贸港调法调规制度主要内容

自贸港调法调规工作应按照《自贸港方案》中的分阶段、分步骤构建政策和制度体系的规划安排,明确封关前和封关后的法治建设安排包括 2025 年、2035 年到 21 世纪中叶的调法调规具体目标内容。自贸港调法调规的主要内容形式包括立法、修订废止法律法规、立法授权、释法等途径。《立法法》和《自贸港法》作为引领自贸港建设的法治顶层设计,并引导自贸港调整一批与"614"制度不吻合的法律、法规,积极推动创新构建自贸港法治体系。海南自贸港调法调规的功能目标,就是要界定理顺各类调法调规形式间的相互关系,实现立法资源的优化配置的价值认同,这为促成自贸港法治体系和地方法规体系,提供了重要的规划思路导向。

一、自贸港调法调规顶层设计规划

（一）自贸港"渐进式"建设思路是自贸港调法调规的前提基础

《自贸港方案》提出了封关运作前后的一些战略性任务安排,《自贸港法》也部分规定了封关运作前后中央和海南的分工安排,包含了在封关运作前中央和海南可以共同制定过渡性办法等。自贸港政策和制度体系建设

---

① 王瑞贺:《海南自由贸易港法释义》,法律出版社 2021 年版,第 68 页。

分阶段、分步骤推进,也为海南自贸港调法调规工作明确了相应的步骤规划。随着"614"制度逐步推进和"1348"战略框架逐步实施,封关运作前完成从国家法律层面到地方法规层面的立改废释,加快调法调规的进度,坚持法治先行与改革于法有据相统一,编制有关海南自贸港调法调规的专项法治规划,这相较于自贸试验区的"创新先行"与"守法改革"方式,[①]中国特色自贸港调法调规更多强调的则是"创法改革"与"法治先行",以完善的法律制度和监管体制对接国际最高标准的投资和贸易规则,其开放广度和深度更加全面深入,营商环境法治水平更优,市场主体的可预期性和信赖性更强,使其对调法调规的科学性和权威性提出了更高要求。《自贸港法》通过,海南省人大常委会开始推动自贸港法规体系构建,也将自贸港调法调规工作纳入到立法规划当中。[②] 海南自贸港调法调规工作,将为海南分阶段、分步骤建立自贸港政策和制度体系以及营造具有国际竞争力的营商环境,提供可靠的法治保障,充分彰显党中央"凡属重大都要于法有据"的法治理念以及协同推进全面深化改革和全面依法治国的战略思想。全国人大常委会和海南省人大常委会共同推进自贸港调法调规工作,实行国家统一专门立法和修订法律、海南进行特殊授权立法、补充立法和有针对性调整地方法规体系的法治创新举措,必将成为中国特色自贸港法治创新的价值亮点,也为加强具有世界影响力的自贸港法治建设、更好融入全球发展治理格局的法治保障作出应有贡献。

（二）《立法法》应对自贸港新型的法律规范形式作出回应

《立法法》是国家立法活动的专门性法律,对规范和调整立法秩序,完善社会主义法律体系发挥了应有的制度价值。2015 年《立法法》修改之后,随着我国经济社会的发展,出现了许多新兴领域和重点问题,需要予以重新回应。2023 年 3 月 13 日,第十四届全国人民代表大会第一次会议,已表决通过《立法法》修改决定。以《立法法》修改为契机,积极顺应深化改革和扩

---

① 胡加祥:《我国建设自由贸易港若干重大问题研究》,《太平洋学报》2019 年第 1 期。

② 齐爽:《我国内陆地区探索建设自由贸易港的多维度思考和现实考量》,《中州学刊》2021 年第 11 期。

大开放的新要求,《立法法》的修改,进一步确认和规范海南自贸港法规的授权立法形式,这有助于为海南自贸港开展与高水平开放相适应的调法调规工作提供充足的法治保障体系,也进一步体现《立法法》的开放性和时代性趋势①。

自贸港调法调规广义上也是促进型立法的本质范畴,过去对于国内自贸试验区建设的调法调规活动,大多是以 2015 年《立法法》第 13 条作为自贸试验区调法调规的主要规范根据,而自贸港作为开放水平要求和法治保障要求更高的特定经济区域,按照传统的暂停或调整相关法律、行政法规的调法调规模式已无法完全适应自贸港"境内关外"的法律地位要求。因此,对于自贸港的调法调规事项不能仅局限于对现有法律法规的调整或暂停适用,而是进一步创新自贸港授权立法体制的运用,进行与时俱进的创新型试验性立法。2023 年修订的《立法法》进一步规范并明确授权立法的特殊形态,因为 2015 年《立法法》第 13 条关于改革发展的试验性授权模式,带有改革事项的特定性和时效限定性,内容限于"暂时调整相关事项或暂停相关法律规范的适用",而自贸港以对接国际高水平经贸规则并实现本土地方法规体系国际化为主要制度建设目标,试验性改革授权难以满足自贸港调法调规的实际需要②。另外,在 2015 年《立法法》新增第 13 条的改革临时性授权决定后,实践中也发生了部分授权决定超出了第 13 条暂停或调整法律适用的范畴,实际上行使创制的立法权能,引发了学界对于 2015 年《立法法》第 13 条是否拥有创制性权能的争议。2023 年新修订《立法法》已经将第 13 条调整为第 16 条内容,尤其是增加第二款规定,即"暂时调整或者暂时停止适用法律的部分规定的事项,实践证明可行的,由全国人民代表大会及其常务委员会及时修改有关法律;修改法律的条件尚不成熟的,可以延长授权的期限,或者恢复施行有关法律规定"。这为海南自贸港推进实施调法调规,提供了重要的法律依据。明确了自贸港调法调规也将是长期的、持

① 杨登峰:《关于〈立法法〉修改的几点意见——以科学立法为中心》,《地方立法研究》2022 年第 6 期。

② 赵一单:《〈立法法〉第 13 条还有创制性的空间吗》,《政治与法律》2022 年第 8 期。

续的、完善的、可行的工作,充分确保中国特色自贸港建设能够得到法治创新、持续、优化的保障。

2020 年 4 月,全国人大常委会也针对海南作出对相关法律进行了暂停和调整适用的决定,例如《中华人民共和国种子法》第 31 条规定,开展进出口业务的种子经营许可证由国务院农业、林业部门核准发放。根据全国人大常委会《关于授权国务院在中国(海南)自由贸易试验区暂时调整适用有关法律规定的决定》将该项核准发放权下放至海南省农业、林业主管部门。这一调整的效果,一是暂时中止了《种子法》相关条款规范在海南适用的效力,二是形成海南省农业、林业行政主管部门拥有对进出口的种子生产经营许可证发放权的全新法律规范。虽然本质上是带有创制性规定的外在表现,但形式上能找得到暂时调整的法律条文,至少从表面上没有脱离《立法法》第 13 条的外在定义。2023 年修改后的《立法法》明确了自贸港授权立法的新型模式,是对自贸港调法调规广义上促进型立法范畴的根本肯定,保证调法调规的制度正当性,也能有效回应法律创制与 2023 年《立法法》第 16 条改革试验授权决定能否相兼容的学理争议。

(三) 自贸港法治体系将成为调法调规的重点目标

《自贸港方案》指出海南自贸港将构建以海南自贸港法为基础,地方性法规和商事纠纷解决机制为重要组成部分的自贸港法治体系。当前,自贸港政策和制度体系尚在初步建构阶段,《自贸港方案》和《自贸港法》对自贸港法治体系的相关内容也尚未有准确明晰的定义,也不能完全认为自贸港法治体系仅限于前三种,对海南自贸港法治体系的内涵把握是基于全球最高开放水平最高的特殊经济功能区的区域定位和承载国家对外开放战略使命而决定的。2025 年海南自贸港进行封关运作后,将成为我国的海关监管特殊区域,将全面实行"一线放开,二线管住"的贸易管理制度。这需要在"614"制度领域,实行与内地有差别化的规范制度,这些领域有的已制定全国性统一法律、有的属于法制领域上的规范空白点、有的涉及国家基本事权或现有的规范内容无法适应自贸港"境内关外"的区域特性须予以调修,亟待通过全国人大常委会、国务院统一授权主导、中央部门与海南相互协作、全社会共同参与下进行与自贸港法治体系建设相关的调法调规工作①。自贸港法治体系构建事项内涵丰富、领域广泛,是一项系统性工程,其基本构成不仅要遵守宪法和法律的基本原则和规定,立足于中国特色社会主义法治体系的一般共性,也要在《自贸港法》的原则性和基础性引领下,将《自贸港方案》和中央各部门支持海南自贸港建设制定的各项政策文件通过法规的形式予以细化,体现自贸港开放与创新特色的区域个性。《依法治国决定》指出,中国特色社会主义法治体系包含法律规范体系、法治实施体系、法治监督体系、法治保障体系以及党内法规体系,海南自贸港虽有自身的特殊功能定位,但是自贸港调法调规工作作为中国特色社会主义法治体系建设的地方法治先行实践,也应在中国特色社会主义法治体系构成要素范围内打造系统完备、内涵丰富的自贸港法治体系作为主要目标,具体包括:第一,打造以自贸港法及自贸港法规、一般地方性法规、经济特区法规、民族自治法规为重要组成部分的高质量自贸港法律规范体系。第二,以优化营商环境为执法和司法的重点目标,围绕公正司法、严格执法与全民守法,以完善清单管理、强化信用监管、加快自贸港政府职能转变、优化自贸港司法服务职能和创新商事纠纷多元化解决机制为核心,打造高效的自贸港法治体系。第三,构建自贸港社会治理体系和治理能力现代化。针对自贸港建设过程存在的监管机制和监督程序等缺位问题,形成各部门的监督合力,对各领域开展全方位监督,推进自贸港法治监督的科学化、规范化、程序化,促成严格的自贸港法治监督体系。第四,为筑牢自贸港法治建设,在坚持社会主义制度和社会主义法治理论的基础上,加强自贸港法治人才队伍和工作队伍尤其是加快涉外法治人才培养,形成有力的自贸港法治保障体系。第五,党的全面领导是海南自贸港法治建设的根本保障,要坚持以党建引领自贸港建设行稳致远,确保调法调规的正确政治方向,加快党内法规同自贸港法律规范体系相衔接,形成覆盖党的领导和党的建设的自

---

① 徐雨衡:《正确改革方法论的基本内核—改革、试错与法治的关系》,《人民论坛》2018 年第 13 期。

贸港党内法规体系。

二、自贸港调法调规的内容体系

海南自贸港调法调规的目标在于促成与国际一流经贸规则接轨的自贸港政策和制度体系,需要进行系统化的制度集成创新,其建设和管理过程中需要立改调适的法律法规领域需求量较大,需运用多重立法权进行立改调适,且自贸港封关运作准备工作迫在眉睫。习近平主席在第五届国际进口博览会上提出,要加快海南自由贸易港的建设进度。① 关系到海南自贸港法治体系建设的调法调规工作也具有现实紧迫性和时效性,要求改革先行先试与相配套的法治供给要具有同步性。但受到立法时效、立法供给需求度及周期等因素影响,中央层面的统一调法调规有着部分局限性,不能及时回应自贸港高度开放所需的法治需求,加之《立法法》第 16 条关于全国人大常委会、国务院对特定区域改革发展进行试验性的授权决定无法完全解决自贸港调法调规的根本问题,而且容易影响现行法律体系结构的稳定性和权威性②。由此可知,在遵循上位法的规定和原则上,以中央授权为基准,在《自贸港法》的引领和保障下,充分发挥"小切口,精细化"的自贸港创新灵活的立法理念,加快构建以地方法规体系为核心的调法调规内容体系,自贸港调法调规内容体系可以考虑如下主要如下:

（一）一般地方性法规开展常态化的调适

按照《宪法》《立法法》的逻辑设计,海南省及所属的设区的市人大及其常委会有权制定地方性法规。在处理好中央和地方立法权问题的基础上,对海南省的一般地方性法规进行立调修改,关键在于对立法修法形式与客观条件的把握。首先在开放型经济体制的构建和制度型开放深入推进的背景下,海南省人大及常委会应统筹国际国内环境的变化,结合自贸港的性质定位和制度集成创新要求,兼顾开放性、创新性和前瞻性,加快与国际知名

---

① 习近平:《共创开放繁荣的美好未来》,《人民日报》2022 年 11 月 8 日第 1 版。
② 王春业:《论我国立法被授权主体的扩容——以授权上海制定浦东新区法规为例》,《政治与法律》2022 年第 9 期。

自贸港的主流法治理念接轨和对标,提升一般地方性法规的国际化程度。一是在现存的地方性法规基础上,对现有法规有明显漏洞或者不适应自贸港开放程度要求且不适宜用立法方式解决的,应当启动人大及常委会的法规修改权或废止权,调整清理不符合自贸港建设长远目标的法规规范。二是以《自贸港法》为依托,作为自贸港建设的专门法和特殊法,涉及许多自贸港建设的核心问题,结合《自贸港法》关于自贸港的重要关键制度安排,按照上位法对于一般地方性法规权限、内容和程度的规定,发挥自身灵活性、可操作性和针对性的特色优势,积极制定满足自贸港建设相关的海洋生态环境保护、基础设施建设、城镇化推进、国际公共服务、海上治安维护等基本性公共事务进行规范创制,满足对于自贸港调法调规内容体系建设和完善一般地方性法规的实践需求。

(二)经济特区法规立改调适的新调整

1988 年 4 月 13 日海南建省办经济特区,全国人大授予了海南经济特区法规授权立法权限。海南经济特区立法权运用在建省办经济特区的初期发挥了重要作用,创制了许多在全国首创的制度创新案例,例如现代化股份制企业的确立、企业登记制度首创、经济特区个人律师事务所设立等走在全国前列的经济特区试验性成功立法实践。探索建设中国特色自贸港,经济特区法规不但不会被边缘化,反而在自贸港建设背景下承担更多创新性立法的重要使命。从经济特区实现到自由贸易港的跨越,经济特区法规也面临着升级转型的新趋势,对海南经济特区法规体系进行必要的"立改调释",将其所蕴含的法治理念和规则内容升级至自贸港法治体系的新架构之中,推动建设"三区一中心"战略目标。① "4·13 重要讲话"发表以来,海南利用特区法规立法权出台了如《海南自贸试验区商事登记条例》《海南自由贸易港博鳌乐城国际医疗旅游先行区条例》,并修改了《海南经济特区律师条例》等符合自贸港发展理念的经济特区法规。之后的调法调规工作更

---

① 苏海平、陈秋云:《法治视野下的自由贸易港立法权研究——基于央地立法权限互动的视角》,《上海对外经贸大学学报》2022 年第 5 期。

要加强对于经济特区法规的"立修废释",围绕贸易活动管理、旅游服务、信用监管、产业升级、社会治理、出入境管理、境外自然人或企业从事跨境服务贸易等领域,对现有经济特区法规进行专门性的修改或废止,并发挥创新性立法或变通权限,创制或变通一批自贸港建设亟需的法规和上位法,发挥好经济特区法规的多方促进作用。

（三） 自贸港法规制定权的创新运用形式

自贸港法规属于调法调规内容体系的新形态,从《自贸港法》第10条来看,自贸港法规立法权专属于海南省人大及其常委会,和海南经济特区法规一样,适用范围为海南全岛,并不包含三沙市①。并可对投资贸易及管理活动事项,在履行报批程序的前提下,可对法律、行政法规专属事项进行创制或变通②。自贸港法规制定权的行使,创制以贸易投资自由为核心的自贸港法规,将有助于丰富自贸港调法调规的新内容,更是自贸港调法调规内容中的重要法治元素。自贸港法规制定权是一种新型的授权立法新形态,并不是所谓的经济特区法规的简单升级版或者组成部分,是一种介于国家基本法律与经济特区法规之间的新型地方立法权,最大特点在于立法事项的全面聚焦性、立法内容的开放创新性和立法权限的"有限突破性"。《自贸港法》通过后,从2021年9月到2022年7月,海南省人大常委会共制定了与自贸港相关的17部配套法规,这过程有效运用到了自贸港法规的制定权,为营造优质营商环境提供了可靠的法治保障。未来海南自贸港封关运作后,自贸港法规制定权的运用也将逐步常态化,调法调规的方式和内容也将呈现多元化和多样式,自贸港法规作为高度概括性授权的经济促进型立法,更是自贸港调法调规内容的创新形态,不仅要在遵循宪法和法制统一的基础上用好用足,而且也要加强同其他地方法规的相互衔接、优势互补,促

---

① 熊勇先:《论海南自由贸易港法规制定权及其行使》,《暨南学报（哲学社会科学版）》2022年第8期。

② 《自贸港法》第10条第三款规定:"海南自由贸易港法规涉及依法应当由全国人民代表大会及其常务委员会制定法律或者由国务院制定行政法规事项的,应当分别报全国人民代表大会常务委员会或者国务院批准后生效。"

成不同领域法规体系汇集合力的自贸港调法调规内容新体系①。

三、自贸港调法调规的主要领域

结合我国加入 WTO 后国内进行大规模调法调规实践,调法调规的形式主要是立法、修法、暂时调整法律、行政法规实施、废止清理法律法规、进行法律解释等主要常规性方式。目前,海南自贸港已进行的四次调法调规工作大多涉及以上方式的运用,立法和调法修法是调法调规工作的主要形式,其他两种虽然也有专门的单行法予以规范,但相对分散化,未形成调法调规的协同合力。调法调规内容体系构建应围绕如下方式进行。

(一)要构建对外国际活动规则的立法

当今世界百年未有之大变局和中美贸易摩擦常态化趋势下,全球竞争逐渐从传统的经济领域向法治领域过渡,美国针对中国崛起,不断推行霸权主义企图构建以自身为主导的世界单极化规则,冲击以《联合国宪章》为核心的国际法体系,以实现美国法的"全球化"。为了应对中美长期的法律制度竞争,中国特色自贸港的调法调规工作也显得十分重要,中国特色自贸港,为我国涉外法治建设积累成功经验,强化提升国际竞争的法律实力。中国特色自贸港调法调规工作,应突出规则的灵活性和多元性,强化国际经贸活动的法治规则话语权,以构建人类命运共同体和强化"一带一路"建设为基本原则,为持续深化与 RCEP 各国的区域合作提供法治支撑。② 随着 RCEP 在中国全面生效落地,在一些重要且是国内重点关注的发展领域,例如电子商务章节,与我国国内法还存在部分差异。海南自贸港在地理位置上位于 RCEP 各国的前沿区域,在实现国内法律规则与 RCEP 经贸规则兼容度上,应发挥自贸港独特的试验性立法优势,加快开展对标国际经贸规则的调法调规工作,利用自贸港法规立法变通权,将国内法中诸如《个人信息

---

① 宋才发:《地方立法的功能、权限及质量》,《社会科学家》2022 年第 3 期。

② 李宜钊、魏诗强:《海南自由贸易港高质量发展研究》,《公共管理学报》2022 年第 4 期。

保护法》《电子商务法》《网络安全法》与 RCEP 相关条款有冲突的,可通过报请全国人大常委会的批准程序变通相关条款在自贸港内实施,积极履行自贸港建设的国际义务,提高自贸港调法调规的国际化站位。其次,也要重视与 RCEP 各项经贸规则在政策和制度方面的落地,系统性梳理地方性法规制度,落实 RCEP 有关优化区域营商环境、扩大服务贸易和投资部门开放的义务性条款,着力建设法治化、国际化、市场化的营商环境。

(二) 加快自贸港相关领域的法律调适修改

与自贸区、出口加工区、综合保税区不同,自贸港的开放范围、自由便利化程度、关税减让幅度都比前者更加宽泛且有力度,并且作为全国唯一一个热带滨海旅游省份,拥有优良的生态环境和稀缺的旅游资源,是一个凝聚全球各项优质资本汇集和吸引全世界旅游目光的全球商贸中心和国际旅游消费中心,对此所需的法治保障也高于国内一般地区,需要开展与此发展相配套的调法调规修法工作。中国特色自贸港建设涉及我国经济开放领域较为广泛,自贸港修法调法任务艰巨。全国人大 2023 年已经启动对《立法法》的修改,为改革开放试验区的海南自贸港赋予其对现有制度的先行先试权,通过修改《立法法》关于地方立法权的种类,在授权立法权种类中增加关于自贸港法规立法权的相关规定,以法律的形式确定自贸港授权立法的一般性规定,赋予特定改革先行区立法主体的被授权主体地位,明确其性质定位及具体的程序性边界,强化《立法法》第 12 条法律相对保留事项与《自贸港法》第 10 条触及法律保留事项报批程序的良性衔接,满足最高开放水平形态区域的法治需求。

要适当修改我国现行税法、海关法、出入境管理法、对外贸易法等与自贸港特殊功能性质相关的法律,明确与自贸港法之间的关系。在税法修改上,设置具有创新性意义的税制政策,优化税收优惠政策。在海关监管制度和落实保税免税退税制度上,通过修改海关法,明确自贸港"境内关外"的海关特殊管理特区地位,细化保税免税退税各项具体操作流程,在货物进出口的海关监管方式上,要尽快暂停实施《海关法》第 24 条和第 40 条中关于进出口货物申报和交验进出口许可证的规定,按照《自贸港方案》予以执行,免于海关常规监管。为了建立高效便利的自贸港出入境制度,方便境外商务人士开展投资和商务访问交流活动,进一步延长停留时间,全国人大常委会可考虑暂停《出入境管理法》第 20 条关于外国人停留时间不超过 180 日的规定在自贸港内的适用,以及对外国交通工具入境监管上,为落实《自贸港总体方案》关于外籍游客乘坐邮轮免签入境海南的政策,可调整《出入境管理法》第 50 条对出入境交通工具边防检查规定的适用,简化境外邮轮免签入境海南的检查措施,提高人员进出往来便利度。在加快建设国际旅游消费中心的战略目标上,要适时调整《旅行社条例》在海南自贸港的适用,放宽自贸港内设立的外资旅行社经营除台湾地区之外的出入境旅行业务,提升自贸港旅游业国际化水平;在对外贸易上,要明确对外贸易法在自贸港适用效力,实行特殊的自贸港对外贸易制度,促升投资贸易自由便利化水平。

（三）废止清理影响优质营商环境构建的制度规范

优质的营商环境是自贸港的发展之本,废止和清理与高水平开放不相符的法律法规,对于深化"放管服"改革,优化营商环境,在法治轨道上逐步推进中国特色自贸港的改革创新建设具有重要意义。及时清理与自贸港"614"制度不一致、不相符的法律法规,例如在自贸港的投资准入和监管方式上,要及时废止清理一些与市场准入承诺即入制、信用监管体制不一致的法律法规规章,创新市场准入规则和监管模式。① 2022 年 7 月 29 日,国务院常务会议审议通过了《关于取消和调整一批罚款事项的决定》,明确提出取消和调整一批罚款事项,并对涉及到行政法规、部门规章的修改和废止提出了明确的要求。

开展海南自贸港调法调规工作是中央赋予海南更大改革自主权的体现,以建设国际一流营商环境为导向,因此,自贸港调法调规工作更应聚焦政府职能转变、监管方式优化、制度集成创新等重点事项,取消和调整影响

---

① 《国务院关于取消和调整一批罚款事项的决定》,新浪网,http://www.news.10jqka.com.cn/20220729/c640773828.shtml。

区域营商环境的行政处罚规范,破除影响一流营商环境建设的体制机制弊端,加强自贸港制度开放型法规体系建设,提升市场主体对自贸港市场环境的可预期性和信赖度,保障其合法权益,优化法治营商环境。

(四) 结合自贸港岛内实际,加强统战工作的调法调规

统一战线是中国革命和社会主义建设时期取得伟大胜利的"三大法宝"之一。不论是战争年代还是和平建设时期,都对团结各民族人民共同奋斗,发挥了宝贵作用。海南建省办经济特区以来,统战工作是卓有成效的。在贯彻中国共产党领导的多党合作和政治协商制度、民族区域自治制度中,团结全省人民建设好经济特区、促进改革开放、改善经济发展和民生等诸多方面取得了较好的成绩。当前建设中国特色自贸港是继中国最大经济特区之后的又一开放战略安排,这项战略任务伟大而艰巨,需要团结全省各族人民及岛外有关人士和各民族人士共同参与、共同奋斗。因此,统战工作法治建设是海南自贸港未来发展的重要一环,做好新时代的自贸港统战立法保障工作。主要应从两大方向考虑,一是进一步做好岛内归侨和侨眷的法律权益保障和激励政策,海南是我国著名的侨乡,在南洋一代的侨胞其后裔大约上百万。海南归侨和侨眷的数量庞大,将在自贸港建设过程扮演重要支撑作用,应更好利用这股优质资本,进一步落实归侨和侨眷的相关法律法规规定,加强归侨侨眷的专项性地方立法,解决好个别历史遗留问题及财产纠纷,完善相关投资类法律法规,改善投资环境,严格执行优惠税收政策,加强执法保障,贯彻平等原则,保护其合法权益和健全相应的司法救济制度,增强其参与自贸港建设的积极性和信心。二是要根据海南岛地处南海前沿,是祖国第二大宝岛,具有独特的资源优势和区位优势,又是著名革命老根据地,有黎、苗、回等兄弟民族聚居区的特色省情。不仅拥有碧海蓝天、阳光沙滩,还有民族异域风情的热带雨林生态区、少数民族特色村寨等自然风光。

做好民族团结统战性工作布局,重视自贸港民族发展进步和民族团结领域相关调法调规工作,加强自贸港民族法规体系建设,为铸牢中华民族共同体意识提供有力的法治保障。习近平总书记在 2019 年全国民族团结进

步表彰大会上强调,要全面贯彻落实民族区域自治法,健全民族工作法律法规体系,依法保障各民族合法权益。这为海南在自贸港建设背景下做好新时期的民族团结进步事业工作,进行民族事务治理领域的调法调规工作提供了根本方向指引。在建设海南自贸港中,各大少数民族群众是一股重要的推动力量,发展民族经济,改善民族地区营商环境应列入到自贸港立法规划之中,依法治理地区民族事务,保障少数民族合法权益,确保各民族群众在法律面前人人平等,平等地参与改革开放建设事业。

第四节 自贸港调法调规制度框架构建

推进自贸港调法调规工作,应坚持问题导向、突出重点,在选择运用调法调规的类型方式时,应当从各方面角度考虑国家对外开放战略的实际需求与发展趋势、法律法规的动态发展趋势与制定修改法律法规的成本,针对各责任主体权责不明、各种法律法规和程序之间衔接不畅、与国际经贸法律制度不兼容等问题,抓住关键问题环节着重予以规范。海南自贸港调法调规的框架内容应包括主体职责分工、内容思路体系、法规和程序间的衔接、促进保障机制措施等。

一、自贸港调法调规权力主体职责

自贸港调法调规活动是一种广义上的促进型立法,其任务是要明确国家和海南各主体的权力分工。国际知名的自贸港都是采取"先立法,后设港"实践做法,国际知名自贸港多属于英美法系,与实行成文法为核心的中国特色自贸港有着本质差别。中国特色自贸港法治创新,需要推进调法调规工作,强化调法调规工作的责任主体各司其职。

(一) 发挥全国人大常委会和海南省人大及其常委会调法调规主导作用

党的十九大报告明确提出,发挥人大及其常委会在立法工作中的主导作用,健全人大组织制度和工作制度。全国人大及其常委会和海南省人大及其常委会应并驾齐驱、共同推进海南自贸港的调法调规工作。全国人大及其常委会应科学定性自贸港的功能地位,结合自贸港"1348"发展战略架构,转变法治创新发展理念,推动从自贸区到自贸港法治创新,法治理念已发生根本性的转变。加强海南自贸港专项性立法和修改与自贸港发展不兼容的法律法规内容,明确其适用范围和效力,为相关领域深化改革提供法治保障。海南省人大及其常委会作为调法调规的主要推进主体,要切实履行主体责任,在把握好中央与地方的权力关系上,利用好改革自主权,坚持"小切口,立短法,短而精"地方立法思路,积极履行构建自贸港法规体系的职责,在生物医药、人工智能、数字贸易等新兴领域进行先行先试,发挥法治先行的制度优势,高质量立法推动制度集成创新,不断在规则、标准、管理方式等制度型开放领域加强与高水平国际经贸规则接轨,提高调法调规的精细化程度,丰富调法调规的内容形式,使得地方权力机关的调法调法工作不仅能反映地方发展的实际情况,而且还在诸多领域进行制度集成创新的法治探索①。

（二）国务院及其各部门和海南省自贸港调法调规工作发挥关键作用

海南自贸港调法调规工作除了法律和配套地方性法规的立改废释,也离不开部门规章和地方政府规章,以适应自贸港经济的快速发展和弥补上位法的相对滞后,海南可以在遵循法律、行政法规、地方性法规的基础上,为加快推进中国特色自贸港建设制定、修改调整部分相应的地方法规行政规章,发挥自贸港调法调规方式上的丰富性、灵活性和创新性。

（四）司法机关也应发挥在调法调规过程中的引领和推动作用

司法机关在自贸港调法调规的工作机制构建中,也充当着正确解释和适用法律的关键角色。随着自贸港建设的不断推进,涉及商事纠纷的诉讼

---

① 崔凡:《国际高标准经贸规则的发展趋势与对接内容》,《人民论坛·学术前沿》2022年第1期。

也会随之增多,自贸港法院也面临涉外商事纠纷"诉讼爆炸"压力。人民法院对于在审判工作中涉及自贸港相关的法律条款如何解释和正确适用也关系到调法调规工作的成效。最高人民法院应当加快出台关于海南自贸港涉外商事纠纷的法律适用问题的指导意见或司法解释,统一法律适用标准和裁判尺度,自贸港人民法院在审理商事纠纷案件中,要结合自贸港实际情况灵活把握具有涉外因素的情形,应当健全涉外因素认定上的灵活度和相关性。人民检察院也应履行法律监督机关的职责,在自贸港调法调规工作中应加强与相关部门的对接,对调法调规工作过程中出现的新问题、新情况应依法提出检察建议等等。

(五) 调法调规不可忽视社会力量的关注和参与程度

社会力量的关注度和参与度,是调法调规工作的社会保障要素,自贸港调法调规工作应当发挥各大社会力量的优势作用,动员公众参与自贸港法治建设的积极性与热情度①。党的二十大报告提出,"完善社会治理体系。健全共治共建共享的社会治理制度,提升治理效能。"自贸港调法调规是一项关系全社会人民群众切身利益的法治建设焦点,具有较强的社会关注度和利益权衡因素。自贸港建设离不开全社会各大主体的积极参与,调法调规工作、法规体系构建,要遵循海南经济社会发展和海南人民的幸福感、获得感和参与感相结合的中心原则,习近平总书记"4·13重要讲话"和《自贸港法》基本规定,都始终强调贯彻"以人民为中心"的指导思想。因此,在自贸港调法调规推进过程中,要注重形成官方与社会良性互动机制,运用好调法调规的法治促进和规范方式,解决好海南民众反映强烈,关系自身生存发展的教育、医疗、物价、住房、收入等问题。只有把调法调规工作与社会力量参与相结合,形成官方与社会力量的广泛共识,才能更好地让岛内群众在新一轮海南法治建设与改革中获益,自贸港法治创新的价值优势才会进一步凸显。

---

① 王建学、张明:《海南自贸港法规的规范属性、基本功能与制度发展——以〈宪法〉和〈立法法〉为分析视角》,《经贸法律评论》2021年第4期。

二、自贸港调法调规的保障措施

自贸港调法调规工作,关键围绕"614"制度作为总抓手推进实施。国家应采取各项措施调动各方面的积极性,加大对相关立法机构人员的专业培训力度,尤其是重视自贸港涉外法治人才的培养,这也是决定调法调规工作质量的关键性因素。强化立法机构提升高素质的专业化、国际化的法治人才,立法人才要具备能熟练掌握国际经贸规则、法律英语应用水平、外国法的检索和翻译能力。

（一）强化自贸港调法调规的专业化和职业化队伍建设

自贸港调法调规工作涉及范围广、专业性强,任务复杂艰巨,需要高水平的法治工作队伍为重要支撑力量,有关国家机关应完善法制机构工作人员的培训机制,加强立法机构工作机构人员、涉外民商事法庭审判人员、海南国际仲裁院仲裁员、海南国际商事调解中心调解员等涉外法治工作队伍的专业化、国际化建设。强化健全自贸港涉外法治人才培养,培育涉外法治思维,加强本土地方法规规章与国际通行标准的接轨程度①。

（二）考虑法治创新与吸纳政策、民间风俗习惯等非正式法渊源

中国特色自贸港采取的分阶段、分步骤稳步探索推进,调法调规的工作也按照"循序渐进、按需而立"的思路,调法调规工作是一个长期的系统性工程,许多新问题很难及时通过立法调法的方式解决。需要经过严格的报批程序,会影响区域立法的效率或者制定出新的法律法规之后又往往缺乏相应的配套措施,难以高效解决发展过程中的重大紧迫问题。通过以软法规范为主的政策性文件,往往容易使一些新兴领域的新生问题得到及时有效解决。自贸港建设和管理有许多领域都需要制度创新,应辩证性的思考,稳步推进,并不是所有领域都需要通过调法修法的方式去进行,也不是所有关于投资贸易便利化的领域都需要上升到立法,在调法调规的事项上应当有的放矢。

---

① 刘云亮、卢晋:《RCEP 视域下中国特色自贸港国际化建设的法治路径》,《广西社会科学》2022 年第 7 期。

(三) 强化自贸港法治研究

自贸港应当鼓励开展自贸港法治研究,尤其是紧扣自贸港"614"制度,全面研究与其相适应的法治创新法治保障等内容。鼓励高等院校结合自贸港调法调规的实际需要,开设以国际法学为核心的域外法课程,要立足于国家建设中国特色自贸港的重大战略,将理论研究与深入实践,融入自贸区(FTA)建设以及"一带一路"倡议,推进对学生开展域外知名自贸港法律制度和国际代表性区域多边自贸协定经贸规则的课程教学,加强国际法学基础理论研究,提升涉外法学人才的培养质量,加快培育出具有国际视野、中国特色的卓越自贸港涉外立法实践应用人才。

三、自贸港调法调规责任和请示沟通机制

自贸港调法调规工作是我国立法制度的有机组成部分,要遵守有关立法制度的实体性和程序性规定。自贸港建设尚处在起步阶段,诸多领域要上升到具体的法律规范还需要不断地探索,所以国家层面对海南自贸港进行调法调规工作的责任落实制度还不具备成熟条件。海南自贸港制定、修改、废止专门的法律法规,自贸港调法调规工作机制的完善,则是自贸港法治体系建构的根本保障。构建自贸港调法调规的责任监督机制是必要的,海南省人大及其常委会是调法调规的主要推动和实施主体,强化和明确其作为具体实践的责任主体,成为促进和完善调规调规保障措施机制建设的责任监督配套措施保障。自贸港调法调规更多的是具体详细的细则,更多涉及的是经济类的事项,政治性倾向的内容较少,规定相应的责任追究制度具有可操作意义上的现实性。要创新对地方调法调规工作的监督方式,还要创新对地方调法调规监督工作的内容和方式。加强对地方调法调规内容的合宪性审查。自贸港的立法调法工作开展要进行定期评估,以此作为是否进一步授权立法或是否需要调整自贸港授权立法事项或修法范围的依据。通过这样一套完整的自贸港调法调规责任监督机制,促使依法规范行使自贸港立法权,自贸港建设提供有力的法治保障。

此外,自贸港调法调规进展过程中必然涉及到不同立法权之间的行使

运用,既要创新自贸港法规和经济特区法规的行使方式,又要针对现存的地方性法规进行梳理研判,以分析是否符合中央对于自贸港建设的新要求和新方向,是否需要修改废止或者在立法内容创新上另辟蹊径。这些过程中如果涉及变更或创制法律、行政法规专门事项的,应当建立与全国人大常委会、国务院的请示沟通机制,以提升自贸港调法调规的进展效率。调法调规也应遵守《法规、司法解释备案审查工作办法》的规定,自贸港的调法调规过程如果存在与党中央重大决策部署相违背或者国家重大体制性改革不符,超越调法调规权限、事项、范围情形的,应当及时终止或调整。因此,为了保证调法调规过程的合宪合法和程序正当,尤其涉及到国家事权的基本事项,海南应加强与中央及其各部门之间的请示沟通,积极征求意见和反映实际状况,取得良性的沟通商议结果。

自贸港调法调规,是一项极其严肃的立法修法活动,涉及自贸港法治创新和法治保障,是自贸港法治建设的重要内容之一。高起点、高标准、高质量建设中国特色自由贸易港,充分彰显自由贸易港法治建设的创新思路和新路径,形成新的共识和创制自由贸易港司法保障新内容新对象,成为推进自由贸易港法治创新和法治建设的先决共识。自贸港调法调规是推动自贸港法治创新的一个重要路径,更是以此促进海南经济特区法规体系,向自贸港法规体系发展,进而推动自贸港法治体系构建的重要手段。自贸港调法调规的核心内容,在于结合《自贸港方案》,紧扣自贸港“614”制度,推出自贸港法治创新与制度集成创新驱动的发展价值相吻合的法治体系。自贸港调法调规工作,重中之重强化重点开放领域的立法修法调法工作,提升自贸港对标国际最高水平经贸规则、突出涉外法治建设。自贸港调法调规工作路径,在于强化自贸港促进型立法,围绕主体职责分工、内容体系建设、促进保障措施完善、责任监督机制落实等方面,推进自贸港调法调规工作机制,充分发挥自贸港立法权优势,推动自贸港法治创新的引领、促进和保障作用。

第四章　中国特色自贸港法规
备案制度优化论

习近平总书记"4·13 重要讲话"指明,"支持海南全岛建设自由贸易试验区,逐步探索、稳步推进中国特色自由贸易港建设,分步骤、分阶段建立自由贸易港政策和制度体系。"要建设自贸港,关键在于推进实施"1348"战略框架,打造海南自由贸易港法律政策制度体系,这就要求海南省在此过程中实现"于法有据",以《自贸港法》赋予海南的自由贸易港法规立法权为基准,建设自由贸易港法规"四梁八柱"体系与自由贸易港政策制度体系。

《自贸港法》的出台,赋予了海南省更大的改革开放自主权,目的是以高质量立法推动高质量发展,为海南自由贸易港的建设与平稳运行提供法治保障,有效发挥"固根本,稳预期,利长远"的立法目的。《自贸港法》第10 条授权海南省在遵循宪法规定和法律行政法规基本原则的前提下,制定海南自由贸易港法规的立法权力,并可对法律、行政法规的一些规定,根据海南的实际需要做一定的变通,同时也对自由贸易港立法权限与备案机制作出了具体规定。2023 年修订的《立法法》第 109 条规定,规范性法律文件应当在制定完毕,向社会公众公布后的一定时间内由其制定或批准的机关报上一级立法机关进行登记并存档,同时在需要的时候对其进行违宪、违法审查,这个过程称之为"存档备查"。备案制就是将规范性法律文件进行存档备查的过程予以程序上、制度上的规范与细化。

第一节　法规备案的法律界定

一、法规备案的法律内涵

从立法角度出发,备案制的本源是中央立法机关就各省、直辖市、自治区人大及其常委会所制定的地方法规,依法规定将所制定的地方法规,报请全国人大常委会进行法规备案审查的立法监督制度。法治说认为,立法主体是一种有权主体,即为可依法有权进行或参与法的制定、认可和变动的国家机关的总称,其依法具有立法的权利,也能依法作为立法主体存在与运作,是立法主体必备的条件。立法主体的法律背景表明其经过法律授权而表现国家意志与利益。① 因此,作为立法主体经法律授权,通过立法程序展现国家意志与利益的重要监督手段,备案制显得尤为重要。学界普遍认为,备案制并不是独立的法律制度,而是与审查制组成"备案审查"这一监督模式。该模式负有重要的历史使命与对规范性法规文件的监督责任。

顾名思义,备案审查制由备案与审查两种制度组成。备案制指制定规范性法律文件的机关按照规定时间和程序将规范性法规文件报送上一级人民代表大会或国家机关备案,由人民代表大会或该机关的相关部门对报备的规范性法规文件资质与格式等进行形式审查后,对符合法定条件的规范性法规文件予以登记,不符合登记要求的文件视不同情况作出相应的处理决定。② 审查制则指接受规范性法律文件的机关可对报送备案的规范性法规文件进行审查,若发现其与宪法、法律或上位法相抵触,就依法予以处理的法律监督手段。③ 需要注意的是,由于此审查系生效后规范性法规文件审查,故与常见的规范性文件批准通过前的审查阶段不同,属于事后审查。

---

① 周旺生:《立法学》,法律出版社 2000 年版,第 203—205 页。
② 张永和:《立法学》,法律出版社 2009 年版,第 196—198 页。
③ 梁潇、李畅:《设区的市人大立法备案审查制度研究》,《长春理工大学学报(社会科学版)》2020 年第 1 期。

实践中,对于备案的规范性法律文件进行审查的具体适用定义不尽相同:有学者提出,备案后需要立即进行审查;还有学者认为,备案的审查分为主动与被动两种审查模式,并不是任何备案都需要进行审查,而是要在根据个案的情况通过"具体问题,具体分析"的方式进行判明是否需要进行审查。① 按《立法法》相关规定,行政法规、地方性法规等规范性法规文件,应当在公布之后三十日内交予有关国家机关进行备案,如有权机关认为这一系列规范性法律文件与宪法或法律相冲突或抵触的,可向全国人大常务委员会提出审查要求,并由常务委员会相关工作机构分送有关专门委员会进行审查。

由此可见,备案与审查两者间实际上是一种递接关系:某一规范性法规文件因备案时由相应国家机关基于其固有职责而进行审查,审查之后,凡是认为其与宪法或法律相抵触的,即可进入实体化备案程序环节,由备案机关向制定机关以书面等形式提出审查意见,并责令该机关在相应时间内答复。这就是我国备案审查制度的基本框架。

二、法规备案的监督功能

法规备案制的重要价值目的是对立法进行监督,其主要做法是审查对地方法律从制定到实施的情况,从而达到限制立法权力、保障人民基本权利、维护法制统一的最终目的。备案审查制度是宪法、法律赋予各级人民代表大会的重要法律监督职权,特点在于其并不是在事前对立法进行审查,而是在事后进行监督,以发挥人大对法律施行的"过滤器"作用。

备案审查制度实践中往往采取不公开审查形式。全国人大常委会往往会综合考量地方违背立法初衷等违规行为的性质、程度及其影响,并视情况采取相应方式予以处理,例如在甘肃祁连山国家级自然保护区生态环境的问题上,中共中央办公厅和国务院办公厅在通报中不仅指出了甘肃省在立法层面为破坏生态行为"放水"的问题,还对在修正《甘肃祁连山国家级自

---

① 《中华人民共和国立法法释义》,法律出版社 2015 年版,第 305—314 页。

然保护区管理条例》过程中把关不严的相关领导进行了严肃问责。① 同时，在过去一段时间，由于相关备案审查制度运行机制的缺失，新的上位法制定后，地方（特别是经济特区）变通法并未及时被修改或废止的现象在立法实践中时有发生，例如 1999 年深圳市人大常委会制定的《深圳经济特区公证条例》对 1982 年国务院《公证暂行条例》进行变通，对房地产转让、抵押、赠与等八类事项强制要求办理公证。2005 年全国人大常委会颁行《公证法》，明确规定只有法律和行政法规有权规定强制公证事项。在 2017 年深圳经济特区删除该条例绝大部分强制公证事项以前，该条例即持续处于与上位法相抵触的状态。② 2015 年《立法法》的修改，作出"行政法规、地方性法规、自治条例、行政规章等，应当在公布后三十天内报有关机关备案"的明确规定，在最大程度上通过备案机关的审查，消除上位法与下位法之间的冲突。

事实上，对法规进行备案审查是由人民代表大会制度决定的，是一种与统一而分层次相适应的立法权监督制度。③ 与批准制不同，法规备案审查是一种事后的"柔性审查纠错监督机制"，而不是立法的前提或基础。因为如对立法进行全过程监督，不仅会抑制地方立法机关的积极性与自主性，难以达成既定立法目的，也不利于提高立法效率以适应社会经济的不断发展。因此说，现行的法规备案机制具有的鲜明中国特色，也在极大程度上受到现实法治与宪制影响，是我国根本政治制度在立法监督上的重要表现。

三、法规备案的法律特征

（一）发起审查方式不一

发起法规备案审查的主体分为主动与被动两种模式。主动审查指由人

---

① 门中敬：《不抵触宪法原则的适用范围：规范差异与制度逻辑》，《法学论坛》2022 年第 1 期。

② 黄金荣：《大湾区建设背景下经济特区立法变通权的行使》，《法律适用》2019 年第 21 期。

③ 陈运生：《地方人大常委会规范备案审查制度研究》，中国政法大学出版社 2013 年版，第 74 页。

大常委会有关工作机构,主动对有关国家机关报送备案的规范性文件进行审查,而被动审查则指人大常委会依国家机关、社会团体、企业事业组织以及公民提出审查意见或者审查建议对有关国家机关报送备案的规范性文件进行审查。[①] 备案审查发起主体在法规上的表述不尽相同:《立法法》规定,国务院、中央军事委员会、最高人民法院、最高人民检察院和各省、自治区、直辖市的人民代表大会常务委员会,可以对其认为与宪法或者法律相抵触的行政法规、地方性法规、自治条例和单行条例进行审查,该系列法律法规由作出立法决定或授权立法主体进行备案;《法规、司法解释备案审查工作办法》(下称《工作办法》)规定,法规、司法解释由主要负责或起草单位办公厅报送,专门委员会、法制工作委员会对法规、司法解释依职权主动进行审查,其中涉及宪法的问题应当主动进行合宪性审查研究;《中华人民共和国各级人民代表大会常务委员会监督法》(下称《监督法》)规定,行政法规、地方性法规、自治条例和单行条例、规章的备案、审查和撤销,依照立法法的有关规定办理。

备案审查机关加大主动审查力度,对报送备案的法律法规开展详细审查,及时纠正审查中发现的种种问题,是推进我国合宪性审查制度建设的有力措施。[②] 相较于之前的立法备案审查规定,《立法法》《工作办法》均规定相关中央机构可进行主动审查,即不依有权主体提出的审查建议或建议进行被动立法审查。备案审查的目的并不着重在审查模式的选择上,更不是要"秀肌肉",展现中央机关的强制审查,而是在于及时修正法规中违法的内容,维护法制统一。同时,出于审查人手不足、易造成资源浪费等缺点的存在,被动审查仍在审查制度中居首要地位。因此,以被动审查为主,主动审查为辅是我国当前备案审查的一种现实且可行的模式。

（二）法规审查标准形式不一

法规备案审查标准因其种类不同而对象相异:2023 年修订《立法法》第

---

① 于金惠:《备案审查的主动与被动》,资料来源:http://www.hbrd.gov.cn/system/2019/04/03/019557477.shtml。

② 韩大元:《坚持依法保障人权,健全人权法治保障机制》,《人权》2022 年第 2 期。

107 条对法规备案审查标准作出了规定:超越权限、下位法违反上位法规定、规章之间对同一事项的规定不一致或不适当,应当予以改变或者撤销、违背法定程序。《工作办法》第 3 章第三节作出了不同诠释:在违背宪法规定、宪法原则或宪法精神问题、党中央的重大决策部署不相符或者与国家的重大改革方向不一致情况下,应当予以主动提出意见,对于违反《立法法》相关规定、或与法律规定明显不一致,或者与法律的立法目的、原则明显相违背,旨在抵消、改变或者规避法律规定等违规立法也属"应当提出意见"的范畴;《监督法》第 30 条则规定,当规范性文件存在超越法定权限、与法律法规相抵触等情形的,相关机关可予以撤销。

综上所述,法规备案审查标准有违反上位法审查基准(违反立法主体、权力限度、程序规定)与抵触审查基准(与宪法、法律或行政法规的明文规定,甚至是法律的精神相抵触)。这是由当前我国立法监督的具体运作机制所决定的:由于我国存在着多层次的立法机制体系(即存在中央与地方两个立法层级,且两层级内部又可分为多个层次与类别),故通过法规备案审查制度调整央地关系、解决央地冲突便成为维护我国法制统一,反映人民意志,保证中央令行禁止的重要手段。审查标准虽然形式不一,但都是通过对地方立法的备案审查的监督,保证其不违反、不抵触上位法律法规,并在出现问题时加以解决,使地方性法规在其存在并运行的政策制度体系中发挥其应当发挥的作用。

（三）违背后果处理方式不同

以上述特点类似,法规备案审查在不同上位法律中的表述也不尽相同:《立法法》第 112 条规定,行政法规、地方性法规、自治条例和单行条例同宪法或者法律相抵触的,可以向制定机关提出书面审查意见、研究意见、或召开联合审查会议,要求制定机关到会说明情况,再向制定机关提出书面审查意见,当制定机关不予修改上述违规法律时,备案审查机构应当向全国人大常委会委员长会议提出予以撤销的议案、建议,由委员长会议决定提请常务委员会会议审议决定;《工作办法》第 4 章则规定专门委员会、法制工作委员会在进行审查发现问题时可以通过与制定机关沟通,或者采取书面形式对制定机关进行询问。经沟通没有结果的,应当依照《立法法》规定,向制定机关提出书面审查研究意见,要求制定机关在两个月内提出书面处理意见;当制定机关按照书面审查研究意见对法规、司法解释进行修改、废止的,审查终止。总结起来就是,在备案审查实践中发现问题时可能会出现提出建议、发起裁决、上报相关上级有权主体以改变、撤销问题法规等处理办法。例如在《长江保护法》通过后,全国人大常委会法工委就以主动审查的形式"对标长江保护法,协同相关部门,通过多种方式,汇集各方意见建议,对涉及长江流域保护的法规、规章、规范性文件进行专项清理",对与长江保护法不一致、不衔接、不配套的法规、规章、规范性文件,及时督促制定机关进行清理解决。① 当发现需要修改或者废止的法律法规、规范性法律文件322件,有关方面已对此予以废止。

在个别极端情况下,会出现备案审查主体机关不予备案,并提出由委员长会议决定提请常务委员会会议审议的做法,一旦作出拒绝备案的决定,就不得任意改变与撤销。但是绝大多数情况下,都是"先声夺人",由审查机关提出意见后,制定机关一般都能够接受意见、及时纠正违法情形并作出修改相关法律法规的决定,在前置阶段便能达到预期拘束力。这种较为和谐的备案审查方式在我国的法律运作机制下可起到广泛的适用效果。面对其已发生的结果,有学者认为,原则上应遵从"从旧原则",维持其既判力,但对于某些严重损害人民群众、组织利益的,应当及时予以纠正。②

特别需要注意相关地方法规违宪的问题。有学者认为,违宪其实可以按严重程度分为"大违""中违"和"小违"。直接违反《宪法》等国家法律法规、造成严重后果的,应当定位为"大违",需要严肃处理;程序上的瑕疵行为

---

① 《全国人大常委会法工委接收、研究、处理公民、组织提出的审查建议并及时反馈——加强备案审查 维护法治统一》,中国人大网,http://www.npc.gov.cn/npc/c30834/202204/8eac06aee14f4f3e98649ff65b2c07bb.shtml。

② 朱宁宁:《聚焦规范性文件备案审查关键问题》,《法制日报》2018年10月16日第10版。

可以定位为"中违"和"小违",改过即可。① 对于经备案审查被判违反宪法的地方法规,都应进行修改,而不是得过且过、敷衍了事,使地方性法规不至因违反上位法律规定而逾越立法红线,进而产生央地间事权与地权的冲突。

四、域外法规备案制度渊源

（一）域外立法监督机制渊源

西方文明最早的立法监督体系可追溯于奴隶制社会,目的是维护奴隶制生产关系与奴隶主统治的社会秩序。古希腊时期的"非正当性提案滥用监督体制"（Die graphé nomon me epitedeion theinai）是奴隶制立法监督的代表,内容是建立一个常设机构防止国民大会对于立法会议的滥用。② 随着时间的推移,西方进入封建社会,但是并没有出现相应的立法备案审查制度,而是以单一制、联邦制（federalism）为国家结构形式区分,通过将权力分配、监督、制约等嵌入立法备案的程序的方式,促进立法程序进一步完善。

作为现代民主代议制的发源地,英国立法体制几乎影响了所有的资本主义国家,其法律监督模式与手段更是立法程序上的一颗明珠。英国最早的立法监督源于都铎王朝（1485—1603）时期。当时,英国正处于封建主义向资本主义的过渡时期,国王通过特权设立的星法院（Court of star chamber）③监督地方治安官的立法情况。1688 年光荣革命后,《权利法案》将议会确定为英国的最高行政机构,同时转为普通法院对中央与地方立法活动进行监督,以此引发议会与法院对地方郡的立法监督主体争端。经过漫长的斗争,在 1888 年《地方政府法》出台与郡议会设立后,议会通过设计委任立法,④

---

① 张春生等:《推进合宪性审查加强宪法实施监督》,《中国法律评论》2018 年第 4 期。

② 乌维·维瑟尔:《欧洲法律史:从古希腊到里斯本条约》,中央编译出版社 2016 年版,第 34—36 页。

③ 又称皇家出版法庭,于 1570 年由枢密院司法委员会改组而成,目的在于加强封建统治,并对当时的新闻传播行业进行监管。

④ 称次级立法,指中央与地方行政机关根据议会授权制定各种行政管理法规。地方行政机关制定的法规需要由有关部长提交议会（备案主体机构）或法定条规联合委员会进行一定程度的备案审查,21 天后无反对意见该法案即生效。

这一模式使监督权限问题得到了解决,使得议会对地方政府的监督权力扩大。现在英国地方立法主体主要是郡议会与区议会,可按照中央议会授权的立法权限进行立法活动。行政法规的制定法理,由中央政府授权行政机关制定,并通过立法否决制(Legeislative veto)由议会进行监督,控制行政机关行使委任立法的权力。同时,议会立法与政府立法均由1972年修订的《地方政府法》规制,在法案公布后须经过一段时间的公示,并接受人民监督。中央政府可以通过"通报"的方式,指示地方政府采取某些措施,同时任何一位检察长都有权就法规的内容、制定的程序等出现的问题向法院提起诉讼。在英国的立法模式中,中央与地方是相互独立的,但是地方必须接受中央的监督与控制,这种中央—地方的关系无疑建立在地方具有很大程度自治权的基础之上。①

法国大革命时期,由于卢梭"人民主权"政治思想与雅各宾派宪政思想影响,认为国会代表国民公意,是国家最高机关,而政府应执行国会意志,处于从属地位。因此,为限制政府权力,法国较早地将立法的备案与审查写入了宪法:在1793年制定的《1793宪法》(又称"共和元年宪法"或"雅各宾宪法")与雅各宾派学者罗伯斯庇尔的著作《革命法制与审判》,对立法获得通过需要经历的认可程序作了描述:"如果受人民委任的人不向任何人报告自己的管理工作,人民就没有宪政……自然,被授权颁布法律的机关,要监督受委托来执行这些法律的人"。《1793宪法》第58至第60条规定:"法律草案应印发全共和国各市乡,并用下列标题:建议的法律;在建议的法律发出四十天以后,如在半数以上的郡内十分之一的合法组成的初级会议未加反对时,草案即为被接受并变成法律;如有反对,立法议会应召集初级会议开会。"即法律监督应由初级会议对立法进行合理性审查,并决定法案是否通过为法律。② 现代法国的法规备案与审查仍与宪法有关,其执行机构为宪法委员会,但是政府与国会在立法权上的角色发生了转变。2008年法兰西第五共和国最新修订的《法兰西共和国宪法》第61条规定:各组织法、法

---

① 王名扬:《英国行政法》,北京大学出版社2016年版,第77—79页。
② 罗伯斯庇尔:《革命法制与审判》,商务印书馆2009年版,第158—159页。

案与行政机关出台的法规均需通过宪法委员会的审查。① 如果国会所制定的法律侵犯了属于政府有权制定的条例权限时,政府可以通过宪法委员会宣告法律违宪,不能进入执行程序。同时,政府向议会提出的法律草案与制定的条例、法令,都必须向最高行政法院咨询意见,其结果也因咨询的性质而不同。② 我们不难发现,出于共和国的历史原因,法国的立法权并不是直接来源于中央的授权,而是源于宪法与法律。

作为西方单一制国家的代表,英法最先由封建制立法进入资本主义立法,其对法规的备案与审查不仅是出于维护统治阶级地位的需要,也是因历史演变,适应中央对地方权力监督的要求而出现的结果。以美国与德国为代表的联邦制国家对立法的备案与审查规定又与单一制国家有些不同。联邦制国家的立法思想受孟德斯鸠"三权分立"思想的影响,对立法备案程序进行监督,其主要目的在于制衡地方一级立法机构的权力。美国宪法规定联邦具有联邦立法权,并拥有采用权力委任的方式授予州一级政府立法权的权力,两者相互独立,互不影响。当两者出现冲突时,司法机构将介入裁决,保障权力的稳定。在美国,与我国相似的立法备案制度被称为立法监督制(legislative oversight)。联邦政府与各州都能够通过自己的立法机关行使立法权,但是州一级地方政府制定的包括州宪法在内的法律都不能违背联邦法律。为确保地方不滥用立法权力,联邦政府采用通告制③对行政机关制定的法律草案进行监督。与英国类似,对于行政机关通过国会在法律中授予的立法权所作出决定,必须要送交国会审查,国会保留否决的权力。④需要注意的是,被称为"警察巡逻队"的中央对地方立法机构主动立法监督(proactive legislative oversight)在美国的司法实践中十分罕见,一般来说,这

---

① 参见法国政府官方网站,https://www.legifrance.gouv.fr/loda/id/LEGITEXT000006071194,最后访问日期:2022 年 10 月 23 日。

② 王名扬:《法国行政法》,北京大学出版社 2016 年版,第 479—481 页。

③ 指除法律规定的例外情况与紧急情况外,行政机关必须将其建议制定的法规草案或其主要内容在《联邦登记》(一种政府公报)上公布,社会公众可用"评论"这一手段进行监督。

④ 王名扬:《美国行政法(下)》,北京大学出版社 2016 年版,第 678—683 页。

种类型的监督要通过国会听证的方式进行(也被称为"火警出动"),并且这种类型的听证具有不确定性,且其证据多来源于执法机构。例如,美国纽约市在 2020 年为应对反恐,而被联邦政府在州一级上赋予了前所未见的重要立法权限。由于本地的立法监督机构并不热心于积极监管此种类型的立法,故此立法权限被国会公共安全委员会(The Committee on Public Safety)以听证行使进行主动监督。① 美国这种分权制衡的模式保障了立法权在中央与联邦之间分配的均匀,从而避免权力过度集中于中央政府而导致的社会发展乏力。

相比于美国,德国的情况则较为特殊。德国在封建时期的立法深受罗马教会法影响,由领地诸侯控制大部分成文法立法权,自然也谈不上立法备案与监督。在 1849 年德意志帝国时期出台的《德意志帝国宪法(1849)》(又称法兰克福保罗教堂宪法)吸收了同时期其他发达资本主义国家的立法经验,对三权分立、立法监督等作了规定。虽然该宪法从未真正实际生效适用,但是它对之后的德国宪法产生了重要影响。普鲁士王国统一德意志之后,由"铁血宰相"俾斯麦制定的《德意志帝国宪法(1871)》(Verfassung des Deutschen Reiches)对帝国立法权行使与制定程序作了详细规定,并付诸于实施。在第二次世界大战之后,德国制定《德意志联邦共和国基本法》(Grundgesetz für die Bundesrepublik Deutschland,又称《波恩宪法》)对联邦政府与州政府之间的纵向权利分立与制衡关系作了原则性规定。

两德统一后,对宪法作出了部分修订,立法权的运用也为适应管辖地域的扩大而作出了部分修正。现行的《德意志共和国基本法》规定,联邦政府具有专有立法权,只有联邦立法机构未对特定事项提出立法时,各州才享有对该事项的立法权,这种立法权也被称为竞合立法。② 作为立法监督的一种特殊方式,德国权力机关联邦议院负责提出并通过法案,并送由各州政

---

① Jeffrey Milliman, Michael Landon-Murray, *City council and national security: oversight of local counterterrorism and security intelligence*, Intelligence and National Security, 22 Oct, 2020.

② 参见德国政府官方网站:http://www.gesetze-im-internet.de/englisch_gg/englisch_gg.html#p0321,最后访问日期:2022 年 10 月 23 日。

府组成的联邦参议院进行审议,联邦参议院可行使立法否决权。联邦议院在制定关于州特定利益的法律时,必须经过联邦参议院通过方可生效(Zustimmungsgesetz)。当联邦与州就立法问题发生冲突时,可以向联邦宪法法院(Bundesverfassungsgericht)发起诉讼。联邦宪法法院根据 1951 年制定的《联邦宪法法院法》对法规的审查权向联邦与州共有的立法权力对象进行规制,从而做出具体的法律裁断,其判决与宪法具有同等效力。联邦宪法法院的运作不受国家机关的干涉,且各州都必须服从联邦主管机关的指令。①

综上所述,单一制国家与联邦制国家的体制存在显著区别,从而也导致它们的立法模式因国体的不同而不同:单一制国家只有一部宪法,国内区划中因不同地区而划分为不同的地方行政区划,地方政府与立法机关根据中央的授权而产生,且必须在中央政府的领导下进行立法工作,且中央的立法往往是地方立法的前提与主导,具有最高等级的法律效力;联邦制国家因为由不同的政治实体组成,可能有不止一部宪法,虽然没有完全独立的主权,但是其所保有的一定范围主权仍然受到法律保护,且由于地方境内与联邦中央政府法律的差异,出现立法冲突的概念将大大提高。② 因此,实行单一制的国家往往设有地方立法备案审查机构,只是权限与对象略有不同。联邦制国家则不采取备案审查制,而是采取主动公布或法院审查的方式对地方过大的权力进行监督与限制。这是因为联邦制与单一制国家中央与地方的关系不同,在联邦制国家采取备案制极有可能导致中央与地方间的矛盾激化。故对单一制国家而言,备案审查制能够最大程度上通过对地方立法权力的监督与限制维护国家的法制统一。

法治是人类文明的重要成果,其精髓与要旨对于各国国家治理与社会治理具有普遍意义。③ 完善自由贸易港法规备案制度,应当积极借鉴、合理吸收世界上优秀的法规备案制度成果。同时,我们也必须要坚持"以我为

① 孙佑海、李曙光:《德国法院与司法制度》,法律出版社 2020 年版,第 93—99 页。
② 胡戎恩:《中国地方立法研究》,法律出版社 2018 年版,第 59—71 页。
③ 马怀德:《习近平法治思想的理论逻辑、历史逻辑与实践逻辑》,《山东人大工作》2021 年第 9 期。

主,为我所用",不能照搬照抄西方的备案模式,而应当扎根于本国土壤,汲取本地养分,以创新、完善自由贸易港法规备案制度模式的方式,为世界法规备案制度文明作出中国贡献。

第二节　我国法规备案制度实践

一、我国法规备案制度渊源认知

我国是一个有着五千年历史的单一制国家,形成了独树一帜、蕴含着十分丰富的智慧与资源深厚的法律文化。从李悝的《法经》到《大清律》的制定,历朝历代都有自己的立法,不过法律的监督机制都大同小异。我国最早的立法监督制度起源于先秦时期的御史制,御史按照皇帝诏令修订、审核成文法、监督法律执行情况,对司法、刑狱等事具有很大的监督和干预之权。此后,御史制度在秦汉时期发展已初具规模,到唐代已经变得比较成熟、健全和定型。此后,宋、元、明、清各朝又因各自相应的社会历史发展情形而进行相应增改,一直发展延续了两千多年。御史制度不仅是我国法律监督的重要手段,还是今天我国监察制度的渊源。①

辛亥革命后,《中华民国临时约法》规定参议院作为立法机关行使立法权,有权审议一切法律草案。1923 年颁布的《中华民国宪法》(又称贿选宪法)是我国近代史上第一部正式颁行的宪法,规定了国家与省、县一级的地方议会均具有立法权,并由最高法院进行监督、解释与备案。② 但是该宪法的制定严重违背了宪法本身的正当性要求,且由于战乱等原因,这一系列法律未能得到良好的执行。值得一提的是,当时的"联省自治"运动③在一定

---

① 岱石:《御史的历史沿革》,《中国纪检监察报》2018 年 6 月 22 日第 6 版。
② 程树德:《宪法历史及比较研究》,商务印书馆 2012 年版,第 221—260 页。
③ 由梁启超在 1920 年提出的政治制度改革方案,指各省自治、并由此为基础组成联邦政府,具体是由各省制定省宪法,实行各省自治,并由各省选派代表参加联省会议,制定联省宪法。这一主张在当时得到了地方实力派军阀的广泛响应。联省自治的代表是湖南省制定的《湖南省宪法》。

程度上仿照西方的联邦制,对地方立法的地位、机关、程序作了规定,其中也包括一些法律监督,备案程序的实施细则。这样畸形的立法体系建设缺乏最重要的宪法基础,从而使地方丧失了立法的合法性基础。同时,这一系列立法活动实际上没有取得中央政府的许可,是一种分立活动,失败是必然的。

在南京国民政府时期,国民政府通过 1931 年国民会议制定的《中华民国训政时期约法》与 1946 年国民党制宪会议通过的《中华民国宪法》对立法权限分配,并阐明了中央—地方立法的关系与监督体制。在国民政府时期,省、市、县一级参议会与行政会议均具有立法权,由此构成了相对完备的地方自治法律体系。对于中央与地方法律的备案审查,国民党在 1934 年四届五中全会上制定的《划分中央与地方权责纲要》作了具体规定,其主体按立法种类不同一般分为立法院、行政院或国民政府,并有一定备案期限。①由于国民党内部派系斗争,实际的立法体制运作往往不遂人愿,没有取得很好的效果。

时代变迁,地方法规备案制雏形出现在《中国人民政治协商会议共同纲领》,规定中央人民政府委员会具有立法权,并以此通过法律的形式与地方协调权限分配。1954 年,我国第一部宪法规定全国人大有权修改宪法、制定法律、监督宪法的实施,常务委员会有权解释法律、制定法令,有权撤销国务院制定的同宪法、法律和法令相抵触的决议和命令,有权改变或者撤销省、自治区、直辖市国家权力机关的不适当的决议。② 同时,1954《宪法》规定地方人大也有权改变或者撤销本级人民委员会的不适当的决议和命令,赋予了县级以上的人民代表大会改变或撤销下一级人民代表大会不适当的

---

① 卞琳:《南京国民政府训政前期立法体制研究(1928—1937)》,华东政法学院 2006 年博士学位论文,第 141—145 页。

② 《中华人民共和国宪法》(1954)第 27 条:全国人民代表大会行使下列职权:(一)修改宪法;(二)制定法律;(三)监督宪法的实施…第 31 条:全国人民代表大会常务委员会行使下列职权:(三)解释法律;(四)制定法令;(六)撤销国务院的同宪法,法律和法令相抵触的决议和命令……。

决议和下一级人民委员会不适当的决议和命令的权力。这就是我国备案审查制的开端。

由于历史原因,我国 1975 年对《宪法》的修改导致了严重的法治倒退。拨乱反正后,1978 年颁布的《宪法》又在一定程度上恢复了备案制的部分内容。次年颁布的《中华人民共和国地方各级人民代表大会和地方各级人民政府组织法》(下称《地方组织法》)中,明确规定了县级以上的人大在本行政区域内有权撤销下一级人大不适当的规范性文件,并赋予了地方人大一定监督权。① 同年,全国人大常务委员会也开始了法规备案工作,不过备案的范围仅限于地方性法规、自治条例与单行条例,内容也仅是对其进行登记、存档,据此进行一定程度上的违宪审查,且对具体规范性文件进行监督的具体做法以及备案的流程、审查文件的机制及审查的法条依据都未作明确规定,这也使得备案审查制在实际立法中起明显成效的概率不大。

随着全国人民代表大会常务委员会与国务院办公厅于 1987 年与 1990 年制定《关于地方性法规备案工作的通知》、《法规规章备案规定》,以及《地方组织法》在 1982 年、1986 年、1995 年的三次修改对备案法规、规章的报送范围、期限、程序进行了详细规定,标志着我国的备案制度进入了新阶段,并在 2000 年《立法法》通过后达到了高峰。该法首次以专章规定了备案审查制度,在立法层面上明确将备案与审查两者联系起来,规定了审查的范围及备案审查的具体流程,明确了法律法规等规范性文件等级效力,规定行使撤销权的情形条件内容。同时,该法还在一定程度上授予了地方人民代表大会常务委员会制定备案审查相应规章的一定权力。②

二、我国法规备案制度立法规制

在 2000 年《立法法》出台后一系列的立法实践中,我国的立法模式逐

---

① 《中华人民共和国地方各级人民代表大会和地方各级人民政府组织法》(1979)第 7 条:县级以上的地方各级人民代表大会行使下列职权:(十一)改变或者撤销本级人民政府的不适当的决议和命令;(十二)改变或者撤销下一级人民代表大会的不适当的决议和下一级人民政府的不适当的决议和命令。

② 梁鹰:《备案审查制度若干问题探讨》,《地方立法研究》2019 年第 6 期。

渐由法定立法(中央立法机关实施的行政法规制定权)与授权立法(地方政府行使的一定立法权)两种模式主导。本质上来说,《立法法》就是一种为中央与地方权限立法分配与限制进行法律上确认的法定程序。在立法与备案程序中,地方授权立法作为立法权监督和制约的对象处于弱势。有授权就有监督,出于维护国家法制统一的需要,《立法法》及其相关规定对地方授权立法进行了一定程度的限制,备案制正是这种限制的主要工具。在立法权运行时,备案制并不直接使地方立法机构直接处于劣势,而是通过一定备案程序、时间等因素,使地方授权立法在立法权运行中处于劣势,从而实现地方授权立法权力与中央立法权力的平衡。这种权力与权限的平衡正是备案制的价值所在,也是《立法法》制定中最为精妙的一笔。备案制的逐渐完善不仅代表我国的法律监督制度与程序日趋完备,也意味着我国的法治建设进入了新时期。

《立法法》出台后,全国人大常委会法制工作委员会在 2004 年成立了法规备案审查室,国务院在随后也成立了政府法制协调司,为备案审查制度提供了组织保障。2006 年出台的《监督法》对规范性文件备案的具体规定,不仅完善了 2000 年《立法法》所缺失的对地方国家机关制定的决议、决定、命令等规范性文件的备案审查规范,还认定在一定情况下,司法解释也可作为备案审查的对象,并扩大了报送备案文件的范围。

自 2015 年《立法法》修订,赋予设区的市一定程度的立法权后,法规备案制作为一项制约地方权力的手段再次引起了社会的关注。现在我国立法备案的主要依据为 2015 年《立法法》与全国人大常务委员会 2019 年公布的《工作办法》,增加了对行政法规、地方性法规等法规的备案审查,明确了主动审查的相关规范,并就被动审查增加了反馈公开机制。这两部法规的出台表示我国的备案审查迈入了新阶段,也意味着我国已经建成了一个比较完整的规范性法律文件审查制度。现在,我国已建成党委、人大、政府、军队四大备案审查系统,法规备案审查的范围已经覆盖了除法律、军事法规、自治区的自治条例和单行条例、全国人大及其常委会的决议决定之外的所有立法和其他规范性文件。① 2021 年,全国人大常委会办公厅共收到报送备案的行政法规、监察法规、地方性法规、自治条例和单行条例、经济特区法规、司法解释、特别行政区法律 1921 件。其中行政法规 16 件,监察法规 1 件,省、自治区、直辖市地方性法规 779 件,设区的市、自治州、不设区的地级市地方性法规 688 件,自治条例和单行条例 87 件,经济特区法规 40 件,司法解释 251 件,香港特别行政区法律 42 件,澳门特别行政区法律 17 件。② 全国人民代表大会常务委员会就其中有问题的 23 件法规向制定机关进行了反馈,并得到了有力回复。立法备案制伴随着我国的法制建设与人民代表大会制度的进一步完善而发展,并以此为契机适应着社会的前进脚步。

三、海南经济特区法规备案制度实践

（一）海南经济特区法规备案制实施实践

作为我国最大的经济特区,海南自建省以来就承担着改革开放试验区的重要任务,因而国家赋予了海南省在法律与政策制定上相当程度的支持。在第七届全国人民代表大会第一次会议上,全国人民代表大会公布了《关于建立海南经济特区的决议》(下称《决议》),划定海南岛全岛为经济特区,并赋予海南省人民代表大会及其常务委员会根据海南经济特区的具体情况和实际需要,遵循国家有关法律、全国人民代表大会及其常务委员会有关决定和国务院有关行政法规的原则制定法规的权力。截至 2022 年 10 月,海南省共计制定 850 件地方性法规。其中,省级地方性法规共计 512 件,经济特区法规 115 件,现行有效法规共有 493 件,失效法规 142 件,有 210 件法规已被修改。海南省在被授予经济特区立法权初期就将立法决策与改革决策紧密结合,制定了一大批适应改革开放和发展需要、具有鲜明地方特色的

---

① 王锴:《习近平法治思想有关备案审查的重要论述及其在实践中的展开》,《地方立法研究》2021 年第 3 期。

② 沈春耀:《全国人民代表大会常务委员会法制工作委员会关于 2021 年备案审查工作情况的报告》,中国人大网,http://www.npc.gov.cn/npc/c30834/202112/2606f90a45b1406-e9e57ff45b42ceb1c.shtml。

法规,增进体制优势和法制优势,创造了海南经济特区发展的辉煌成就:1992 年制定的《海南经济特区股份有限公司条例》使股份公司这一新型现代企业制度在我国首次得到明确;1993 年制定的《海南经济特区企业法人登记管理条例》率先对企业审批体制和投资体制进行改革,变企业设立审批为依法直接登记,早于国家"先照后证"改革 22 年;1996 年制定的《海南经济特区机动车辆燃油附加费征收管理条例》在全国率先以立法形式对公路规费征收体制进行改革,将过去由多个部门分别征收的养路费、过桥费和公路运输管理费,合并为燃油附加费,由交通部门统一征收,取消公路上的一切关卡,实现"一脚油门踩到底",极大满足了人民群众的生活需求。[1]

　　海南省运用经济特区立法权制定的这一系列具有超前眼光的法规,无疑在当时对备案制的程序简化提出了新要求。虽然《决议》规定:"按照海南经济特区的具体情况和工作需要,制定的特区的各项单行经济法规,报全国人民代表大会常务委员会和国务院备案"。但是国务院办公厅于 1990 年制定的《关于贯彻实施〈法规规章备案规定〉的通知》并没有对经济特区立法备案作详细规定,也没有关于经济特区备案的具体期限,而是直到 2000 年由全国人民代表大会常委会通过《行政法规、地方性法规、自治条例和单行条例、经济特区法规备案审查工作程序》(下称《工作程序》)对经济特区法规的备案作了规定。有学者认为,《立法法》出台前经济特区立法备案工作实际上"备而不审",普遍的做法是参照地方性法规立法备案模式与程序进行备案。[2]　虽然这一立法漏洞为海南经济特区立法提供了很大的空间,然而无论从完善经济特区立法程序模式角度,还是从完善备案审查制度角度来看,都不能不说是一个明显的立法缺憾。

　　自 2015 年《立法法》修订后,海南省地方法规体系主要由经济特区法规、地方性法规、地方政府规章、自治与单行条例四种类型组成。2015 年《立法法》出台至今,海南省人民代表大会常务委员会作为立法主体共出台

---

　　① 李永利:《海南经济特区立法权要点与运用简析》,《海南人大》2016 年第 5 期。
　　② 王智斌、刘颖:《完善经济特区授权立法初探》,《中央政法管理干部学报》1999 年第 2 期。

181件地方性法规(其中包括38件经济特区法规)均已按《立法法》规定,在公布三十日内由海南省人民代表大会常委会办公厅送交全国人民代表大会常委会办公厅备案。这是海南省贯彻《立法法》对于备案审查要求,规范备案工作,自觉接受上位立法机关监督的表现,充分彰显了经济特区法规备案制度实践的价值。

(二) 经济特区法规备案制实施窘态

海南建省办经济特区的初衷就是改革开放,最重要的任务是发展生产力。改革需要立法先行,需要以立法促开放,促开发,将国家赋予海南省的政策优势转换为法制优势。自建省30多年以来,海南根据自身的实际建设与需要,利用经济特区立法权制定了一系列特区法规与规章,借此为经济特区发展奠定了法制基础。[1] 现在《自贸港方案》仍提到要"建立以海南自由贸易港法为基础,以地方性法规和商事纠纷解决机制为重要组成的自由贸易港法治体系,营造国际一流的自由贸易港法治环境。"并且还应"制定海南自由贸易港法、支持海南充分利用经济特区立法权、立足自由贸易港建设实际,制定经济特区法规。"2021年,海南省共计公布55件地方性法规、经济特区法规、自由贸易港法规,是建省后制定规范性法律文件最多的一年,意味着海南省在自由贸易港建设启动后,已通过实际行动诠释了法治建设对自由贸易港的重要意义,迈进了立法的"快车道"。

尽管相对于过去一个时期而言,海南省法规备案体系取得了重大进步。但是,由于立法人员能力不足,立法技术水平不高,对立法备案审查的重要性没有充分认识等问题,使得海南经济特区立法备案工作在实践中窘态尽显。在2000年《工作程序》出台前,在立法实践中竟然没有一部明确的,对经济特区法规进行备案的工作规定,导致经济特区的"特"字在立法备案程序中成了一纸空文。由于海南经济特区与其他经济特区不同,既是授权立法的主体,又是职权立法的主体,不仅享有经济特区立法权与一般地方立法权,还因《自由贸易港法》而获得自由贸易港法立法授权,故其备案程序相

---

[1] 谭兵、符琼光:《海南经济特区立法研究》,海南出版社2008年版,第115页。

较于其他经济特区来说更为复杂。尽管海南省已于 2014 年制定了《海南省人民代表大会常务委员会规范性文件备案审查工作规程》,对本省制定的规范性法律文件进行备案审查提供了制度依据,但是,海南省却没有厘清"三重立法权"的备案审查程序,仅于 2021 年 6 月对《海南省人民代表大会常务委员会审查备案规章的规定》进行了修订①,导致在立法实践中备案主体时常混乱,甚至还有过政府规章、规范性文件由政府与党委联合发布并备案的情况。由于海南省立法在立法监督机构成立的初期出现"有备案,无审查"的情况,包括经济特区法规在内的一些法律往往成为"空中楼阁",实践中难以得到实施:如海南省 2011 年修订的《海南省红树林保护规定》第19 条第 1 款规定"违反本规定,非法砍伐红树林或者其他违法行为造成红树林毁坏的,依法赔偿损失;由县级以上人民政府林业主管部门或者红树林自然保护区管理机构责令补种被砍伐、毁坏株数 10 倍的红树林树木,并处以每株 500 元以上 1000 元以下的罚款;情节严重的,处以每株 1000 元以上5000 元以下的罚款。"由于红树林的种类很多,有乔木、灌木,还有蕨类,如角果木、桐花木属灌丛类,在一亩地上能够生长成千上万株。如果一个人毁坏了一分地的角果木,毁坏株数至少也有 1000 到 2000 株,按照规定的处罚标准,最少也得罚款几十万,多则上百万元,导致赔偿结果将是天文数字,在实践中难以执行。又如《海南经济特区城镇从业人员医疗保险条例》中的部分规定,由于对现实估计不足,脱离实际,存在着对住院医疗费个人自负比例过高、医疗保险结构、层次单一、退休人员、企业下岗失业人员基本医疗保险待遇缺乏保障机制等问题,造成该条例执行困难。② 如果备案程序中对法律的合理性、可实施性进行内容审查,这类尴尬的难题出现几率将大大降低。

　　法规备案审查是宪法与法律赋予人民代表大会常务委员会的重要监督

① 即《海南省各级人民代表大会常务委员会规范性文件备案审查条例》,由海南省第六届人民代表大会常务委员会第二十八次会议于 2021 年 6 月 1 日通过,自 2021 年 9 月 1 日起施行。

② 许佩华:《经济特区立法研究》,吉林大学 2014 年博士学位论文,第 82—83 页。

职权,是保障宪法法律实施、维护国家法制统一的宪法性制度安排,推动合宪性审查工作,有助于维护宪法权威。① 目前,《自贸港法》对备案制作更为明晰的界定,由此最大程度推动自贸港法治体系建设,为自贸港法规体系建设做好最后一步保障,是很有必要的。

(三) 经济特区法规备案制亟待创新性

作为我国最大的经济特区,海南省自 1988 年建省至今取得了辉煌的成就,其中离不开运用经济特区立法权对改革的事项作出的界定、厘清与风险防控。经历了 30 余年的发展,随《工作办法》将备案实施范围、行使备案的程序、审查的方式、标准与对社会公众的公开机制作了详细规定,《自贸港法》也赋予海南省自由贸易港贸易、投资及相关管理活动的立法权,意味着运用经济特区立法权制定法律法规的备案机制到了更新换代的时间点,亟待一次脱胎换骨的创新。

自贸港立法权与经济特区立法权虽产生于不同时期,但性质相似,都为社会经济发展提供了法制保障。两者既属于地方立法权,其备案程序也应遵循《工作办法》,海南省人大常委会报请全国人大常委会备案。在中央"重大改革于法有据"的前提下,自贸港法立法定位是"赋予海南更大改革开放自主权",故由自贸港立法权而产生的自贸港法规,较于经济特区法规而言涉及到的立法事项更加精细、更为深入、也更具风险性。因此,《自贸港法》赋予自贸港立法权将不可避免的对本属于经济特区立法权限内的事项造成影响,两者间的备案程序适用梯级也难以甄别。在建立自贸港法规体系的基础上,对经济特区法规备案机制进行创新,无疑是厘清两者关系的重要手段。

经济特区法规备案制度完善,在海南自贸港法规体系中所具有的重要地位,决定了海南地方法规备案审查对象体系中所具有的结构性意义,对经济特区法规备案进行创新性完善,取得对传统备案制的突破,将有助于彰显

---

① 《加强规范性文件备案审查　切实维护国家法制统一——〈海南省各级人民代表大会常务委员会规范性文件备案审查条例〉解读》,《海南日报》2021 年 6 月 6 日第 4 版。

宪法的权威。从经济特区立法备案的时限出发,现行《工作办法》规定,经济特区法规应当在公布后三十日内向全国人民代表大会常委会备案,常委会办公厅在收到备案文件之日起十五日内根据各委员会的职责分工,分送有关专门委员会和法制工作委员会进行审查研究形式审查。[①] 这一系列的程序导致的时间差延不能满足经济特区的立法需要,需要进行解释性修订。从经济特区法规备案客体来看,由于全国人民代表大会常务委员会"有件必备,有备必审,有错必纠"的要求,对经济特区法规进行备案审查已成定局,但能否通过进行事前、事中审查的方式,在经济特区立法公布前将可能出现的问题列明,不失为可行之策。从经济特区法规备案的周期出发,经济特区法规备案程序过于冗长:根据《工作办法》,海南省制定的法规应先由海南省人民代表大会常务委员会办公厅向全国人民代表大会报送备案文本,再由全国人民代表大会常务委员会办公厅分送至有关单位进行研究,如果出现程序或内容问题,还需通过审查程序函告制定机关进行解释。并且对出现问题的法规是否停止实施,《工作办法》也没有具体规定,这一系列难题值得备案审查主体进行实践研究,并在必要时作变通规定。

进一步完善海南经济特区法规备案制度,提高海南地方立法质量,需要立法权力机关明确对经济特区法规进行监控的权力与方式。按照《立法法》《工作办法》规定,健全经济特区法规规章与规范性文件备案审查工作机制,解决"备而不审,审而不决"问题,是经济特区法规备案创新的有力抓手。

(四) 完善海南自贸港法规备案制

自贸港在国家全面深化改革战略中具有重要地位,"赋予自由贸易试验区更大改革自主权,探索建设自由贸易港"不仅是十九大报告中的关键点,凸显了海南自贸港在全面深化改革这一国家战略中的重要地位。中央

---

① 《法规、司法解释备案审查工作办法》第 9 条第一款:法规、司法解释应当自公布之日起三十日内报送全国人大常委会备案。第 13 条第一款:常委会办公厅应当自收到备案文件之日起十五日内进行形式审查。第 14 条:常委会办公厅对接收备案的法规、司法解释进行登记、存档,并根据职责分工,分送有关专门委员会和法制工作委员会进行审查研究。

"12号文件"明确指出,海南因改革开放而生,又因改革开放而新,为建设现代化的自贸港,推进开放型经济新格局,就要在体现中国特色、海南发展定位,秉承解放思想、大胆创新的精神,通过不断"先行先试"在深化改革开放的新时期取得发展优势,这就使得我们必须以先行的法律维护制度创新成果。《自贸港法》将促成中国特色自贸港法规体系,推进自贸港实现制度集成创新,系统协调推进改革提供法律基础,已成为自贸港建设亟待解决的关键问题。

《自贸港法》已明确规定,自贸港法规应当报送全国人民代表大会常务委员会和国务院备案。由于海南享有包括地方立法权、经济特区立法权与自由贸易港立法权在内的"三重立法权",经2023年《立法法》修订后的法规备案制度,已基本能够适应"更高层次,更高水平"的自贸港法规体系发展。为此,从实践角度出发,打造自贸港法规备案制度,自贸港法规备案快速化建设,推动自贸港法规体系构建进程,通过自贸港法规备案制度为我国地方法规备案制度创新提供"海南方案",对我国的法制建设具有重要意义。就我国法规备案的理论意义而言,自由贸易港法规备案模式的建立,将为我国地方立法提供便捷、科学、低风险的理论依据,有利于完善我国地方立法理论体系。

《自贸港法》赋予海南省更大的改革开放自主权,授权海南省可以在遵循宪法规定和法律行政法规基本原则的前提下,制定海南自贸港法规,并可对法律、行政法规的一些规定,根据海南的实际需要做一定的变通,同时也对自贸港立法权限与备案机制作出了具体规定。① 作为《宪法》《立法法》《中华人民共和国监督法》(下称《监督法》)赋予人民代表大会的一项重要职权,备案制往往作为一项监督手段在制定与适用法律的过

---

① 《自贸港法》第10条:海南省人民代表大会及其常务委员会可以根据本法,结合海南自由贸易港建设的具体情况和实际需要,遵循宪法规定和法律、行政法规的基本原则,就贸易、投资及相关管理活动制定法规(以下称海南自由贸易港法规),在海南自由贸易港范围内实施。海南自由贸易港法规应当报送全国人民代表大会常务委员会和国务院备案;对法律或者行政法规的规定作变通规定的,应当说明变通的情况和理由。

程中发挥重要作用,也担负着维护我国法制统一、推动社会发展、保护人民权利的任务。由此,法规备案制符合单一制国家法律的监督作用出发,阐述备案制在自由贸易港立法监督程序中的重要地位,探明自贸港立法与备案创新间存在的必然联系,探索如何在坚持法制统一的基础上赋予海南更大的改革开放自主权,以此展现中国特色自贸港立法体制创新效益。

第三节 自贸港法规备案制度优化适时性

一、自贸港法规备案制度优化重要性

近年来,随着社会的发展与授权立法主体权限扩大,社会各界越来越重视备案制在立法体系中的地位与它对维护宪法法制统一地位的作用。有学者提出:"随着各地的法规的数量增加及调整主体的复杂化,增强我国对地方立法备案审查制度的公开性,重视地方特色的合宪性审查标准可以对我国宪法实施起到重要推动作用。"①也有学者认为,经过数年的发展,备案审查的工作驶上了快车道,已成为了中国特色的宪法监督和法律监督制度。②中共十八届四中全会通过的《中共中央关于全面推进依法治国若干重大问题的决定》提出:"加强备案审查制度和能力建设,把所有规范性文件纳入备案审查范围,依法撤销和纠正违宪违法的规范性文件。"2015 年 12 月,中共中央、国务院印发的《法治政府建设实施纲要(2015 — 2020 年)》要求:"加强备案审查制度和能力建设,把所有规范性文件纳入备案审查范围,健全公民、法人和其他组织对规范性文件的建议审查制度,加大备案审查力度,做到有件必备、有错必纠。"通过一系列的文件与学界观点,备案审查制在我国法制体系中的特殊地位呼之欲出。《自贸港法》实际上超出了

---

① 陈希:《我国地方立法合宪性审查制度特色研究》,《法学论坛》2020 年第 6 期。
② 王锴:《论备案审查结果的溯及力——以合宪性审查为例》,《当代法学》2020 年第 6 期。

《立法法》第11条对法定立法事项的相关规定,授权海南在制定自由贸易港法规时可涉及相应的法定立法事项,赋予了海南更大的地方立法权限。海南省人大及其常委会被赋予具有更大变通幅度的自由贸易港法规制定权,容易使海南省形成区域性法制壁垒,在自由贸易港立法权运用的基础上,有必要在维护社会主义法制统一与行使地方立法变通权之间保持必要的平衡,以法制统一原则约束和限制海南自贸港法规制定权的可能的不当行使。① 由此,对以备案审查制为代表的自由贸易港法规制定程序作出明确规定,是坚持党中央集中统一领导,维护法制统一的关键。由于在地方立法实践中具有前置性,故相较于审查制而言,备案制更受立法者关注。

从立法权限出发,《自贸港法》属于地方性立法范畴,目标在于实施全面深化改革,试验最高水平开放政策,对运用自贸港立法权规划而促成自贸港法规体系具有"高标准、高质量"的要求,需要通过备案制对立法的范围、内容、程序、原则等进行规制。自贸港法律体系以注销、破产、征用、优化营商环境四大条例的制定为核心,以依法立法、民主立法、科学立法为原则,目的是促进公平竞争,维系公正监管,从而建立以"自由便利"为重点的自贸港政策制度体系。创新的制度体系自然对自贸港法规备案制提出了创新要求:如何在防控立法风险的前提下贯彻立法备案程序,提升立法质量的同时不危及国家的法制统一,从而使经济发展质量和效益得到明显改善。如果缺少具有自贸港特色的法规备案机制,则既无法保证立法变通遵循、维护国家法制统一,也无法将海南经验真正在整个国家的立法体系中复制推广。

实施法规备案制,自贸港法规等规范性法律文件予以法律上的审查,扫清其实施前的法律障碍,不仅能够不断健全、完善海南地方性法规体系,还能为海南自贸港建设提供规范性法制指引与保障。② 同时,落实自贸港法

---

① 王建学、张明:《论海南自贸港法规的备案审查》,《河北法学》2022年第10期。
② 王瑞贺:《中华人民共和国海南自由贸易港法释义》,法律出版社2021年版,第45页。

规备案制度,可充分发挥自贸港立法特点,拓宽立法形式,为立法活动赋予"小快灵"的优势,提升立法的质量与效率,使需要备案的相关法规能够更快在中央报请备案的程序中顺利通过。

二、自贸港法规备案制度优化紧迫性

在目前的司法实践中,《立法法》与《地方组织法》均在法律层面上一定程度解决了地方立法备案的对象、程序、时限等问题,《工作办法》也为执行备案审查制提供了一套法定的审查、处理标准。自贸港作为"当今最高水平的开放形态",需要立足于海南,凸显中国特色,发展定位国际视野,引进与借鉴国际先进经验,探寻和创新体制模式。[①] 这就需要充分的法治保障体制创新的顺利推进。相比之下,传统的经济特区授权立法模式与法规备案制已不能适应当前海南自贸港具体情况与实际需要,需要更为大胆的创新举措。因此,自贸港建设需要以立法先行,实现于法有据,核心问题就在于赋予海南省立法机关相关立法权限,并制定自贸港法规备案制度,以此推进自贸港法治建设。[②] 在中央层级立法行使滞后,一般地方立法权运作无力,而海南过去最常运用经济特区立法权,又难以应对海南自贸港所形成的制度变通幅度时,海南自贸港建设的紧迫需求势必要求全国人大及其常委会赋予海南省更大的立法变通幅度。海南自贸易港建设,亟需完善自贸港法规备案制,需要以《自贸港法》为基础,建立海南自贸港法规备案制度特色体系,有效防范和化解可能发生的重大风险。

随着《自贸港方案》有效实施,规定将在实现有效监管的前提下,建设全岛封关运作机制,并在 2025 年末全岛封关时建立以贸易自由便利和投资自由便利为重点的自贸港政策制度体系。随着时间的流逝,离全岛封关运作的时间已不遥远,这一紧迫的时间要求代表传统立法程序的"一事一备案"原则,已不适应海南自贸港的建设需要,在运用自贸港法规制定权进行

---

① 刘云亮:《中国特色自由贸易港法治创新研究》,法律出版社 2022 年版,第 47 页。
② 刘云亮:《中国特色自由贸易港授权立法研究》,《政法论丛》2019 年第 3 期。

立法活动时,我们需要对现有的立法备案制度进行创新,并建立相应的自贸港法规备案制度加以保障。在建省 30 多年以来立法实践中,海南逐渐形成了以经济特区立法权和地方立法权为代表的授权立法体系。按立法的内容和效力,海南经济特区立法具有地方立法的性质,属于地方立法的范畴。由于海南的经济特区立法权限来源于全国人民代表大会的直接授权,大于一般的地方立法权,这就使得海南在法规的制定、备案上面临"双重立法权"争端。[1] 其争端焦点在于海南经济特区制定的法律范畴。《自贸港法》公布颁行,国家赋予海南自贸港法规立法权的节点上,深入探讨"三重立法权"责任界定,将制定相应的法规备案制度体系作为立法风险防控基础,已成为自由贸易港立法体系的关键问题。由于《工作办法》第三章第三节对立法主体进行立法活动的标准界定不清,使得备案主体缺乏对审查标准的掌握。目前,对于海南省经济特区法规与地方规范性法律文件的审查并无明确标准,也无惩戒机制。规范的缺失无助于维护国家的法制统一,也使自贸港法制保障缺位,不利于对备案审查主体制度的贯彻与适应,也无助于《自贸港法》的正常运作。[2] 由此,以《自贸港法》为法律依据,建立自贸港法规备案制度,并对备案审查标准作出专章规定,不失为解决问题的良策。

在具体立法实践中,由于我国地方立法事权受限,导致地方立法权限无法与因改革发展需要而创新的社会金融体制相匹配,往往使得所谓的立法创新成为空中楼阁。例如尽管国务院在《中国(上海)自由贸易区试验区总体方案》中明确"上海市要通过地方立法,建立与试点要求相适应的试验区管理制度",但上海与其他省市在自由贸易区条例的内容都大同小异,未能在真正意义上实现创新,凸显了当前我国自贸试验区立法上的局限性。[3]

---

① 王琦:《海南经济特区立法效益研究》,《海南大学学报(人文社会科学版)》2008 年第 4 期。

② 张筱偶:《〈立法法〉修改后我国法规备案审查制度的再检视》,《理论月刊》2016 年第 1 期。

③ 程慧、张威:《中国自贸试验区法治建设展望》,《国际贸易》2017 年第 10 期。

对于自贸港而言,之前自贸区的创新受阻带来了巨大压力与挑战,在法规备案上,尤其是当前自贸试验区的授权立法更多需要逐一立法备案,导致创新无法推进。此例足以说明构建并完善自由贸易港法规备案制度体系的必要性与紧迫性。

三、自贸港法规体系与法规备案制度协调性

"社会主义法制因统一而有尊严,因有尊严而有权威"。①《自贸港法》在对自由贸易港法规立法进行充分授权的过程中,必然将"保证法制统一"作为基本前提。立法备案制实际上是立法监督程序中的一项重要活动,是立法监督机关了解报备机关有关地方立法情况的方式,目的在于推进良法善治,保证地方立法质量,维护国家法制统一。对规范性法律文件及司法解释进行备案审查,是宪法、法律赋予全国人民代表大会及其常委会的一项重要监督职权,对于全面贯彻宪法、建设社会主义法治国家具有深远且正当的意义。② 完善法规备案制,不仅是贯彻落实中央人大工作会议精神中关于"地方各级人大及其常委会要依法行使职权,保证宪法法律在本行政区域内得到遵守和执行,自觉维护国家法治统一"的要求,更是维护国家法制统一的需要。③

自贸港法规备案体系具有正当性,不仅因为《自贸港法》对自贸港法规备案作了具体规定,还受历史、政治因素的影响:在海南省运用经济特区立法权进行立法的早期,《地方组织法》就规定了对地方立法权进行监督的方式。作为上位法,2015 年修订的《立法法》对法定、授权两种立法模式的备案审查程序作了明确规定,自由贸易港法规作为全国人民代表大会常务委员会授权海南省进行的授权立法形式,自然不能免于《立法法》规制。中共中央印发的《法治中国建设规划(2020—2025 年)》中提出要"加强备案审

---

① 李德旺、叶必丰:《地方变通立法的法律界限与冲突解决》,《社会科学》2022 年第 3 期。

② 石佑启等:《地方立法学(第二版)》,高等教育出版社 2019 年版,第 191—197 页。

③ 闫然、黄宇菲:《地方立法统计分析报告:2021 年度》,《地方立法研究》2022 年第 2 期。

查制度和能力建设,实现有件必备、有备必审、有错必纠。完善备案审查程序,明确审查范围、标准和纠正措施。"将海南自由贸易港法规体系作为立法备案客体,是贯彻中共中央规定,为自由贸易港"先行先试"提供法治保障的重要手段。法规备案制是保障法律实施,维护宪法尊严、权威与国家法制统一的重要手段。党的十八大以来,党中央高度重视宪法实施监督,强调加强备案审查工作与能力建设,推进合宪性审查工作,实现"有件必备、有备必审、有错必纠"。中央对立法备案的高度重视,将自贸港法规的备案审查重要性提升到了一个全新的高度。因此,制定自贸港备案审查工作机制将有助于加强法律监督,确保重大改革于法有据。习近平总书记曾提出,要"坚持法治国家、法治政府、法治社会一体建设,推进国家法治、地方法治、社会法治协调发展",地方经济发展不能没有法治,一系列重大制度创新都首先起源于地方的改革创新实践,然后由中央总结成功经验并由立法加以确认。① 现在,随《自贸港法》正式出台与全国人大常委会授权上海市人大制定浦东新区法规并在本区实施的重大决策,标志着我国地方性自由贸易区立法已臻于成熟。这一系列地方立法实践活动都离不开作为风险保障的备案审查制。在建立经济特区 30 余年后,党和国家又赋予了海南建设自贸港的新历史使命。建设自贸港并不只是单纯的对旧制度修修补补,而是涉及了投资自由、贸易自由、财税制定等改革难以触及的问题,需要法律对创新点予以保障。这一系列的问题无疑触及了《立法法》所规定的法律保留事项,也是经济特区立法所不能触及、尚未被《自由贸易港法》所完全赋权的。因此,建立自贸港法规"四梁八柱"体系,并通过以立法备案为代表的立法监督程序对创新性法律进行监督,避免适法时产生风险,具有法理上的正当性。因此,《自贸港法》明确法规备案的立法监督程序对创新性法律进行监督,避免在适用法律时发生风险问题。

---

① 张文显:《习近平法治思想研究(中)——习近平法治思想的一般理论》,《法制与社会发展》2016 年第 3 期。

第四节　自贸港法规备案制度优化机制

一、促进自贸港法规备案制度优化

（一）法规备案制度在会同立法视角下的实施运用

在汉语语境中，"会同"意为"跟有关方面会合起来（办事）"。[①] 在我国法律、行政法规中，"会同"这一概念起初并不是专用于立法层面上的法律定义，而是出于经济、政治上的需要，对不同政治主体协商合作的代名词：1952 年，中央人民政府政务院颁行的《政务院关于与外国订立条约、协定、议定书、合同等的统一办法之决定》中规定"订立纯属业务性的或纯属技术性的协定、议定书、合同等，应由主管机关会同外交部办理"。随着时代的不断发展，"会同"一词逐渐演变为不同机关合作制定法律、行政法规时所采取的模式。2009 年，全国人大法工委颁行的《立法技术规范（试行）》中对"会同"一词在法规制定层面作了定义："会同"即法律主体之间共同作出某种行为的情况，该词前面的主体是牵头者，后面的主体是参与者，双方需协商一致，共同制定、发布规范性文件或者作出其他行为。在实践中，"会同"多现于三种立法语境：第一是立法机关与职能部门进行的法律规范制定[②]；第二是同级职能部门据某项法律授权而制定相应的工作办法或条例；[③]第三是出于某种专业的需要，由不同立法机关进行合作而实现对相关事宜的立法。[④] 随着我国社会经济的不断发展，"会同"一词本身的内涵在实践中不断深入，逐渐由商业经济领域政策向央地立法事权权责方

---

① 《现代汉语词典（第七版）》，商务印书馆 2016 年版，第 584 页。
② 易玲等：《我国非物质文化遗产保护 30 年：成就、问题、启示》，《行政管理改革》2021 年第 11 期。
③ 马光：《FTA 数据跨境流动规制的三种例外选择适用》，《政法论坛》2021 年第 5 期。
④ 吕志奎、刘洋：《政策工具视角下省域流域治理的府际协同研究——基于九龙江流域政策文本（1999—2021）分析》，《北京行政学院学报》2021 年第 6 期。

向演化。据"北大法宝"数据库,截至 2022 年 10 月,我国已有 437 部法律法规提出将以"会同"的方式进一步推进条文内容实施,可见"会同"行为本身无论是在政策、法律的制定还是在具体的实践、应用当中,仍具有举足轻重的地位。

《自贸港法》第 10 条就自贸港立法权作出了专门规定,明确海南可以就贸易、投资及相关管理活动制定海南自贸港法规。此外,《自贸港法》有关条款也规定了自贸港"会同立法"内容,国家有关部委与海南省"会同立法"模式,也成为创新自贸港立法体制的新形式新机制。《自贸港法》第 13、14、17、19、20、27、28、29 条等条款规定,聚集海南自贸港有关"货物进出、跨境服务贸易清单、外商投资准入负面清单、市场准入、税制简化、进口商品征税目录、加工增值免税、封关税收管理"等"央地会同"事项内容,明确可以"由国务院有关部门会同海南省制定相关办法",从而以自贸港政策制定模式创新的方式适应自贸港制度集成创新改革与社会经济发展的需要。

实践中,自贸港"会同立法"运作实质上是央地行政机关会商出台有关自贸港管理规范性文件的过程,主体是国务院有关部门与海南省,在实践中难免出现多方参与的情况,为保障"会同立法"机制良好运行,确保"会同立法"相关规范性文件合规,有必要对其进行相应监督,以确保"会同"内容不逾越《立法法》《自贸港法》规定的保留事项,实现立法权力与责任一致。在"会同立法"机制运行时,应当根据《工作办法》的要求,对"会同立法"法律进行备案,并在向上一级备案机构提交备案申请时阐明运作"会同"机制的形式与理由,对于涉及法律保留事项、依法不能通过"会同"机制进行立法的事项或者"会同"模式运用本身违背法律的基本原则时,由上级备案机构提出可能导致"会同立法"对象立法的修改或废止的审查意见,限时由会同权力机关修改或撤回。备案机制的合理运用,可在最大程度上防范、化解会同立法机制运用中出现的风险问题。

(二)法规备案制度在软法规范视角下的运用

法律有硬法与软法两种基本表现形式,硬法指需要依赖国家强制力保障实施的法律规范,而软法则指效力结构不一定完整、无需依靠国家强制保障实施、但却能够产生社会实效的法律规范。① 软法最初主要表现为一定区域和行业领域形成的有约束力行为规范和活动准则。我国央地关系存在许多软法之治,其具有公共性、标准性、指导性等特点,显现社会治理的软法之治,可助推社会共同体立法到国家立法的转型,极大地扩展了社会行为规范的合法性。② 软法能够在不打破现有行政区划格局和现行地方法制运行框架的前提下,解决区域立法滞后和地方法制冲突问题,并在中央与地方利益交融间寻求某种平衡点,故其发展对于地方而言有独特的价值。③ 软法已成为我国地方政策制定与治理的重要组成部分,各级政府在众多社会领域内制定并实施了数量众多、层级复杂的软法规范体系,形成了一个自我创生的遵循"法律系统内的等级制"的软法规范系统,弥补了硬法的缺位与不足。④

在构建自贸港法规体系的过程中,不能单纯依赖于以《自贸港法》为代表的硬法,还应促进软法体系在价值弘扬、理念引领、原则统一等社会稳定目标上的功用,从而在经济治理中发挥道德上的约束。但是政府不能一味滥用软法本身所具有的灵活性,使得硬法与软法适用失去平衡,而更应将实施对象稳定、机制运行良好的软法予以认可,即以通过央地会同协商制定自贸港政策制度的形式,待到其成熟之际再上升到自贸港法规,实现从自贸港软法到硬法之升级转型。软法转换为法律的对象选择、转换过程、审查监督等一系列环节存在一定法律风险,需要在运行程序上设定相应的风险防控机制介入。由此,借助以自贸港特色法规备案审查制度为代表的温和备案手段,更有助于确保自贸港立法活动本身能动性、创造性的发挥,借助自贸港的软法立法权,充分发挥海南积极性和主动性,最大限度释放自由贸易港

---

①　罗豪才、宋功德:《认真对待软法——公域软法的一般理论及其中国实践》,《中国法学》2006 年第 2 期。

②　刘云亮:《经济法的软法形式、理性与治理》,《南京社会科学》2018 年第 4 期。

③　黄茂钦:《论区域经济发展中的软法之治——以包容性发展为视角》,《法律科学(西北政法大学学报)》2014 年第 4 期。

④　梁立新:《法治化视角下的基本公共文化服务均等化》,《浙江学刊》2019 年第 4 期。

政策制度红利。

（三）法规备案制度在创制性立法视角下的运用

"创制权"作为一种政治和法学理论，最初由孙中山提出，"人民应有创制、选举、罢免和复决的权力"，并以此作为"三民主义"的部分内容，其字面意思是"创造新的法律制度"，即由人民决定好法律，同时交给政府执行，是一种管理法律的权力。① 在现代社会，创制性立法即指享有地方立法权的国家机关，为了弥补法律、行政法规等上位法的空白或不足，解决地方出现的具体问题或满足某种需求，就不存在上位法或上位法尚未规定的事项，运用自主立法权制定地方性法规或政府规章，创制新的权利义务规范的活动，其应包含中央立法机关和地方立法机关两个主体。②

在自贸港视域下进行创制性立法，应当遵循创制性立法原则：不违背《立法法》第 11 条以列举方式规定的法律保留事项；不抵触以《宪法》《自贸港法》为代表的法律、行政法规；根据地区实际情况决定创制性立法事项。同时，出于自由贸易港面对的"新形势、新任务、新挑战"、担负的"全面深化改革开放试验区""国家重大战略服务保障区"特殊历史使命，而亟需构建具有"中国特色，海南味道"的自由贸易港政策制度体系，创制性立法作为一种特殊工具，在《自贸港法》第 10 条划定的范围内，有充足的空间对涉及自贸港全面深化改革、推动开放创新的事项，进行试验性立法活动。但是创制性立法在自贸港域内的应用也可能引发类似立法权过度扩张，危害法制统一，导致地方立法权滥用或引发立法攀比之虞。此时，立足自贸港立法实践与弹性立法范围，辅之以自贸港特色法规备案审查手段，实现中央权威和地方立法监督的统一性与多样性的动态平衡，是贯彻落实中央政策规划、解决地方法制难题、促进地方"先行先试"的重要手段。

在实践中，《工作办法》并未明确作为备案对象的法律法规"违背宪法规定原则、精神，与党中央重大决策、改革不一致，违背法律"的具体判断标

---

① 张慰慈：《政治学大纲外二种》，安徽师范大学出版社 2017 年版，第 207 页。
② 曹瀚予：《地方创制性立法研究》，山东大学 2021 年博士学位论文，第 45 页。

准,这就使得创制性立法是否能真正做到"不抵触"而遵守创制性立法原则尚无定论。对于自贸港创制性立法而言,如何利用自贸港法规备案程序,利用对《自贸港法》《工作办法》的理解,建设具有"中国特色、海南味道"、自贸港改革创新所需的创制性立法,将中央赋予海南的特殊超前政策转化为先行先试的自贸港法规,这是当前自贸港法治建设的难点、堵点。

二、完善自贸港法规备案制度对策

(一) 坚持党的领导,站稳法规备案的政治方向

在域外立法监督实践中,立法的程序、内容往往受到立法机构政治意愿的影响,并与立法道德相联系。① 对于我国而言,全面依法治国必须坚持科学立法,加强重点领域立法,及时反映党和国家事业发展要求、人民群众关切期待,对涉及全面深化改革、推动经济发展、完善社会治理、保障人民生活的法律,抓紧制定、及时修改,以高质量立法保障高质量发展,推动全面深化改革,为海南全面深化改革等国家重大发展战略实现加强法治保障。② 党对立法的领导不仅社会主义蕴含的基本原则,还是我国法制建设的重要原则,是我国宪法所确立的"依法治国,建设社会主义法治国家"基本方略和制度基础,也是立法工作不断发展,不断创新的重要保证。法规备案制作为立法监督程序的重要组成部分,在依法治国、依法执政、依规治党这一治国方略中具有重要地位。③ 十八届四中全会审议通过的《中共中央关于全面推进依法治国若干重大问题的决定》,不仅规定"依法治国是党领导人民治理国家的基本方略,依法执政是党治国理政的基本方式,是依法治国的关键",还对立法备案制作出了明确安排与部署:"完善全国人大及其常委会宪法监督制度,健全宪法解释程序机制。加强备案审查制度和能力建设,把

---

① Gabriela Thompson, Anthony Staddon & Rick Stapenhurst, *Motivation of Legislators and Political Will*, Public Integrity, 17 Dec, 2018.

② 《习近平法治思想概论》,高等教育出版社 2021 年版,第 160 页。

③ 秦前红:《依规治党视野下党领导立法工作的逻辑与路径》,《中共中央党校学报》2017 年第 3 期。

所有规范性文件纳入备案审查范围,依法撤销和纠正违宪违法的规范性文件,禁止地方制发带有立法性质的文件。"①

党的政策通过立法程序成为法律,法律就体现执政党统一意志,执政党的政治路线、方针、理念、战略等就体现在法律体系之中,党的意志就转化为国家意志,成为全社会与全体人民的行动规范。② 法规备案制是党领导立法工作的重要路径,通过备案手段,可有效规范地方立法权力边界,又可突出地方特色、符合地方发展实际情况的同时,确保地方法规不与上位法抵触。自贸港因享有"三重立法权"而更应较于有立法权的地方勇于担当,在广泛发扬民主的基础上整合各方面资源与力量,敢于推进关键问题,不能因为央地意见不统一,相互推诿扯皮而对立法工作形成干扰,使得立法项目久拖不决。由此,立法备案制具有对立法活动进行监督的特点,因而在实践中对提高立法质量,完善立法监督,防止地方、部门保护主义,解决新形势下实际工作中存在的突出问题具有重要意义。

在自贸港法规制定权的行使实践中,为了确保法规本身的合法性与合理性,尤其是涉及应当由法律或者行政法规规定事项时,海南省应当明确法规备案方针,支持并保障海南省人民代表大会进行立法备案,对立法过程中出现的问题,通过备案手段及时与全国人大常委会进行及时、有效的沟通协调,建立健全备案审查衔接联动工作机制。③ 通过加强党对立法备案工作的领导,使党的主张与实际情况最大程度在法规上相适应,能够体现人民意志,维护人民利益,保障党中央和省委的各项改革决策和措施得到正确贯彻实施。

(二) 完善"海南特色"自贸港法规备案制度

作为"新时代全面深化改革开放的新标杆",自贸港法规备案制度设计

① 《中共中央关于全面推进依法治国若干重大问题的决定》,《人民日报》2014 年 10 月 29 日第 1 版。
② 陈柏峰:《习近平法治思想中的"党的领导"理论》,《法商研究》2021 年第 3 期。
③ 熊勇先:《论海南自由贸易港法规制定权及其行使》,《暨南学报(哲学社会科学版)》2022 年第 8 期。

应当立足于我国国情与海南实际情况,围绕海南省"三区一中心"的重要战略定位,以完善的法规备案制度与自贸港法规体系相衔接,使海南省可通过高水平法律制度体系与国际通用经贸规则相对接。自贸港需要建立以贸易自由便利和投资自由便利为重点的自贸港政策制度体系以及与高水平自贸港相适应的法律体系,对促进自贸港发展的超前性政策以法制层面上的保护。同时,由于自贸港建设的立法在时间、结构、内容上提出了更高的要求,传统的法规备案制度已不能适应运用自贸港立法权制定的法规体系。为进一步完善我国地方法规备案模式,增强备案制度执行刚性,加强经济特区法规、自贸港法规与中央法规体系的衔接联动和沟通协作,提升法规备案审查工作整体实效,海南需要大胆创新,完善与海南自贸港法规体系相适应的自贸港法规备案制度。

完善自贸港法规备案制度。在 20 世纪末期,由于没有一部专门的经济特区法规备案审查工作制度,海南经济特区法规备案陷入"立而不备"怪圈。虽然备案的缺失在一定程度上有利于经济特区立法跳出传统立法框梏,制定更适合本地发展的法规,但是却不利于中央对经济特区立法的监督,导致立法程序混乱。针对海南省下级立法机关的规范性文件备案审查条例已于近日修改,代表制定相应的自贸港法规备案工作办法是完全可行的。有学者认为,如按《自贸港法》第 10 条规定对自贸港法规进行备案,将出现"事事报批"局面,不利于海南行使自贸港立法权,违背其作为地方立法权的本质属性,将最终导致自贸港立法权形同虚设。[1] 以《自贸港法》作为法律依据,建设自贸港法规备案体系,可在确保备案效果的前提下,将立法监督对自贸港立法的影响降到最低。建立自贸港法规备案制度体系有助于提高立法质量。运用海南自贸港备案体系,可有效对自贸港的法活动进行评估,考察自贸港法律法规是否可以达到立法目的,是否有"海南味道",或是否与其他上位法发生冲突,从而对相关的自贸港法规进行有效的修改

---

① 臧昊、梁亚荣:《论海南自由贸易港立法权的创设》,《海南大学学报(人文社会科学版)》2021 年第 5 期。

与调整。

通过设计具有海南当地特色,符合海南发展实际情况的自贸港法规备案制度,积极稳妥处理为实现推进自贸港全面深化改革、试验最高水平开放政策而可能出现的合宪性、涉宪性问题,是响应《总体方案》要求,为积极探索建立适应自贸港建设的更加灵活高效的法律法规而设置的有力保障。

(三) 优化法规备案资源配置

海南自贸港发展需要政策支持,并以相应的政策为制定基础建立自贸港法规体系,营造国际一流的法治环境,适应自贸港对接国际高水平经贸规则的要求。加强地方立法备案审查工作是确保地方立法质量的重要环节。备案审查工作的重点是审查法规规章是否合法,包括是否合乎宪法精神、原则和规范,但这并非是纯属于合宪性审查范畴内,而又有合法性审查的一些特征。① 在立法起草、审议程序中对合法性进行审查,是确保地方立法质量的重要手段。自贸港法规备案制度体系路径设计不能违背《立法法》等法律的相关规定,故通过修法方式优化自贸港法规备案资源配置,无疑是自贸港法制建设中维护法制统一,适应海南实际发展需要的关键抓手。

2015 年修改的《立法法》虽在立法权限,监督机制等方面作了适应时代发展的新规定,弥补了法律漏洞。作为制度创新高地,海南省根据中央的授权而享有自由贸易港立法权,中央的法律监督机制提出了更高的要求。现行《立法法》第 110、111、112 条对立法备案审查的规定仅限于地方授权立法,并未对运用自贸港立法权制定的法规体系作出相应规定。至于在实践中自贸港法规需要参照地方性法规进行立法备案审查,以至自贸港立法"师出无名",不利于自贸港法规体系的健全与完善。同时,由于《自贸港法》制定与一系列上位法的授权,海南已享有丰富的立法资源:同时享有地方立法权、经济特区立法权与自贸港法立法权。作为立法主体,海南省立法机关可以同时利用"三重立法权"进行立法活动。这种特殊的立法权的监

---

① 肖金明、王婵:《关于完善地方立法质量保障体系的思考》,《理论学刊》2021 年第1 期。

督需要通过备案制进行。海南自贸港法规的独特立法权限、变通机制与备审机理,使其在很多具体适用方面能够不同于原有经济特区和地方立法权,能够通过地方立法渠道解决需要由中央立法机关解决的难题,是一种立法权力体系上的合理下放,同时也不突破现有的立法体系。但是,这三种立法权同时存在需要对 2023 年《立法法》相关规定(如第 11 条关于法律保留的规定)进行相应的调整,在《立法法》第 13 条之后加上一款,对自贸港法规的这种对中央立法的"事项染指"进行规定。同时,在第五章"适用于备案审查"(特别是第 110、111、112 条)中对自贸港法规备案制创新要求进行对应表述。①

由于海南具有政策立法资源相较于其他经济特区与自贸区而言较为雄厚,更需要对立法成本进行控制,实现立法效益最大化,使得最后的立法成本达到合理水平。由于立法滞后、冲突、脱离实际的问题层出不穷,导致最后立法质量与效益往往不高,从另一个角度来说还加大了监督的成本,这些都需要《立法法》进行规制。海南自贸港立法创新要达到"低成本,高收益"的目标,不仅需要完善的备案机制,还须通过对《立法法》第 66 条与第 67 条进行解释与整合,增加由有关立法工作机构与实施主体对自贸港立法事项进行备案后评估的相应表述,从而提高立法效益,为自贸港建设提供原则性、基础性的法治保障。

（四） 创新自贸港法规备案技术

随着科学技术的进步,互联网技术的发展已渗透到我们生活的方方面面。科技不仅为法律程序执行带来了便利,也促发了人们对于立法监督机制创新的思考。一定程度上,科学的立法监督方式有助于提高立法质量,使自贸港法规与上位法相适应,避免出现法律漏洞的同时使法律为社会所遵守。海南自贸港法规备案制度作为自贸港立法监督的重要程序,需要完善相关制度,满足海南自贸港法规备案制度创新需要。

---

① 谭波:《海南自由贸易港法规的体系定位与衔接分析》,《重庆理工大学学报(社会科学版)》2021 年第 5 期。

目前,我国权威的立法技术规范主要包括全国人大法工委于 2009 年印发的《全国人民代表大会常务委员会法制工作委员会关于印送〈立法技术规范(试行)(一)〉的函》、于 2011 年印发的《全国人民代表大会常务委员会法制工作委员会关于印送〈立法技术规范(试行)(二)〉的函》,虽然立法技术规范尚未上升到正式的法律规范,但仍在我国的立法程序中发挥着举足轻重的作用。然而,在法规备案领域内尚无专门的技术规则,且由于颁行时间过于久远,其中部分内容已不适合当前发展的实际情况需要。故就自贸港法规备案制度而言,相关立法备案技术在规定上的缺失正好可使立法机构灵活处理、设计备案技术路径,使法规备案制度能在最大限度上符合自贸港立法实际需求。

建立海南自贸港备案审查信息平台。在十三届全国人大二次会议上,栗战书委员长就指出,要让信息化建设为备案审查持续"加码",建成全国统一的备案审查信息平台,推动地方人大信息平台延伸。[①] 目前,海南省已建立了地方性法规、经济特区法规备案审查信息平台。对自贸港法规进行备案审查,可以通过使用信息平台的方式推进备案审查工作,提高立法效率。引入立法备案"黑白名单"备案机制。自贸港立法秉承"先行先试"的原则,敢于探索法律空白,由此进行的立法监督理应善于利用"底线思维"的方法,在进行自贸港法规备案审查工作时更为谨慎。自贸港立法需要通过"黑白名单"备案机制,对立法备案事项进行规制,以免触碰法律底线。制定"日落条款",建议自贸港法规延期备案。地方人大常委会在行使立法变通权时,往往会在其制定的法规中写入限制性规定,即进行自我限制。[②]海南省人大常委会在 2016 年通过的《关于在海南经济特区博鳌乐城国际医疗旅游先行区等三个产业园区暂时变通实施部分法律法规规定的行政审批的决定(试行)》与 2017 年通过的《关于在海南经济特区暂时变通实施"五网"建设项目涉及部分法律法规规定的行政审批的决定》均注明"省人民政

---

① 舒颖:《让信息化建设为备案审查持续"加码"》,中国人大网,http://www.npc.gov.cn/npc/c30834/202001/12c5726a344a454cae760e32b1bd5ad4.shtml。

② 王建学:《改革型地方立法变通机制的反思与重构》,《法学研究》2022 年第 2 期。

府及其有关部门应当统筹协调和监督管理,审慎稳妥推进,及时总结经验,并就暂时变通实施部分法律法规规定的行政审批的情况,适时向省人民代表大会常务委员会作出报告","对实践证明不宜变通的,及时恢复施行有关法律法规的规定"。目前,此类限制条款仍然鲜见于我国立法实践中。由于《立法法》与《工作办法》中规定的法规备案体系过于冗长,实践中自贸港的改革事项点多面广,倘若由海南省人民政府逐一报请全国人民代表大会、国务院相关部门协调,就将出现立法周期长、成法难度大等问题。① 故海南省可请求全国人大常委会按《立法法》相关规定,将自贸港关于营商环境、准入、注销、破产、征用等相关条例视情况给予两到三年的试行期,在试行时不受备案审查制影响,并在试行期结束之后转为正式法规备案。需要注意的是,对于自贸港法规体系等规范性文件的延期备案,并不意味着其不受监督:在试行期内,全社会都应有权对延期备案的规范性法律文件进行监督并评估,以提出意见;在延期备案法律试行一至两年的节点,由主管机构出具中期报告,其中应当包括立法试点工作的开展情况、面临的问题以及下一步工作计划等。② 同时,应制定"日落条款",在法规试行期到达后,对不满足标准的法规即时判定不予进入备案程序。

（五）完善备案审查工作职责

自党的十八大召开与 2015 年《立法法》修改后,法规备案审查工作就以前所未有的速度、深度、广度开始不断推进,其作为宪法性制度的作用已被全面激活,影响力也日益彰显。据相关数据资料,2020 年初,全国人大常委会法规备案审查室现有工作人员 13 人,专职从事行政法规、监察法规、地方性法规、自治条例和单行条例、经济特区法规、司法解释的审查研究具体工作。截至 2019 年年底,在 31 个省级人大常委会从事备案审查工作的人员 102 人,平均每个省(自治区、直辖市)3.3 人,市级人大(含设区的市、自

---

① 贺小勇:《海南自由贸易港法(草案)修改的七大建议》,《上海对外经贸大学学报》2021 年第 2 期。

② 王振民、王逸冉:《全国人大常委会特定事项授权的立法完善》,《现代法学》2019 年第 6 期。

治州、直辖市各区县、不设区的地级市)从事备案审查工作的人员约740人，平均每个市2人左右；县级人大(含县、市辖区、县级市、自治县)从事备案审查工作的人员约2600人，平均每个县1人左右。省、市、县三级人大从事备案审查工作的人员总计约3442人。① 这个数据相比2015年《立法法》修订前得到了明显加强，凸显了我国对备案审查机制的重视。

相较于域外而言，全国人大宪法和法律委员会只负责事先审查，并不负责事后审查。从事后审查角度出发，我国的备案审查工作制度将立法备案制度与合宪性审查制度相结合，从而可以让审查机关及时了解下位法的制定情况并展开审查。对于不在备案范围的立法，还可以通过改变或撤销制度来进行审查。② 对于地方立法机构来说，由于各地对于备案审查工作职责的规定与做法不一，在具体工作实践中仍存在一些问题：专门委员会、法制委员会与常委会工作机构对备案审查的权限规定不一；审查反馈不及时，透明度不高；部分地区利用备案审查机制的漏洞突破、规避国家法律法规，违背上位法规定，限制公民、组织权利或者增加公民、组织义务，增加部门权力或者减轻部门责任，甚至出现"大放水"现象，在立法时降低国家法律法规标准，最后造成严重后果。③

为此，海南可以利用制定《自贸港法》及构建自贸港法规体系的机会，适时建立专门法规备案机构，在备案审查中调查除包括是否与上位法抵触、是否存在违宪、是否适应现实情况等方面外，同时还应当与《立法法》第107条衔接，加强对重复立法、违背《宪法》《立法法》等上位法规定的审查。海南自贸港明确规范性法律文件备案审查工作职责，在全国树立标杆，贯彻落实中央"有件必备、有备必审、有错必纠"的工作要求。

从1954年《宪法》到1990年《法规规章备案规定》，再到2015年《立法法》的修订与2019年《工作办法》的出台，从几乎处于制度休眠状态，到全

---

① 梁鹰：《备案审查工作的现状、挑战与展望——以贯彻执行〈法规、司法解释备案审查工作办法〉为中心》，《地方立法研究》2020年第6期。

② 王锴：《合宪性审查的百年历程与未来展望》，《环球法律评论》2022年第3期。

③ 朱宁宁：《备案审查：有件必备、有备必审、有错必纠》，《中国人大》2017年第19期。

方位嵌入国家法治进程,备案审查作为一项重要的宪法性制度已经在我国复活。与此同时,从经济特区立法到《自贸港法》颁行,海南也见证了国家的改革、开放与复兴。改革开放需要在法治框架内推进,《自贸港法》是创制自贸港法治秩序的核心,也是推动海南全面深化改革开放的重要法规体系,备案制正是这一体系的堤坝,也是制度创新风险防控的最后一道底线。建立自贸港法规备案制度体系,将是我国多层次、多元化立法实践的又一伟大尝试。当前,我国正处于经济转型的关键时期,作为我国最大的经济特区,海南理应扛起"敢为人先,大胆开拓,勇于实践"的大旗,通过国家赋予的政策优惠为自贸港的进一步开放奠定基础。制定《自贸港法》,创新自贸港法规备案制度,无疑是推动海南自贸港建设向国际化、法治化、便利化、自由化的最终目的不断前行的最强助力。

三、构建自贸港法规备案风险防控制度

自贸港软法规范是否备案的问题,需要注意如下几个风险防控:首先,相较于传统软法法律位阶不甚明晰的特点,以"软法立法"形式制定的自贸港法规是否属于地方性法规,受《立法法》第4章相关规定规制,即需按《工作办法》的程序,以"事前——事中双轨制"模式进行法规备案,对于涉及法律保留事项的,应及时在备审环节采取报请程序,经批准后方可生效;其次,自贸港法规立法权是一种地方立法变通权,属于"改革型地方立法变通机制",那么,以软法立法形式制定的自贸港法规可否一定程度上豁免备案程序,待其实行一段时间后再启动相应的合法性审查程序,进而补充备案;最后,"软法立法"目的在于强化自贸港法规作用力,增强中央与地方会商机制的软法效应,推动央地关系会同互通互融、相互促进,促进国家治理体系和治理能力现代化。于此目的,可以通过自贸港软法形式,更加深入改革开放的"深水区",对较为超前的改革事项通过软法立法形式打下法制基础,以此促使自贸港获得更宽、更广的创新空间。

第五章　中国特色自贸港法规体系构建论

习近平总书记"4·13 重要讲话"指出,党中央支持海南全岛建设自由贸易试验区,支持海南逐步探索、稳步推进中国特色自由贸易港建设,分步骤、分阶段建立自由贸易港政策和制度体系。① 构建自贸港政策和制度体系,成为海南自贸港软环境建设的重要内容。中央"12 号文件"不仅明确指出"三区一中心"的国家发展战略定位,而且指明了 2025 年前自贸港制度初步建立,营商环境达到国内一流水平。2020 年 6 月 1 日《自贸港方案》进一步明确 2025 年,初步建立以贸易自由便利和投资自由便利为重点的自贸港政策制度体系,明确了自贸港法治制度的建设目标,即以海南自贸港法为基础,以地方性法规和商事纠纷解决机制为重要组成的自贸港法治体系,营造国际一流的自贸港法治环境。建设自贸港是一项改革创新的过程,《自贸港方案》颁布之前,习近平总书记还专门批示指出,高质量高标准建设自由贸易港,要把制度集成创新摆在突出位置,解放思想、大胆创新,成熟一项推出一项,行稳致远,久久为功。② 制度集成创新,不仅将亟需和助力自贸港法规体系的构建,而且更加关注和集聚自贸港有关贸易、投资、金融、税收以及政府市场社会治理等领域改革创新方面的法规体系建设。建设自贸港,是一个改革的过程,要对贸易、投资、金融、税收、人才等多领域法律法规和制度规则进行创新,每一步都涉及到突破旧观念、旧体制。在改革过程

---

① 习近平总书记"4·13 重要讲话"和中央"12 号文件"。

② 中共中央、国务院:《海南自由贸易港建设总体方案》,《人民日报》2020 年 6 月 2 日第 1 版。

中,要把握好改革、发展、稳定的关系,坚持"先立后破、不立不破"。[1]《自贸港法》明确该法适用于海南自贸港建设与管理活动,该法不仅规范自贸港实现贸易、投资、跨境资金流动、人员进出、运输来往自由便利和数据安全有序流动制度,而且该法总则的有关条款规定自贸港自由便利制度体系、自贸港政府社会治理体系和自贸港法规体系。[2] 构建自贸港法规体系,不仅是《自贸港法》强化推动促成自贸港政策和制度体系的抓手,而且成为自贸港建设充分彰显权威实力和法治保障力的软环境要件。海南正在全力全面推进实施《自贸港法》,推动自贸港建设全面纳入到法治轨道上行稳致远,强化和加快构建自贸港法规体系。建设自贸港,亟需自贸港法治保障机制。构建自贸港法规体系,促进自贸港法治建设,推进建立和完善自贸港法治体系。

第一节　自贸港法规体系属性认知

一、自贸港法规体系内涵界定

打造中国特色自贸港政策和制度体系,乃海南自贸港法治建设的核心内容。自贸港自由便利制度创新,涉及自贸港贸易、投资、金融、税收、生态环境保护、产业发展、人才政策支撑等一系列内容,以此促进自贸港政策法规内容体系。构建自贸港法规体系,其根本依据在于《自贸港法》第 10 条明确有关海南自贸港法规、海南自贸港变通规定或备案程序、批准程序等规则要求。自贸港法规体系,重在集聚和显现自贸港建设有关政策和制度等

---

[1]　何立峰:《在海南建设中国特色自由贸易港,引领更高层次更高水平开放型经济发展》,《人民日报》2020 年 6 月 2 日第 1 版。

[2]　自贸港三大创新体系,即《自贸港法》第 2 条第 1 款指明自贸港自由便利制度体系;第 4、6、7、8 条有关自贸港政府、市场和社会的治理体系;第 10 条有关自贸港法规体系。《深入学习贯彻海南自由贸易港法,建立完善海南自由贸易港法治体系》,《海南日报》2021 年 6 月 20 日第 1 版。

具有法律效力的规范性文件的规律性、关联性、逻辑性和整体性。自由贸易港是当今世界最高水平的开放形态,①自贸港的开放属性与自贸港法规体系具有强烈的关联性,开放形态奠定自贸港政策制度的核心内容,制度集成创新则是自贸港最高水平开放形态下推进政府、市场和社会治理体系全面改革的根本要求。自贸港自由便利制度体系、自贸港政府市场社会治理体系、自贸港对标国际经贸规则体系等,构成自贸港法规体系的重要组成部分。有关体系化的认识,关键在于认知把握目标对象形式的体系化视角,透视其内涵真谛。"体系化是构成一个逻辑清晰,具有内在一致性,至少理论上无漏洞的规则体系"②体系化视角认知法,是正确认识和把握事物的个体性与整体性问题的关键,彰显体系内部的各个组成内容的关联性、规律性、逻辑性和整体性。自贸港法规体系,其内涵即海南自贸港建设和管理活动中,以海南自由贸易港法为依据和指导,以彰显中国特色和符合海南发展定位为实际出发,以持续优化法治化、国际化、便利化的营商环境和公平统一高效的市场环境为根本目标,紧扣自贸港自由便利制度、自贸港政府市场社会治理、自贸港对标国际经贸规则等核心内容,由此制定出台有关上述内容制度、方案、措施等而形成的一系列的自贸港法规,并依一定标准规则,进行体系化、系列化的排列和归置,使其促成完整的科学法规体系。自贸港法规体系不仅具有较为强烈的体系特色属性,显现了体系内容的完整性,具有体系内容的固定性,而且彰显自贸港政策和制度的权威性,显示了海南全面深化改革开放"三区一中心"战略的协调性。

有关自贸港法规体系的内涵界定,须紧扣新时代法治中国建设规划。新时代有关法治体系认知,已呈现了新趋势。据最新发布的《法治中国建设规划(2020—2025年)》,指出到2025年中国特色社会主义法治体系初步形成,到2035年中国特色社会主义法治体系基本形成。从"中国特色社会主义法律体系"到"坚持和完善中国特色社会主义法治体系",再到提出"中

---

① 习近平总书记"4·13重要讲话"。
② 马克思·韦伯:《经济与社会》,阎克文译,上海人民出版社2010年版,第798页。

国特色社会主义法治体系初步形成""中国特色社会主义法治体系基本形成"。这一系列的表述新提法,充分揭示了含法规体系在内的法律体系,已经发展升级到法治体系。法治文化意识,也已经将静态的法制,上升到动态意义的法治状态。从"法制"到"法治",从"中国特色社会主义法律体系"到"中国特色社会主义法治体系",一字之差却将其外延拓展更多新内容,显现其新的发展空间。其实质上呈现"法制"发展"法治"的实践过程,也是中国特色社会主义法治理论体系不断成熟的体现,蕴含着侧重强调法律、法规、规章等制度,是相对静态的。后者更突出动态的。"中国特色社会主义法律体系"指静态意义上的法律规范和法律制度的体系,"中国特色社会主义法治体系"则更加重视宪法和法律的实施。① 如此法治意识之下自贸港法规体系的内涵和外延也有更新认知,聚焦自贸港法规体系内涵凸显自由便利制度创新法规规制,关注自贸港政府、市场和社会治理体系的创新机制规则,构建自贸港对标打造国际经贸规则的创新趋势新尝试。自贸港法规内涵具体指引更加注重结合《自贸港方案》的路径导向,尤其是紧扣《自贸港方案》所显现"614"制度体系内容②,扩展自贸港法规体系的内容及其组成部分,促成自贸港法规体系的科学完整性和系统性。因此,《自贸港方案》"614"制度,聚集成为自贸港法规体系的内涵拓展和发力的重要领域空间,更是自贸港法规体系内容的主要组成内容。

　　有关自贸港法规体系的外延界定,主要关注认知自贸港法规体系在自贸港法治体系的定位与作用。构建自贸港法规体系,不仅注重强化其内涵界定的严谨性和包容性,而且还要关注其发展过程的外延拓展性和融合性,诸如不仅充分认识到自贸港建设需要同步推进法治建设,而且还要将自贸

---

　　①　周叶中:《关于中国共产党党内法规体系化的思考》,《武汉大学学报(哲学社会科学版)》2017 年第 5 期。

　　②　"614"制度体系,即 6 个自由便利制度(贸易自由便利、投资自由便利、跨境资金流动自由便利、人员进出自由便利、运输来往自由便利、数据安全有序流动),1 个现代产业体系(发展旅游业、现代服务业和高新技术产业)和 4 个配套制度(税收制度、社会治理、法治制度、风险防控体系)。

港法规体系的构建,与自贸港法治体系的完整性发展同时推进,意识到自贸港法规体系建设仍仅仅是自贸港法治体系的一个组成部分内容,其将与其他组成部分共同推进自贸港法治建设,创建完善自贸港公平一流的法治环境。自贸港法治制度也仅仅是《自贸港方案》"614"制度之一,更是不断努力构建和完善自贸港法规体系为当前中心任务,推进自贸港自由便利制度法治化,实现自贸港政务、市场和社会治理规范化、透明化、程序化等,拓展自贸港法规适用领域,实现自贸港法规体系扩大化。构建自贸港法规体系,除了强化自贸港特色制度的法治化和规范化,更重要在于广泛认知自贸港法治体系深层次更高更全面的要求。法治化的核心要求就是将既定的规范目标或对象,进一步推动其制度化、规范化、程序化、透明化,自贸港法治化的内涵本质,在于确认和规范自贸港诸多自由便利制度、政府市场社会治理活动规则、对标国际经贸规则或事务活动行动准则等等。

二、自贸港法规体系特征释析

自贸港法规体系,有着显著特色。无论是"4·13 重要讲话"、中央"12 号文件",还是《自贸港方案》《自贸港法》等,都极其鲜明指出建设中国特色自由贸易港。中国特色成为海南自贸港的根本特征和总体要求,由此注定自贸港法规体系将具有更加强烈的中国特色。"4·13 重要讲话"、中央"12 号文件"明确海南自贸港产业发展战略定位,确定了不以转口贸易和加工制造为重点,而以发展旅游业、现代服务业和高新技术产业为主导,打造更高层次、更高水平的开放型经济。① 此乃海南自贸港发展的中国特色和海南定位,《自贸港方案》《自贸港法》等则更进一步将此发展定位具体化、规范化和法治化,尤其是指明自贸港法规体系构建的基本方向,显现构建自贸港法规体系更要注重其特征。诸如:

(一) 自贸港基本制度特色中国化

世界上自贸港源自于自由贸易活动之中,转口贸易则是自贸港经济发

---

① 即中央"12 号文件"。

展的原动力,基于此而构建自贸港基本制度,则具有强烈自由便利的内涵特色。从 1547 年,意大利热那亚湾的雷格亨港成为世界上第一个自贸港,开放与自由,转口贸易便利,就成为自贸港基本制度的灵魂。资本自由流动、货物人员自由进出、服务便捷高效等,成为自贸港基本制度的形式要件。当下,全世界实施类似自贸港政策和制度的国家地区或城市 130 多个,还有实施一定自由贸易政策的自由经济区 2000 多个,其中较为著名的有中国香港、迪拜和鹿特丹等。① 这些实施自贸港政策和制度的自贸港或自贸区,都有其共同的制度特征,充分发展自由贸易经济和推行自由便利制度,而且主张实施资本自由化主义。这些活动的集合体或温床,往往都高度显现为资本主义高度市场自由运行的基本制度特征,严格意义上属于资本主义经济体的自贸港。建设中国特色自贸港,重点突出自贸港的中国特色。"4·13重要讲话"指出,建设海南自贸港,争创新时代中国特色社会主义生动范例,让海南成为展示中国风范、中国气派、中国形象的靓丽名片。② 海南自贸港建设,关键要牢牢把握"中国特色",确保正确政治方向。海南自贸港的中国特色,要充分凸显党的领导、中国特色社会主义道路、以人民为中心、社会主义核心价值观、新发展理念等中国要素。海南自贸港建设更要从政治角度分析经济问题、把握开放力度、看待改革效果、观察社会现象,注重防控贸易、投资、金融、意识形态等领域各类风险,做到既"放得开"也"管得住"。③ 这更加明确海南自贸港建设"中国特色"之路,有着极其深刻丰富的内涵和外延之要求,更加清晰中国特色自由贸易港建设的法治保障之路径,充分展示构建自贸港法规体系,助推促进自贸港法治体系建立与完善的重大法治基础意义。

海南自贸港将围绕"614"制度,突出制度集成创造,高水平开放促进高质量建设自贸港。同时,强调关注自贸港建设中的风险防控,坚持建设中国

① 陆剑宝:《全球典型自由贸易港建设经验研究》,中山大学出版社 2018 年版,第 27 页。
② 即习近平总书记"4·13 重要讲话"。
③ 沈晓明:《踔厉奋发稳步推进中国特色自由贸易港建设》,《人民日报》2021 年 5 月 27 日第 9 版。

特色社会主义制度的自贸港,坚定走中国特色社会主义道路,海南自贸港建设坚决实施"六个不允许"。① 建设中国特色自贸港,将呈现出源自西方国家的自贸港制度,将在海南自贸港建设实践中,实现自贸港中国化,显现为在中国共产党集中统一领导下,探索海南自贸港建设的伟大实践,走中国特色社会主义道路与自贸港建设新路径相结合的中国模式,充分彰显以人民为中心,践行社会主义核心价值观的中国特色自贸港影响力。这是构建自贸港法规体系之根基和出发点,更是自贸港法治体系之根本。以《自贸港法》为立法依据,构建自贸港法规体系,推动海南自贸港商事纠纷解决机制国际化运行,营造与国际规则接轨、又有中国特色的自贸港法治环境。

(二) 自贸港经济形态机制开放化

自贸港开放型经济新形态新机制,重在吸纳自贸港自由便利制度的灵气。构建自贸港法规体系,更要注重自由便利制度的法治化、规范化。《自贸港法》奠定了自贸港法治建设的"四梁八柱",以此为自贸港法治基础,聚焦自贸港"614"制度,打造和拓展自贸港法规体系。《自贸港方案》明确的六大自由便利制度,聚焦和构筑自贸港法规体系的核心内容,促成自贸港法规体系充分彰显"自由便利"色彩,营造自贸港优化营商环境的法治保障机制。在开放经济形态方面,海南自贸港与国内 22 个自贸区相比,具有贸易投资自由化水平更高、金融开放创新的步子更大、大幅度减少人员流动限制、交通运输更自由便利化、数据流动开放安全可控等五个鲜明特征。这些鲜明特征不仅是构建自贸港法规体系的温床,还是自贸港法规体系的开放型形态的发源地和实际需求。自贸港法规体系的开放形态,其内容最能凸显自贸港开放包容多边贸易经济活动规则,归属自贸港法治建设的"四梁八柱"架构,其中有关六个自由便利制度更是自贸港法规体系之核心。围绕构建自贸港六大自由便利制度,将制定出台一系列有关自贸港市场更开

---

① "六个不允许"即不允许危害国家安全,不允许在意识形态方面来破坏社会主义制度,不允许通过货物贸易走私,不允许搞黄赌毒,不允许破坏海南良好的生态环境,不允许在海南自贸港建设过程产生腐败、发生不廉洁的行为。参见《海南自贸港　高质高标建》,《人民日报》2020 年 6 月 9 日第 2 版。

放、更自由、更便利的政策制度的法规等规范性文件。自贸港法规体系的开放形态特征，集中显现自贸港最核心的开放架构和市场包容度，呈现出自贸港法规体系的胸怀平台。

（三）　自贸港社会治理机制透明化

中国特色自贸港建设，强化自贸港法治体系建设，注重制定出台有关制度集成创新的自贸港法规，协同推进政府、市场和社会治理体系构建。海南自由贸易港"构建系统完备、科学规范、运行有效的海南自由贸易港治理体系，推动政府机构改革和职能转变，规范政府服务标准，加强预防和化解社会矛盾机制建设，提高社会治理智能化水平，完善共建共治共享的社会治理制度。"①推进自贸港治理体系，将催生涉及有关自贸港政府、市场和社会治理事务活动的一系列法规，尤其是推动智慧海南、智慧赋能自贸港治理体系和治理能力提升。有关自贸港治理的法规，是自贸港法规体系的重要组成内容之一，与自贸港自由便利制度的法规相比，前者特征更显现出保障性功能作用，是确保后者自由便利制度得以充分有效运行的保障机制。后者需要有前者的制度集成创新式改革法治的促进和给力，方能充分彰显推动自贸港法规体系的完整性和系统性。这些法规内容不仅仅实现自贸港政府机构改革、强化政府优化"放管服"职能，助推自贸港市场治理，确保自贸港竞争政策基础地位，促进市场公平有序竞争。同时，强化促进自贸港社会治理体系现代化，制定自贸港社会信息信用体系共建共享共治的一系列社会化法规，共同完善自贸港法规体系。2020年8月制定出台《智慧海南总体方案（2020—2025年）》（下称《智慧海南》），打造"智慧赋能自由港""数字孪生第一省"，将极大促升自贸港社会治理机制，并促进协同创新出台更多有助社会治理透明化的自贸港法规，促使自贸港法规体系更加透明化、更加系统化。

（四）　自贸港经贸活动规则国际化

《自贸港方案》指出，对标国际高水平经贸规则，解放思想、大胆创新，

---

①　参见《中华人民共和国海南自由贸易港法》第8条。

聚焦贸易投资自由化便利化,建立与高水平自由贸易港相适应的政策制度体系。这也指明了自贸港政策制度体系中,能与国际高水平经贸规则融通,实现对接融合,才是自贸港法规体系发挥最佳效用的表现。当今世界经济尽管受到美国单边贸易主义的影响,但国际经贸活动仍然呈现多元化发展趋势,尤其是不断尝试修订和完善 WTO 贸易规则,推进制定多边贸易新机制新规则。2020 年 11 月 15 日由中日韩东盟等 15 国签署的《区域全面经济伙伴关系(RCEP)》作为全球覆盖人口最多、经济体量和出口规模最大的自由贸易协定,将极大推动国际经贸规则的重构。随着 RCEP 的生效,将推进 CPTPP(《全面进步的跨太平洋伙伴关系协定》)加大谈判与协商力度,将促进区域贸易协定谈判和多边贸易规则完善。构建自贸港法规体系,需要主动对标这一系列国际经贸规则,迎合新趋势新规则,与其相适应、相融合、相促进。对标国际高水平规则,是建设自贸港高质量高标准的基本规则。自贸港政策制度体系内容,是自贸港高质量高标准的具体标尺。自贸港法规体系则是实施自贸港政策制度体系内容的具体依据及其法律效力保障机制。国际高水平经贸规则的对标要求,显现自贸港法规体系的内容导向性和标准国际化,更是中国特色自贸港建设的国际融合发展趋势。适应国际发展趋势与国内发展需求,亟需自贸港高水平开放,推进以服务贸易为重点的开放,更加要求推进规则、规制、管理、标准为重点的制度集成创新开放,促进内外制度、法律衔接协调,创新法规,创新法治。① 适用经贸规则国际化,是自贸港法规体系的内涵和外延融合发展一体化趋势要求,增强自贸港的国际亲和力和影响力。

三、自贸港法规体系属性透视

建设中国特色自由贸易港,其本质属性是中国特色社会主义制度的重要组成部分,自贸港法治建设,仍属于中国特色社会主义法治建设的重要内

---

① 迟福林:《高水平开放的法治保障——海南自由贸易港法治化营商环境建设需要研究的六大问题》,《社会治理》2021 年第 6 期。

容范畴。习近平总书记指出:"我们要建设的中国特色社会主义法治体系,本质上是中国特色社会主义制度的法律表现形式。"①构建自贸港法规体系,不仅纳入到自贸港法治体系建设的核心领域,而且还更加促进和彰显中国特色社会主义法治体系的伟大创新发展。海南自贸港作为走在整个国家最高水平自由贸易试验田前列的排头兵,肩负着重大历史使命,对制度创设尤其是立法方面的制度创新义不容辞。②《自贸港法》第10条规定自贸港立法权,将极大促进构建自贸港法规体系,不断完善自贸港立法权限配置及其使用,进而全面推进海南自贸港法治体系构建与完善。自贸港法治体系,作为中国特色社会主义法治体系的重要组成部分,不仅包括自贸港法律规范、法治实施、法治监督、法治保障等内容体系部分,涉及自贸港的立法、执法、司法、守法等诸多方面的创新要求,而且更重要的是自贸港法治建设是在习近平法治思想指引下,进一步推动自贸港法治创新,推动构建自贸港法规体系。习近平法治思想系统阐述了新时代中国特色社会主义法治思想,科学回答了中国特色社会主义法治建设一系列重大理论和实践问题,深刻阐明了新时代全面依法治国的政治方向、重要地位、工作布局、重点任务、重大关系、重要保障等重大理论和实践问题。③ 海南自贸港法治建设,需要准确定位和认知自贸港法治创新的核心指导思想,全面精准理解和把握习近平法治思想在自贸港法治创新中的指导作用,敢于推动法治创新,创出自贸港法规体系。习近平法治思想阐述了中国特色社会主义法治体系的精髓和各组成部分的辩证关系,"十一个坚持"为主要组成法治体系内容。各部分不仅具有自己特殊的职能,而且它们之间还需要相互联系、相互配合、相互协调。法治体系是一个总体性的概念,既是所有这些部分和方面的有

---

① 中共中央文献研究室编:《习近平关于全面依法治国论述摘编》,中央文献出版社2015版,第35页。

② 谭波:《海南自由贸易港法规的体系定位与衔接分析》,《重庆理工大学学报》2021年第5期。

③ 张文显:《习近平法治思想的实践逻辑、理论逻辑和历史逻辑》,《中国社会科学》2021年第3期。

机联系的总体,又是它们共同遵守的基本原则,即依法办事、良法善治的原则。① 自贸港法规体系不仅内涵和外延上具有中国特色社会主义法治体系属性特征,而且在习近平法治思想指引下,更要科学显现自贸港法治创新导向和自贸港体系整体性、系统性。

建设中国特色自由贸易港,其定性是新时代中国全面深化改革开放的试验区,是全面推进中国特色社会主义现代化建设的先行先试示范区。自贸港法治建设需要更多更深层次的法治创新。自贸港法规体系,集聚和汇聚了自贸港法治创新内容和形式的统一。我们需清醒认识到,无论自贸港法规体系结构及其相互关系如何,其属性完全归位于中国特色社会主义法治体系,构建自贸港法规体系需要在习近平法治思想指引下,厘清了自贸港法治建设备领域各方面工作的内在逻辑,推动自贸港法治创新和构建自贸港法规体系。诸如以中国特色社会主义法治体系建设为例,不仅明确了其五大子体系的整体架构,而且还进一步明晰了每个子体系的构成要素。在法律体系整体架构上,中国特色社会主义法治体系由完备的法律规范体系、高效的法治实施体系、严密的法治监督体系、有力的法治保障体系、完善的党内法规体系构成。② 这更加有助认清自贸港法治建设及其法治体系的科学结构,把握自贸港法规体系在自贸港法治体系中的定位及其作用。事实上,自贸港法规体系也具有如同其他一般规范体系的结构制度性、内部规范与外部规范关联性、运行的程序性、功能效应的法治化意义。③ 自贸港法规体系不仅定性上要凸显中国基本制度特色,还要创制自贸港法规体系的独特性,走出中国特色自由贸易港法治创新之路。

分析和界定法律体系属性,是近现代法学理论的一个核心命题,推动自贸港法治建设和法治创新,也离不开对自贸港法规体系和法治体系的认定。

---

① 朱景文:《法治道路与法治体系的关系——习近平法治思想探析》,《法学家》2021年第3期。
② 习近平:《论坚持全面依法治国》,中央文献出版社2020年版,第229页。
③ 施新州:《中国共产党党内法规体系的内涵、特征与功能论析》,《中共中央党校学报》2015第3期。

从规范意义上的法律体系,其意"通常是指一个国家的全部现行法律规范分类组合为不同的法律部门而形成的有机联系的统一整体"①事实上,以奥斯丁等为代表的分析实证主义者有关法律体系的概念分析论证,就法律体系概念等,依其特殊法律性质的方法论,剖析解读,即从实证主义法学派看来,"法律体系的概念是单个法律的任何充足定义的先决条件,只有站在体系的高度研究法律之间的关系,才能够从法律之间的联系中认识法律的性质。"②当然,从法文化视角分析,法律体系往往在具有一定的法律文化氛围环境下,探析和认知法律体系的本质属性,如西方的英美法系、大陆法系等等。文化意义上的法律体系,是指在一定法律文化传统基础上或者以相同的法律文化传统为纽带而形成的具有文化之内在相关性的法律之整合体。如中华法系以儒家主导的法文化为纽带,伊斯兰法系以伊斯兰法文化为纽带,大陆法系以罗马法典理性的法文化为纽带,而英美法系以英国判例法文化为纽带等等。③ 就法文化而言,自贸港法规体系需归究自贸港建设的发展模式及其意识文化氛围,尤其是充分显现自贸港自由便利制度及其相关法律文化氛围。自贸港法规体系是中国特色社会主义法律体系的重要组成部分,自贸港法治体系也是中国特色社会主义法治体系的重要创新内容。中国特色社会主义法治体系与制度体系和国家治理体系的话语均衡,映射了更大格局的制度治国理念,以及中国共产党将社会制度、国家制度和法律制度充分耦合的政治愿景。"法治体系是国家治理体系的骨干工程"。④ "中国特色社会主义法治体系是中国特色社会主义制度的法律表现形式"。⑤ 从法制到法治、从法律体系到法治体系等变化,已经诠释了习近平法治思想的发展,表明全面依法治国战略已经超越传统基本法律制度和规

---

① 中国大百科全书总编辑委员会:《中国大百科全书——法学》,中国大百科全书出版社 1984 年版,第 84 页。
② 李桂林、徐爱国:《分析实证主义法学》,武汉大学出版社 1999 年版,第 246 页。
③ 谢晖:《论法律体系——一个文化的视角》,《政法论丛》2004 年第 3 期。
④ 习近平:《论坚持全面依法治国》,中央文献出版社 2020 年版,第 112 页。
⑤ 习近平:《论坚持全面依法治国》,中央文献出版社 2020 年版,第 229 页。

范的理念之巨变,显现了中国特色社会主义法治本质跃进。

第二节　自贸港法规体系构建理念

一、自贸港法规体系构建指导思想

建设中国特色自由贸易港,是新时代中国特色社会主义的创新实践。中央"12 号文件"明确海南新时代推进实施"三区一中心"战略目标,将建设中国特色自由贸易港,作为我国探索建立开放型经济新体制的伟大创新实践。《自贸港方案》明确了海南自贸港建设的指导思想,即"以习近平新时代中国特色社会主义思想为指导,确定了四个坚持,统筹推进"五位一体"总体布局,协调推进"四个全面"战略布局,对标国际高水平经贸规则,解放思想、大胆创新,聚焦贸易投资自由化便利化,建立与高水平自由贸易港相适应的政策制度体系,建设具有国际竞争力和影响力的海关监管特殊区域,将海南自贸港打造成为引领我国新时代对外开放的鲜明旗帜和重要开放门户"。[①] 这明确了习近平新时代中国特色社会主义思想,是指引新时代海南自贸港建设伟大新征程、新实践、新指南。海南自贸港建设的根本目标,就是在习近平新时代中国特色社会主义思想的指引下,"推动形成更高层次改革开放新格局,建立开放型经济新体制,促进社会主义市场经济平稳健康可持续发展。"[②]基于伟大新征程新实践,需要明确指导思想和新理论指导。推进自贸港建设新实践,需要明确总目标,明晰总抓手。

建设中国特色自贸港,不仅需要习近平新时代中国特色社会主义思想作为行动的指导思想,而且还需要有与其相适应的社会主义自贸港法治创新理论和法治保障机制。"中国特色社会主义法治体系,是习近平法治思想提出的具有原创性、时代性的概念和理论,是以习近平同志为核心的党中

---

① 《海南自由贸易港建设总体方案》明确了自由贸易港建设的指导思想。
② 《中华人民共和国海南自由贸易港法》第 1 条规定。

央为新时代全面依法治国设定的总目标和总抓手"。① 海南自贸港法治建设需要,尤其是需要全面推进自贸港法治创新,助推海南全面改革开放,促进实施海南"三区一中心"战略。为此,2019 年 2 月 25 日习近平总书记主持中央全面依法治国委员会第二次会议审议通过了《关于全面推进海南法治建设、支持海南全面深化改革开放的意见》等,发表重要讲话,指出良好法治环境,是打造自贸港法治秩序的根本体现。② 法治创新,是中国特色社会主义新时代的基本要求,创建中国特色自贸港是新时代中国特色社会主义全面深化改革开放的新发展新需要。打造自贸港政策和制度体系法治先行,法治创新则是法治先行的根本路径要求。自贸港法治建设和法治创新,法治先行与法治保障,关键要清晰意识到自贸港法治体系的总抓手和总目标。习近平总书记曾经指出,建设中国特色社会主义法治体系是推进全面依法治国的总抓手,全面推进依法治国涉及很多方面,在实际工作中必须有一个总揽全局、牵引各方的总抓手,这个总抓手就是建设中国特色社会主义法治体系。依法治国各项工作都要围绕这个总抓手来谋划、来推进。③ 打造自贸港法治建设的总抓手,需要从自贸港政策和制度体系着手,构建自贸港法规体系,其关键在于立法先行,制定和出台具有中国特色自贸港法律法规体系。自贸港建设立法先行,实现于法有据,核心问题在于赋予海南省人大及其常委会享有与自贸港建设相适应的立法权,以此推进自贸港法治建设,已经纳入到国家的顶层设计范畴。④ 构建自贸港法规体系,在指导思想上需站在对标国际高水平经贸规则的高度,坚守习近平新时代中国特色社会主义思想的立场,解放思想、大胆推进自贸港制度集成创新,围绕自贸港贸易投资自由便利制度,敢想敢闯,推进建立与高水平自贸港相适应的政策制度相适应的法治体系。

---

① 徐显明:《论坚持建设中国特色社会主义法治体系》,《中国法律评论》2021 年第 2 期。

② 《习近平主持召开中央全面依法治国委员会第二次会议并发表重要讲话》,《人民日报》2019 年 2 月 26 日第 1 版。

③ 《习近平论坚持全面依法治国》,中央文献出版社 2020 年版,第 93 页。

④ 刘云亮:《中国特色自由贸易港授权立法研究》,《政法论丛》2019 年第 3 期。

二、自贸港法规体系构建原则标准

建设中国特色自贸港,推进海南"三区一中心"战略实施,需要构建自贸港法规体系,强化自贸港法治体系现代化。自贸港法治创新,总的抓手就是加快推进自贸港法治先行,依法保障自贸港制度集成创新。建设中国特色自贸港,需要突出改革创新。习近平总书记曾经指出,新时代最根本的特征之一就是不断强化倡导"以改革创新为核心的时代精神"。①"积极探索建立适应自贸港建设的更加灵活高效的法律法规、监管模式和管理体制,下大力气破除阻碍生产要素流动的体制机制障碍","加强改革系统集成,注重协调推进,使各方面创新举措相互配合、相得益彰,提高改革创新的整体效益。"②《自贸港方案》明确了自贸港建设的基本原则,即借鉴国际经验、体现中国特色、符合海南定位、突出改革创新、坚守底线思维等五个原则之一。这五个原则集中显现自贸港建设的主要准则和坚守的信念,强化海南自贸港的定位、特色、发展模式及其主要路径,为自贸港法规体系构建的框架及其"四梁八柱"奠定基础。诸如《自贸港法》不仅就其作出了"特殊法"的界定,明确海南自贸港建设管理活动适用自贸港法,自贸港法没有规定的,适用其他有关法律法规的规定,由此确定了自贸港法在国家法律体系中的定位是"特殊法",而不是个别学者所主张的一般法或基本法。探究自贸港法规体系的主要抓手,可以从《自贸港法》第 2 条第一款规定,即"国家在海南岛全岛设立海南自由贸易港,分步骤、分阶段建立自由贸易港政策和制度体系,实现贸易、投资、跨境资金流动、人员进出、运输来往自由便利和数据安全有序流动。"此条款可见海南自贸港重点实现贸易投资等六大自由便利制度,此乃自贸港法规体系重点规制规范内容,是自贸港法治体系的抓手和发力点。围绕如何规制打造自贸港自由便利法律制度,将是海南自贸港法规体系重中之重。

构建自贸港法规体系,认真运用和把握新时代中国特色社会主义相关

---

① 《习近平谈治国理政》,外文出版社 2014 年版,第 40 页。

② 《海南自由贸易港建设总体方案》有关规定。

理论,充分学习和领会习近平法治思想的精神,实施和遵守《自贸港法》有关规定,应当"体现中国特色,借鉴国际经验,围绕海南战略定位,发挥海南优势,推进改革创新,加强风险防范,贯彻创新、协调、绿色、开放、共享的新发展理念,坚持高质量发展,坚持总体国家安全观,坚持以人民为中心,实现经济繁荣、社会文明、生态宜居、人民幸福"。①　如此指出海南自贸港建设,将遵循借鉴国际经验、体现中国特色、符合海南定位、突出改革创新、坚守底线思维等五项基本原则。构建自贸港法规体系,须紧扣自贸港建设的这五项基本原则,依据自贸港法作为自贸港法规体系的龙头架构,结合自贸港建设的最实际需求,加快推进打造自贸港法规体系,做大提升海南自贸港法治体系的规制力和保障力。构建自贸港法规体系,可以考虑如下原则标准:

1. 自贸港对标国际高水平经贸规则。自贸港法规体系的构建,应该有其具体的标准方向及其定位坐标依据。世界上尽管成功的自贸港并不多,但成功的自贸港有其天时地利人和等诸多因素,其中充分吸纳运用国际高水平经贸规则,全面推进自贸港国际化等经验,成为不可忽视的"王者之道"的经验。自贸港自由便利制度核心特征是本国法律规则的国际化,一国在进行自贸港法治创新过程尤其要明确其自贸港法规在国际法中的具体定位,保证与当前国际法体系的契合,体现其自贸港法规的"国际合规性"。②　中国香港、新加坡成功的秘诀,就是全面加速国际化。一方面不断开放市场,降低市场准入门槛,提升政府市场化服务水准,全面推进贸易投资国际化进程,全方位优化营商环境,吸纳境外资金涌入;另一方面又要与国际重要的经贸规则接轨,实现国际经贸活动协同化、透明化、市场化、公平化。制定自贸港法规,其核心价值在于对标国际高水平经贸规则,诸如当下尤其是对标 RCEP、CPTPP 更加开放的贸易协定规则,争取在劳工和环境规则、竞争政策、国有企业、知识产权监管、互联网规则和数字经济等方面设定

---

① 　《中华人民共和国海南自由贸易港法》第 3 条规定。
② 　范健、徐璟航:《论自由贸易港制度的法律属性——兼论〈海南自由贸易港法〉创制的本土化与国际化》,《南京大学学报》2019 年第 6 期。

了更高的标准,制定与 RCEP、CPTPP、中欧全面投资协定等相对标的贸易投资规则,率先推动自贸港贸易投资竞争政策、知识产权保护等。① 经贸规则国际化原则,不仅是制定自贸港法规的一个重要准则要求,而且还是自贸港法规与国际高水平经贸规则接轨的协同化要求,这是海南自贸港建设走国际化之路的法治创新路径和法治保障机制,更是自贸港法规体系构建的标尺和导向。

2. 坚持中国特色社会主义法治原则。海南建设中国特色自贸港,立足点在于中国特色社会主义,其出发点是中国特色社会主义法治,自贸港法规体系,也要基于这两个基本点去构建。中国特色社会主义法治体系的核心要义和基本任务是,在中国共产党领导下,坚持中国特色社会主义制度,贯彻中国特色社会主义法治理论,形成完备的法律规范体系、高效的法治实施体系、严密的法治监督体系、有力的法治保障体系,形成完善的党内法规体系。② 坚持习近平法治思想引领,推动自贸港法治创新,促成自贸港法规体系,推进构建和优化自贸港法治体系。学习和把握习近平法治思想,坚持立足全局看法治、着眼整体行法治,加强对法治中国建设的系统谋划、系统部署、系统推进,提出了科学化、明晰化、系统化的总蓝图、路线图、施工图,有力促进了全面依法治国的整体性、协同性。③ 制定自贸港法规,须以《海南自贸港法》为依据,遵守我国宪法、立法法和遵循我国立法体制,牢记中国特色社会主义法治制度的根本点。习近平法治思想牢牢把握中国特色社会主义事业发展的总依据、总布局和总任务,并立足于"社会主义初级阶段"这一中国特色社会主义的总依据之上。中国特色社会主义进入新时代,这是我国发展新的历史方位,社会主要矛盾的新变化新法治新要求。④ 构建

---

① 迟福林:《高水平开放的法治保障——海南自由贸易港法治化营商环境建设需要研究的六大问题》,《社会治理》2021 年第 6 期。

② 《习近平论坚持全面依法治国》,中央文献出版社 2020 年版,第 93 页。

③ 黄文艺:《论习近平法治思想的形成发展、鲜明特色与重大意义》,《河南大学学报(社会科学版)》2021 年第 3 期。

④ 汪习根:《论习近平法治思想的时代精神》,《中国法学》2021 年第 1 期。

自贸港法规体系,必须立足新时代中国特色社会主义相关理论,牢记和运用习近平法治思想,推进自贸港法治建设,创新自贸港法治体系和自贸港法治保障机制。

3.坚持海南自贸港法治创新原则。自贸港建设法治先行,法治先行,创新优先。建设中国特色自由贸易港,不仅需要创新体制,更需创新法治,即创制自由贸易港政策制度新法治体系,并以此不断发展和完善习近平新时代中国特色社会主义法治建设的新内容、新体系,对标国际经贸规则,推崇法治规制创新,推进社会主义法治现代化。① 自贸港的活力和动力,取决于创新法治力度和新规制新秩序,推进自贸港法治体系新构建。自贸港法治创新理念,在于强化自贸港市场主体自由便利的新活力和新动力,促进自贸港市场主体践行新法制、维护新法治、维系新法理念,推进自贸港法治体系建设,推动协同合作,涉及自贸港立法、执法、司法等多层面法治协同创新机制,适应自贸港发展需要。诸如自贸港的立法具有鲜明的时代特征,想要在自贸港确立并实现竞争中立,在中央政策缺乏针对性、过于抽象的背景下,必须以突破性、创新性立法予以保障,推动公平竞争自由的立法创新。② 自贸港法规是自贸港法治创新最直接的法律表现形式,自贸港法治创新需要通过自贸港一系列的法规来给予确认和巩固。一系列有关自贸港法治创新的法规渐行渐近而促成自贸港法规体系,提升自贸港政策和制度法治化,推进加速形成自贸港法治体系。

4.推进制度集成创新法治促进原则。2020年6月1日《自贸港方案》出台前夕,习近平总书记就自贸港建设做出有关"制度集成创新"的批示,为海南高质量高标准建设自贸港指明了重要创新之路。《自贸港法》第8条专门规定有关"加强社会治理体系建设,推动政府机构改革和职能转变,规范政府服务标准,构建系统完备、科学规范、运行有效的海南自由贸易港

---

① 刘云亮、许蕾:《中国特色自由贸易港法治创新研究》,《重庆理工大学学报(社会科学)》2021年第5期。

② 孙晋、徐则林:《竞争中立在中国自由贸易港的法律实现——以海南自贸港为中心展开》,《法律适用》2019年第17期。

治理体系"等自贸港治理体系内容。自贸港治理体系将聚焦制度集成创新问题,促进有关政府、社会治理的一系列集成创新机制,推出自贸港制度集成创新的系列法规。习近平总书记指出,"推进国家治理体系和治理能力现代化,就是要适应时代变化,既改革不适应实践发展要求的体制机制、法律法规,又不断构建新的体制机制、法律法规,……实现党、国家、社会各项事务治理制度化、规范化、程序化"。① 面对如何促进提升国家治理体系和治理能力现代化的新时代新问题,法治都扮演着重要的"轨道"角色,即发挥着规范、引领和保障作用。法治是国家治理体系的依托,是国家治理能力的体现,是国家治理效能的保证。全面依法治国是国家治理现代化的必由之路,这个逻辑必然促使我们加快推进法治建设、构建中国特色社会主义法治体系,为国家有效治理和治理现代化提供制度支撑和保障。② 自贸港有关制度集成创新、全岛同城化、全省一盘棋等重大制度改革创新,都将直接涉及自贸港政府和社会协调治理等重大问题,这需要通过推动实施海南自贸港法,有序制定自贸港一系列法规,促进自贸港法规体系形成。自贸港是一个伟大的创新时代,需要构建自贸港法规体系,推进形成"立善法于天下,则天下治;立善法于一国,则一国治。"

5. 防范自贸港风险法治规制原则。自贸港法治创新,不仅仅在于集合改革创新和开放搞活于一体的立法创新,而且还要不断坚守和强化全面深化改革开放创新搞活中的风险防控意识,适时推进自贸港建设中的有关风险防控法律规制。《自贸港建设方案》指出自贸港建设,要制定实施有效措施,有针对性防范化解贸易、投资、金融、数据流动、生态和公共卫生等六大领域重大风险防控体系。自贸港建设将遇到许多风险,制定有关风险防控的自贸港法规或在相应的自贸港法规当中纳入自贸港建设的风险防控意识,"预设"相应的风险防控条款,强化自贸港建设的安全稳定有序进行。

---

① 习近平:《切实把思想统一到党的十八届三中全会精神上来》,《人民日报》2014年1月1日第1版。
② 王晨:《习近平法治思想是马克思主义法治理论中国化的新发展新飞跃》,《中国法学》2021年第2期。

诸如当今人类社会发展进入到数字化时代,数字化贸易与数字化安全,成为各国强烈关注和意识到的数字风险与安全问题。强化自贸港数据安全有序流动,成为自贸港风险防控体系的重要部分。数据跨境风险往往涉及一个国家政治、意识形态等领域安全稳定风险,各国对跨境数据保持强烈高度关注。为此《自贸港法》明确"海南自由贸易港依法建立安全有序自由便利的数据流动管理制度,依法保护个人、组织与数据有关的权益,有序扩大通信资源和业务开放,扩大数据领域开放,促进以数据为关键要素的数字经济发展"等有关规定。其目的就是推进信息数据跨境自由、有序、安全流动,要分步骤、分阶段、分区域推进跨境数据自由流动和信息监管。有学者建议可在高新技术产业园区率先放松信息数据跨境自由流动,进行高压力测试;借鉴新加坡互联网分类许可证管理制度经验,实施分类监管制度;在总结试点经验的基础上,建立信息数据综合风险评估指标体系和风险防范机制;条件具备时,在保障国家安全、数据安全前提下,全域实施信息数据跨境自由、有序、高效、安全流动。[1] 构建自贸港风险防控体系,并将其意识融入到自贸港法规当中,促成自贸港立法风险意识隐含于自贸港法规体系当中。

三、自贸港法规体系构建理念引导

构建自贸港法规体系,必须坚持习近平法治思想,坚持新时代中国特色社会主义相关理论,坚持中国共产党的领导。习近平法治思想,是中国特色社会主义法治理论的最新重大创新发展。推进新时代的中国法治改革,必须始终坚持以习近平法治思想为根本遵循,悉心把握新时代中国法治发展面临的历史性任务,着力解决影响法治高质量发展的体制性、机制性、保障性问题。[2] 自贸港法规体系的核心意义,重在凸显中国特色社会主义法治体系的创新价值。推动自贸港法治创新,源于自贸港建设的涉及制度集成创新的一系列改革开放新举措。构建自贸港法规体系,有着明确的指导

---

① 夏锋:《中国特色自由贸易港治理体系框架建构和制度创新》,《经济体制改革》2021年第4期。

② 公丕祥:《习近平法治思想中的改革论述》,《法学》2021年第2期。

思想和价值理念指引。法规体系尽管是由一系列已制定的法规,以一定的规律和逻辑,以一定的内容和条件要求进行排列、排序和排版整合,形成具有一定相对内容、显现相应核心价值要求、凸显明确目标范围内的法治秩序体系。"中国特色"集中反映的是当代中国法律体系的民族特色,表明了中国的法律体系与其他社会主义国家法律体系的区别;"社会主义"集中体现了当代中国法律体系的根本性质,表明了中国的法律体系与西方资本主义国家法律体系的区别;把中国特色社会主义法律体系作为中国特色社会主义制度的重要组成部分,赋予其应有的"制度"定位,则意味着中国特色社会主义制度正在走向成熟。① 因此,法律体系的本质有别,法律体系的理念价值也有较大差异。

中国特色自贸港法规体系不仅有着显现社会主义核心价值观的法治精神要求,能够充分全面推进实施依法治国的总目标、明确方向、保持定力、坚定步伐等具体规划规范内容,而且更重要还要凸显自贸港核心制度,即自贸港自由便利制度法治化。构建自贸港法规体系的有两大理念,即自贸港自由便利制度体系理念和自贸港治理体系共建共享共治理念。前者是自贸港法规体系理念的"左手",后者是自贸港法规体系理念的"右手",依其理念之两手,共构建自贸港法规体系之内容与形式。

《自贸港法》总则已经明确了自贸港法规体系构建的主要理念导向,自贸港三大体系创新,其实是相互交融、相互协同、相互促进的,这也可以从法律法规体系架构及其组成部分的相互关系剖析透视可知。法规体系以"骨架"显现,法律治理实践则以"血肉"粉饰。"从法制向法治""从字面法到行为法",法制是秩序,实施才是法治。自贸港法规体系是创新自贸港法治秩序,推进自贸港法规实施才是实现自贸港法治体系。事实上,法治体系与法制体系、法律体系,在概念上各有侧重,不能相互涵摄或替代。在当代中国,法制作为宏观的静态规则整体,更多具有制度形态,法律法规则是具体

① 李婧:《中国特色社会主义法律体系的概念演进与制度定位》,《社会科学战线》2012年第10期。

某项制度的权利义务主体的权威规范载体。法治更侧重于这些静态制度的法规实施于具体动态事务活动的具体治理，"反映了社会主义法制系统和法律体系的实践向度,接受法律规范质量、法制权威性与有效性等指标的评价。"①海南自贸港法规体系以自由便利制度为立足点,并紧扣《自贸港法》第 2 条第一款所列明贸易投资等六个方面内容发展规范自贸港有关自由便利制度。该法总则开宗明义就规定自贸港自由便利制度的根基作用,揭示自由便利制度是自贸港的制度灵魂,围绕自贸港自由便利制度制定自贸港法规,才是构建自贸港法规体系的最根本所在。自贸港实施制度集成创新,推动制度变迁,将是自贸港最高水平全面深化改革开放的最大红利。自贸港建设,强化通过改革开放,最大化降低制度性交易成本,建立包容性的发展观念和制度体系,将顶层设计与基层创新相结合,共同推进自由贸易港制度体系的建立和完善。② 因此,构建自贸港法规体系,将极大增强自贸港法治创新秩序,降低自贸港商事交易成本,最大化优化营商环境,推动营商环境法治化。

《自贸港法》第 8 条专门就自贸港指明了"构建系统完备、科学规范、运行有效自贸港治理体系",其适用于自贸港政府机构改革、职能服务标准、社会治理能力及其创建共建共治共享的社会治理体系,甚至推进自贸港行政规划改革创新的优化设置等内容。围绕此方面理念思路,推进深化自贸港治理体系方面改革的立法活动,制定与此密切相关的自贸港法规,完善自贸港法规体系,这便是自贸港法规体系理念的"右手"效应。"右手"面对的是实际问题为导向,需要用法治思维去解决自贸港建设存在的实际问题。坚持学习运用习近平法治思想,树立问题导向意识理念,探索构建自贸港法规体系的实际"问题导向"。"坚持改革方向、问题导向,适应推进国家治理体系和治理能力现代化要求,直面法治建设领域突出问题,回应人民群众期

---

① 廖奕:《中国特色社会主义法治体系的话语生成与思想内涵》,《苏州大学学报(哲学社会科学版)》2021 年第 2 期。

② 史本叶、王晓娟:《探索建设中国特色自由贸易港——理论解析、经验借鉴与制度体系构建》,《北京大学学报(哲学社会科学版)》2019 年第 4 期。

待,力争提出对依法治国具有重要意义的改革举措。"①构建自贸港法规体系理念,即探究自贸港立法的"问题导向",尤其是紧扣自贸港治理体系中的敏感问题、热点难点问题,"查堵点、破难题、促发展",探究制定与此密切关联的法规。习近平法治思想的"问题导向"意识,是构建自贸港法规体系理念的重要抓手。

第三节　自贸港法规体系构建规划内容

一、构建自贸港法规体系顶层设计规划

（一）"两步两分"规划已为构建自贸港法规体系提供立法规划前提基础

建设自贸港,不仅是新时代我国全面深化改革开放的试验区,宣示我国坚持对外开放和奉行互利共赢,走更加开放、包容、普惠、平衡、共赢之路,而且更关键的是表明建设自贸港是一项"逐步探索、稳步推进""分步骤、分阶段"的长期的战略目标。②《自贸港方案》将自贸港建设总体规划更加明细,不仅将"两步两分"规划原则和相对应的具体时间目标规划明确化,而且还规划了不同时间不同的任务目标,明确海南自贸港"614"制度设计内容,划定自贸港建设的分步骤分阶段具体任务安排,即 2025 年前重点任务18 项、2035 年前重点任务 7 项,并明确组织实施工作的具体保障机制。

《自贸港方案》涉及封关前后一些重大制度实施运行,亟需制定出台这些重大制度的法规等规范性文件,保障自贸港封关政策、措施和制度顺利实施。因此,有关自贸港建设"两步两分"规划,其实也为构建自贸港法规体系指明了具体相应的"两步两分"立法规划。尤其是随着自贸港"614"制度的明细推进实施,封关前制定自贸港一系列法规政策准备工作,加快推进自

---

① 习近平:《论坚持全面依法治国》,中央文献出版社 2020 年版,第 89 页。
② 即习近平总书记"4·13 重要讲话"。

贸港法规立法。诸如自贸港自由便利制度的六个方面内容,就亟需推出立法规划。围绕一个现代产业制度也需要出台有关现代产业发展的促进法规,这表明"614"制度揭开构建自贸港法规体系的新天地新篇章。

（二）自贸港 2025 年重点任务成为构建自贸港法规体系的规划重点内容

有关自贸港 2025 年前实现封关运作,《自贸港方案》已列出 2025 年前要完成 18 项制度任务。这些任务将直接涉及自贸港能否顺利完成封关运作及封关后自贸港新法规、新法治等效力保障问题。诸如封关后自贸港海关监管制度,亟需出台相关法规,明确"一线""二线"海关监管区域、职责、监管机制等相关问题。再如围绕"极简审批"投资制度、金融开放与深化改革、入境免签、航权开放、数据流动、特殊财税、市场准入等方面,都是自贸港创制新法治新秩序的新的重点领域,可以规划制定出台相应的自贸港法规,促进构建自贸港法规体系。自贸港封关运作前重点任务 18 项内容,都是全新制度全新举措,迫切需要制定全新法规推出。现在离 2025 年已经不远,时间紧,任务重,出台急,且这些领域的法规又将是自贸港法规体系的核心组成部分,是自贸港法规体系规划内容的重中之重。

编撰自贸港法规体系的规划任务,主要分析和研判实施《自贸港法》《自贸港方案》等有关自贸港具体制度的影响力、法律效力、执行力等诸多因素。诸如分析规划制定的自贸港法规与自贸港封关时间节点、自贸港自由便利各项制度影响性、执行力与风险防控机制等有密切关联性,规划是否协同制定出台密切相关的其他配套法规。有些自贸港政策可以通过单一措施、方案、清单制度等规范性文件,即可展开适用,但若考虑到其执行力、影响力及自贸港社会属性等,建议还是选择协同式立法,进行同步推进实施,不可单一逼近。

（三）《自贸港法》是构建自贸港法规体系的规划依据和基准

《自贸港法》不仅成为自贸港建设和管理活动的法律依据,而且还成为构建自贸港法规体系的策源地和基础框架。《自贸港法》八章共 57 条,尤其是第一章总则,将自贸港"四梁八柱"法定下来,第 10 条则明确自贸港立法权,为构建自贸港法规体系创设了具体的立法依据,使自贸港法规体系呼之欲出。《自贸港法》涉及和规定的内容,更多都是原则性或一般抽象的规定,缺乏具体制度内容,而这些制度内容更需要通过自贸港专门有关法规来具体规定细化,这就是自贸港法规的立法规划。需要依据《自贸港法》或《自贸港方案》有关规定,结合自贸港建设的实际需求情况,考虑是否纳入到自贸港法规体系之列,或是否列入 2025 年前自贸港立法规划,还是延期到 2035 年立法规划。在规划立法内容上,更多要规划具体政策实施内容、措施、监督机制及其风险防控适应性等。

《自贸港法》涉及内容极其丰富广泛,自贸港法规体系庞大,除了《自贸港方案》明确的"614"制度方面内容外,还有生态环境保护、产业发展与人才支撑及其综合措施等方面,涉及与自贸港制度密切关联的配套制度的立法规划。围绕《自贸港法》有关内容,可以考虑规划制定相应领域的实施细则或法规,以便更好推进《自贸港法》的实施,客观上助推构建自贸港法规体系。

(四)治理体系为构建自贸港法规体系提供更多发展完善的空间

中央"12 号文件"已明确自贸港建设规划跨度 30 年,"到本世纪中叶,率先实现社会主义现代化,形成高度市场化、国际化、法治化、现代化的制度体系"新海南,是自贸港实现"两步两分"建设规划的发展目标。这些规划似乎中长期远景,但自贸港法规体系都是其协同相互促进的,尤其是《自贸港方案》有关自贸港政府社会治理体系内容,都有许多规划。从《法治政府建设实施纲要(2021—2025 年)》有关"数字法治政府"方面,有必要推动制定自贸港法规,规划规范自贸港数字法治政府,实现政务数据有序共享。①《自贸港方案》也专门明确了推进政府政务信息、社会信用信息、商务信息等诸多信息一体化平台共建共享共治机制,推动自贸港协同立法促进,实现自贸港社会信用顶层治理法治化、规范化。

---

① 中共中央、国务院:《法治政府建设实施纲要(2021—2025 年)》,《人民日报》2021 年 8 月 12 日第 1 版。

自贸港政府治理体系除了推进政府机构改革、职能转变、政务智能化改革外,海南还要在"全岛同城化,全省一盘棋"理念下,依法推进自贸港行政区域设置科学化,提升自贸港行政区划效率,规划制定相应法规。强化自贸港公平竞争基础地位,促进自贸港市场治理,推进自贸港市场统一运行机制,规划制定完善自贸港公平竞争自由便利法规,推动构建完善自贸港法规体系。

（五）构建自贸港法规体系的领导协调保障机制

习近平总书记"4·13 重要讲话"和中央"12 号文件",不仅都强调建设自贸港要坚持和加强党的全面领导,确保正确方向不动摇,中央和国家有关部门从全局高度出发,会同海南省做好顶层设计,坚持先谋后动,构建强有力的领导保障机制,而且高瞻远瞩强调建设自贸港更要"发扬钉钉子精神,一张蓝图绘到底,一任接着一任干一张蓝图绘到底"的精神。习近平总书记还指出,"以'功成不必在我'的精神境界和'功成必定有我'的历史担当",持之以恒,坚持不懈创造新时代新辉煌。中央"12 号文件"则明确规定建立健全"中央统筹、部门支持、省抓落实"的自贸港建设工作机制,建立重大问题协调机制,统筹推进海南全面深化改革开放工作。

《自贸港法》《自贸港方案》也构建自贸港建设的领导协调保障机制。诸如《自贸港法》在此方面做了更加细化规定,将自贸港建设的顶层设计及其领导协调保障机制法定化。第六条规定,国家建立海南自由贸易港建设领导机制,统筹协调海南自由贸易港建设重大政策和重大事项。国务院发展改革、财政、商务、金融管理、海关、税务等部门按照职责分工,指导推动海南自由贸易港建设相关工作。2018 年 7 月国务院专门成立推进海南全面深化改革开放领导小组,领导小组办公室设在国家发改委。《自贸港法》还有许多类似"……具体办法由国务院有关部门会同海南省制定"的条款规定,也由此显现自贸港建设的领导协调机制正在有序形成,国家正在促进建立与自贸港建设相适应的行政管理体制,创新监管模式。

自贸港建设的领导协调保障机制,将有助推进中央与地方在构建自贸港法规体系中进行领导协调保障机制运作,加快科学有效促进自贸港法规体系构建。明确推进自贸港法规体系构建思路,即在习近平法治思想指引下,以自贸港法为基础依据,以推进完善地方性法规和商事纠纷解决机制为法治体系,以构建自贸港自由便利制度为核心内容,以有序有效有力推进自贸港政策制度实施为根本保障,以党的全面领导和省委组织引领作为政治和组织保障,有步骤、分阶段、依法有序推进促成自贸港法规体系,营造国际一流的自贸港法治环境。

二、自贸港法规体系构建内容

自贸港法规体系,不仅是自贸港法治体系的核心内容,而且还是营造自贸港国际一流法治环境的基本要求。构建自贸港法规体系涉及许多方面内容领域的立法,自贸港法规体系的组成内容可考虑如下方面构建:

(一)有关自贸港自由便利制度内容方面的法规

自由便利制度是自贸港制度的核心和灵魂,是充分体现自贸港优化营商环境最根本的因素和环节。最集中、最能够显现自贸港政策和制度特色内容的,就是有关自贸港自由便利制度的法规。自贸港自由便利制度内容的法规,成为自贸港法规体系的最核心组成部分。因此,建议制定海南自贸港有关自由便利制度内容方面的法规有如下:

1. 自贸港"一线二线"关境监管条例。海南自贸港封关运作,最根本的关境管理制度,就是实行"一线放开,二线管住"的特殊监管模式,自贸港市场直接接轨国际市场,实现全面开放。实施这一重大关境制度,需要制定"一线二线"关境监管条例(或特殊关境监管条例)。该条例成为自贸港法规体系最核心最具代表性的组成部分,其主要内容涉及特殊关境(一二线关境)法律界定及其适用效力范围、特殊监管对象清单、特殊监管机制、监管便利化措施、特殊关境风险防控等内容。制定该条例最核心的内容是"一线放开、二线管住"的范围幅度,最大的风险是"一线放开"容易做到,"二线管住"做到不易。

2. 自贸港贸易自由便利化条例。自贸港实施贸易自由便利化政策,是基于自贸港国际化的定位和"一线放开、二线管住"特殊关境制度基础下实施的具体化措施制度。国家给予自贸港特殊关境政策,目的就是促进自贸港贸易自由便利化,做大对外贸易流量,加快自贸港全面国际化发展。制定贸易自由便利化条例,尤其是在 2022 年生效的《区域全面经济伙伴关系(RCEP)》、即将成形的《全面进步的跨太平洋伙伴关系协定(CPTPP)》下,主张贸易自由便利化成为主流趋势,尤其是主张成员国实施"零关税、零补贴、零壁垒"的"三零"规则,其意在全面取消国际货物贸易关税和壁垒,实现货物、服务和投资的自由化,这对自贸港形成巨大的挑战。制定该条例,目的就是将贸易自由便利化作为自贸港法治化的核心内容,推进全面实施。具体将涉及贸易自由的负面清单、三零规则适用泛化、贸易透明化、贸易数字化、贸易"单一窗口"、商品标准一致性(即告知、资格要求、技术标准、透明度、监管一致性等要求)便利化、跨境服务贸易负面清单制、贸易自由精准监管机制等内容。此条例是自贸港贸易制度的基础,是自贸港实施贸易自由化的法律依据。

3. 自贸港投资自由便利化条例。投资自由便利化,是自贸港投资活动国际化的核心内容要求,是对境内外资金投资行为实现自由便利化的一系列政策措施法治化要求。自贸港投资政策在于市场内外全面开放,强化市场主体进出自由,确保各类市场主体公平竞争自由便利,打造公开、透明、可预期的投资环境。该条例核心内容就是确立市场进出自由便利,具体在于促进实施市场动态化运行机制。制定该条例的主要内容,涉及市场主体注册与注销登记自由便利、财产清算交割简捷便利、信用信息透明公开、市场资产要素交易透明便利、市场主体公平竞争自由便利、市场主体充分意思自治保障机制、投资备案制度、投资负面清单制度、投资主体信用监管与失信惩戒制度等等。该条例将集中显现自贸港市场主体在市场中的活跃程度,意思自治度和公平竞争度,这三度成为自贸港投资自由便利化的一个重要指标灵性。

4. 自贸港跨境资金流动自由便利化条例。自贸港贸易投资自由便利化,并不是孤立的,而是一系列相关自由便利制度的自贸港配套制度相互促进、相互协同、相互补充的。主张打造自贸港跨境资金流动自由便利化机制,正是如此推进自贸港实体经济与金融流动自由融合,实现自贸港自由便利制度适用泛化,加速推进自贸港贸易投资与金融发展一体化国际化。《自贸港方案》强化坚持金融服务实体经济,明确自贸港金融自由便利并不是孤立的、单一鼓励金融自由便利发展,而是强化主张依附于实体经济发展,出于鼓励实体经济而给予金融自由便利化发展。制定此条例,主要目的是给予实体经济充分的金融自由便利,使富有实体内容的金融形式自由便利。条例主要内容将涉及自贸港从事跨境业务的本外币自由贸易金融账户的"电子围网"隔离制度、跨境资金(涉外债券股权等有价凭证)结算流动自由便利制度、推动金融业开放创新机制、助推金融机构市场化改革、其他有关促进实体自由便利措施等等。这注定了自贸港金融自由便利的立足点、出发点及其目的地,更加明确自贸港金融业的核心价值并不是为了发展金融业而任其自由化,紧扣实体经济的实际发展需要,去发展金融自由便利,可有效防控金融风险发生。

5. 自贸港人员流动自由便利化条例。自贸港自由便利制度是不断发展壮大的,主张自贸港"三流"(资金流、物流、人才流)汇流自由便利,是一种发展提升的必然趋势,也是派生于贸易、投资自由便利的次生而又不可缺失的自由便利内容。在此所言"人员流动"主要指高端产业人才,而不是一般的人才或游客。制定此条例,目的在于构建自贸港吸引和招聘高端产业人才流动机制,促成国际人才评价机制法治化。制定此条例,将涉及高端产业人才界定、人才标准、人力资源市场化机制、外籍高层次人才(投资创业、讲学交流、经贸活动)出入境便利机制、高端人才服务管理制度(有关工作许可、签证与居留信息共享联审联检、工作就业、教育生活等方面服务)、高端人才其他优惠便利措施等等。该条例在于巩固和扩大自贸港贸易投资自由便利制度的适用范围和延伸领域,作为优化自贸港营商环境的重要指标,也是自贸港"三流"自由便利的内容标杆之一。

6. 自贸港运输来往自由便利化条例。自贸港"三流"自由便利制度,其核心在于打造物流自由便利,大量的物流,不仅仅带动资金流、人流,还会影响和带动与物流最密切的运输来往的自由便利,拓展更多物流之运输工具,尤其是海南岛区位独特,需要有更加适用海港、机场进出的基础设施。制定该条例的目的,在于真正做大做强自贸港贸易投资自由便利的坚强基础设施和硬件环境,拓展自贸港自由便利的"吞吐量""宽容度"。该条例涉及主要内容有自贸港港口全面开放、实行开放港口注册国籍便利化政策、优化自贸港港口硬件软件、更加开放空域资源、实施更灵活宽松的航权政策、构建船舶联合登临检查制度、运输往来金融服务便利化机制(具体涉及便利化的船舶保险、融资、抵押、变卖流转等等)、船舶飞机等运输工具交易自由便利制度等等内容。此条例拓展自贸港自由便利制度的"物"自由空间,强化"物"流动空间,致力打造自贸港物流之物更自由更便利的空间,更显现自贸港的"四梁八柱"自由便利承载力和发展潜力。

7. 自贸港数据安全有序流动条例。当下数字经济发展,成为世界各国最敏感的话题。数字经济与数据安全,是一道孪生的社会现象。数字化发展与数据安全化,也是自贸港自由便利制度的难言之隐。也正是如此,有关数据交易问题上,不便提出"自由便利",而是谈数据安全保障至上问题。该条例主要内容涉及数据信息界定、通讯资源市场开放规制、自贸港数据交易市场透明化、数据交易监管机制、数据交易与个人隐私安全、数据交易与国家安全等等。该条例定性上归属特殊性或豁免规则情形,有些情形不适用于自贸港数据交易自由便利范畴,甚者须在合乎国家安全、公共利益和个人隐私等前提下,实现安全有序流动,推动数字经济实现有条件的自由便利化发展。制定该条例,还需要参照借鉴域外或国际通行的数字贸易规则,安全有序开放基础电信业务。

8. 自贸港航运自由便利条例。自贸港最直接的贸易投资自由便利表现形式,就是航运自由便利,即航海港口贸易国际化自由化便利化。积极推进自贸港港口硬件建设,实施航运港口自由便利政策,在强化自贸港"一线放开,二线管住"之下,扩展自贸港港口内外贸易量,提升国际航运航线吸引力。该条例重在构建自贸港航运自由便利机制,大幅度提升港口吞吐效率,简化进出港手续,优化港口码头营商环境。该条例内容将涉及港口开放国际化化、船籍注册简便化、船舶进出事务透明化、码头仓储便利化、航运智慧信息共享化、海商事务法治化、综合配套机制化等等。

此外,还有正在起草中的《自贸港自产货物认定管理规定或加工增值额认定管理条例》等。

(二) 有关自贸港政府与社会治理体系制度集成创新方面的法规

《自贸港法》总则第 8 条专门构建自贸港"构建系统完备、科学规范、运行有效的海南自由贸易港治理体系",从政府机构改革、职能转变、政府服务标准、社会矛盾化解机制、社会共建共享共治机制以及行政区划科学设置等方面,规制具体的发展方向及其路径。这为构建自贸港治理体系指明了具体的法治规制方向和推进其法治化进程。因此,建议制定海南自贸港有关政府与社会治理体系方面的法规有如下:

1. 自贸港强化优化党建工作条例。海南自贸港最大特色就在中国共产党领导下建设中国特色自由贸易港,强化、突出和坚持党的领导,就是自贸港建设的根本保障。习近平总书记"4·13 重要讲话"中央"12 号文件"和《自贸港建设方案》都指出"坚持和加强党的全面领导",强化自贸港建设领导组织保障机制。此条例属于中共海南省委强化自贸港领导组织管理保障活动规范化的党内规范文件,具有强烈的权威性和组织性。省委全面领导组织实施《自贸港法》,切实履行建设自贸港主体责任。制定该条例的目的,在于将组织、领导、统筹和管理自贸港建设的海南省地方事务活动,行使改革自主权,坚决组织落实、积极实施中央有关自贸港建设的各项法律政策等。该条例主要内容涉及省委有关自贸港建设的领导工作机制、自贸港建设重大事项组织保障制度、自贸港建设中的党建能力提升、各级党组织领导和党员激励自贸港建设创新模范机制、强化防腐制度和防控风险底线等等有关内容。

2. 自贸港优化(数字法治政府)政务服务条例。优化自贸港政务服务,是自贸港政府治理体系的重要内容和目标。自贸港政府治理体系内容,不仅仅强化政府机构改革、职能转变、优化服务等,而且更要推进区块链等技术集成应用,凸显政府智能化、现代化、透明化、高效率等新形象。此条例重在推进海南自贸港政府机构改革、职能转化整合、行政区划科学重构、政务

"互联网+、大数据、区块链、信用信息"等。该条例主要内容涉及明确政务基础数据、可公开政务信息、可分享联网政务数据、政府机构联网规制、政务服务在线化一体化、政务数据透明化等等。制定该条例在于推动自贸港政务服务数据智能化,优化营商环境,目的是更好推动政务及其相关公共信息社会平台实现共建共享共治。

3. 自贸港促进社会治理能力提升条例。自贸港社会治理体系现代化,在于构建自贸港社会治理体系现代化,充分彰显公平公正公开实现政务、商务和信用等信息透明化,构建如上信息实现充分共建、共享、共治平台的社会治理运行体系,增强社会透明度,推动实现自贸港社会自然人人格平等性。该条例核心价值在于将自然人的社会信用作为自然人存在的最根本属性元素来规制管理,将社会信用作为自然人人格定量的标准考量。该条例主要内容涉及社会治理体系中的自然人管理标准界定、实行以公民身份证号码为唯一标识、强化自贸港自然人信用账户和社会保障账户的法定居民链接因素(淡化或取消传统的户籍管理)、实行自贸港统一居住证制度、赋予居民所在社区更多更大治理权限等等。

4. 自贸港生态文明机制促进条例。推进自贸港建设与促进生态文明试验区建设,是相互影响、相互促成、相互制约的。生态文明试验区建设,将保障自贸港建设能够长治久安,确保自贸港生态资源特色和产业发展立足点不变,尤其是推动热带雨林国家公园建设,将极大有助巩固和发扬自贸港建设的优质生态环境基础。制定该条例的主要目的,在于明确和规范自贸港生态文明发展的指导思想、基本原则、主要机制、推进和保障措施等等。该条例主要内容涉及海南生态文明试验区建设机制定位、机制构架内容、生态环境保护底线规则、自然资源高效利用制度、自然资源产权制度、国土空间规划体系、自然生态空间用途差别化管制、自然保护区内自然资源资产特许经营权制度、生态保护补偿机制等等。

5. 自贸港税收征管便利化条例。《自贸港方案》明确"按照零关税、低税率、简税制、强法治、分阶段的原则,逐步建立与高水平自由贸易港相适应的税收制度。"依据《自贸港法》规定,自贸港结合国家税制改革方向,建立符合需要的海南自贸港税制体系。自贸港将实行特殊税制,制定该条例,关键在于彰显自贸港上述 15 字原则,重在减降税,推进征税程序便利化,优化营商环境。该条例将涉及主要内容有自贸港新税制新界定新规制、征税透明化、征税智能化、征税便利化、征税信用监管机制、征税纳税信息信用化等等。该条例最大特征就是推进征税纳税体系透明化、便利化、信用化,实现政务透明化、服务智能化。该条例将围绕《自贸港法》有关税收制度的配套制度机制,细化自贸港征税事务,强化提升自贸港征税服务智能化水平。

6. 自贸港大数据共享平台管理条例。自贸港实施贸易投资自由便利化,最为关键措施是封关运作,实行"一线放开、二线管住"的封关机制,其核心在于严格把控"三流"数据,强化自贸港智能监管,其管控环节在于推行"大数据共享"机制。自贸港优先发展和利用大数据,促进智慧海南建设,制定该条例,目的在于最大化构建和实施自贸港大数据共享平台,促进自贸港数字经济新业态新发展新机制。该条例涉及主要内容有自贸港大数据基础信息界定及其征集机制、大数据信息共享、个人企业隐私信息保护、大数据信息修复与保护、大数据国际合作与分享规则等等。

7. 自贸港智慧赋能促进条例。优化自贸港营商环境,核心内容在于优化自贸港构建和健全运营、标准、安全一体化智能支撑体系。《智慧海南总体方案(2020—2025 年)》(以下简称《智慧海南方案》),指出到 2025 年,初步实现以"智慧赋能自由港""数字孪生第一省"为标志的智慧海南战略目标。[①] 其目标在于推动构筑自贸港大数据资源"聚通用"枢纽,强化共性技术赋能和协同应用支撑能力,构建"数字孪生海南",全岛运行"领导驾驶舱",推进数字自贸港运行。制定自贸港智慧赋能促进条例,主要是规制智慧海南建设的法治协同机制。"领导驾驶舱"是"智慧赋能自由港"大脑中枢,亟需规制和确立其驾驶运行规则和法治秩序,构建与"智慧赋能自由港"相适应的法治协同机制,规范推进自贸港数字化和"数字孪生海南"建

---

① 《智慧海南总体方案(2020—2025 年)》,《海南日报》2020 年 8 月 15 日第 1 版。

设的重要内容。该条例主要内容将涉及"领导驾驶舱"法治定位、强化"智慧赋能自由港"法治建设目标、智慧海南宏观调控政策与市场秩序规制的同体融合规制的措施、"数字孪生海南"产业数字化与数字产业化的促进规则措施、做强自贸港数字技术创新"引擎"效应机制、强化"数字孪生海南"风险防控与"智慧海南"建设的法治协同机制等等内容。《智慧海南方案》明确实施"数字孪生海南"的智慧海南发展思路,其要务在于确保充分有效及时收集有关数字信息,打造"数字孪生海南"体系,推进数字技术安全及时有效收集相关数字信息方面,其风险源自海南相关数字信息采集是否具有及时性、准确性和全面性,同时,需要强烈关注智慧海南建设中的"领导驾驶舱"运行风险问题。

8. 自贸港促进审判机制便利化条例。自贸港审判机关虽然在案件管辖权、二审终审制、审判程序等方面不会有明显"创新"程序,但在涉及具体审判制度、措施适用方面仍存有更加便利化的"创新"空间。自贸港审判机制便利化,也是基于智慧法院建设而进一步提升发展的,如立案程序、派案选案机制、案件监督程序、案件文书送达程序、案件当事人多元化解机制等环节,都可以创新更简化的创新措施,助推提升诉讼活动效率。制定此条例目的在于推动自贸港审判机关审判活动透明化、便利化,增强审判及诉讼活动的"国际影响力"。该条例涉及内容有审判活动透明化与便利化界定及其标准、诉讼两便原则适用广泛、有关诉讼活动智能化便利化、审判事务扩展透明度等等。

9. 自贸港促进司法服务便利化条例。自贸港对标国际经贸规则,全面开放服务业,发展现代服务业,司法服务作为现代服务业的重要领域,更要适用于开放的对外领域。律师法律业务服务活动、公证业务活动、鉴定中介服务活动、与司法密切相关的一些佐证活动等,都是自贸港对标国际经贸活动相关的法律服务,是广泛意义上的司法服务活动,且传统做法往往列为事业单位编制的"公权力"单位,其市场化、法治化的意识不强。制定该条例,需要具有更加提升自贸港司法服务水平意识,强化自贸港建设的司法服务与保障。该条例主要内容将涉及自贸港司法服务市场准入开放、司法服务市场化、司法服务活动专业化、司法服务社会化、司法服务监管等方面内容。

10. 自贸港促进涉外法治服务条例。自贸港建设推动更多涉外法治服务活动,尤其是需要向不同国家的多元市场主体提供多元化的法律服务活动,推动自贸港法律服务国际化、专业化、透明化,适应自贸港对标国际经贸规则的需要。中国对涉外法治和全球治理的重视前所未有,这将极大地促进国际法在中国的普及、研究和运用,有利于中国国内法治、涉外法治的发展,也有利于世界范围内的国际法治的发展。① 自贸港建设将更加强化涉外法治的问题,需要先行有序规制涉外法治服务活动,有效推动自贸港涉外法治服务市场开放拓展。制定该条例目的,在于将自贸港涉外服务活动纳入到相应的法治轨道,实现涉外法治服务法治化。该条例主要内容将涉及自贸港涉外法治指导思想、基本原则、涉外法律服务市场准入、涉外法律服务活动监管、涉外法律服务便利化、涉外法律服务中外合作机制等等。

（三） 有关自贸港风险管理控制体系方面的法规

《自贸港方案》将风险防控体系列为自贸港"614"制度之一,尤其是指出自贸港建设有六大风险防控,强化自贸港建设的风险防控体系构建。围绕自贸港自由便利制度,就会相应产生风险问题,其中有些风险往往会与自由便利制度同时产生,需要自贸港法治建设与创新方面优先考虑风险防控方面的法规。诸如当下《自贸港方案》规定实行部分进口商品零关税政策,放宽离岛免税购物额度至每年每人10万元,扩大免税商品种类等政策,就容易产生代购套购等新型走私行为。因此,建议制定海南自贸港有关风险防控方面的法规有如下:

1. 自贸港防控套代购走私行为条例。《自贸港方案》实施后,实施离岛免税购物额度至每年每人10万元,确实迎来大量游客踊跃参与免税购物,但免税购物对于游客而言仍具有套购代购巨大利益空间,自贸港防控离岛免税购物套购代购行为已成为当务之急。为此,海南专门开展为期一年的

---

① 柳华文:《论习近平法治思想中的国际法要义》,《比较法研究》2020 年第 6 期。

专项打击治理离岛免税"套代购"走私行为,其目的在于推动海南自贸港高水平开放、高质量发展的有力保障。① 制定该条例,目的就是将防控和打击套购代购等行为规范化、法治化。该条例主要内容涉及规范套购代购行为界定及其适用范围、套购代购行为情形及其认定、套购代购行为处罚、免税购物监管机制、套购代购行为联网惩治等等。防控套购代购行为,属于利用自贸港免税购物的特惠政策、逃避关税的走私行为,其最大危害性在于破坏自贸港"一线开放,二线管住"海关监管制度。海南自贸港封关运行,就必须构建强大的监管机制,只有"管得住",才能"放得开"。依法构建和充分社会管理信息化平台,强化人流、物流、资金流实行 24 小时监控,构建起近海、岸线、岛内三道防控圈。

2. 自贸港智能精准监管条例。自贸港打造旅游业、现代服务业和高新技术产业作为现代产业体系,尤其是自贸港构建以重大科技基础设施为平台的智慧海南,实现自贸港"一线开放、二线管住"的"人流物流资金流"24 小时监控,进而实行自贸港市场全要素透明化监管,推进自贸港全面优化营商环境。制定该条例目的,在于构建自贸港政府智能化监管体系,实现海南自贸港数字信息大汇聚,充分大数据分析和网络平台运行,构建"数字孪生第一岛",推进数字自贸港的市场秩序状态与宏观调控政策的协调性、及时性和融合性等。该条例主要内容涉及职能智能精准监管界定及其适用、口岸进出人流信息精准采集监管规制、口岸进出物流信息精准采集监管规制、自贸港跨境资金流动信息精准采集监管规制、社会管理信息共享及联网精准监管等等。

3. 自贸港进出境环境安全条例。海南自贸港有着优质的生态环境,海南岛的地理区位,形成相对独立气候和独具一格的地理环境,确保海南生态环境安全显得尤为重要。《自贸港方案》也已明确实施生态风险防控制度,实行严格的进出境环境安全准入管理制度,禁止洋垃圾输入。构建自贸港

---

① 《海南省宣布自即日起启动为期一年的打击治理离岛免税"套代购"走私专项行动》,海南省公安厅网站,http://www.hainan.gov.cn。

进出境环境安全准入制度,是生态风险防控制度的基本内容要求。制定该条例的目的,就是在于构建进出境环境安全准入的法律制度及其有关规则,彰显自贸港口岸环境安全监管机制的公平性和法治化。该条例涉及主要内容有自贸港进出境环境安全确认原则、进出境环境安全准入清单标准、进出境环境安全例外情形、进出境环境安全应急处置、进出境环境安全黑名单制度、自贸港环境保护信用评价制度等等。该条例最大意义在于防控自贸港进出境环境安全风险发生,尤其是防控来自境外医疗废物等危险废物垃圾等入境,实行严格环境安全准入制度。

4. 自贸港公共卫生风险防控条例。自贸港建设对标国际经贸规则,实施一系列的自由便利制度,强化国际经贸活动,出入境人员激增,将极大增加自贸港公共卫生风险防控难度,尤其是 2020 年新冠疫情暴发以来,公共卫生风险防控压力骤然加大,制定自贸港公共卫生风险防控条例的必要性显得更加突出。制定该条例的目的,在于构建自贸港公共卫生防控救治体系,强化自贸港公共卫生风险防控基础建设。该条例主要内容将涉及公共卫生风险监测预警机制、应急响应平台与决策指挥系统、促进公共卫生风险化解与防治机制、构建优化重大疫情救治体系、强化传染病医疗服务网络共建共治共享机制等等内容。此外,条例还要强化进出口岸的交通工具、人员和货物、物品的卫生检疫的联防联控,加强促进卫生机构公共卫生服务能力的国际合作水平等等。

5. 自贸港数据流动风险防控条例。建设自贸港,构建自贸港自由便利制度,尤其是强化自贸港数据流动安全有序,防控自贸港数据安全风险。《自贸港方案》专门规定网络安全和数据安全风险防控问题,并强调实施网络安全等级保护制度,重点保障关键信息基础设施和数据安全,健全网络安全保障体系,尤其是重在规范自贸港关境信息基础设施的保护。2021 年 8月国务院颁布《关键信息基础设施安全保护条例》,明确了关键信息基础设施是经济社会运行的神经中枢,是网络安全的重中之重,要健全关键信息基础设施安全保护法律制度体系。这一条例明确关键信息基础设施范围和保护工作原则目标、监督管理体制、完善了关键信息基础设施认定机制、明确运营者责任义务、保障和促进措施。① 海南自贸港构建关键信息基础设施安全保护体系,强化数据流动风险防控制度,是推进法治自贸港数据经济的重中之重。制定自贸港数据流动风险防控条例,主要内容涉及自贸港关键信息基础设施定位及其范围,具体内容有保护原则、关键信息基础设施认定标准及机制、数据流动风险情形、数据流动透明化监管机制、数据流动安全责任情形、数据流动安全监管、促升自贸港网络安全保障能力、数据出境安全管理制度体系及其有关措施等等。

6. 自贸港金融监管协调机制条例。为了支持自贸港实体经济发展,国家赋予更加自由便利的跨境金融政策,尤其优化自贸账户本外币自由兑换便利,设立自贸账户资金"电子围网",实施强化资金流动透明化监管机制,其目的就是防范化解自贸港金融风险。制定此条例,重在构建自贸港金融基础设施,优化自贸港金融法治环境,强化自贸港金融消费者合法权益保护。该条例主要内容涉及自贸港金融信息征集与分类、境内外资金标识制度、实体经济资金透明化机制、境外流动资金流向监测与引导、金融商业服务机构与金融监管机构信息分享机制、金融监管机构构建资金流动监测和风险防控体系、强化自贸港金融监管协调机制(手段、措施、审查、预警)、有关金融监管信息国际合作分享机制等等。

7. 自贸港金融消费者权益保护条例。自贸港金融市场国际化发展,将面对世界上各种各类金融消费者,自贸港金融市场多元化多样性,就有多种金融消费者。《自贸港方案》提出扩大金融业对内对外开放,支持建设国际能源、航运、产权、股权等交易场所等等,不断加快金融改革创新等,这将不断激增自贸港金融消费者,引发强烈关注金融消费者权益保护问题。推进自贸港多层次的自由便利制度实施,促进金融业全面开放改革创新,拓展金融市场全方位发展,吸引世界各国投资者和金融消费者,自贸港金融消费者权益保护则成为极其重要问题。制定该条例的目的,在于明确自贸港金融消费者权益保护的紧迫性和特殊性,是真正推动金融市场改革开放的核心

---

① 《公布〈关键信息基础设施安全保护条例〉》,《人民日报》2021年8月18日第1版。

价值,更是自贸港金融市场创新秩序和国际化发展的基石。该条例主要内容涉及规制自贸港金融消费者界定及其活动范畴、金融消费者权益内容、金融消费者维权机制、跨境金融消费者权益协同保护等方面。该条例一方面凸显自贸港跨境资金流动自由便利活动中金融消费者合法权益情形的保护机制;另一方面要彰显自贸港实体经济投资者获得跨境资金自由便利的金融国际服务便利化机制,保障自贸港金融业发展,促升优化自贸港金融营商环境。

8. 自贸港投资安全审查条例。自贸港实施投资自由便利制度,对境外投资者及其投资活动实行包容政策,推进自贸港国际化发展趋势。2013 年上海自贸区实行外商投资准入负面清单,2020 年 12 月国家发改委发布《海南自由贸易港外商投资准入特别管理措施(负面清单)(2020 年版)》,共十一个行业 27 条内容。与其密切相关的内容,就是要构建包括对外资进行投资审查的自贸港投资安全审查制度。《自贸港法》第 18 条第 2 款对自贸港投资自由化便利化政策,也做出了一些"例外"规定,即自贸港全面放开投资准入,涉及国家安全、社会稳定、生态保护红线、重大公共利益等国家实行准入管理的领域除外。这表明"例外"情形是有相应具体情形表述和认定标准的,有必要制定自贸港相关条例,就此方面内容进行细化和规制。制定此条例的目的,在于将《自贸港法》第 18 条第二款有关"例外"情形进行明细化,充分让外商明确自贸港投资政策环境,将投资安全审查标准透明化、公开化。该条例主要内容涉及投资安全审查界定及其适用情形、指导思想和基本原则、审查主体及其运行机制、审查标准及其认定程序等等。该条例最大价值在于明确自贸港投资政策的安全底线,确保自贸港投资自由便利制度实施不会"变形变异",确保自贸港建设具有中国特色。

9. 自贸港生态风险防控条例。海南自贸港最大的自然特色,在于保持完整完好完美的热带生态环境系统,防控生态风险,成为自贸港风险防控的六大重要内容。强化保护海南生态环境,已纳入《自贸港法》第五章"生态环境保护"专门用六条来规制的重要内容,将自贸港生态环境保护上升到至高的极其重要定位。《自贸港方案》将进出境环境安全准入管理制度、禁止洋垃圾输入、推进医疗废物等危险废物处置设施建设、提升突发生态环境事件应急准备与响应能力、建立健全环保信用评价制度等列入自贸港生态风险防控内容。制定该条例关键在于,明确和规制自贸港建设的生态环境保护底线,划清生态风险防控的基本界线。该条例涉及主要内容自贸港生态风险界定及其适用范围、生态风险底线划定原则与标准、生态风险防控主体责任、生态风险底线标准普及与效力等等。

（四）有关自贸港生态环境保护和自然资源开发利用方面的法规

无论是习近平总书记"4·13重要讲话"和中央"12号文件",还是《自贸港方案》和《自贸港法》,都将生态环境保护和自然资源开发利用的问题,列入到自贸港建设的重要高度。强化自贸港生态环境保护的重要性,构建自贸港生态环境保护法律制度,有助促进和保障国家生态文明试验区建设。因此,建议制定海南自贸港有关生态环境保护和自然资源开发利用方面的法规有如下:

1. 自贸港生态保护补偿机制条例。2020年12月海南省六届人大常委会通过《海南省生态保护补偿条例》,明确规定海南省范围内有关生态保护补偿制度,其视野站位更多都是海南省范畴,其规制补偿标准也是海南省管辖下的各相关市县之间的生态补偿关系。制定自贸港生态保护补偿机制条例,期待站在自贸港建设和国家公园建设的"高站位高起点"的起点,重新确立自贸港生态补偿原则、标准及其相关补偿制度。该条例目的在于推进建设国家生态文明试验区（海南）,探索建立热带雨林等国家公园,构建以国家公园为主体的自然保护地体系,健全自然保护地内自然资源资产特许经营权等制度,探索生态产品价值实现机制。通过这一系列的规制,尝试构建自贸港生态保护补偿机制法律制度。

2. 自贸港用海用地简化条例。根据《自贸港法》第48条,授权海南省人民政府由国务院审批的农用地转为建设用地和土地征收事项,以及在"国家规定的条件下"对全省耕地、永久基本农田、林地、建设用地布局调整进行审批。依法保障海南自由贸易港国家重大项目用海需求。根据《自贸港法》第49条规定,建立集约节约用地制度。如此表明,海南省可以根据自贸港建设的实际情况,较充分行使"用地用海"权限。基于此,有必要制定出台自贸港用海用地简化条例,规范海南省用海用地的权限及其程序等。该条例主要内容将涉及国务院授权审批有关自贸港用地用海事项情形、审批事项报批材料及其程序、国家重大建设项目特批程序、审批"红线"规制、自审自批用地用海程序简化等等。

3. 自贸港"三碳"工作促进机制条例。"三碳"(碳中和、碳达峰、碳交易)是当今世界各国的重要话题和行动方向,我国已经积极促进"双碳"(碳中和、碳达峰)工作布局,并纳入生态文明建设整体布局。习近平总书记"4·13重要讲话"和中央"12号文件"都明确提出"支持海南设立国际能源、航运、大宗商品、产权、股权、碳排放权等交易场所,形成更加成熟更加定型的制度体系。"2018年4月博鳌亚洲论坛期间,海南已经承诺2030年前海南全岛实现新能源汽车全覆盖。海南自贸港将积极推进设立"碳排放权交易场所",打造国际碳排放交易所新品牌。因此,推动海南自贸港由"双碳"向"三碳"发展升级,已是海南建设国家生态文明试验区的一个重要举措。制定有关"三碳"促进工作机制条例,目的在于加快推进自贸港"三碳"促进工作,尤其是积极打造自贸港国际碳排放交易所机制。该条例主要内容涉及自贸港"三碳"工作目标、指导思想和基本原则、"三碳"评估标准、"三碳"工作促进机制等等。

4. 自贸港热带自然资源高效利用条例。海南自贸港与新加坡等相比,其最大特色在于海南拥有极其丰富多样性的热带雨淋资源,国家还专门设立热带雨林国家公园,充分发挥利用海南热带雨淋自然资源功效。海南岛拥有极其丰富的热带雨淋自然资源,制定有关充分开发利用自然资源的法规,目的是强化自然资源获得充分有效保护的前提下,实施最大化开放开发自然资源效用空间,尤其是注意开发生态旅游资源的持续性。该条例涉及主要内容有热带自然资源原生态保护、热带自然资源原生态特色、热带自然资源高效利用发展规划、热带自然资源原生态开发持续利用、热带自然资源高效利用机制等等。该条例与自贸港生态环境保护的其他相关条例息息相关,需要科学协调和理清有关关系内容,突出本条例重在充分保护、发挥和持续利用热带自然资源原生态属性,彰显自贸港热带自然资源高效利用价值。

5. 自贸港新能源汽车促进发展条例。发展新能源汽车,并且确定 2030 年实现全岛新能源汽车全覆盖,禁止燃油汽车,这是海南自贸港新能源汽车政策的根本内容。海南自贸港良好的生态环境,亟需有新能源汽车新政策及其相关促进新能源汽车产业发展的法律对策机制。制定该条例,目的在于构建自贸港新能源汽车制造、销售、使用及其交易制度等法律规制。该条例主要内容涉及新能源汽车界定及其适用、促进新能源汽车发展措施、燃油汽车强制报废回收、新能源汽车服务便利化等。

(五) 有关自贸港现代产业发展和竞争政策方面的法规

《自贸港方案》明确指出,自贸港建设要深化市场化改革,打造法治化、国际化、便利化营商环境。在不断强化市场开放的同时,更要注重推进自贸港市场化改革,尤其是推动市场要素全面市场化运行机制,奠定自贸港竞争政策基础地位,制定自贸港有关公平竞争条例,制定有关竞争政策与产业政策协同发展的规制条例等法规,努力构建自贸港公平竞争自由便利制度。因此,建议制定海南自贸港有关现代产业发展和竞争政策方面的法规有如下:

1. 自贸港公平竞争条例。自贸港打造优质一流市场化、便利化、国际化、法治化营商环境,其中市场化是自贸港建设的根基。制定自贸港公平竞争条例,是确保自贸港实施竞争政策基础地位的根本法治保障。《自贸港方案》已将该条例作为自贸港四大法规之一,并定为重点规划制定之列,海南市场监管局等有关部门在 2020 年 3 月启动该条例制定工作,2021 年 9 月 29 日海南省第六届人大常委会第三十次会议通过该条例。该条例主要从公平竞争法律界定、强化竞争政策基础地位、公平竞争审查制度、规范影响公平竞争行为、对标国际通行规则构建统一开放竞争有序市场体系等。制定该条例最根本目的,主要强化竞争政策基础地位,强化市场经济和市场化的根基。

2. 自贸港促进要素市场化条例。自贸港建设的经济基础,在于全面构建市场要素市场化机制,充分发挥资源配置市场决定性作用。推进自贸港市场要素全面流通,淡化资源配置的政府干预,强化市场商品配置的流通性。自贸港市场要素诸多特性,对标国际市场,推进市场商品的市场化机制运作,最大限度减少政府干预,充分调动市场机制功效。制定该条例目的,就是规范和促进自贸港市场要素市场化,充分发挥要素商品的市场化价值。

3. 自由贸易港竞争政策与产业政策协调机制条例。自贸港强化竞争政策基础地位,需要有一系列涉及自贸港产业发展规划及其政策引领,规制自贸港竞争政策基础地位与产业发展政策关系,成为自贸港处理竞争政策与产业政策关系的重要敏感内容。强化竞争政策基础地位,实际上需要树立竞争政策优先理念。当然,在制定和实施产业政策时,还要优先分析该产业的定位及其是否涉及国家安全、民生基本保障、社会利益、实体环境等方面,若涉及这些领域的产业,则不宜主张竞争政策优先原则。制定该条例目的,在于明确规制在上述涉及国家安全等情形之外的产业领域,确认实施竞争政策优先原则,充分依法肯定和发挥资源配置市场决定性价值。该条例涉及主要内容有自贸港强化竞争政策基础地位界定、竞争政策优先原则及其适用、竞争政策优先原则适用例外、产业政策规制等等。

4. 自贸港促进临空经济发展条例。海南自贸港建设,突出发展临空临港经济,尤其是旅游业作为自贸港三大产业之一,航空产业及其临空经济产业更加彰显自贸港产业特色。如何规划发展促进自贸港临空经济,尤其是发展海口美兰、三亚、琼海博鳌等机场及其周边区域临空经济,拓展其与航空产业密切关联的产业链。促进临空经济发展,需要有相应的法治规范,制定此条例,有助于推进自贸港临空经济法治化。该条例涉及主要内容有临空经济发展定位及其适用范围、临空经济发展规划、临空经济促进发展机制、发展临空经济产业链体系配套措施、临空经济国际化发展等等。

5. 自贸港低空空域产业条例。发展海南低空空域产业,一直是海南推进国际旅游发展的重要内容之一。低空空域资源是推进国际旅游消费中心建设的重要对象,充分开放、开发低空空域资源则是发展海南通用航空产业的重要前提条件。2012 年已有学者提出要制定《海南经济特区发展通用航空产业条例》,规范海南发展通用航空产业的鼓励措施和激励机制等建议。① 自贸港促进以发展通用航空业为核心的低空空域产业,推荐国际旅游消费中心高标准高质量高定位全面发展。制定该条例目的是推进自贸港低空空域资源市场化、法治化,提升海南自贸港通用航空产业国际化发展空间。该条例主要内容将涉及低空空域资源界定及其适用范围、低空空域资源市场化机制、低空空域产业发展规划、鼓励低空空域产业发展、低空空域资源开发利用例外等等。

（六）有关"三区一中心"战略协同发展方面的法规

习近平总书记"4·13 重要讲话"和中央"12 号文件"明确海南"三区一中心"战略发展目标,《自贸港方案》围绕这四个目标协同推进实施,需要有相应协同发展的法治措施助推,为此《自贸港法》也做出了相应规定,诸如围绕国际旅游消费中心建设,推动旅游与文化体育、健康医疗、养老养生等深度融合,培育旅游新业态新模式。促进发展全域旅游、邮轮旅游等新业态、综合配套,涉及产业发展与人才支撑、国家重大战略服务保障区、海洋产业、海油产业、军民融合发展等等。因此,建议制定有关"三区一中心"战略协同发展方面的法规有如下:

1. 自贸港促进产业现代化发展条例。《自贸港方案》已明确自贸港"大力发展旅游业、现代服务业和高新技术产业",并作为自贸港产业现代化发展的核心内容。《自贸港法》明确国家支持自贸港"建设开放型生态型服务型产业体系",支持推进国际旅游消费中心建设。制定该条例的目的,在于明确自贸港产业现代化发展的定位及其目标导向、鼓励产业发展方向。制定该条例将涉及主要内容有自贸港产业发展战略目标定位、三大产业（旅游业、现代服务业和高新技术产业）体系发展规划、三大产业促进发展机制、与三大产业相关的附属配套产业链发展措施等等。该条例不仅将《自贸港法》有关规定细化,更重要的是将自贸港现代产业的许多发展方向依

---

① 刘云亮、张鹏:《国际旅游岛发展通用航空产业的法律探讨》,《行政与法》2012 年第 2 期。

法规制,并形成相应的法律效力,确保自贸港现代产业朝着既定宏伟目标方向去努力。

2. 自贸港人才认定标准管理条例。2020 年 9 月海南发布《海南自由贸易港高层次人才认定办法》,明确自贸港高层次人才认定标准及其条件。《自贸港法》也规定了"深化人才发展体制机制改革,创新人才培养支持机制,建立科学合理的人才引进、认定、使用和待遇保障机制。"这为自贸港人才管理法治化提供了充分的法律依据和路径,构建自贸港人才管理法律制度,已经具备充分的条件及其环境氛围要求。制定该条例的目的,在于将自贸港人才认定制度细化,尤其是明确人才标准及其条件,构建自贸港人才标准制度体系,并推进其国际化进程,促成自贸港人才市场的认定根基。该条例涉及主要内容有自贸港人才认定标准界定情形条件、境内人才评级便利化机制、境外人才认定标准及其条件、自贸港高端人才认定及其适用标准条件、自贸港人才流动市场化机制、高端人才认定例外规制等。

3. 自贸港国际教育产业促进条例。发展国际教育产业,已是自贸港发展现代服务业的重要内容之一。自贸港已经将陵水黎安片区,列为国际教育园区,推进招商引入世界名校或教育培训机构,创办国际教育学校或创新基地等。《自贸港方案》规定"建设海南国际设计岛、理工农医类国际教育创新岛",《自贸港法》第 40 条规定"境外高水平大学、职业院校可以在海南自由贸易港设立理工农医类学校",这赋予自贸港发展国际教育产业巨大空间潜力。制定该条例目的,在于构建自贸港创设和扶持发展国际教育中心或园区的促进机制,吸引国内外更多学子留学生来自贸港求学深造。该条例主要内容有国际教育产业发展定位及其适用范围、国际教育产业促进发展机制、国际教育产业负面清单、国际教育产业指导监管及其配套服务、国际教育产业国际化机制等等。

4. 自贸港人才流动自由便利化条例。规制自贸港人才认定标准制度体系,是构建和推进自贸港人才流动自由便利制度的前提和基础。人才流动是自贸港人员进出自由便利制度的基本要求,构建自贸港人才流动市场机制,则是实现人才进出流动自由便利的根本保障。制定该条例的目的,在于强化构建自贸港人才流动市场法律制度,全面推进打造自贸港人才进出自由便利制度。该条例涉及主要内容有自贸港人才流动自由界定及其适用范围、人才流动自由便利化机制、人才流动自由便利例外情形、人才流动自由保障、人才流动纠纷解决等。

5. 海南建设国际旅游消费中心促进发展条例。建设国际旅游消费中心,已是海南未来三十年"三区一中心"发展战略目标之一。2018 年 12 月中央全面深化改革委员会第五次会议审议通过《海南省建设国际旅游消费中心的实施方案》,明确实施该方案指导思想、战略定位及 2020 至 2035 年建设主要目标内容。为了更好全面促进国际旅游消费中心建设,有必要制定本条例,构建国际旅游消费中心建设的促进发展机制。围绕国际旅游消费中心建设的战略目标任务,重点围绕定位海南发展建设旅游高质量发展示范区、旅游体制机制创新试验区、世界知名国际旅游消费胜地的方向,创设发展促进机制,落实推进国际旅游消费中心建设的具体发展规划措施。制定该条例的目的,在于立法规制国际旅游消费中心促进机制,扶持国际旅游消费热点新业态新规制。该条例涉及主要内容有国际旅游消费中心战略目标法治化、定位海南建设国际旅游消费中心发展"三高"(即高品位、高标准、高规格等)、推进海南国际旅游消费中心"三新"(即旅游消费新业态、新热点、新路径)促进机制、构建国际旅游发展"四全"(即全方位、全域性、全景式、全员化等)发展机制、拓展旅游免税购物产业链、构建国际旅游消费六大环节"六六顺"(即口岸顺、食宿顺、消费顺、监管顺、维权顺、心气顺等)自由便利制度、促进国际旅游消费大数据大信用大监管机制等等。

6. 自贸港促进邮轮产业发展条例。邮轮产业是海南高标准高质量建设国际旅游消费中心新定位的升级标志,大力发展邮轮产业是海南自贸港旅游业发展升级的重要抓手。[①] 自贸港发展邮轮产业,重在优化建设邮轮母港及其提升相应服务质量和服务品质,不断拓展邮轮母港之下产业链,营造

---

① 刘云亮:《海南自由贸易港邮轮产业发展之对策国际旅游岛发展通用航空产业的法律探讨》,《行政与法》2020 年第 1 期。

邮轮产业经济优质营商软环境。制定该条例目的,目的在于构建自贸港邮轮产业促进发展法律机制,推动国际旅游消费中心建设,尤其是构筑海南旅游产业"升级版"。制定该条例主要内容将涉及自贸港邮轮产业发展目标定位、邮轮产业发展规划编制、邮轮产业发展促进机制、扶持邮轮产业链发展、维护邮轮游客的合法权益、创新人才培养支持机制等等。

（七）有关其他协同配套方面的法规

习近平总书记"4·13 重要讲话"和中央"12 号文件"明确海南"三区一中心"战略发展目标,这四个目标是相互推进实施、相互促进制约、相互协同发展、相互融合影响的。无论是《自贸港方案》,还是《自贸港法》,也都是围绕这四个目标齐头并进,推进实施。贯彻实施《自贸港法》,需要更多相关方面的内容进行规制,实施推进相应协同发展法治化。为此《自贸港法》还专门设计第七章"综合措施"列出许多有关配套措施内容。因此,建议制定有关其他配套综合措施的法规有如下:

1. 自贸港信用监管条例。自贸港治理体系,强化打造自贸港政务、商务和社会事务信息信用共建共享共治平台。《自贸港法》规定自贸港加强社会信用体系建设和应用,构建守信激励和失信惩戒机制。强化智慧赋能信用监管,发挥"互联网+"、大数据、区块链等现代信息技术作用,推进自贸港智能信用社会化,增强自贸港社会信用智能透明度,实现自贸港政府市场信用精准监管。据悉,如今《海南省社会信用体系条例》已制定出台,有关构建信用体系法治化工作正在推进。该条例关键要立足自贸港建设最迫切的实际需求,站在打造自贸港智慧赋能的信用体系高度,从智慧赋能信用精准监管、社会信用信息分享、激励守信惩戒失信等等。该条例涉及主要内容自贸港社会信用体系共建共享共治平台、政务商务社会事务信用信息征集机制、信用信息智能精准监管、信用精准监管例外、社会信用信息守信激励与失信惩戒、社会信用信息分享等等。

2. 自贸港促进军民融合发展条例。推进实施"三区一中心"战略,需要强化海南岛在国家重大战略服务保障区的作用和定位。自贸港建设,更需要助推海洋强国、"一带一路"建设、军民融合发展等重大战略,强化自贸港全面提升支撑保障能力。军民融合发展,加快自贸港重大基础设施建设,提升自贸港影响力。制定该条例的目的,在于明确自贸港建设中的军民融合项目重大意义及其价值功能,促进规制其相关建设发展机制等,拓展自贸港建设的保障力和外援力。该条例主要内容有军民融合发展在自贸港建设中的定位目标、军民融合发展项目建设规划、军民融合发展项目共建共享、军民融合发展促进机制、军民融合发展权益、军民融合发展项目管理使用、军民融合发展项目特殊保护等等。

3. 自贸港农村建设用地管理条例。海南自贸港建设最大实际情况,就是拥有广阔农村土地资源,开发利用和珍惜保护这些土地资源,如何合理有效持续利用保护这些土地资源,成为自贸港建设的一个重大问题。《自贸港方案》专门指出强化自贸港用地用海保障问题,总结推广文昌农村土地制度改革试点经验,关键在于围绕农村建设用地制度,探究农村建设用地法律规制。制定条例的目的,在于规制自贸港农村建设用地规划征用及其流转制度。统一规划与集约用地,是自贸港有效合理持续用地的根本原则。该条例主要内容将涉及自贸港农村建设用地权属定性标准、适用范围、建设用地科学规划、建设用地集约化、建设用地流转情形及其程序、农村建设用地监管、农村建设用地流转例外等等。

4. 自贸港跨境融资条例。自贸港实施跨境资金流动自由便利,构建自贸港贸易投资自由便利相适应的支付体系。自贸港金融创新,拓展离境金融业务活动,拓展自贸港跨境资金流动性和活跃性,增强自贸港跨境资金融资活动空间,也相应增加了自贸港跨境融资活动风险性,强化和规制自贸港跨境融资活动规范性,防范化解自贸港跨境融资活动风险。制定该条例目的,在于推进和规范自贸港跨境融资活动的制度,最大化防控化解跨境融资风险。该条例涉及主要内容有自贸港跨境融资活动界定及其适用范围、跨境融资情形、跨境融资渠道形式、跨境融资自由便利化、跨境融资活动透明度、跨境融资监管机制等等。

5. 自贸港促进金融创新服务条例。自贸港跨境资金流动自由便利,需要有其他相应配套金融政策助推其创新。自贸港金融开放是金融创新的助推器,金融创新则是自贸港金融开放的必然趋势,在金融开放中寻找金融创新突破口,在金融创新中迎接金融开放新天地。金融创新是做大做强自贸港金融市场的重要路径,促成金融创新机制是自贸港提升金融市场发展的新理念。制定该条例的目的,在于创设自贸港金融创新法治规制与保障机制,明确自贸港金融创新的目标、理念及其法治路径。该条例主要内容有自贸港金融创新发展定位及其目标、金融创新机制法治化、金融创新自由空间、金融创新便利措施、金融创新例外情形、金融创新权益保护、金融创新责任豁免情形等等。

6. 自贸港跨境劳务输入管理条例。自贸港建设需要放开跨境劳务输入,准许或放宽外国劳务输入,满足自贸港劳务需求,扩大及提升自贸港劳务市场影响力和扩容量。诸如放开保姆市场,引入菲佣,激活和满足自贸港保姆等劳务市场需求。制定该条例的目的,在于构建自贸港跨境劳务输入市场法制,快速解决自贸港劳务市场价格过高,劳务供给不足等问题。该条例主要内容涉及跨境劳务输入界定及其适用范围、境外劳务市场准入机构标准人员条件、跨境输入劳务合同、境外劳务机构及其人员劳务活动监管机制、跨境劳务输入保险及其权益保障、跨境输入劳务纠纷解决等等。

7. 自贸港国有资产投资条例。自贸港正在加速构建"四梁八柱",国有资产也正在加速浇灌自贸港"四梁八柱",快马加鞭建设自贸港。国有资产投资自贸港硬件等基础设施建设,已是当务之急。尽管国家层面已有《中华人民共和国国有资产管理法》规制国有资产管理活动,但自贸港在国有资产投资管理方面有其更加迫不及待规范性和透明性,尤其是在强化自贸港竞争政策基础地位背景下,规范自贸港国有资产投资管理行为更加具有重要意义和法律价值。规范自贸港国有资产投资活动,也是自贸港建设法治化重要内容之一。制定该条例的目的,在于明确国有资产在自贸港建设中基础设施建设等重大根基工程投资重要性和规范性,将自贸港基础设施建设的奠基石法治化。该条例涉及主要内容有自贸港国有资产投资定位及其适用范围、投资领域归类(优先投资、重点投资、一般投资)、投资清单、投资方式、投资资金、投资程序、投资监管、投资资产管理等等。

8. 自贸港入境免签管理条例。自贸港实行人员进出自由便利制度,将更多更大范围实行外国人入境免签制度。"4·13 重要讲话"发表后,海南适用入境免签政策的国家由 26 国放宽到 59 国,尽管这两年受到疫情影响,但海南自贸港扩大入境免签政策的适用范围,是一个必然趋势,如何规制实施自贸港入境免签政策,已是实施人员进出自由便利制度的核心内容之一。制定该条例的目的,在于规范自贸港入境免签政策实施,将自贸港入境免签政策法治化。该条例主要内容有自贸港免签政策内容界定及其适用范围、入境免签国清单、入境免签政策实施机制、入境免签措施保障、入境免签政策协调机制等等。

此外,自贸港法规体系建设,还要考虑到"迫不及待"等有关其他发展因素,建议有关自贸港法规。诸如有关 2025 年前亟待制定自贸港法规,建议除了《海南自贸港建设总体方案》已明确要制定自贸港法规的四个条例(即海南自由贸易港商事注销条例、破产条例、公平竞争条例、征收征用条例)以及呼声强烈的海南自由贸易港优化营商环境条例之外,仍急需制定如下自贸港法规:海关特殊监管条例;零关税和消费品免税清单条例;促进总部经济发展条例;极简审批条例;风清气正用人机制条例;保障主体履职责任条例;数据交易安全条例;跨境服务贸易条例;税收优惠措施条例;特殊人才引进条例;用海用地特殊管理条例;激励机制与容错纠错机制条例;促进航空资源市场化条例;促进航运国际化条例等等。

三、自贸港法规体系构建步骤安排

构建自贸港法规体系,有着一套完整有序的科学规划,既要有顶层设计,又要适时因地制宜,在海南省委领导下由省人大依据《自贸港法》有关规定,制定自贸港法规体系规划,并有计划有步骤精心安排推进制定实施。建设自贸港,需要推进自贸港法治体系建设,更要全面构建自贸港法规体系。

构建自贸港法规体系,是建设中国特色自贸港的重要制度体系内容之一。《自贸港方案》已明确指出,到 2025 年,初步建立以贸易自由便利和投资自由便利为重点的自由贸易港政策制度体系,营商环境总体达到国内一流水平。到 2035 年,自由贸易港制度体系和运作模式更加成熟,以自由、公平、法治、高水平过程监管为特征的贸易投资规则基本构建,成为我国开放型经济新高地。到本世纪中叶,全面建成具有较强国际影响力的高水平自由贸易港。与此相对应,自贸港法规体系更亟需与此相同步规划,相同步推进,促进相辅相成,推动自贸港建设方案全面有效顺利实施。

制定《海南自贸港法规体系(2021—2025)》(以下简称《规划》),是具体实施和落实《自贸港法》的具体立法行动,更是构建自贸港法规体系的行动规划和指南方向。因此,制定《规划》尤其要注重彰显自贸港最新理念方向,凸显创设自贸港自由便利制度及其配套制度方面内容。

一是《规划》尽可能对标 2025 年自贸港政策制度初步形成的目标。主要结合《自贸港方案》所明确的具体"614"制度,尤其是自贸港六大自由便利制度,凸显市场主体在自贸港自由便利制度中享有优化营商环境的氛围。紧扣"614"制度构建的法规需求,尽可能规划制定有关自贸港自由便利制度方面的法规。现在这个《规划》与"614"的吻合度仍有待进一步强化,推进《规划》与自贸港六大自由便利制度要求再吻合些,初步规划推进 2025 前形成自贸港法规体系的"四梁八柱"。

二是《规划》尽可能紧扣自贸港政府社会治理体系的要求。《自贸港法》在总则上已经明确自贸港政府社会治理体系的有关改革,自贸港法规体系尽可能也要彰显这些方面内容。尽管这些方面的改革与立法困难重重,但《规划》仍要彰显这方面内容意向。如以去年国家发改委出台《智慧海南》为例,将会推动海南政务、社会及市场治理等一系列制度改革,将出台有关自贸港政务社会信息共建共享共治平台的法规,需要《规划》适当增加有关自贸港治理体系方面法规。

三是《规划》尽可能再超前些,尽可能增加动态内容。当前《规划》就面临着 RCEP、CPTPP 等多边贸易协议巨大的"动态"挑战,如果仅仅依据《规划》静态去完成立法任务,很可能会因为 RCEP、CPTPP 等多边贸易协议生效而落伍过时。制定自贸港法规规划,尽可能再超前些,不仅仅满足当下自贸港封关运作需要,而且还要满足构建自贸港法规体系的整体性需求。在制定自贸港法规规划时,不仅听取自贸港政府各组成部门等行业领域的微观立法意见,更重要还要有更高站位、有构建自贸港法规体系的宏观立法思维,为自贸港法规体系进行"运筹帷幄"顶层设计。

分步骤分阶段规划制定自贸港法规,是构建自贸港法规体系的基本步骤安排的核心。依据《自贸港建设方案》,2025 年前重点任务主要集聚在"全面实现贸易自由便利、投资自由便利、跨境资金流动自由便利、人员进出自由便利、运输来往自由便利和数据安全有序流动"等六大自由便利制度体系构建工作安排,以及强调有序推进开放进程,推动各类要素便捷高效流动,促成适时启动全岛封关运作等十八个方面工作规划。以此思路指引,有序有计划制定有关自贸港法规,依序实施自贸港法规体系。就构建自贸港法规体系的组成内容架构设计安排,在 2025 年前可考虑优先制定如下自贸港法规:

1. 有关自贸港加强海关特殊监管区域自由便利制度建设内容方面的法规

依据《自贸港建设方案》,2025 年前海南自贸港重点在于率先推进"一线"放开、"二线"管住的海关特殊监管区域制度,亟需出台有关"一线"放开、"二线"管理制度的自贸港法规,强化构建监管区域法律制度,因此,优先考虑制定自贸港"一线二线"关境监管条例、自贸港贸易自由便利化条例、自贸港投资自由便利化条例、自贸港跨境资金流动自由便利化条例、自贸港人员流动自由便利化条例、自贸港运输来往自由便利化条例、自贸港数据安全有序流动条例、自贸港航运自由便利化条例等方面法规。

2. 有关实行特殊零关税、跨境贸易等"极简审批"投资等投融资政策方面的法规

依据《自贸港建设方案》,2025 年前海南自贸港将率先实施部分进口商

品零关税政策、减少跨境服务贸易限制、实行"极简审批"投资制度、试点改革跨境证券投融资政策等。这将集中在这些领域,强化相关内容的法规制定,诸如考虑制定自贸港防控套代购走私行为条例、自贸港税收征管便利化条例、自贸港智能精准监管条例、自贸港税收征管便利化条例、自贸港跨境融资条例、自贸港投资安全审查条例、自贸港优化(数字法治政府)政务服务条例、自贸港智慧赋能促进条例等方面的法规。

3. 有关实行金融创新、更加开放、创新管理等政策方面的法规

依据《自贸港建设方案》,2025 年前海南自贸港将率先实施更多更加开放的政策措施,诸如加快推进金融业对内对外开放、更加便利简化免签入境措施、更加开放的船舶和航空运输政策等方面的措施。基于此,将集中考虑规划制定出台自贸港促进金融创新服务条例、自贸港促进制度集成创新条例、自贸港商事注销条例、自贸港破产条例、自贸港征收征用条例、自贸港国有资产投资条例、自贸港跨境劳务输入管理条例、自贸港入境免签管理条例、自贸港促进军民融合发展条例等等自贸港等法规。

4. 有关实施自贸港产业政策等促进发展方面的法规

《自贸港建设方案》就 2025 年前产业发展的问题,专门规定了有关深化自贸港产业对外开放、促进产业发展等方面的内容。海南自贸港法也规定了国家支持自贸港建设开放型生态型服务型产业体系,积极发展旅游业、现代服务业、高新技术产业以及热带特色高效农业等重点产业,尤其是推进国际旅游消费中心建设,推动旅游与文化体育、健康医疗、养老养生等深度融合,培育旅游新业态新模式。鉴于此,将在 2025 年着重考虑自贸港促进产业现代化发展条例、自贸港新能源汽车促进发展条例、自由贸易港竞争政策与产业政策协调机制条例、自贸港促进临空经济发展条例、自贸港低空空域产业条例、自贸港国际教育产业促进条例、海南建设国际旅游消费中心促进发展条例、自贸港促进邮轮产业发展条例等法规。

5. 有关自贸港封关制度等机制方面的法规

《自贸港建设方案》也就 2025 年前海南岛封关运作的有关制度机制作出相应安排,主要涉及自贸港封关具体措施、制度和方案等方面内容。诸如

自贸港清单管理制度条例、自贸港口岸管理条例、自贸港居民管理条例、自贸港入境免签管理条例等等封关内容的法规。尤其是涉及有关自贸港进口征税商品目录、限制进口货物物品清单、禁止进口货物物品清单、限制出口货物物品清单、禁止出口货物物品清单、运输工具管理办法等负面清单规范，规定与内地海关通关有关的单证格式规范、与内地海关通关操作规程、出口通关操作规程等，以及规范对外开放口岸，建设全岛封关运作的配套设施等规范性文件。

6.有关自贸港税收制度、社会治理等方面的法规

《自贸港法》《自贸港建设方案》等规范性文件有许多涉及自贸港税收制度、社会治理等方面内容，尤其是将自贸港税收制度聚焦"零关税、低税率、简税制、强法治、分阶段"核心内容，全岛封关运作之际，将依法推进新税制，将现行增值税、消费税、车辆购置税、城市维护建设税及教育费附加等税费进行简并，启动在货物和服务零售环节征收销售税相关工作。推进有关自贸港治理体系方面的法规，诸如自贸港社会智能化管理条例、自贸港促进要素市场化治理条例、自贸港人才认定标准管理条例、自贸港征收征用条例等规定。

此外，依据《自贸港建设方案》有关规定，2035年前重点任务，将聚焦进一步优化完善开放政策和相关制度，继续集聚自贸港"614制度"等主要内容，推进建设高水平自由贸易港。着重围绕自贸港六大自由便利制度，进一步拓展相关法规内容空间，进一步创新自贸港海关监管制度，建立与总体国家安全观相适应的非关税贸易措施体系，全面规范建立自由进出、安全便利的货物贸易管理制度。制定和规范完善境外货物在海南自贸港进出自由便利更多更大的空间。制定自贸港金融自由便利条例，促进自贸港资金自由兑现制度，营造和创新自贸港金融自由的更优质金融市场环境，进一步放宽自贸港非金融企业的融资活动自由便利，实现海南自贸港非金融企业融资活动自由化市场化，促进自贸港跨境金融服务效率，依法推动自贸港金融服务贸易自由化便利化。

在2035年前，自贸港更加全面推进实施投资自由便利制度，除涉及国

家安全、社会稳定、生态保护红线、重大公共利益等国家实行准入管理的领域外,将全面放开投资准入,实现更多领域更多范围空间的投资自由便利政策,尤其是规制推进建立"标准制+承诺制"的投资制度,在构建自贸港社会信用体系基础上,实施市场主体投资承诺制的自由便利化制度。在自贸港人员进出自由便利制度方面,将实施更加宽泛人员自由进出限制,拓展更加宽松的商务人员临时出入境政策、便利的工作签证政策,实行更加自由便利的居留制度。在自贸港运输来往自由便利方面,将制定和规范推进实行特殊的船舶登记审查制度,放宽空域管制与航路航权限制,增加更多航权空间,鼓励国内外航空公司增开航线航班,最大化优先签发至海南的国际航线航班许可。

2035 年前,自贸港更要进一步强化实现数据安全有序流动。根据自贸港建设的实际情况,需要推进自贸港数据信息交流自由便利制度更加全面更加深入实施。规制和创新自贸港数据出境安全的制度顶层设计,探索更加有利促进数据信息交易自由便利的个人信息安全出境评估办法制度,拓展自贸港个人数据信息交易出入境制度性对接机制,规制区域性国际数据跨境流动制度安排,促进提升数据国际传输自由便利机制,建立和规范自贸港数据确权、数据交易、数据安全和区块链金融的标准和规则,争取打造自贸港数据安全有序交流自由便利制度等。同时,2035 年前,自贸港将构建完成更加完善的财税制度体系。制定和规范自贸港简化高效、便利透明、低税减负财税法规,推行实体企业减按 15% 征收企业所得税和优惠减免财税制度的自贸港居民制度(即对一个纳税年度内在海南自由贸易港累计居住满 183 天的个人,其取得来源于海南自由贸易港范围内的综合所得和经营所得,按照 3%、10%、15% 三档超额累进税率征收个人所得税),扩大海南自贸港地方税收管理权限,推行企业所得税、个人所得税作为中央与地方共享收入,销售税及其他国内税种收入作为地方收入。授权海南根据自由贸易港发展需要,自主减征、免征、缓征除具有生态补偿性质外的政府性基金,自主设立涉企行政事业性收费项目等。

第四节　自贸港法规体系构建保障机制

一、自贸港法规体系构建路径

中国特色自贸港法规体系构建路径选择,即构建中国特色自贸港法规体系,也是"两分""两步"依序而推进实施。在实施过程中,关键是要准确把握和理解中国特色自贸港法规体系构建路径,并依法推进海南自贸港法规体系建设。根据《海南自由贸易港法》第 10 条第一款规定,即"海南省人民代表大会及其常务委员会可以根据本法,结合海南自由贸易港建设的具体情况和实际需要,遵循宪法规定和法律、行政法规的基本原则,就贸易、投资及相关管理活动制定法规(以下称海南自由贸易港法规),在海南自由贸易港范围内实施。"构建海南自贸港法规体系的核心内容,重在就"贸易、投资及其相关管理活动"而展开,在具体构建路径上,一方面需要由来自国家层面有关中央国家机关赋予海南享有自贸港法规立法授权,包括实施海南自由贸易港法所规定在内的立法"会同权";另一方面需要海南积极推进全面深化改革,推行与自贸港相适应的行政管理体制,创新监管模式。依据海南自由贸易港法有关"支持海南省依照中央要求和法律规定行使改革自主权"规定,海南行使改革自主权,则是构建自贸港法规体系的重要路径之一。

（一）自贸港法规体系的中央国家机关顶层设计构建路径

海南进入新时代,建设中国特色自由贸易港,成为海南经济特区改革开放新的使命,是习近平总书记亲自谋划、亲自部署、亲自推动的重大国家战略。构建自贸港法规体系,是推进海南自贸港建设最为根本的政策制度法治化路径之一,习近平总书记三个亲自,体现了海南自贸港建设的顶层设计及其海南自贸港法规定自贸港"614"制度的"四梁八柱"架构,来自顶层设计的自贸港法律制度,是推动构建自贸港法规体系的根本方向和基本导向。有关构建自贸港法规体系的顶层设计的认知和理解,主要依据来自《海南自贸港法》及《海南自贸港建设总体方案》政策制度等规范性文件的"于法有据",来源于国家中央机构部门的顶层设计安排。建设自贸港的顶层设计,具体体现出如下架构,探寻和彰显中国特色,是海南建设自由贸易港的最根本最实际的总要求。借鉴国际经验,则是推动海南自贸港建设的成功经验所循和核心内容所依。围绕海南"三区一中心"战略定位,则是党中央确认新时代新海南新战略的新发展新优势新定位。推进制度集成创新,推动自贸港全面深化改革创新,则是促进自贸港建设的根本方式和基本思路。"两分""两步"建设自由贸易港,在坚持党的领导下,强化风险防范,有序推动自贸港建设的顶层设计之风险防控思维。

自贸港建设的顶层设计,不仅仅强化自贸港建设具有国家战略视野及其战略规划的国家层面意义,而且具有更多涉及国家重大战略布局和发展定位等要素内容。构建自贸港法规体系的顶层设计路径,在于理解把握习近平总书记"4·13重要讲话"、中央"12号文件"和《自贸港法》《自贸港方案》等有关涉及自贸港建设的政策制度和法治建设等最为核心内容的"四梁八柱"顶层规制。诸如《海南自贸港法》第一章总则十条所涉及十大方面的内容,即构成自贸港法规体系的指导思想、基本宗旨、重要理念、基本原则、自贸港立法权限、立法程序、核心内容和立法制度等顶层设计的要素及其导向指引。《自贸港方案》所明确的"614"制度的构建规划,便是自贸港"四梁八柱"的顶层设计,也显现和喻示了自贸港法规体系构建的方向和自贸港"四梁八柱"之下海南行使改革自主权出处导向。因此,《自贸港法》第10条不仅仅是有关构建海南自贸港法规体系的顶层设计依据,而且更是构建自贸港法规体系的海南行动方案和海南行使改革自主权的法律依据。构建自贸港法规体系的顶层设计,更具有指导意义的规范性文件,在于具体指明自贸港法治建设方向和司法保障内容要求,这也从另一个角度指明自贸港法治化路径。诸如2019年2月25日习近平总书记主持召开中央全面依法治国委员会第二次会议,通过《关于全面推进海南法治建设、支持海南全面深化改革开放的意见》,为海南全面深化改革开放指明海南法治建设的顶层设计方向和法治化路径。

（二）自贸港法规体系的海南自主行使立法权的构建路径

创建自贸港法规体系,是中国特色自贸港建设的核心问题,海南作为自贸港建设的地方主体,更要发挥更多的主体职责。《自贸港方案》在有关健全实施机制方面已经作出相应规定,明确指出在推进海南全面深化改革开放领导小组指导下,海南省要切实履行主体责任,加强组织领导,全力推进海南自由贸易港建设各项工作。海南省委主体责任,成为"进一步细化相关政策措施,制定出台实施方案,确保政策落地见效"重要环节的主体职责,这也充分彰显海南行使改革自主权的重要领域和制定自贸港法规空间,也是海南省人大及其常委会在构建自贸港法规体系充分发挥作用的重要领域,更是揭示海南自贸港法规体系的"海南敢想敢闯敢试"的地方构建路径。正是如此,《自贸港法》通过实施不到两个月,海南省委省人大就启动《〈中华人民共和国海南自由贸易港法〉配套法规专项规划(2021—2025)(初稿)》起草工作,开始规划推进自贸港法规体系建设,尤其是安排2021—2025年有关自贸港法规专项规划的立法计划。海南省积极履行和推动构建自贸港法规体系的地方担当与行动。这一专项立法规划,充分显现海南省人大及其常委会在自贸港法规体系中的责任担当和积极作为,更加彰显自贸港法规体系的海南地方构建路径空间及其具体立法内容对象,充分展示建设海南自贸港的于法有据和依法推进的重大意义与实践价值。

构建海南自贸港法规体系的地方动力源,更多来自自贸港制度集成创新和法治保障路径的需求。自贸港制度集成创新,是构建和推进自贸港法规体系的实践源泉,更是自贸港法治创新和法治保障的最根本需求。2020年6月1日《海南自贸港建设总体方案》发布前夕,习近平总书记专门就自贸港建设作出指示,即"要把制度集成创新摆在突出位置,解放思想、大胆创新,成熟一项推出一项,行稳致远,久久为功。"海南省人大常委会"坚决贯彻习近平总书记重要讲话精神,在全力配合国家制定海南自由贸易港法、调整法律法规的同时,充分运用特区立法权和省级地方立法权加快立法,以立法促进制度集成创新,在海南自贸港和自贸试验区建设中有力扛起了地方国家机关的责任担当。"①自贸港法规体系的构建路径,地方国家机关主体责任担当,成为促进自贸港法规体系形成的主要力量和最实践力行者。无论自贸港法规涉及内容如何复杂繁多,地方国家机关的主体责任,成为最基本、最基层和最实践的主体担当,这成为自贸港法规体系不可忽视的构成根本路径。

(三) 自贸港法规体系的海南与国务院有关部门"会同立法"构建路径

推进自贸港法规体系的构建,其路径除了上述两种之外,依据《海南自由贸易港法》有关条款规定,还有一种构建路径的表述形式,即国务院主管部门、有关部门"会同"海南省,诸如《海南自由贸易港法》第13条第2款规定"海南自由贸易港禁止、限制进出口货物、物品清单,由国务院商务主管部门会同国务院有关部门和海南省制定"。会同立法机制,也因此成为海南自贸港法规体系的一个重要构建路径,尽管会同立法机制很大程度上与立法权限仍有一定差距,但中央部委与海南省政府的会同,将极大强化自贸港政策落地实施,并促进该政策向法治化转型,从部门规章或政府规章向自贸港法规升级转型发展,使其成为自贸港法规体系的名副其实构建路径。此外,《海南自由贸易港法》第14条第三款、第17条第二款、第19条、第20条第一、二款、第27条第三款、第28条第一款、第29条第一、三款等等规定,这些条款都是涉及有关中央各部委"会同"海南协商推进自贸港立法问题的内容,也成为自贸港法有关完善和推进自贸港政策制度体系和自贸港法规体系的重要路径。

"会同立法"的构建路径,其核心内容是中央各部委与海南省作为自贸港重大政策出台的商议或决策机构,负责制定实施有关自贸港政策,在条件成熟时再促进将其升级推进法治化,推进自贸港法规体系。会同行为的属性,仅仅定性为中央部委与海南省政府之间的协商行为,达成相关问题或政

① 海南省人大常委会:《立法推进和保障海南自由贸易港制度集成创新》,《中国人大》2020年第12期。

策规制的内容共识。其达成共识成为会同的最佳结果，也是促成会同立法的基本前提和根本要求，是促成自贸港法规体系的构建路径必经之路。不能达成或无法形成共识，会同立法则无法成行自贸港法规体系之构成路径。事实上，会同之事与会同之议，都充满不确定性，如何推动海南省享有更多更自主更充分的改革自主权，则是直接涉及自贸港法规体系构建路径的可行性、有效性及其便捷性。依据《海南自贸港建设总体方案》相关规定，中央专门成立了海南全面深化改革开放领导小组，其办公室设立在国家发展和改革委员会，由国家发展改革委、财政部、商务部、中国人民银行、海关总署等部门分别派出干部驻海南实地指导开展自由贸易港建设工作，有关情况及时上报领导小组。这充分显现了会同机制的重要性及其及时性、可行性，为了确保充分发挥自贸港建设的智库智囊作用，2020 年 6 月 16 日国务院批准成立"海南自由贸易港建设专家咨询委员会"，①为海南自由贸易港建设建言献策。这也很大程度上促进与强化中央地方"会同立法"机制相应，"会同立法"机制的效应具有一定放大效用，关键是如何有效理顺会同协同机制，促进自贸港法规体系的构建路径快捷性。

二、自贸港法规体系构建风险评估

建设中国特色自由贸易港，遵循"两分""两步"依序推进，有效防控相关风险。《海南自贸港建设总体方案》所明确"614"制度，其中专门指出强化风险防控体系，提出专门制定实施有效措施，有针对性防范化解贸易、投资、金融、数据流动、生态和公共卫生等领域重大风险。树立和提高建设自贸港过程的风险防控意识，是推进实施自贸港方案所不容忽视的重要工作安排。

强化准确把握和正确认知中国特色自贸港法规体系科学性和完整性，是防范和化解自贸港法规体系构建风险的关键。充分开展自贸港法规体系研究，探寻自贸港法规体系的科学性和规律性，不仅是推进构建自贸港法规

---

① 《海南自由贸易港建设专家咨询委员会成立》，《海南日报》2020 年 6 月 17 日第 1 版。

体系的前提和基础,而且还是评估、防范和化解自贸港法规体系的构建风险的基准和依据,也是我国推进依法治国建设的"深入推进科学立法、民主立法"根本要求。实现自贸港法规体系构建的科学性,不仅要求基于《自贸港方案》明确"614"制度和《自贸港法》打造自贸港"四梁八柱"架构等,而且还要求科学体现和反映出海南自贸港法律制度主要内容与法规体系规律性、完整性,这是防范和化解自贸港法规体系的构建风险基本要求和前提。有关自贸港建设的顶层设计,自贸港"四梁八柱"式的法律制度架构,很大程度上实现了整体上规划自贸港和实现自贸港风险防控的预见性和防控性,尤其是"614"制度中的六大风险防控体系,正是体现了自贸港法规体系的风险防控内容要求。

有关全面推进依法治国战略实施,实现重大改革开放做到于法有据,这本身就是在防范和化解重大改革于法无据的风险,是法治保障有无的风险。自贸港法规体系的构建风险,则是关注在规划和制定自贸港具体法规及其具体内容所产生的风险防控问题。建设中国特色自由贸易港,制定出台哪些条件成熟的自贸港法规,需要规制哪些具体内容制度,不仅需要不断探寻,大胆先行先试,更重要在于有条件有预期有风险防控意识和防控预案,而且需要规制自贸港法规的制定程序规则要求和一定的透明监督机制,促使自贸港法规在制定程序上不出现违法现象,防止立法活动失误的风险产生。诸如一方面强化推进人大对立法工作的组织协调,健全立法起草、论证、协调、审议机制,推进立法精细化。另一方面不断强化健全立法机关和社会公众沟通机制,开展立法协商,充分发挥政协委员、民主党派、工商联、无党派人士、人民团体、社会组织在立法协商中的作用,尤其是全面探索建立有关国家机关、社会团体、专家学者等对立法中涉及的重大利益调整论证咨询机制。[1] 程序正义是确保实体正义的前提,更是防范化解风险的程序规则保障和基本前提要求。自贸港法规体系的构建路径风险防控,强调自

---

① 《中共中央关于全面推进依法治国若干重大问题的决定》,《人民日报》2014 年 10月 28 日第 1 版。

贸港法规制定的程序规则要求,尤其是自下而上的海南省人大及其常委会的自贸港立法,其具有地方立法程序规则要求,诸如立法法有关地方法规立法备案制的规定,很大程度上就是防范和化解地方立法出现的风险问题。

自贸港法规体系的构建风险评估,还涉及制定自贸港法规的有无和完备与否、适当性和适时性如何、法规体系协调性与系统性状态如何等状况的科学评估。这些方面的评估虽然不会直接涉及自贸港法规体系的构建风险问题,但可以较大程度上反映自贸港法规与自贸港建设的契合度与吻合度等情形,从而显现出所制定的自贸港法规是否具有科学性、实践性和人民性。自贸港法规的科学性,集中显现自贸港法规无论是程序内容的理论体系,还是该具体规章制度的可操作性、实践性,都要反映出自贸港的中国特色和海南定位及其自贸港"614"制度核心,反映不同时期海南自贸港建设的不同法治保障需求,显现自贸港制度进一步完善发展与时俱进的新诉求。能够做到这些,说明这些自贸港法规就具备了科学性内容,显现了自贸港法规体系元素的存在价值和规范的准确性。自贸港法规的有无与完备与否,将涉及自贸港建设活动规范性状态及其有无与自贸港建设活动相违背的现象。事实上,中国特色法律体系已基本形成具有双重意味,即一方面社会生活基本有法可依;另一方面法律渗透到社会各个角落,法律实践更加复杂,难题和困惑更加多样和尖锐。我们发展法治,就必须不断建立和完善诸如客观性、一致性、稳定性、可预期性和体系性等形式法治所要求的逻辑要素。[1] 自贸港法规体系也正如此要求展示其科学性、客观性内容,这也成为自贸港法规体系的构建路径评估指标之一。

制定出台自贸港法规的适当性和适时性问题,涉及界定、判断和评估自贸港建设与其相适应的法律制度及其法规规制的吻合度、契合度和融合度等。任何一部法律或法规都具有浓厚的时代感和实践性,评估其成功与否,则在于评估其与时代、实践的紧密度和契合度,能否真正反映和迎合时代所

---

① 贾焕银:《中国特色法律体系的法律权威与公正司法》,《重庆大学学报(社会科学版)》2013 年第 1 期。

亟需,能否真正解决和调整适时法治规制保障关系。制定法律法规的适当性和适时性,往往关系到民众对此满意度和接受度。推进和拓宽公民有序参与立法途径,健全法律法规规章草案公开征求意见和公众意见采纳情况反馈机制,广泛凝聚社会共识。① 这将是直接影响到民众的满意度和接受度,也很大程度上显现法律法规与其在体系中影响力和逻辑关系。自贸港法规体系的构建风险评估,往往剖析和评价某个具体的自贸港法规在整个自贸港法规体系中作用、影响、逻辑关系,尤其是自贸港法规体系构建的自洽性逻辑关系,要求显现自贸港法规体系的内在逻辑一致性和外在环境的相融性。前者强调自贸港法规体系的子系统结构及其之间联系应符合集合性、目标性、协同性、整体性,后者强调自贸港法规体系存在于自贸港"614"制度内容体系和社会政治环境中,必然要受经济体制和社会政治环境的影响和制约。前者强化自贸港法规体系的各个子体系或成员有机联系、相互促进、相互作用,推进实现自贸港某制度功能的综合体价值,彰显其各成员各目标、各任务、各内容等之间的协同性效应。后者强化自贸港法规体系的社会政治效应与价值意义所在,是自贸港法规体系的构建路径社会环境效应表现,也因此成为自贸港法规体系评估的重要指标之一。

三、自贸港法规体系构建组织领导

推动构建自贸港法规体系,将是一个长期的任务,将涉及新时代海南全面深化改革开放的重要过程,不仅规划 2025 年前和 2035 年前各自需要完成的自贸港立法规划,而且还要放眼未来三十年自贸港建设所需法治保障安排,规划与自贸港建设相适应的法规,促进 2025 年前已初步形成的自贸港法规体系渐渐发展完善。构建和完善自贸港法规体系的伟大实践,需要有相应的保障机制,并推动其持续有效良性运行,充分实现和发挥其体系的法治保障价值作用。需要充分认识和强化如下方面的保障机制:

---

① 《中共中央关于全面推进依法治国若干重大问题的决定》,《人民日报》2014 年 10 月 28 日第 1 版。

（一）加强党对自贸港建设的全面领导和完善党内法规体系建设

党的百年发展史，早已多次证明中国共产党是中国伟大事业的领导者，是中华民族实现伟大复兴的坚强领导者。加强和改进党对全面推进依法治国的领导，是新时代推进依法治国的发展需要。同时，我们需清醒认识到党的领导是全面推进依法治国、加快建设社会主义法治国家最根本的保证。必须加强和改进党对法治工作的领导，把党的领导贯彻到全面推进依法治国全过程。① 构建自贸港法规体系，与促进自贸港建设相辅相成，更需要长期坚持用习近平新时代中国特色社会主义思想武装党员干部头脑，认真贯彻落实党中央、国务院决策部署，增强"四个意识"，坚定"四个自信"，做到"两个维护"。建立健全党对海南自贸港建设工作的领导体制机制，充分发挥党总揽全局、协调各方的作用，加强党对自贸港建设各领域各方面各环节的领导。以党的政治建设为统领，以提升组织力为重点，全面提高党的建设质量，为海南自由贸易港建设提供坚强政治保障。强化自贸港基层党组织建设，把基层党组织建设成为推动自贸港建设的坚强战斗堡垒，充分发挥和引导广大党员发挥先锋模范作用。同时，强调完善党内法规建设，我们清醒认识到党内法规毕竟是政党内部规范，由其性质决定，作为下位阶的规范可以对党员行为作出更为严格的规定。党内法规是从严治党的依据，是我国党内权力监督的重要方面，应该尊重党内法规的对党员更高的内部要求。② 促进完善党内法规体系建设，也是完善和坚持党的领导的保障机制要求。党内法规体系建设，由此推动和完善党的领导。诸如有的学者参照国家法律体系的构建，将党内法规分为具有"宪法"功能的党章、具有"刑法"功能的党内预防和惩处党员和党组织违反党纪行为的相关法规、具有"民法"功能的以党员权利保障条例为主体的保障党员党内民主权利相关法规、具有"行政法"功能的规范和调整党务工作为功能的党的各项领导制度、具有

---

① 《中共中央关于全面推进依法治国若干重大问题的决定》，《人民日报》2014 年 10 月 28 日第 1 版。

② 秦前红、苏绍龙：《党内法规与国家法律衔接和协调的基准与路径——兼论备案审查衔接联动机制》，《法律科学（西北政法大学学报）》2016 第 5 期。

"诉讼法"功能的党内法规中的程序性规范和保障性规范等。① 构建党内法规体系,是加强和健全党的领导机制的法治化要求。一个有效的体系必须具备的要素是逻辑自洽和价值同一,要求系统内部要素协调统一、层次分明、内容契合,法规体系规范价值同一、趋同目的、协力齐同,实现党的领导目标一致性。逻辑自洽和价值同一是系统有效运转的必要条件,形成体系的党内法规制度体系化价值同一的动态过程。② 制定周密的党内法规体系,强化党内法规的发展规划作用、影响、逻辑关系,以此保障和完善党的领导机制,进一步推动自贸港法规体系构建,促进自贸港建设的法治保障,有助发展自贸港法规体系的内外相联系相促进的互动互促互进的逻辑关系,要求显现自贸港法规体系的内在逻辑一致性和外在环境的相融性。前者强调自贸港法规体系的子系统结构及其之间联系应符合集合性、目标性、协同性、整体性,后者强调自贸港法规体系构建与自贸港建设的相互促进、相辅相成的协同并进关系。

(二) 明确与坚持习近平法治思想的指引和统领

明确中国特色自贸港法规体系的构建思路,即在习近平法治思想指引下,以自贸港法为基础依据,以推进完善地方性法规和商事纠纷解决机制为法治体系,以构建自贸港自由便利制度为核心内容,以有序有效有力推进自贸港政策制度实施为根本保障,以党的全面领导和省委组织引领作为政治和组织保障,有步骤、分阶段、依法有序推进促成自贸港法规体系,营造国际一流的自贸港法治环境。习近平法治思想,是推动自贸港建设和构建中国特色自贸港法规体系的指导思想。习近平法治思想的形成和发展蕴含着深厚的实践逻辑、理论逻辑和历史逻辑。这三个逻辑是内在融贯、有机统一的,共同诠释了习近平法治思想是生动的实践体系、科学的真理体系、包容的文明体系,它的形成发展缘于经验的沉淀、理性的凝结、历史的淬炼,其体

---

① 吕品:《党内法规体系构建的若干问题思考》,《南京社会科学》2018 年第 12 期。

② 刘凯、蒋悟真:《党内法规体系化的逻辑结构与价值依归》,《华南理工大学学报(社会科学版)》2018 年第 5 期。

系构建是实践的需要、时代的要求和人民的呼唤。① 习近平法治思想充满
了伟大领袖的法治情怀、伟大道路的法治真谛、伟大时代的法治精神,成为
新时代中国特色社会主义法治理论,指引中国特色自由贸易港法治创新和
法治建设,是推进构建中国特色自由贸易港法规体系的基本指导思想。
2020 年 11 月 16 日,习近平总书记在中央依法治国工作会议上强调指出:
"要坚持建设中国特色社会主义法治体系。中国特色社会主义法治体系是
推进全面依法治国的总抓手。要加快形成完备的法律规范体系、高效的法
治实施体系、严密的法治监督体系、有力的法治保障体系,形成完善的党内
法规体系。要坚持依法治国和以德治国相结合,实现法治和德治相辅相成、
相得益彰。要积极推进国家安全、科技创新、公共卫生、生物安全、生态文
明、防范风险、涉外法治等重要领域立法,健全国家治理急需的法律制度、满
足人民日益增长的美好生活需要必备的法律制度,以良法善治保障新业态
新模式健康发展。"②建设新时代中国特色社会主义法治体系,建设中国特
色社会主义法治国家,不仅仅是十八届四中全会确定的全面依法治国的总
目标,而且更为重要的是要有明确和正确的指导思想指引,首先要解决的都
是一个走什么道路、举什么旗帜的问题,我们所举的旗帜是马克思主义法治
理论,习近平法治思想就是当下中国特色社会主义法治理论发展的核心指
导思想。如果法治建设只注重各个领域、各个方面的具体要求和举措,不管
走什么路,"只拉车,不看路",那么就会迷失方向,法治建设的任何成绩就
会都没有意义,甚至会走入歧途,瓦解中国共产党领导的社会主义制度。③
习近平法治思想强调"法治国家、法治政府、法治社会一体建设",需要推进
全面系统推进依法治国战略实施,在习近平法治思想指引下统筹兼顾、整体

---

① 张文显:《习近平法治思想的实践逻辑、理论逻辑和历史逻辑》,《中国社会科学》
2021 年第 3 期。

② 习近平:《论坚持全面依法治国》,中央文献出版社 2020 年版,第 4 页。

③ 朱景文:《法治道路与法治体系的关系——习近平法治思想探析》,《法学家》2021
年第 3 期。

谋划、系统推进、一体建设。① "一体建设"观表明,海南自贸港法规体系的构建也并非孤立的,而是与自贸港建设、依法治国战略实施等相辅相成,并且分主次、分步骤,有重点,在整体中有重点任务和突出重点任务,协同推进,相互保障,相互促进发展。

(三) 加强自贸港法治人才培养

构建自贸港人才发展制度,尤其是完善自贸港法治人才培养机制,将直接涉及自贸港法规体系的构建保障机制。2019 年 2 月 25 日中央全面依法治国委员会第二次会议通过《关于全面推进海南法治建设、支持海南全面深化改革开放的意见》,该《意见》除了明确加强党的领导,还指出加强法治工作队伍建设和法治人才培养,明确支持海南建立自由贸易港法治研究院。在海南设立国家律师学院,依托律师研究院建设国内外律师和法律职业人才培训基地,还专门指出支持海南大学创办一流法学学科。建立引进高端涉外法治人才机制,组建新型国际化法治智库。《意见》为自贸港法治人才培养机制,指明发展方向和具体路径措施。事实上,有关创新法治人才培养机制方面,《中共中央关于全面推进依法治国若干重大问题的决定》已经明确指出,要培养造就熟悉和坚持中国特色社会主义法治体系的法治人才及后备力量,建设通晓国际法律规则、善于处理涉外法律事务的涉外法治人才队伍。提出健全政法部门和法学院校、法学研究机构人员双向交流机制,实施高校和法治工作部门人员互聘计划,重点打造一支政治立场坚定、理论功底深厚、熟悉中国国情的高水平法学家和专家团队,建设高素质学术带头人、骨干教师、专兼职教师队伍。构建自贸港法治人才培养机制,需要创新传统法治人才培养理念和模式,探索和强化自贸港法治人才国际化培养新理念与新模式,研究构建适应自贸港现代服务业发展所需要国际化法治人才,尤其是探究自贸港涉外法治人才培养新模式新机制。诸如《海南自贸港建设总体方案》明确构建自贸港"614"制度,其中有一项专门规定了"法治制度",强调建立以海南自由贸易港法为基础,以地方性法规和商事纠纷

---

① 陈柏峰:《习近平法治思想中的法治社会理论研究》,《法学》2021 年第 4 期。

解决机制为重要组成的自由贸易港法治体系,营造国际一流的自由贸易港法治环境。① 这表明自贸港建设亟需更多法治人才保障和推进自贸港法规体系的构建,全面促进和提升自贸港法治保障服务水平。可见,创新和强化自贸港法治人才培养新理念新模式,成为持续推进自贸港法治建设、法治保障服务和确保自贸港法规体系得以顺利构成的人才保障机制。

（四） 强化立法机关在构建自贸港法规体系中的主体定位和定力认知

构建自贸港法规体系,既要强化推进自贸港法规的立法活动,又要同时抓紧推进海南经济特区法规和地方法规的清理工作。有必要对现行的海南地方法规进行分类和梳理甄别,主要鉴定这些法规与自贸港法、自贸港建设总体方案是否协同一致,进而界定是否要列入"修法调规"范畴,判定是否进行"废改立释"。建议启动海南经济特区法规和地方法规的"废改立释"工作,全面开展构建自贸港法规体系统一协调协同工作活动。这一系列立法活动往往又都是同步推进的,"废改立释"等有关立法活动需要协调并进,并持续不断地推进其同步治理,不仅促进自贸港法规体系的构建顺利实现,更重要的是保障自贸港法规体系的构建,处于一种不断持续完善的"构建"动态状态。这需要自贸港法规体系的重要构建主体,要保持推进自贸港法规体系构建的持续责任。不断强化实现立法和改革决策相衔接,做到重大改革于法有据、立法主动适应改革和经济社会发展需要。对不适应改革要求的法律法规,要及时修改和废止。② 全国人大常委会 2021 年 6 月 10 日表决通过《海南自由贸易港法》,并已付诸实施,这已经为海南自贸港法规体系的构建奠定重要基石,尤其是该法第 10 条等有关条款已明确海南自贸港法规的重要制定主体,即海南省人大及其常务委员会成为自贸港法规体系的重要构建者,强化和明确海南省人大及其常务委员会的构建自贸港

---

① 中共中央、国务院:《海南自由贸易港建设总体方案》,《人民日报》2020 年 6 月 2 日第 1 版。

② 《中共中央关于全面推进依法治国若干重大问题的决定》,《人民日报》2014 年 10 月 28 日第 1 版。

法规体系的主体责任,成为促进和保障自贸港法规体系得以持续不断努力实施和完善的主体责任保障。这正如中央"12号文件"所明确规定,自贸港各项改革政策措施,凡涉及调整现行法律或行政法规的,经全国人大或国务院统一授权后实施。中央有关部门根据海南自由贸易港政策需要,及时向海南省下放相关管理权限,给予充分的改革自主权。海南省人大及其常务委员会,作为自贸港法规体系的基本主体定位是既定的永恒的,其推进自贸港法规体系的构建责任也是永恒的,具有永恒的定力,这便是自贸港法规体系得以顺利构建的重要保障机制。

(五)社会力量关注度和维系度

习近平总书记"4·13重要讲话"发表和中央"12号文件"发布后,海南掀起建设中国特色自由贸易港的热潮。建设海南自贸港,打造持续优化、法治化、国际化、便利化的营商环境和公平统一高效的市场环境,成为举世瞩目的关注点。海南自贸港的硬件环境建设与改善,虽然一直是受到高度的关注,然而自贸港法治保障、政策制度与法规体系等软件环境建设与完善,乃是"内行人士"更为关注的问题,具有强烈的关注度。有关自贸港法规体系的构建路径及其进程,也由此成为社会关注度极高的热点,涉及自贸港营商环境法治化程度的一个重要指标和关注点。促进强化和提升社会力量对自贸港法规体系构建的关注度,并聚焦和助力自贸港法规体系的构建,推进形成自贸港法规体系建设的社会认知度和强大合力等等,都是直接涉及自贸港法规体系构建的保障机制重要因素。尤其是当下强烈关注我国2021年3月已加入RCEP(区域全面经济伙伴关系协定,该协定已于2022年1月1日生效),并于2021年9月申请加入CPTPP(全面与进步跨太平洋伙伴关系协定)。RCEP和CPTPP机制之下,自贸港法规体系将遭受全面的挑战,自贸港法规体系如何适应这两大多边贸易机制的法治规则新要求,创制自贸港法规体系的新规则新秩序,成为一个迫不及待的新问题。

构建中国特色自由贸易港法规体系,并不是海南自贸港建设的主要目的,而是为了促进自贸港创建优化、市场化、便利化、国际化、法治化的营商环境,实现自贸港透明化、公平化、高效化、自由竞争的市场环境。自贸港法规体系,是建设中国特色自由贸易港所不可缺少的法治环境基本要素之一。世界上经济较为成功的城市或发达地区,无论是新加坡、迪拜等自贸港,还是充满高度经济自由的纽约、伦敦、东京等世界著名金融城市,都高度重视和享有秩序稳定、法治昌明、执法公正、法制透明、法治化的营商环境。构建自贸港法规体系,正是推动自贸港营商环境法治化的前提条件和必经之路。充分认知自贸港法规体系的属性及其特色性,既是构建中国特色自贸港法规体系的基础和立足点,也是促进制定和完善自贸港法规的核心内容和基本方向。《自贸港法》强化推动促成自贸港政策和制度体系的抓手,而且成为自贸港建设充分彰显权威实力和法治保障力的软环境要件。海南正在全力全面推进实施《自贸港法》,推动自贸港建设全面纳入到法治轨道上行稳致远,强化和加快构建自贸港法规体系涉及许多方面内容领域的立法。《自贸港建设总体方案》明确"614"制度,成为构建自贸港法规体系的主要内容和重点方向。自贸港基本制度特色中国化、经济形态机制开放化、社会治理机制透明化、经贸活动规则国际化等等,成为中国特色自由贸易港法规体系的基本特征。

习近平新时代中国特色社会主义思想,是指引新时代海南自贸港建设伟大新征程、新实践、新指南。海南自贸港建设的根本目标,就是在习近平新时代中国特色社会主义思想的指引下,"推动形成更高层次改革开放新格局,建立开放型经济新体制,促进社会主义市场经济平稳健康可持续发展。"这就是构建中国特色自由贸易港法规体系的指导思想。对标自贸港国际高水平经贸规则、紧扣中国特色社会主义法治原则、符合海南自由贸易港法治创新原则、推进制度集成创新法治促进原则、防范自贸港风险法治规制原则等,成为构建自贸港法规体系的基本原则。自贸港建设"两步两分"规划,已为构建自贸港法规体系提供了立法规划的前提基础,自贸港建设2025年重点任务成为构建自贸港法规体系的规划重点内容,《自贸港法》是构建自贸港法规体系的规划依据和基准,构建自贸港法规体系的领导协调保障机制等等,这些形成构建自贸港法规体系建设的顶层设计。有关自贸港法规体系的具体组成内容,可考虑构建有关自贸港自由便利制度、政府与社会治理体系制度集成创新、风险管理控制体系、生态环境保护和自然资源开发利用、现代产业发展和竞争政策、"三区一中心"战略协同发展、其他协同配套等方面的法规。制定海南自贸港法规体系(2021—2025),是具体实施和落实《自贸港法》的具体立法行动,更是构建自贸港法规体系的行动规划和指南方向。分步骤分阶段规划制定自贸港法规,是构建自贸港法规体系的基本步骤安排的核心。2025年前重点任务主要集聚在六大自由便利制度体系构建工作安排,以及强调有序推进开放进程,推动各类要素便捷高效流动,促成适时启动全岛封关运作等十八个方面工作的法规规划。2035年前,自贸港更要进一步强化实现数据安全有序流动。

自贸法规体系的构建路径,其顶层设计不仅仅强化自贸港建设具有国家战略视野及其战略规划的国家层面意义,而且具有更多涉及国家重大战略布局和发展定位等要素内容。其顶层设计路径,在于理解把握习近平总书记"4·13重要讲话"、中央"12号文件"和《自贸港法》《自贸港方案》等有关涉及自贸港建设的政策制度和法治建设等最为核心内容的"四梁八柱"顶层规制,凸显海南自主行使立法权的构建路径,高度重视海南与国务院有关部门"会同立法"路径等。把握自贸港法规体系科学性和完整性、自贸港法规的适当性和适时性等,成为防控自贸港法规体系的构建风险的重要环节。

第六章 中国特色自贸港对标国际经贸规则立法论

第一节 自贸港对标国际经贸规则立法理性认知

《自贸港法》开启了新时代海南全面深化改革开放的法治引领、促进及保障的新序幕。该法第10条明确海南享有规定制定自贸港法规的权限内容,这将有利于促成海南自贸港法规体系,有助提升海南自贸港建设的软实力。随着自贸港建设的不断深入,封关运作工作已进入关键性阶段,各类新问题、新需求、新困扰日益涌现,对中国特色自贸港法治体系的建构也提出了全新的要求①。推进实施海南"1348"战略框架,充分结合构建海南自贸港"614"制度实际情况,对标最高水平的国际经贸规则,制定海南自贸港法规,促成海南自贸港法规体系,加快构建完善海南自贸港法治体系,营造海南自贸港一流的法治环境。

一、自贸港对标国际经贸规则的立法依据

建设中国特色海南自贸港,亟需创建开放型经济新体制。对标最高水平的国际经贸规则,充分利用海南自贸港立法权优势,创新自贸港法治秩

---

① 刘云亮:《中国特色自由贸易港法规体系构建论》,《政法论丛》2021年第6期。

序,营造自贸港市场化、国际化、法治化的优质营商环境。市场经济本质上也是一种法治经济,"法治是最好的营商环境"①,自贸港建设要强化推进法治建设,尤其是在"一线"放开、"二线"管住监管模式下,亟需探究认知海南自贸港立法权,充分把握《自贸港法》第10条规定"自贸港法规制定权",研究创优海南自贸港法规制定权的行使路径等问题。

(一)海南自贸港建设亟需更充分的立法授权

海南自贸港作为全国全面深化改革开放试验区,要"加快建设具有世界影响力的中国特色自由贸易港"。自贸港建设,要"把制度集成创新摆在突出位置,解放思想、大胆创新,成熟一项推出一项,行稳致远,久久为功"。制度集成创新,成为自贸港建设重中之重,依法推进自贸港建设,须促进自贸港法治建设,探寻自贸港法治创新路径。习近平总书记"4·13重要讲话"和中央"12号文件"与《自贸港法》第7条规定,都明确国家支持海南自由贸易港建设发展,支持海南省依照中央要求和法律规定行使改革自主权。海南"要以制度创新为核心,赋予更大改革自主权,支持海南大胆试、大胆闯、自主改,加快形成法治化、国际化、便利化的营商环境和公平开放统一高效的市场环境。"②推动自贸港法治创新,需要有相应的立法授权,以便保障支持海南依法行使改革自主权。

《自贸港法》明确海南全岛设立自贸港,海南全岛包含80%农村地区和60%少数民族区域。如此表明,建设全岛自贸港,完全不同于新加坡等。中国特色,国际经验,海南定位,海南优势,改革创新,风险防范,成为建设自贸港的关键词。③海南省第八次党代会提出加快建设具有世界影响力的中国特色自由贸易港,打造"三极一带一区"区域协调发展新格局,在全省一盘棋、全岛同城化的基础上,坚持陆海统筹、山海联动,打造形成北部以海口为

① 习近平:《在中央全面依法治国委员会第二次会议上的讲话》,《人民日报》2019年2月26日第1版。
② 王春业:《论我国"特定区域"法治先行》,《中国法学》2020年第3期。
③ 《自贸港法》第3条载明的"六个关键词",即中国特色、国际经验、海南定位、风险防范、新发展理念、国家安全等。

核心的产业经济中心,南部以三亚为核心的热带滨海旅游区域经济带,中西部热带雨林和山区为显著样貌的民族特色区域。① 海南省八次党代会提出了"一本三基四梁八柱"战略框架,从根本上表明海南需推动创新法治引领、促成和保障中国特色自贸港"614"制度。

海南需要发挥自贸港立法权的独特优势,充分对标国际高水平经贸规则,制定自贸港法规体系。《自贸港法》实施两年多来,海南省人大常委会已经制定《海南自由贸易港公平竞争条例》等 24 部自贸港法规,加快构建自贸港法规体系,重在改革创新、产业发展和生态保护的立法,以实际行动推进构建自贸港法规体系,彰显海南行使自贸港立法权的实践效用。经济特区和自由贸易港虽都属于实行一些特殊优惠政策的经济功能区域,但自由贸易港是当今世界最高水平的开放形态,是经济特区发展到更高阶段的产物,以打造法治化、国际化、市场化的国际一流营商环境,实现全球最高水平开放形态为终极目标。经济特区法规和自贸港法规尽管也都属于授权立法的形式,但各自侧重点和特色都有所不同,经济特区法规主要囿于经济活动领域事项,适用的范围也相对窄小些。自贸港法规调整的事项范畴则聚焦自贸港建设和管理活动,其内容则更加广泛,往往不限于经济活动领域,还涉及自贸港管理体制创新、市场运行机制、社会管理事务等有关建设和管理活动,更加聚焦对标全球最高经贸规则的贸易投资活动,两者都是一定时期满足特殊战略目标所需的法治创新形态。

(二) 自贸港立法创新促升法治水平

世界著名的自贸港都有一个共同的特点,即市场高度开放、贸易投资高度自由便利、法治保障充分、社会发展水平较高等领先特征。自贸港与自贸区不同,前者更加强调制度集成创新和更高开放水平,打造国际化、市场化、现代化的产业体系和一流的营商环境。《自贸港方案》明确自贸港实施"614"制度,构建与其相适应的自贸港法规体系,是提升自贸港法治水平的

---

① 臧昊、梁亚荣:《论海南自由贸易港立法权的创设》,《海南大学学报(人文与社会科学版)》2021 年第 5 期。

基本前提。享有并充分利用自贸港立法权,则是实现自贸港法治创新发展的基本要求。科学规划构建自贸港法规体系,是推进自贸港法治建设的重要内容。促进发展自贸港现代产业体系及其法治保障,是自贸港现代法治秩序构建的先行先试、探索优化规则所在。诸如中国香港、新加坡作为国际上发展较为成功的典型自贸港,其经济发展水平、营商环境和法治环境都处于世界领先水平,海南自贸港法治创新须对标最高国际经贸规则,打造市场化、国际化、法治化的营商环境,重在优化自贸港法治环境。

国家制定全国层面的统一性法律,为国内各省市经济发展提供了相对统一的法律依据和法治保障。然而,各地市场经济发展水平及其有关条件差异较大,显现法治环境及其法治治理水平也都不同,自贸港建设需要有更高的法治创新要求,作为国内改革开放最前沿和制度集成创新最前沿的自贸港,其法治创新水平有更高目标。[①] 建设中国特色自贸港,需要有与其对应的中国特色法治保障,《自贸港法》赋予海南自贸港承担我国开放型经济"试验田"历史使命,授权海南拥有特殊的立法创制权和变通权,其根本目的在于赋予更大的改革自主权完成国家新时代改革开放的战略任务,[②]也是遵循我国《宪法》第 3 条关于中央和地方职权划分的规定,充分发挥地方的积极性、主动性和创造性,闯出中国特色自贸港建设的新时代中国特色社会主义法治发展道路。

（三） 自贸港立法创新推动形成高水平开放形态

法治创新是自贸港体制创新的灵魂和核心,立法创新是自贸港法治创新的根本保障和动力。自贸港立法体制创新是立法创新的根本需求,也是推动自贸港制度集成创新的决定性保障。建设中国特色自贸港,探索构建自贸港立法制度,强化法治领域的多维度创新,以高水平法治助推自贸港高质量发展。综观国际著名自贸港,都拥有充分自主的立法权,确保制定港内

---

① 刘云亮、许蕾:《海南自由贸易港法规的体系定位与衔接分析》,《重庆理工大学学报（社会科学版）》2021 年第 5 期。

② 龚柏华:《中国自由贸易试验区到自由贸易港法治理念的转变》,《政法论丛》2019年第 3 期。

货物和船舶可以自由出入、人员自由流动、资金自由进入,进口货物享受关税豁免政策等相关法律制度,充分自主的立法权促进立法创新,有力全面推动自贸港高质量发展。赋予自贸港立法授权,是可循可鉴的,海南经济特区授权立法 30 多年的实践证明是完全成功可行的。无论是海南建省办经济特区的授权立法实践,还是自由贸易试验区建设的各种逐一授权事项,都已证明经济特区授权立法极大促进经济特区经贸法治创新发展,实现我国改革开放的先行先试的立法创新法治。自贸港亟须有最为创新、最为先进的经济形态发展理念,要求有超前的创新法治思维①。《自贸港法》赋予海南享有自贸港法规立法权,充分彰显了创新授权立法权限和事项促进自贸港建设发展的重要性。

建设中国特色自贸港,迫切需要构建与最高开放水平相适应的法治体系,《自贸港方案》已明确 2025 年、2035 年目标任务,尤其是强调根据国家战略需要,逐步探索、稳步推进海南自贸港建设,分步骤、分阶段建立自贸港的政策和制度体系,这表明自贸港政策制度体系需要与法治体系相协调相促进。推进中国特色自贸港建设,正在加快自贸港封关运作,需要破除现有法律体制中不相适应的内容和瓶颈。自贸港建设全方位体系往往涉及国家事权的基本事项,面临着强化改革创新与坚持传统守法主义间的紧张关系。② 海南自贸港建设突出强调以制度集成创新为核心,自贸港对法律、行政法规等上位法变通需求会更加强烈,政策和管理体制创新的内容往往容易与上位法规定相矛盾。《自贸港法》仅仅就海南发展提供一种制度框架的建构,涉及具体领域的制度创新则应有授权性的自贸港法规来因地制宜设计,从而保证高水平开放的特殊区域有与之对应的立法权限加以保障。③ 经济特区授权立法对海南在建设全国最大的经济特区、国际旅游岛和自由

---

①　卢腾达:《用足用好海南经济特区立法权路径研究——以中国特色自由贸易港背景下完善法治保障为视角》,《人大研究》2020 年第 8 期。

②　谭波:《海南自由贸易港法规的体系定位与衔接分析》,《重庆理工大学学报(社会科学版)》2021 年第 5 期。

③　刘云亮:《家族信托财产的法律价值及规制》,《山东师范大学学报》2020 年第 1 期。

贸易试验区的实践中发挥了法治先行和制度保障的关键作用。[①] 随着中央"12号文件"明确海南"三区一中心"发展定位,经济特区立法权难以适应新时代海南对标国际最高标准的经贸规则,融入全球经济治理体系的新要求,无法创设自贸港新体制新优势,亟待扩充自贸港立法授权,促成自贸港法规体系。

此外,与自贸港建设有关的经贸、税收、海关、金融、外贸、纠纷解决机制等基本制度,涉及到我国《立法法》第11条规定的法律保留事项。[②] 从经济特区到自贸港发展转型,法治建设必然面临着新挑战和新要求。经济特区法规一定程度上受限,无法触及《立法法》有关国家立法保留的内容,通过特别立法授权,促使自贸港法规逐渐改变了自由贸易试验区逐项授权立法的局限性,真正在投资、贸易及管理活动事项上实现国家事项一揽子授权法治化和规范化。同时,与特区法规相比,自贸港法规更加聚焦更多创新内容,具有针对性、补充性和创新性,也是对经济特区立法权的补充完善,更有利自贸港构建开放型经济体制的新目标。

二、自贸港对标国际经贸规则的立法底线

设立海南自贸港,要促进实现更高开放水平的示范区和法治创新的新标杆。自贸港法治创新发展的必然趋势,在于探究自贸港立法权的创设。其焦点在于如何在国家法治统一基础上协调好中央与地方立法事权分配。[③] 关键是制定自贸港法规既要充分对标国际最高水平的经贸规则,又要坚持和彰显中国特色。在横向方面,还涉及特殊经济功能区域授权立法与其他地方法治公平的问题。[④] 规制自贸港立法权问题,涉及处理好以上

[①] 蔡宏波、钟超:《中国特色自由贸易港的营商环境与法治建设》,《暨南学报(哲学与社会科学版)》2021第6期。

[②] 刘亮、邹立刚:《海南自由贸易港立法的框架性制度创新探析》,《海南大学学报(人文社会科学版)》2020年第3期。

[③] 胡加祥:《我国自由贸易港建设立法模式研究》,《法治研究》2021年第3期。

[④] 王建学:《海南自由贸易港法制定思路的学理阐释》,《天津大学学报(社会科学版)》2021年第4期。

几种关系等问题,需要科学认知把握如下关系:

（一）自贸港立法创新与国家法治统一关系

《自贸港法》第 10 条规定了海南自贸港法规制定权。这引发学者质疑,这赋予新型立法权限,会不会影响社会主义法治统一,会不会产生合宪性的质疑?[1] 也有人认为,《自贸港法》存在立法体系定位不精准,授权立法权限来源不明晰、保留条款不健全等,认为《自贸港法》第 1 条并未明确其制定依据是宪法"表述",会影响社会主义法律体系的完整性和权威性。[2] 还有学者指出,赋予自贸港法规立法权的特殊性会对现有的法律体系造成一定程度的挑战,中国特色自贸港建设的法治创新会冲击既有的社会主义法律制度,在投资、贸易及其管理活动的事权上进行先行先试立法的创新实践往往会与上位法内容相矛盾从而产生规则的位阶冲突。

社会主义法制统一,一般指形式法治意义上的统一性和协调性。[3] 传统的立法理论认为,在法制层面上,法治统一首先是要求下位法不能与上位法相抵触,其次是下位法内容和上位法要保持统一相似,要在上位法的幅度里做出规定,否则可能就会因为与上位法抵触而被撤销或宣告无效。在立法层面,基于对特定区域,如改革创新发展新高地的自贸港,法治统一的内涵不宜简单定义,需重新解读,给予自贸港创新发展新定位,以便发挥其先行先试和制度集成创新的作用。做如上的新解读,并不影响社会主义法制统一原则,也有利于完善与发展社会主义法治体系。如果一味的要求该特殊区域法制的内容与上位法的内容完全一致,则会导致地方法治体系建设变得机械僵化,使得自贸港授权立法难以发挥实质的作用,不利于自贸港法治创新发展,打造具有国际竞争力的营商环境。

摆脱传统教条式法制统一原则,坚持与时俱进,科学定位社会主义法制

---

[1]　李德旺、叶必丰:《地方变通立法的法律界限与冲突解决》,《社会科学》2022 年第 3 期。

[2]　王建学:《改革型地方立法变通机制的反思与重构》,《法学研究》2022 年第 2 期。

[3]　周叶中:《论习近平关于依法治国和依规治党相互关系的重要论述》,《政法论丛》2021 年第 4 期。

统一的原则和精神,不能一味认为下位法内容与上位法不一致就认为违反了国家立法层面的法制统一。① 差别化的规定,关键在于有没有国家层面的授权和认同。海南自贸港法规立法权的正当性,源于全国人大常委会制定《自贸港法》充分授权,是为实现国家重大战略安排而做出的自贸港法治设计,也是推动自贸港法治建设现代化水平的重要途径。例如以我国港澳地区的法律制度为例,虽与内地分属不同法系,司法体制上,也有自己独立的司法权和终审权,但是基于中央立法认可,也是社会主义法制统一的体系范畴。海南自贸港法规制定权也是源自《自贸港法》规定,仍强调坚持党中央领导和维护国家法制统一原则。

（二） 自贸港立法创新需与对标国际高水平经贸规则的协同

我国《宪法》第 5 条第二款和第五款规定,国家维护社会主义法制统一和尊严,任何组织和个人都没有超越宪法、法律的特权。我国《立法法》也明确立法平等的基本原则,因而,坚持平等,反对特权是我国社会主义法制的基本属性,全国人大及其常委会也很少涉及特定地方的专项立法。除了香港和澳门基本法之外,原则上处于同等省级行政区划之间的立法权是平等的,体现在立法事项的权限和地方立法权的制定主体一致性。② 有部分学者认为,《自贸港法》允许海南拥有自贸港法规立法权,引发学界对于海南自贸港法规制定权的诸多疑问。例如海南与其他省在立法事权配置上的问题,海南居民是否与我国其他地方的居民有本质上的区别？ 使其认为违反了立法的公平性和平等性原则。③ 有学者认为,《自贸港法》让海南获得在地方立法上的优先权,是否会影响我国未来在其他地方设立自贸港的可能性,进而阻碍了进一步创新发展的步伐。④ 还有学者提出,新时代自贸港

---

① 邓和军:《海南自由贸易港法纠纷解决相关规定探讨》,《海南大学学报（人文社会科学版）》2021 年第 4 期。

② 王瑞贺:《海南自由贸易港法释义》,法律出版社 2021 年版,第 105 页。

③ 胡加祥:《我国建设自由贸易港若干重大问题研究》,《太平洋学报》2019 年第 1 期。

④ 齐爽:《我国内陆地区探索建设自由贸易港的多维度思考和现实考量》,《中州学刊》2021 年第 11 期。

内涵定位和空间布局应当重新定义,体现区域协调发展的根本原则,应将自贸港建设的地理布局从沿海区域拓展到内陆地区,从而实现区域间的均衡发展。

海南自贸港对标国际高水平的经贸规则,需要推进法治创新发展,更需享有高度充分的立法授权,推进自贸港立法创新。海南自贸港处于南海重要战略要地,更是我国面向太平洋和印度洋开放的重要窗口。随着《区域全面经济伙伴关系协定》(RCEP)生效,海南作为我国面向 RCEP 各国开放的最前沿区域,海南自贸港对标 RCEP 经贸规则,加速法治创新,加快打造法治化、国际化、现代化的营商环境。海南充分运用自贸港立法权,促进贸易投资等领域加强法治创新,强化法治引领和保障作用,发挥海南自贸港作为我国与东盟在疫情结束后深度开展经贸合作与交流的战略枢纽优势。

（三）　自贸港立法创新须做到"三个坚持不动摇"

中国特色是海南自贸港最根本属性,是中国特色社会主义法治制度优势。[①] 习近平总书记 2022 年 4 月 13 日在海南视察调研发表重要讲话,提出"三个坚持不动摇"原则。一是坚持党的领导原则不动摇。改革开放尤其是党的十八大以来,中国特色社会主义法治建设所取得的一系列成就都是在党的坚强领导下完成的,以习近平同志为核心的党中央不断加快推进改革开放,不断扩大中国特色自贸试验区的改革自主权,正在全面推进中国特色自贸港建设的伟大实践。所以坚持党的领导原则是海南自贸港用好用足地方立法权的最根本保障,是推进自贸港法治创新的首要原则。二是坚持中国特色社会主义制度不动摇原则。海南建设自贸港要坚持中国特色,借鉴国际经验,符合海南发展定位。中国特色,成为《自贸港法》第三条载明的"六个关键词"之首,已充分表明中国特色的重要定位和中国特色社会主义制度根本属性。《自贸港方案》也明确了海南自贸港建设要坚持中国特色社会主义道路,以人民为中心。构建自贸港法规体系尽管主张以最高国

---

① 杜尚泽等:《探索试验蹚出一条路子——记录习近平总书记赴海南考察调研》,《人民日报》2022 年 4 月 15 日第 1 版。

际经贸规则为对标导向,涉及贸易投资活动等重点领域内容的市场化、国际化、法治化,但是更要彰显完善中国特色社会主义法治体系的自贸港法治创新实践。自贸港创新立法的运用,不仅要借鉴国际经验,更要坚持中国特色社会主义制度,立足海南发展战略定位,强化风险防控的底线思维,确保海南自贸港法治体系建设的正确方向。三是坚持国家安全不动摇原则。自贸港立法创新是构建开放型经济的迫切需要,是坚持对外开放的基本国策所需,也是对标最高国际经贸规则的新趋势。海南自贸港在贸易、投资、金融、人员流动、入出境等领域实施一系列自由化和便利化的政策制度。上述领域亟需自贸港立法创新,创制相应的法治新秩序,充分体现了对标国际通行做法和经贸规则的新要求。同时,我们在进行多维度、全方位法治创新时,也要强化统筹风险防控,强化风险防控体系建设,提高域外风险识别的能力,尤其是在防范境外意识形态风险渗透、打击走私逃税、涉海违法犯罪等领域的法治创新规制。在维护国家安全的基础和前提下,推进自贸港建设行稳致远,真正做到"既能全面放开,也能有效管住"的法治秩序。

三、自贸港对标国际经贸规则的立法困境

如何充分发挥自贸港立法权作用,成为自贸港法治建设的重要问题。海南建省办经济特区近 40 年来,成功运用经济特区立法权,促成海南经济特区法规体系。海南建设中国特色自贸港,本就前所未有的创新之举,《自贸港法》依法引领、促成和保障自贸港建设,推进实施"1348"战略框架,更需要探寻立法创新的优化路径,及时推出自贸港法规。当下自贸港如何推进法治创新,关键在于如何充分有效实施自贸港法规的制定权,促进优化自贸港立法创新的路径。实践当中,由于自贸港立法授权事项的不明确、自贸港治理理念创新不足、自贸港法规效力位阶定位不明等,导致自贸港立法创新的优化路径难寻等困境。诸如如下:

(一) 自贸港立法权限存在模糊性

《自贸港法》第 10 条规定自贸港法规制定权的性质众说纷纭,存在不同的定性认知。2021 年 9 月 29 日海南省人大常委会表决通过一批以海南

自由贸易港为名的《海南自由贸易港公平竞争条例》《海南自由贸易港社会信用条例》《海南自由贸易港优化营商环境条例》《海南自由贸易港反消费欺诈规定》等四部地方法规。学界对于自贸港法规的定位和性质有了重新的审视，也引发相关不同的争议。① 有学者撰文提出，由于自贸港法规制定权在宪法和法律层面的依据不足，导致海南自贸港立法权限规范属性不明；《自贸港法》第10条规定的授权立法权限，到底是经济特区法规，还是自贸港法规，两者根本区别点在哪，经济特区立法权和自贸港立法权的性质上存在诸多识别困难②，导致自贸港立法存在立法实施上的困境。有学者从法律保留、不同立法权的选择、自贸港法规变通权三个方面，分析自贸港法规在立法实施上的困境。立法制定事项可以涉及《立法法》中的国家法律保留范畴，但自贸港法规立法程序和实体规则过于粗疏，难以在中央事权和地方立法自主权间作出均衡的协调。③ 在一般地方立法权、经济特区立法权、自贸港法规制定权三种不同立法权的选择上，海南省人大及其常委会可以根据所制定的法规内容及其调整对象、是否存在创新性等情形，来选择确定适用那类立法权，在此方面的选择条件、标准方面仍不够清晰。在自贸港法规变通权限上，《自贸港法》规定也缺乏清晰，这导致自贸港法规制定权适用增添许多未知数，对上位法的变通标准限度也缺乏明晰。

　　上述争议和分歧产生的主要原因在于，2015年新修订《立法法》未对新型的特殊功能经济区域的立法权做出前瞻性的规定。在坚持全面改革开放和社会主义法治相统一的道路上，推进中国特色自贸港建设，亟需明确自贸港法规立法权限的范畴精准性和规范来源的合宪性。这是海南自贸港未来在诸多领域先行先试，积极发展探索，实现最高水平开放目标亟待解决的重

① 刘云亮、卢晋：《中国特色自贸港对接CPTPP经贸规则的可行性基础及法律对策研究》，《西北民族大学学报(哲学社会科学版)》2022年第6期。

② 《自贸港法》虽然明确海南可以在自贸港建设和管理等贸易投资活动进行自主立法，制定自贸港法规，但在哪些具体立法事项、权限等方面却未能明确规定，显得立法权限事项等情形较为模糊不清。

③ 徐雨衡：《正确改革方法论的基本内核——改革、试错与法治的关系》，《人民论坛》2018年第13期。

点问题。因为法律语言的概念模糊性本身就容易导致不同主张分歧,也容易存在一定的误区倾向。例如直接以海南自贸港为名的条例,其名称表述的不规范容易产生混淆不同地方法规的区别定义,也影响了自贸港法规体系构建的统一性和完整性,导致法治观念认知发生偏差。根据《自贸港法》第 10 条规定,自贸港法规制定权的运用如果超出法律保留的范围,应当履行报请批准的法定程序,以 2021 年 12 月海南省人大常委会通过的《海南自由贸易港征收条例》为例,由于对非国有财产征收属于《立法法》规定的法律保留事项,但根据实践观察来看,暂无具体迹象表明其已向全国人大常委会征求具体意见或履行报批手续,如果将其视作自贸港法规立法权行使的结果,则容易混淆不同地方立法权的种类,甚至弱化经济特区法规立法权的配置。

（二） 自贸港法规变通权"变"与"通"的衔接困境

变通立法是中国特色社会主义法律体系和海南自贸港法治创新实践的时代产物,《自贸港法》已为海南自贸港立法变通权行使提供了重要依据,对法律、行政法规的内容进行依法变通,并向全国人大常委会和国务院备案时做出说明。自贸港与经济特区、出口加工区、综合保税区、自由贸易试验区相比,在目标定位、发展模式、政策体制、社会治理等方面有较大的差异性。海南依据《自贸港法》创制自贸港法规时,结合自贸港立法创新的实际情况需要,有必要调整法律、行政法规的部分内容规定时,可能会因为在某些领域开展先行先试而需制定一些与上位法有差异的规范内容。因此,需要明确具体可以变通立法的需求情形。如何兼顾变化和通灵则是一组重要的辩证课题,即要做到变得了也行的通。① 《自贸港法》第 10 条第三款规定海南自贸港可以就国家法律或行政法规事项,做出变通规定,可第 10 条的变通权限于投资、贸易及其管理活动,使得可变通的事项难以和《立法法》第 11 条规定的十一种基本事项形成有效衔接,难以发挥出变通权的先行先

---

① 《自贸港法》第 10 条第三款规定"海南自由贸易港法规涉及依法应当由全国人民代表大会及其常务委员会制定法律或者由国务院制定行政法规事项的,应当分别报全国人民代表大会常务委员会或者国务院批准后生效。"

试先变通的优先价值。此外,在当今全国统一大市场和 RCEP 一体化大背景下,自贸港法规对上位法的变通权也面临诸多挑战,《自贸港法》第 10 条立法变通条款真正实施困境。① 海南经济特区 36 年来,充分运用经济特区立法权,进行变通性立法,虽然发挥了一定的积极作用,但在用灵、用巧、用足的立法创新度上仍有许多空间。根据国家法律法规数据库检索可知,截至 2021 年 6 月 1 日,现行有效的海南经济特区法规共 67 部,占全省所有地方性法规总数仅为 20.3%。在涉及立法内容上,涉及领域虽较广,但管理性规范的内容居多,以促进投资贸易自由便利、产业发展、优化营商环境为主的经济领域事项的规范内容并不多。

从统筹国际国内双循环发展来看,我国正积极推进 RCEP 协定实施,也为加入《全面与进步跨太平洋关系协定》(CPTPP)作积极努力沟通。这表明"区域经济一体化"的趋势下,高度统一的规则秩序将促成统一的要素大市场,在关税、市场准入、监管标准、人员流动等方面高度相近的规则,也使得自贸港特殊政策和地位受到一定影响。② 国内构建统一大市场进程也在积极推进,2022 年 4 月 10 日,中共中央、国务院发布《关于加快建设全国统一大市场的意见》(简称《大市场意见》),明确提出要加快建设全国高效规范、公平竞争、充分开放的统一大市场,从战略全局高度上明确了我国未来建设全国统一大市场的规划蓝图。可见,不论是国内国际双循环发展趋势,还是 RCEP 和 CPTPP 一体化发展模式,都将推动贸易投资规则的统一性。所以,自贸港对标国际最高水平经贸规则而创新立法或变通立法,则会加速其国际化进程,促进自贸港快速发展升级,充分显现自贸港变通立法的创新性和先行先试的"闯劲"精神。然而,这种变通的"闯劲"却较容易引发损害国家法制统一和权威的质疑。

(三) 自贸港法规效力的认同难度

设定自贸港立法权,赋予海南省人大及其常委会充分享有自贸港法规

---

① 郑毅:《设区的市级地方立法权的改革与实施》,法律出版社 2020 年版,第 68 页。
② 赵鹏、曹文轩:《海南:自贸港建设稳步推进》,《人民日报》2022 年 7 月 12 日第 2 版。

制定权,又要强调国家法制统一,这就是均衡辩证关系问题。事实上,适用全国人大常委会授权立法,就涉及中央立法与地方立法关系平衡问题。如何统筹特殊经济功能区的地方自主创新立法权限与加强权力约束是一个长期性的辩证课题。① 2019 年 3 月,全国人大常委会启动《自贸港法》立法调研工作,理论界与实务界就围绕海南自贸港立法权限展开讨论,探究如何在国家法制统一前提下,协调好中央统一管理权与海南改革自主权的关系问题。

从法律位阶上看,海南自贸港法规可以界定为地方性法规,但基于立法权限上的特殊性又区别于一般的地方性法规;从权力属性来源上看,《自贸港法》规定海南省人大及常委会遵循宪法规定和法律、行政法规的基本原则,就贸易、投资及管理活动,制定自贸港法规。事实上,制定自贸港法规,更多也从成熟的政策性文件等转化而来,需注重政策和法规之间的效力衔接关系。《自贸港法》明确了自贸港法规的立法模式,一定程度上破解了自贸港立法创新的困境,创制全新的地方立法形式,明确了自贸港法规效力仅仅适用于海南自由贸易港。这也为海南自贸港立法创新提供了更加有利的条件和空间,鼓励海南更加充分发挥自贸港法规制定权的优势。

海南建设中国特色自贸港,不仅要在立法权限上拥有更多自主权,在司法实践的法律适用位阶性上,也应有一定的灵活权限,尤其在不同的地方法规适用上,把握自贸港法规的效力位阶的优先性问题。我国《行政诉讼法》第 63 条明确了人民法院审理行政案件以法律、行政法规和地方性法规为依据,参照规章。该条规定明确了人民法院审理案件的规则适用标准和态度,对于同时拥有经济特区法规立法权和自贸港立法权的海南自贸港,由于经济特区法规调整的内容和事项与自贸港法规有许多的交叉重叠性,《自贸港法》虽未直接明确自贸港法规的效力内涵和位阶,然而,海南自贸港地方法院在审理同时涉及经济特区事项和自贸港事项的案件中,在法律、行政法

---

① 郭文涛:《重大改革授权特别授权机制应遵循授权明确性原则》,《甘肃政法大学学报》2022 年第 2 期。

规都没有规定的情况下,法院是以经济特区法规为裁判依据,还是以自贸港法规作为裁判依据,还是两者都同时适用,区域中不同的法院可能会产生一定的裁判分歧。自贸港法规和经济特区法规相比,更多体现着突破和改革创新,自贸港法规对标国际通行规则的属性,其创新效力及其影响力都该更加宽泛。未来随着自贸港封关后更高要求的发展需要,会在以贸易投资活动自由便利为重点,创制许多在全国具有超前性的制度规范,显现出海南司法法律法规适用,更加注重此类具有超前性的自贸港法规,其效力更需享有"优先适用"之认同状态。

四、自贸港对标国际经贸规则的调法调规路径

自贸港立法权的设置,致力推动创新自贸港立法新优势,加快促成自贸港法规体系。《自贸港法》第10条等有关规定,不仅明确自贸港立法的三种情形①,而且也涉及"会同立法"内容规定,诸如《自贸港法》第13条第二款、第17条第二款、第19条、第20条第一、二款等,都涉及有关"会同立法"情形,需要高度重视海南与国务院有关部门"会同立法"路径优化问题等。事实上,推动自贸港调法调规工作,也是实现立法创新的重要路径。

（一）党的领导和法制统一是自贸港调法调规优化路径的前提与基础

党的十八届四中全会通过《中共中央关于全面推进依法治国若干重大问题的决定》(简称《依法治国决定》),明确将"党的领导"作为依法治国的首要原则。《自贸港方案》把坚持党的集中统一领导作为体现"中国特色"原则的根本内容,"中国特色"是中国特色社会主义道路的基本特征。

自贸港法规制定权,作为一种较为崭新的地方立法权,其立法权限和适用的事项,比经济特区立法权的适用更加宽泛,有些内容也许会涉及《立法法》第8条的十一种应当制定法律的基本情形,这势必会对社会主义法制

---

① 自贸港法规立法权行使的三种情形,即自贸港法规的制定、备案和变通性立法等。

体系的统一性造成影响,因此,自贸港法规的创制权和变通权的运用,集中体现在自贸港调法调规,必须坚持党的领导,以习近平法治思想为根本指导,稳定有序推进自贸港调法调规,促成创新立法新路径,构建自贸港法治体系。中共海南省委 2021 年 8 月通过《关于坚持以党建引领海南自由贸易港建设的意见》,其目的就是为高质量高标准建设海南自由贸易港提供坚强政治保证。党的领导和法制统一,推动自贸港调法调规,推动法治建设创新的根本要求,党建引领自贸港立法工作的具体方式。例如省人大立法规划和调研工作、年度立法计划等项工作,都要报告和请示中共海南省委。立法项目与调法调规的内容,涉及自贸港建设重大项目及关系重大改革发展的重要议题,应及时报告中共海南省委。在坚持党把方向、管大局、促发展、督落实的基础上,充分发挥党领导自贸港调法调规、创新立法路径的丰富性、灵活性和创新性。

强化党中央、国务院对海南自贸港法治建设的顶层设计。2019 年 2 月 25 日习近平总书记主持召开中央全面依法治国委员会第二次会议通过《关于全面推进海南法治建设、支持海南全面深化改革开放的意见》(以下简称《海南法治建设意见》),就新时代海南法治建设进行全面的顶层设计。党中央关于海南自贸港建设的部署决策是经过统筹考虑、科学谋划后确定的,自贸港法规制定权的运用要以海南正在全面推进实施的"1348"战略框架为基本立足点,推进海南自贸港建设,促进海南自贸港法治建设。① 坚持国家法制统一原则下,充分运用发挥自贸港法规制定权的积极作用,灵活运用自贸港法规变通权效用,两者融合促成自贸港调法调规的重要内容。这彰显了既要坚持中国特色法律体系的统一性,又要发挥自贸港先行先试的调法调规创新变通新优势,调动各方参与自贸港建设的积极性,使海南自贸港法治体系建设在坚持党的领导、全面依法治国和全面深化改革开放三者融合的基础上,实现法制统一和行稳致远。

---

① 宋才发:《地方立法的功能、权限及质量》,《社会科学家》2022 年第 3 期。

（二）自贸港调法调规的创新立法变通立法的规范性新趋势新发展

海南自贸港立法创新，是有一系列规范性要求的，其立法创新路径并不是任性随意的。自贸港法规制定权基于自贸港制度集成创新的实际需求而设置的，是新时代全面深化改革开放的重大战略发展需要。《依法治国决定》论述了改革与法治的相互关系，提出重大改革要于法有据。在统筹先行先试改革和全面依法治国的背景下，自贸港法规制定权是国家赋予海南在打造开放型经济，扩大对外开放新格局的特殊法规制定权，也是重大改革事项授权模式的新内容。《海南法治建设意见》已就自贸港法治建设进行顶层设计，提出制定《自贸港法》和自贸港法规制定权的配置的建议，要求制定海南自贸港法规，要结合中国特色自贸港建设实际，不仅要遵守宪法规定和法律、行政法规的基本原则，而且还要坚持《立法法》第 10 条规定的"立法明确性原则"，这成为《自贸港法》第 10 条规定内容的立法事项笼统模糊的弥补与修复，也成了对自贸港立法权的有效监督。"立法明确性原则"实际上成为自贸港法规制定权"规范性"要求，也是自贸港调法调规，推动创新立法内容的路径规范。

重大改革授权"立法明确性原则"，要求自贸港立法的运行要遵循可预测性、可操作性、可审查性，也是法安定性的根本要求。[1] 自贸港通过调法调规，实现立法创新，重点在于贸易投资及管理活动，其制定自贸港法规也更多显现与上述内容。因此，自贸港调法调规的立足点在于推动创新自贸港"614"制度内容新法治，也有相应的规范性要求，基于维护国家法制统一和处理好法治与改革的关系，这有助规范自贸港立法创新规范性可循，遵循立法明确性的法理精神，即体现以人民为中心的立法理念，彰显自贸港立法创新的人民性、公益性和共享性的本质属性。《立法法》保留事项的明确性，又为自贸港调法调规的创新立法预留调法空间和变通立法范畴明

---

① 熊勇先:《论海南自由贸易港法规制定权及其行使》,《暨南学报(哲学社会科学版)》2022 年第 8 期。

晰。自贸港法规可以触及,哪些不能超出授权范围是《宪法》和《立法法》有关权力制约原则要求,旨在防止地方立法权脱离中央的监督产生滥用的风险。

此外,自贸港调法调规仍遵循必要性及比例原则,通过自贸港调法调规,实现变法创新,其本身要求有相应创新内容要求,须界定自贸港调法调规的内容创新度、创新比例等问题。界定海南地方立法法规类型选择适用问题,创新度不强时,可以选择适用海南省地方法规,创新度较为显著时,则选择采用自贸港法规,创新度较弱则采用经济特区法规形式,如此显现法规创新度与立法类型选择的关联性。当经济特区法规或省级地方性法规运用足以达到预期调整的目标时,不宜过多行使自贸港法规制定权,显现了自贸港法规应当明晰其与经济特区法规的差异性,避免同质化调整某一事项,体现要注意把控自贸港法规运用程度,把握党规和政策的灵活性、补充性和试验性优势。

（三） 自贸港调法调规的创新立法精细化路径

自贸港调法调规彰显立法创新的微调细调路径创新,调法调规是有针对性和一定选择性的。自贸港法规的制定类型,无论是系统性、整体性立法,还是某个方面的细小的"小切口、小快灵"立法,都会因其创新属性归类,确定不同的立法路径。2020 年在中央全面依法治国工作会议上,习近平总书记指出,"要丰富立法形式,既可以搞一些大块头,也可以搞一些小快灵,增强立法的针对性、适用性和可操作性"[1]。构建海南自贸港法规体系,既要加快自贸港法规体系的"大块头"立法,又要抓自贸港法规体系的"小快灵""小切口"立法,同时适时适宜推动自贸港调法调规。前者具有鲜明的系统性、整体性的立法,后者更多显现出灵活性、且能够解决最实际的具体小问题的立法。为了全面实施推进海南"三区一中心"国家战略,推出制定"大块头"立法具有重要意义,要突出"小切口,立短法,短而精"也很有现实意义。后者立法形式具有"小切口,立短法,短而精""小快灵"特

---

① 习近平:《论坚持全面依法治国》,中央文献出版社 2020 年版,第 63 页。

征,最切合实际、接地气的立法,最能将立法做到"小而精"。推动自贸港调法调规,则凸显创新立法的精细化细微变法的发展需求,使其实施效力更有针对性、可操作性和执行性。

海南自贸港调法调规的创新立法精细化路径,主要体现在两大方面:一方面是立法理念。要坚持对标最高国际经贸规则和自贸港高质量高水平发展的实际需要,构建自贸港法规体系,注重打造具有世界影响力的中国特色自贸港。另一方面是具体立法创新项目和内容。要做到立法选题精准、内容明确、表述规范、能有效解决实际问题的"小快灵""小而精"立法。据此,考虑到自贸港法规立法权的实施运用尚处在起步阶段,实践中的问题还有待观察,仍要进一步提升立法的精细化程度,不断提高立法的应用技术和能力,继续坚持"为需而立,立以致用"。根据全国人大常委会法工委发布的关于 2021 年备案审查工作情况报告显示,2021 年共收到报送备案的规范性文件共计 1921 件,其中经济特区法规 40 件①,无海南自贸港法规报送备案或批准的数据。但《自贸港法》实施以来,截至到 2023 年 7 月,海南省人大常委已制定出台了 24 部与自贸港建设相关的配套地方法规,而且在《自贸港法》正式审议通过之前海南已通过经济特区立法权制定了 5 部与自贸港相关的法规②,涉及投资贸易、科技创新、产业发展、公共安全等领域。自贸港"小切口,短而精"的立法特点,其精细化立法可以最切实际解决自贸港建设中的难点和热点问题,为"大块头"立法积累成功经验。例如,2022 年 9 月 29 日海南省第六届人大常委第 38 次会议通过的《海南自由贸易港药品进口便利化若干规定》,是海南坚持以"小切口、精细化"的立法思路,充分运用自贸港立法权,以立法创新推进贸易便利化的具体方

---

① 沈春耀:《全国人民代表大会常务委员会法制工作委员会关于 2021 年备案审查工作情况的报告——2021 年 12 月 21 日在第十三届全国人民代表大会常务委员会第三十二次会议上》,《全国人民代表大会常务委员会公报》2022 年第 1 期。

② 2021 年 6 月 10 日《海南自由贸易港法》颁布施行前,海南省人大常委运用经济特区立法权制定了《海南自由贸易港博鳌乐城国际医疗旅游先行区条例》《海南自由贸易港消防条例》《海南自由贸易港三亚崖州湾科技城条例》《海南自由贸易港海口江东新区条例》《海南自由贸易港国际船舶条例》等 5 部与自贸港建设有关的地方法规。

式,在进口药品领域缩短时效,有利于让人民群众共享在自贸港开放便利环境下的制度红利。

中国特色自贸港建设,不仅要让广大人民群众共享改革发展的红利,彰显中国特色自贸港人民性特征的核心本质,而且自贸港立法活动也要调动广大社会团体、专业机构和人民群众积极参与,考虑到自贸港立法活动涉及的领域广、内容庞杂、程序繁琐,需要具备较强的专业性和技术性,因此需要提升公众参与立法的积极性,发展全过程人民民主,重视第三方科研机构或团体的参与立法论证的强度。以海南省地方立法为例,①《海南省制定与批准地方性法规条例》第 12 条第三款之规定,实际上就是强调要构建多元性的地方立法制定起草机制,为公众参与立法提供了制度上的保障,以满足一般性立法的普遍性要求和重大性立法的专业性需求,以保证地方立法的实质性和高质量。例如海南省地方立法机构的生态环境立法工作,已从体制机制上实现了第三方科研机构起草,《海口市万绿园保护规定》就是委托海南大学法学院负责起草的。因而,应在全面贯彻"全过程人民民主"基础上争取团结岛内外各民族群众共建共治共享自贸港建设的市场化、国际化、法治化的一流营商环境。

(四) 自贸港调法调规对标国际高水平经贸规则的国际化路径

海南自贸港是新时代我国全面深化改革开放的试验区,对标国际最高水平经贸规则,实施贸易投资自由便利制度。建设海南自贸港不仅仅借鉴国际先进的成功经验,而且还要探寻中国特色自贸港国际化的发展道路,探寻自贸港作为世界最高开放的经济形态所需要的法治引领、保障机制,如此对标而促进实施自贸港调法调规,实现借鉴国际经验的法治化路径。当下世界著名的自贸港,其法治成功经验几乎源自英美法系,其司法保障机制也是与英美法系相适应的案例法国家,如中国香港、新加坡的法治实践,已表

---

① 《海南省制定与批准地方性法规条例》第 12 条第三款:专业性较强的法规草案,可以吸收相关领域的专家参与起草工作,或者委托有关专家、教学科研单位、社会组织起草。其他国家机关、政党、社会团体、企业事业组织和公民可以向有地方性法规议案权的机关、人大常委会有关工作机构提出地方性法规草案建议稿。

明法治环境是自贸港实现优化营商环境的重中之重。海南自贸港调法调规的目的,在于对标定位推动形成更高层次改革开放新格局,建立开放型经济新体制。改革开放,是自贸港设立的起点,也是自贸港调法调规的国际化路径导向,持续创新推动自贸港对标国际最高水平经贸规则。自贸港积极融入全球化发展,是迎合国际化大趋势的重要一环①。《自贸港方案》提出了构建"海南自由贸易港法治体系",明确了自贸港法治建设的目标。《自贸港法》也明确了自贸港立法权,这为构建自贸港法治体系奠定了重要基础,也为海南自贸港法规体系的构建提供了立法创新的根本依据,有助于发展海南的地方法治体系。② 从效力位阶上来看,自贸港法规应当高于或等同于经济特区法规,高于一般地方性法规,低于民族自治法规。③ 自贸港法规也更多发挥和承载对标最高水平国际经贸规则的功能。充分发挥自贸港调法调规的创新立法优势,聚焦和适应数字经贸发展和国际知识产权保护的新要求,促进智慧海南建设法治保障,构建自贸港法规体系,加快建设具有世界影响力的中国特色自贸港。

　　海南建设中国特色自贸港,推动建立开放型经济新体制,亟需构建自贸港法治新秩序。世界最为开放经济形态的自贸港,需要法治创新引领、促进和保障。《自贸港法》充分彰显我国新时代全面深化改革开放试验区"先行先试"等重大举措,纳入到依法治国战略实施体系中来。自贸港法治创新,构建自贸港法治体系,营造自贸港市场化、国际化、法治化一流营商环境。自贸港调法调规的创新立法优势,是推进自贸港法治创新的动力源,探索自贸港法规制定权及其实施调法调规的保障机制、路径等,关键在于推动《自贸港法》第 10 条及有关自贸港立法条款内容实施。从自贸港立法权限、立

---

① 崔凡:《国际高标准经贸规则的发展趋势与对接内容》,《人民论坛·学术前沿》2022年第 1 期。

② 王建学、张明:《海南自贸港法规的规范属性、基本功能与制度发展—以〈宪法〉和〈立法法〉为分析视角》,《经贸法律评论》2021 年第 4 期。

③ 刘云亮、卢晋:《RCEP 视域下中国特色自贸港国际化建设的法治路径》,《广西社会科学》2022 年第 7 期。

法授权机制、变通立法、法规备案制度、法规体系、法治体系等一系列问题，探寻自贸港立法创新的理念和路径优化。面对自贸港建设的种种挑战，唯有敢于解放思想，敢想敢闯，大胆推动立法创新，先行先试，构建自贸港法治新体系。

第二节　自贸港对标 RCEP
规则立法创新研究

《区域全面经济伙伴关系协定》（RCEP）的签署及生效，标志着我国对外开放进入新的里程碑阶段，对我国加快构建新发展格局，有效利用国内国际双循环带来的资源价值和广阔市场，推动海南自贸港政策叠加效应释放来应对当前挑战具有重大现实意义。2021 年 12 月 23 日，国务院常务会议指出，经过国内国际相关方共同努力，RCEP 已于 2022 年 1 月 1 日正式生效实施。要支持企业抓住协定实施的契机，增强参与国际市场竞争力，进一步提升贸易和投资发展水平，倒逼国内产业升级。2022 年 1 月 1 日，根据协定的规定，RCEP 在中国、澳大利亚、日本和 6 个东盟国家先行生效，其余国家也将陆续生效实施。RCEP 正式落地实施，标志着全球最大的自由贸易区正式形成，是东亚经济一体化建设近 20 年来最重要的成果，是多边主义的阶段性胜利，有利于区域内成员国开展多方面、宽领域的交流互动与合作，在后疫情时代给成员国各方带来经济复苏的稳定预期。

目前，学界已取得研究成果指出 RCEP 生效后海南自贸港面临的新契机与新挑战[①]，也有研究成果主要聚焦于 RCEP 从谈判完成到最终签署与中国特色自由贸易港（以下简称中国特色自贸港）建设的国际背景，两者适逢保护主义和单边主义抬头，自由贸易体系处于遭受"去全球化"逆流冲击

---

① 吕越、李启航：《区域一体化协议达成对中国经济的影响效应——以 RCEP 与 TPP 为例》，《对外经济贸易大学学报》2018 年第 5 期。

的特殊时期①。RCEP 全新经贸规则与传统世界贸易组织(WTO)贸易协商机制的比较研究,主要基于全球经贸治理格局重构、亚太区域先行经贸规则整合、自贸港建设如何融入全新的区域贸易新体系。RCEP 正式生效后,经济学界和法学界相关研究主要集中于 RCEP 主要内容、核心条款的内涵探析和全面解读,研究涵盖全球约三分之一经济体量的新型国际协定的显著特征,指出协定生效意味着促成区域经济集团化,为全球经济自由和多边主义注入强大动力,加快促进国际经济治理规则重塑和多边贸易体制革新;进一步阐述建设中国特色自贸港,是适应新时期全球经济一体化形式和国际经贸规则变革的前瞻性布局和创新式尝试;分析 RCEP 生效后将会叠加海南自贸港的综合优势并倒逼自贸港加快自身制度建设转型,适应国际经济新形势的变动,提升自贸港建设的国际化水平。2021 年 6 月 10 日,第十三届全国人民代表大会常务委员会第 29 次会议通过《中华人民共和国海南自由贸易港法》,该法开宗明义规定"建设高水平的中国特色海南自由贸易港,推动形成更高层次更高开放新格局,建立开放型经济新体制,促进社会主义市场经济平稳健康可持续发展。"如此可见,主动对标 RCEP 等国际经贸规则,积极参与全球经济治理体系活动,成为海南自贸港建设的国际化路径指明了方向。海南自贸港立足体现中国特色,借鉴国际经验,围绕海南战略定位,发挥优势,推进制度集成创新,强化风险防控,推动构建自贸港法规体系,促进自贸港法治体系建设。海南自贸港应借助 RCEP 全新经贸规则框架下的多边治理体系,打造与国际接轨的治理新体系和发展新格局。笔者旨在从法治层面全面和深入地分析 RCEP 形成的现代化、高标准经贸规则内容对海南自贸港实现高水平国际化建设目标的影响和作用,以期为该领域研究作出有益镜鉴。

一、RCEP 彰显区域经贸规则国际化发展的法治价值

与传统的自由贸易协定不同,RCEP 是一项以现代、全面、高质量、互惠

---

① 李世泽等:《RCEP 对中国(广西)自由贸易试验区建设的影响及其对策》,《广西社会科学》2022 年第 2 期。

为主要精神的经济伙伴关系协定,不仅体现了区域经济一体化发展的新格局,更是体现了区域内经贸治理规则和自由贸易秩序相统一的新趋势。RCEP 作为全球最大经贸规模的协定,其成员国包括发达国家、发展中国家和最不发达国家①。RCEP 给予最不发达国家合理的差别待遇,兼顾各方利益。在 RCEP 的平等、开放、包容、协调的原则推动下,中国海南自贸港与东盟各国在经贸、人文、环境、社会治理等方面开展更加深入和广泛的国际交流合作。在 RCEP 的助推下,国际经贸规则出现新变革,将引领新一轮全球经贸治理规则发生新变化、新发展,推动法治全球化的新进程。

(一) RCEP 是捍卫贸易自由化和维护多边主义的宣言书

RCEP 经过多轮的谈判、协商、签署再到最终生效,对东盟十国及区域内的非东盟国家而言,不仅是达成了一份区域性的自由贸易协定,更是签署了一部划时代意义的宣言书。在 RCEP 框架下,国际经贸规则得以重塑,以开放包容、渐进灵活为主要内容的发展理念来推进区域经济集团化的深入和强化,是捍卫贸易投资自由便利化和打造制度开放型贸易体制的全新发展模式。作为一个具有前瞻性、战略性、全球视野性的区域自由贸易协定,RCEP 给新冠疫情背景下全球经济的复苏注入"强心剂"。近年来,世界经济开始呈现出区域经济一体化的趋势,面对全球区域经济集团化的深入,我国为了打造更高质量、更深层次的开放型经济体制,提升全球经贸规则制定的话语权,适应经济全球化的发展,开始创新对外贸易合作的新形式,通过更加高效的区域化发展,加快与东盟各国形成区域经济战略伙伴关系,同时加强与东亚国家的深入合作交流,充分释放地区经济合作的活力,发挥区域自由贸易协定在各国经济社会发展和经济体制改革中的关键作用,从而顺利开展了新一轮经济合作层面的谈判与协商工作,通过达成东盟主导下的《区域全面经济伙伴关系协定》来实现各国长远的发展

---

① 1971 年,联合国大会通过了设立最不发达国家作为国家类别的相关决议。根据联合国发展委员会 2015 年制定的标准,联合国主要通过三个标准评估最不发达国家:人均国民收入标准(GNI);人力资产标准(HAI);经济脆弱标准(EVI)。各国必须连续两次在联合国发展委员会的三年审查期中达到三项标准中的两项才能退出最不发达国家的认定。

目标,增进各国人民福祉,坚定各国保持开放合作和维护多边贸易体系的政治自信。

当前,世界范围内贸易保护主义、单边主义不断抬头,中美贸易摩擦加剧,新冠疫情阻碍全球经济循环畅通,公平、规范、互惠的国际贸易秩序遭受逆流冲击,甚至难以保持过往的开放性发展,这是经济全球化和国际正常贸易发展的历史性倒退。RCEP 正式落地生效,对冲了全球化逆流,是践行多边主义和经济自由化的重要成果。因此,亚太区域内不同国情和发展水平的国家间要在坚持多边主义原则的基础上,加强相互间的开放与合作,进一步落实 RCEP 的内容和精神,增强各国对实施好协定内容和精神的政治信心,稳定区域间的发展合作。

（二）RCEP 革新了国际经贸规则体系的框架与内涵

当前国际经贸合作呈现全方位、多层次、多领域的特点,基于贸易、投资、服务一体化发展的国际贸易趋势下,中国与东盟各国准确把握了国际经贸合作变革的新趋势,将处于不同发展水平的国际主体通过求同存异、合作共赢的方式来推进区域经济一体化合作,体现国际经贸高标准、自由贸易高水平,集投资、贸易、服务一体化的 RCEP 正式形成。

RCEP 是国际经贸格局变革与创新发展的最新形态,是实现"三位一体"自由便利化的重要窗口,代表着亚太地区在全球经贸规则体系里形成了亚洲国家主导的区域经贸新秩序。RCEP 形成了高度开放、自由便利的国际投资与贸易新规则。在货物贸易自由化方面,RCEP 成员国在坚持开放、普惠、互通的基础上,通过四种税收优惠模式,即立即零关税、过渡期零关税、部分商品降税以及例外商品,力争在 10 年以内实现缔约国之间大多数商品实现零关税和跨境自由流动①。在服务和投资方面,RCEP 的开放性和国际化程度更高,结合 RCEP 各成员国之间经济结构的差异性,制定了相

---

① 根据 RCEP 第一章货物贸易和第四章海关便利化的规定,成员国之间将实现 90% 的货物贸易零关税与比世贸组织要求更高的服务市场开放水平。货物贸易方面,RCEP 零关税产品数量整体超 90%,大幅度降低区域内贸易成本和商品价格,还要求成员国采取预裁定、抵达前处理等措施,实现货物 48 小时内通关。

对统一且互补的国际投资规则内容,促进各成员国间资本、技术、劳动力等要素自由有序流通。同时,逐步降低市场准入门槛,将原产地规则、海关程序、检验检疫、技术标准等方面形成了统一的国际化标准①,为各国在完善本国自由贸易与投资的法律制度和政策体制提供了标准化的国际方案。RCEP还纳入高水平的知识产权保护条款,该章节是RCEP中涵盖内容最广泛、最全面的章节。拓展了全世界范围内知识产权保护的范围和领域,全面提升全球知识产权保护水平,充分体现了当今国际社会对于知识产权保护发展的新趋势和新要求②。总体而言,RCEP可以比作是亚太版的世界贸易组织规则,其生效运作成熟之后将为WTO经贸规则改革提供方案和架构参考。

（三）RCEP是推进新型经济全球化进程的强劲动力

2017年5月14日,习近平主席在"一带一路"国际合作高峰论坛开幕式上发言,提出"建设开放、包容、普惠、平衡、共赢的经济全球化"③。RCEP形成了区域内的统一、开放、包容的规则体系,是实现全球贸易壁垒由强到弱的表现形式,旗帜鲜明地推进经济全球化发展,缓和单边主义和贸易保护主义。RCEP作为区域内的一个经贸规则"结合体",做到了进一步延伸和拓展区域经贸合作,初步形成了区域经济"新型经济全球化"的新雏形④。全球化首先表现的结果是经济全球化,而当今国际社会区域性的经贸合作和人文交流较为频繁,区域性的自由贸易协定也在逐步取代全球性的自由贸易协定成为国家间经贸合作的新方式,积极尝试发展现代家族财产

---

① RCEP第八章对服务贸易作出了规定,共25条。致力于消除跨境服务贸易的限制性、歧视性措施,其中,日本、韩国、澳大利亚、新加坡、文莱、马来西亚、印度尼西亚等7个国家采用负面清单进行承诺,而中国等8个国家采用正面清单进行承诺,同时也承诺在协议生效后6年内,把目前服务贸易承诺开放的正面清单转为负面清单。

② RCEP第11章知识产权章节中涵盖了著作权、商标、专利、地理标志、外观设计、遗传资源、传统知识和民间文艺、反不正当竞争、知识产权合作执法、合作、透明度、技术援助等广泛领域,其整体水平相较《与贸易有关的知识产权协定》有所加强。

③ 习近平:《携手推进"一带一路"建设》,《人民日报》2017年5月15日第3版。

④ 韩升、王朋朋:《RCEP背景下我国在经济全球化发展中的角色定位及策略选择》,《长白学刊》2022第3期。

信托业,适度推进自贸港离岸金融业务,也是积极发展国际金融业的重要内容之一①。近几年,美国前任总统特朗普实施的"美国优先"战略、美国对华发起的贸易摩擦,基于此背景下,许多区域内地缘相近、经济依存度高的国家开始加强经贸合作联系,经贸合作区域主义逐渐成为主流,区域性合作主义正在成为推动新一轮经济全球化的最大力量。

　　RCEP各成员国基于共同的发展目标和未来长远的利益考量,在经过多年和多轮的正式谈判后真正达成了"经贸一体化"的经济伙伴协定,适应了世界新型经济全球化发展的新方向。RCEP包含了序言和20个章节,在货物贸易规则、服务贸易和投资规则、自然人跨境移动规则、跨境电子商务发展规则的基础上通过实行了统一、开放、透明的经贸规则体系,显著提升了投资规则、政策制度的明确性和可预期性,通过科学合理的制度环境来提高区域内经济自由化的程度。相较于欧美国家主导的《美国——墨西哥——加拿大协定》(USMCA)和美国退出后由日本主导的《全面与进步跨太平洋伙伴关系协定》(CPTPP),RCEP更加注重各成员国之间对"灵活性"和"高标准"的要求,采取分阶段、渐进式的方式逐步推进协定的落实,一定程度上既满足日本、韩国、澳大利亚等发达国家的利益需求,也充分照顾柬埔寨、老挝等欠发达国家的发展现状。而USMCA、CPTPP是全方位、排他性、立即性、高要求且严格的自由贸易协定,其在劳工保护标准和环境规则、竞争政策、知识产权监管、互联网规则和数字贸易均设定了严格的高标准,这对签署协定的发展中国家而言超出了自身发展水平和承受能力而难以融入。RCEP在某种程度上是在当今国际经济形势复杂多变的背景下,推动全球化行稳致远前行的理想模式,将处在不同政治模式、法律制度、经济水平、社会环境的主权国家通过合理均衡的规则整合,一定程度上减少各国由于制度、法律、环境的差异而产生的矛盾和冲突,是各成员国适应国际化发展和全球化进程的必然要求。

---

① 刘云亮:《家族信托财产的法律价值及规制》,《山东师范大学学报(社会科学版)》2020年第1期。

二、自贸港对接 RCEP 经贸规则的立法创新原则

作为我国对外开放的高地,海南自贸港的建设原则之一是借鉴国际一流自贸港发展的先进经验,引进国际自由贸易发展的先进技术、管理办法和制度安排,形成具有国际竞争力的政策体系和制度模式。当前,RCEP 的正式实施推进了区域经济一体化的进程,区域合作方兴未艾,经济全球化正朝着新的方向发展,精准把握国际经贸发展规律和构建符合自贸港发展的国际要素,是海南自贸港实现国际化营商环境的应有之义。

（一）加快海南自贸港与国际接轨进度

从全国最大的经济特区到自由贸易试验区的设立,再到探索建设中国特色的自由贸易港,海南自贸港建设对标国际主要自贸港和最新国际经贸制度,思想的解放在其建设过程中发挥着关键作用。海南建省办经济特区之初,各方面生产要素都十分缺乏,全国各地十万人到海南发展,最不缺的是敢闯敢试、勇于实践的激情,展现了海南经济特区发展 36 年以来敢为人先、埋头苦干的特区精神。提升自贸港建设水平能够促进不同外资引入的压力测试[①],促使国际化建设达到新水平和新高度,使其能够在新一轮经济全球化中受益,这是思想不断解放、改革创新的系统性过程。在这一过程中,加强意识形态领域的思想解放是成功的决定性因素,意味着原先阻碍和束缚社会发展的旧观念、旧思想被摒弃,从而推动发展理念向求真务实、实事求是的方向转变。党的十一届三中全会后,我国进入了改革开放和社会主义现代化建设的新时期。1984 年 2 月邓小平同志在视察广东、福建、上海等地时提出:建立经济特区,指导思想要明确,在政策上不能收,而是放。作为国防前哨的海南因改革开放而生,拥有改革开放的深厚基因,由于自身的经济体量和基础有限,要实现从一个欠发达地区向全球较高国际竞争力的自贸港跨越,必要实现解放思想和全面改革开放的同步,以思想解放促开放、促发展、促改革,从根本上转变把海南作为国防前哨而封闭建设的指导思想,将自身政策优势和自然优势转化为现实的生产力。

---

① 杨力:《论外商投资立法的竞争性牵引与治理》,《政法论丛》2021 第 4 期。

20 世纪 90 年代后,经济全球化趋势日益明显,许多国家的经贸来往通过世界市场的日益紧密联系在一起。2008 年全球金融危机后,以 TPP 为代表的区域自由贸易协定不断出现,世界经济格局呈现"区域集团化"态势。尤其是美国前总统特朗普在任期间,推行贸易保护主义,试图破坏现行以多边主义为核心的国际贸易规则,强力推行"美国优先"战略,加之新冠疫情也对全球经济造成连续冲击,在疫情和贸易保护主义的双重叠加压力下,亚太地区各国凝聚共识,寻求全面的区域经济合作以应对挑战,推动 RCEP 从签署到落地生效,彰显了亚太地区各国普惠包容的合作理念和渐进务实的开放原则,在坚持国际高标准的同时,保持适度和包容,倡导"地区开放主义"的精神。习近平总书记在党的十九大报告中指出,和平与发展仍是时代主题,要坚决摒弃冷战思维,走对话而不对抗的道路。[①]当今,以 RCEP、CPTPP 为代表的国际化大型自由贸易协定,推动了全球新一轮的经贸变革,代表了全球区域发展理念的最新导向。海南自贸港建设是服务于国家发展的大战略,也是我国新时代经济发展史的新一轮思想解放,自贸港要适应 RCEP 生效后投资贸易活动和经贸规则国际化的演变走向,不仅要发挥政策效应,也要积极解放思想,在服务贸易和现代化产业体系的发展上先行先试,对标先进找差距,走在全国前列。

（二）推进海南自贸港政策和制度体系更加符合国际新标准

伴随着世界政治、经济发展阶段演变及关税制度变迁,自由贸易港的地理区位和功能定位已发生较大变化,经历了由转口型、出口加工型、综合型再到当今的跨区域港产城融合的四代代际演化[②]。高水平的国际化特征是自由贸易港建设的必然要素和发展导向,适应全球化发展导向是海南自贸港打造"三区一中心"的核心要义和根本目标。面对国际环境的"逆全球化"趋势加剧,海南自贸港作为全球开放层次最高的区域和新时代引领改

---

①　习近平:《决胜全面建成小康社会　夺取新时代中国特色社会主义伟大胜利——在中国共产党第十九次全国代表大会上的报告》,《人民日报》2017 年 10 月 28 日第 1 版。

②　朱福林:《海南自由贸易港高质量发展:阶段性成果、瓶颈因素与突破路径》,《经济学家》2021 年第 6 期。

革开放举措的新高地"脱颖而出",助推区域集团化发展。

习近平总书记"4·13 重要讲话"指出,海南自贸港建设要体现中国特色并借鉴国际经验。① 中央"12 号文件"明确了海南"三区一中心"战略定位,提出海南经济特区要加快创新国际旅游消费中心体制机制建设,推进旅游消费国际化的新要求和新使命。海南省人民政府和海南省委组织部先后印发了《海南自由贸易港境外人员参加职业资格考试管理办法》《2020—2025 年海南省全面提升公务员外语水平行动方案》,统一境外技术人才的认定标准,不仅在全国层面有进步意义,也与 RCEP 鼓励成员国就互认专业资质开展对话谈判的协定要求一致;倡导全省公务员提升外语水平,加快形成与自贸港建设相适应的国际化公职人员队伍。根据《海南自由贸易港建设总体方案》(以下简称《总体方案》)的决策部署,自贸港建设的总体目标是要分阶段、分步骤逐步建成具有较强国际影响力的高水平自由贸易港,其确立的"614"制度重视与国际自由贸易港的先进经营方式、管理方法和制度安排相接轨。

借鉴"先立法、后设港"的国际通行模式,海南自贸港建设遵循了"法治先行"的国际主流做法。2022 年 1 月 17 日,全国人大常委会发布《中华人民共和国海南自由贸易港法》(以下简称《海南自由贸易港法》,Law of the People's Republic of China on the Hainan Free Trade Port Order of the President of the People's Republic of China),这是我国立法史上首次专门针对特定地区出台英文版的专门性法律,充分展现了海南自贸港的国际化包容视野,主动适应法律全球化和积极融入全球经贸环境的开放态度。海南自贸港建设适用《海南自由贸易港法》,在坚持"一线放开、二线管住"的基础上②,立足于海南实际,兼顾与国际经贸规则的接轨,在贸易自由便利化、市场准入、关税制度、人才引入等方面对标中国香港、新加坡等国际先进自由贸易港,在

---

① 即"海南建设自由贸易港要体现中国特色,符合中国国情,符合海南发展定位,学习借鉴国际自由贸易港的先进经营方式、管理方法"。

② 即"一线放开"是指海南自由贸易区与境外之间的经济活动充分自由;"二线管住"是指货物进出海南自由贸易区要进行有效管控。

贸易投资领域也基本做到了与 WTO、RCEP 规则相衔接,进一步彰显我国对外开放、推动经济全球化决心的客观要求。

（三）促进区域经济合作一体化下海南自贸港的新探索

由于 WTO 多哈谈判受阻,全球开启了新一轮国际自由贸易谈判。尤其是 CPTPP、RCEP 等国际自由贸易协定的签署,推动了国际双边贸易和多边贸易体制改革,全面深化全球范围内投资贸易自由化①。可见,区域经济一体化已成为世界各国深化投资贸易自由化,引领"新型经济全球化"发展的驱动要素②。虽然当前经济全球化发展进程放缓,但速度放缓并不会阻碍未来经济全球化发展的正面走势,经济全球化的趋势并没有改变③,因此,以区域集团化为核心的"新型经济全球化"趋势,更能精准地定位真正的经济全球化进程。随着区域性经贸合作成为国际经贸合作的主流形式,一系列跨区域间的投资和贸易自由贸易协定谈判被提上议程,面对"逆全球化"的不断抬头,优化中国与东盟的自贸区建设尤为重要,RCEP 成为了推动中国与东盟深化经贸合作的强劲动力,反映了亚太区域开放性、包容性及非排他性的地区合作理念,推进经济全球化的合作方式、格局主导、重心区域发生了更深层次的变革④。RCEP 生效后世界经济发展格局和秩序将面临全新变化,国际经贸规则也面临着大调整,RCEP 自由、开放、便利的投资贸易制度和环境、宽松便利的人员出入境管理政策、高标准的知识产权保护水平、高效便利的数据跨境流通规则,对处在面向全球开放的新高地的海南自贸港而言,无疑是机遇与挑战并存。区域经济一体化趋势下,自贸港的

① 严瑜:《新型经济全球化是世界繁荣发展之道》,《人民日报（海外版）》2022 年 1 月 1 日第 6 版。

② 新型经济全球化的具体体现在全球经贸合作取向呈现地区化趋势,在 2008 年经济危机之后,随着英国脱欧、中美贸易摩擦加剧,经济全球化速度开始回落,逆全球化开始抬头。以 TPP、CPTPP（TPP 前身）、RCEP 为代表的近距离经贸合作的区域主义增强并推动经济全球化进程。

③ 詹姆斯・多尔蒂、小罗伯特・普法尔茨格拉夫:《争论中的国际关系理论》,阎学通等译,世界知识出版社 2003 年版,第 106—113 页。

④ 张乃根:《国际法上的多边主义及其当代涵义》,《国际法研究》2021 年第 3 期。

优势地位也逐渐被动摇,全球其他地区的一些自贸港因应对策略不足或者为了顺应区域经济一体化发展,放弃自贸港自身的特殊地位。例如,曾是世界规模最大的经济自由区德国汉堡自由港,在2013年正式关闭。

面对RCEP全新规则带来的新挑战,海南自贸港在当前"新型经济全球化"的国际背景下,应明确自身合理的发展定位,加强制度集成创新,加快完善与国际投资贸易规则相适应的自贸港法规体系,形成具有国际化、法治化、便利化的一流和优质的营商环境。2022年1月26日,商务部等六部门联合出台《关于高质量实施〈区域全面经济伙伴关系协定〉(RCEP)的指导意见》,提出要利用好RCEP的市场开放承诺规则,推进国际合作标准,充分发挥海南自贸港的政策和RCEP叠加效应。海南也成立了国际高水平经贸规则研究工作专班,出台《海南省落实〈区域全面经济伙伴关系协定〉(RCEP)20条行动方案》①,为本省形成国际经济竞争合作新优势、引领和推动本省高水平开放与高质量发展作出行动部署。另外,2021年中国海南与RCEP其他成员国的贸易总额占海南对外贸易总值的39%,东盟已成为海南未来最重要的对外贸易市场之一。随着海南自贸港建设的开放层次、辐射效应、制度建设等方面将更加优化和全面,海南将成为以高标准引领区域经贸合作的国内创新示范区域。

三、自贸港推进实施 RCEP 经贸规则的主要挑战

主动引领、对标、适应高标准国际经贸规则和适应经济全球化的新趋势,借鉴国际自由贸易港的成功经验,是加快提升中国特色自贸港国际化水平的必经之路。海南自贸港在加强立法顶层设计、政策运作、深化制度型开放等环节上,积极对标RCEP高水平经贸规则,取得了一定成效,但在推进实现国际化高水平自贸港建设进程中仍存在不少阻碍和困境,主要体现在

---

① 海南省委、省政府高度重视实施 RCEP 的新机遇和新挑战,先后成立由各职能部门组成的国际高水平经贸规则研究工作专班,省政府在扩大货物贸易规模、创新服务贸易规模、推动双向投资和跨境产业链合作、深化区域一体化和互联互通水平、推动制度创新和优化营商环境等五个方面出台20条落实举措。

如下方面。

（一）内需增长动力不足，区域城乡发展水平不协调

海南自贸港建设的范围是海南岛全岛，探索建设一个全域型的中国特色自贸港。海南自贸港作为创造世界一流、引领性和制度性开放的新高地，其建设和发展具有重大意义。与新加坡等国际知名自贸港不同，海南是要在一个全岛土地面积包含大部分农村的省情下建设自由贸易港，在全省陆地面积里包含了80%的农村地区，60%的户籍人口、20%的产业在农村。站在国际化发展的视角下，未来海南致力打造海南自贸港成为我国面向太平洋和印度洋重要开放门户的目标，仍存在诸多现实瓶颈和堵点。

建设海南自贸港是我国一个全新的课题，关系到岛内各区域发展和海南自贸港建设的成效。因此，海南自贸港在对接融合 RCEP 经贸规则标准、深化与东盟各国的经贸人文交流、加强投资贸易便利化有关的信息共享过程中，如何处理好自贸港建设下城市与农村的关系，坚持高质量发展的新要求，是自贸港实现综合国际化、现代化水平的一大新课题。

（二）自贸港法规体系建设国际化水平有待增强

高度现代化、市场化、国际化的自贸港法规体系是海南自贸港分阶段、分步骤实现自贸港政策和制度体系的发展目标之一，聚焦投资贸易自由便利，迎合国际贸易发展新趋势，亟待促成与国际经贸新规则相适应的自贸港法规体系。[1] 从中央"12 号文件"对于海南自贸港"三区一中心"的全新战略定位和建设具有世界影响力的国际旅游消费中心的长远目标来看，当前"小切口""立短法"的法规体系模式，与对标国际高标准经贸规则体系存在一定差距。海南自贸港在打造以自贸港法为基础的法规体系建设过程中要更加注重高标准、高质量对接 RCEP 核心贸易规则，尤其在 RCEP 生效过渡期完成后对海南自贸港构成最大挑战的"零关税"规则上，使得亚太区域各大免税商品价格日渐缩小，消费者免税购物消费选择多样化的背景下，将缩减海南自贸港离岛免税购物的新政优势。因此，亟待建立覆盖高质量免税

---

[1]　刘云亮：《中国特色自贸港法规体系构建论》，《政法论丛》2021 年第 6 期。

消费服务体系建设和以消费者保护为核心的免税消费服务保障的相关配套法规,为海南自贸港未来成为全球免税购物中心提供规则和制度保障。

RCEP 实施后,海南自贸港积极对标 RCEP 经贸规则,全面推进构建自贸港法规体系进程,但在打造全球知名国际旅游消费中心的关键节点上,海南自贸港的政策和法规配套机制还未充分发挥,与日韩等作为全球最大的免税购物市场相比还存在诸多差距。RCEP 其他成员国和中国海南一样都有着美丽的自然风光、独特的人文风情以及丰富的文化资源,东南亚各国以开放、包容且接地气的旅游文化理念以及经济实惠的旅游产品而吸引了全球各地游客,日本和韩国以先进的旅游业管理标准、服务体系和多元丰富消费品享誉全球。RCEP 高度开放规则下的区域发展大市场,对与东盟各国经贸往来频繁、地缘位置和自然条件相近的海南自贸港而言,无疑形成了潜在的竞争,海南自贸港如何在 RCEP 关税减让的缓冲过渡期下,加强制度创新,对标国际化旅游消费水平,完善国际化的旅游法规体系建设,打造国际化的优质营商环境,彰显海南制度型开放的比较优势,还需进一步探索和优化。

(三)涉外法律服务水平和国际法治人才建设与法治国际化需求不符

海南自贸港建设,重在探寻独具特色的发展之路。探寻一条全新"敢闯敢试"的国际化发展道路,是海南自贸港未来发展的基本方向。海南自贸港建设注重法治化国际化治理路径是融入全球治理体系,形成高度市场化、国际化、法治化、现代化制度体系的应有之义。从 RCEP 生效助推经济全球化新趋势和叠加海南自贸港新优势来看,随着人流、物流、资金流、信息流在区域内自由便利流通,RCEP 其他国家与我国经贸往来、人员商务流动将日益频繁,国际法律服务需求进一步增大。

海南自贸港作为面向全球最为开放的自由贸易新高地,随着我国不断推动 RCEP 的深入落实,海南将成为我国与东盟企业"引进来"和"走出去"的重要平台,随之而来的涉外法律纠纷也将不断增多,急需一批精通有关 RCEP 投资贸易、国际争端解决规则、善于处理涉外投资争端法律事务的律师和国际仲裁员。目前,海南自贸港善于处理涉外法律纠纷事务的本土律师和仲裁员相对不足,特别是熟悉 RCEP 有关关税减让、服务贸易、原产地规则、跨境电商、贸易救济、知识产权等方面内容的专业化涉外法律人才结构还有待优化①。

　　针对这种严峻的挑战,习近平总书记提出,将在自由贸易试验区和海南自贸港做好开放压力测试,深度参与国际合作,全面发挥《区域全面经济伙伴关系协定》的作用,积极参加《全面与进步跨太平洋伙伴关系协定》和《数字经济伙伴关系协定》。② 2019 年中央全面依法治国委员会会议上通过的《关于全面推进海南法治建设、支持海南全面深化改革开放的意见》也提出应当结合海南自贸港发展需要,培养一批通晓国际法律规则、善于处理涉外法律事务的涉外法治人才参与规则的制定以及纠纷处理。

四、自贸港对接 RCEP 经贸规则的立法路径

　　从 RCEP 达成的协定内容和生效后的发展前景来看,法治应成为自贸港持续深入国际化建设,融入区域经贸规则的价值工具。海南自贸港正在加快形成以《海南自由贸易港法》为基础的地方法规体系,在"新型经济全球化"趋势下借鉴区域国际主体的法治经验和纠纷解决机制,在海南自贸港现有法治基础上率先实现自贸港与高水平自由贸易协定(FTA)高度对接,但其在内需增长动力和区域城乡发展水平、自贸港法规体系建设国际化水平、涉外法律服务水平等方面还存在不足。结合海南自贸港国际化建设的实际情况,中国特色自贸港国际化发展的法治新路径具体如下。

　　(一) 利用自贸港立法权促进对标全球经贸规则

　　利用自贸港立法权,注重自贸港法治体系与国际化接轨。《总体方案》提出构建"海南自由贸易港法治体系",《海南自由贸易港法》第 10 条规定

---

　　① 　张晓君、曹云松:《RCEP 区域投资机遇下的风险与应对》,《国际商务研究》2021 年第 5 期。
　　② 　习近平:《让开放的春风温暖世界——在第四届中国国际进口博览会开幕式上的主旨演讲》,《人民日报》2021 年 11 月 5 日第 2 版。

海南自贸港法规立法权,海南基于 RCEP 各成员国的制度、法治、文化方面的特点,聚焦于国际视野和全球化视角,契合海南自贸港的发展定位,主动融入中国与东盟 FTA、日韩 FTA 等战略发展需求。海南自贸港法规体系构建,成为海南自贸港营商环境法治化的必经之路①。世界上经济较为发达的国家或地区,都高度重视和享有秩序稳定、法治昌平、执法公正、法制透明的营商环境。海南自贸港应充分利用自贸港立法权主动对接 RCEP,重视法规体系建设与国际经贸规则衔接的深度和广度,持续优化自贸港对外开放型经济体制。

在自贸港立法权的运用上,要用好经济特区立法权的变通优势,推动乡村振兴建设,鼓励扶持发展热带高效农业和乡村特色旅游产业,加快出台《海南经济特区乡村振兴促进条例》,释放海南农村发展潜力,建设美丽乡村新路线,推进城乡经济一体化发展的协同创新,实现全方位的产业国际化建设。在海南自贸港法规立法权的行使上,要更加融合国际投资贸易规则的新发展和新方向,创造一个制度型开放法治环境,具体举措如下。其一,结合 RCEP 第十一章知识产权章节和第十二章电子商务章节的条款,适应数字贸易快速发展的新趋势。其二,制定《自由贸易港数字贸易发展促进条例》,加快智慧海南建设,同时注重线上个人信息保护和数据安全有效监管。其三,在打造与 RCEP 高水平对外开放对接的大环境下,要统筹好高质量发展和环境安全的关系,利用海南自贸港立法权对环境保护未涉及的事项作出规定,协调解决好海南自贸港建设和环境保护的问题,加强对热带生态资源和旅游生态资源的保护,严控生态用地。

(二) 构建与国际经贸规则相适应的国际商事纠纷化解机制

《总体方案》和《海南自由贸易港法》明确支持海南可以探索建立多元化商事纠纷解决机制,提供国际商事仲裁、国际商事调解等多种非诉讼方式化解纠纷,建立国际经济贸易仲裁机构和国际争端解决机构。海南正在构建与国际经贸规则体系相适应的国际化商事纠纷解决机制,这是营造国际

---

① 俞子荣等:《RCEP:协定解读与政策对接》,中国商务出版社 2021 年版,第 54—62 页。

一流的自贸港营商环境和法治环境的重要路径。2020年6月,海南省人大常委会通过《海南省多元化解纠纷条例》,明确建立国际商事纠纷多元化解机制,规定依法设立的国际商事调解机构可以依照章程规定调解国内外平等主体间的商事纠纷。2021年1月,最高人民法院发布《关于人民法院为海南自由贸易港建设提供司法服务和保障的意见》,对推动涉外民商事纠纷解决机制创新,建立调解、诉讼、仲裁三者有机衔接的"一站式"国际商事纠纷解决机制提出新要求。海南与RCEP其他成员国虽然已有较好的经贸来往基础,但是日益频繁的商贸往来意味着未来RCEP其他成员国市场主体将不断涌入海南,各种利益冲突引发的矛盾纠纷特别是商事纠纷将日益增多。作为最开放前沿区域的自贸港,海南自贸港的民商事案件将呈现出当事人主体多元、案件类型多元、裁判标准多元等特点,要结合海南自贸港国际化建设的新要求,必须加强制度创新,进一步完善国际化商事纠纷机制。

在打造国际商事审判、国际商事仲裁、国际商事调解上,发挥先行先试、改革创新的优势,推进纠纷解决机构和人员的国际化建设。探索推进国际仲裁机构在海南自贸港设立分支机构,明确国际仲裁机构准入标准和条件,促进商事仲裁和商事调解规则的国际性,积极引入外籍调解员;加快跨境服务负面清单的简化,放宽境外律师在自贸港内从事法律服务的限制,培育多元化的涉外法律服务市场。自贸港新政策、新制度和新秩序,构建自贸港法治体系的新内容。RCEP关于投资章节并没有照搬传统的WTO争端解决机制,规定了缔约国应建立投资者与官方机构因投资活动产生纠纷的协调投诉机制,尽可能帮助投资者与政府机构友好地解决投资纠纷引发的争议。同时,还规定了各成员国应在协定生效后两年内开始ISDS机制的谈判[①]。因而,海南自贸港打造多元化解决机制中应重视商事行政纠纷机制的构建,要抓住RCEP生效的契机,提高国际商事纠纷解决能力,完善多元化的商事

---

① 曹兴国:《国际投资争端治理中国内法院的参与统筹与制度应对》,《济南大学学报(社会科学版)》2022年第3期。

纠纷解决机制,营造一个公平、透明、稳定、可预期的法治化营商环境,进一步凸显海南自贸港市场的国际化、专业化和中立性。

(三) 构建开放、包容、宽泛的自贸港人文法治环境

海南自贸港拥有优越的地理位置和良好的交通条件,从 RCEP 成员国地理位置分布来看,两者人文环境相似。海南不仅是我国南海的重要战略要地,也是我国三大侨乡之一,具有独特的侨务资源优势,拥有浓厚的南洋文化气息。海南同乡会、海南商务会馆等海南元素的民间组织遍布东盟地区,200 多个东南亚华人华侨组织与海南保持着经常性经贸与文化往来。自唐宋时期,海南岛就是东南亚国家商品的重要中转集散地①。海南自贸港应当发挥海南侨乡的人文优势和开放包容的人文精神,构建与东盟地区更广泛和长期的互联互通机制。

海南自贸港作为与全球经济往来最为畅通的区域,应积极打造高质量、开放包容的人文法治环境,鼓励广大东南亚地区琼籍的华人华侨回海南投资兴业,重视对于广大海南侨胞在岛内合法权益和正当利益的法律保障,加快出台促进琼籍华人华侨回乡投资发展的激励政策和法规制度,强化对于海南侨民的司法服务保障,建立面向东南亚侨民的公共法律服务中心,提高广大华人华侨参与自贸港建设的积极性,发挥公众参与的实践作用。因此,充分利用好东南亚广大琼籍侨胞的人文优势,进一步深入与东盟各国的国际人文交流,促进民心相通、文化相融,打造形成东南亚利益共同体,吸引国际要素资源、推进资源配置国际化,提高自贸港的国际综合影响力,为未来泛南海自由贸易网络的形成奠定基础。

(四) 加强区域国际法制合作,推动构建人类法治命运共同体

海南自贸港作为在全国范围内与 RCEP 其他成员国在地缘上最为相近的特殊功能经济区,也是面临各种域外风险入侵的前沿阵地,自然面临着协定生效后的较大竞争力和开放风险。海南自贸港是我国对外开放水平最高

---

① 谭波:《海南自由贸易港法规的体系定位与衔接分析》,《重庆理工大学学报(社会科学)》2021 年第 5 期。

的经济区域,这要求海南自贸港本身要作出更高水平的开放承诺,接受更高标准的国际经贸规则,做好风险压力测试,为 2025 年前实现封关运作做好自身建设和战略应对。在当前机遇与风险共存的国际环境下,国际经贸规则遭受严重冲击以及新冠疫情的消极影响不断持续的背景下,RCEP 在综合各国具体国情、制度环境、发展水平和文化背景差异的前提下,不断求同存异,形成了高度包容且统一的新型国际化经贸规则,是新时代法律国际化的新变革和新发展。以 RCEP、CPTPP 的高标准规则创新自身法治体系建设,为我国在推进新型国际法治关系建设,精准落实 RCEP 协定规则,实现高质量发展自贸港独特优势。

海南自贸港法规立法权是海南自贸港对标国际一流经贸规则的制度格局,用好用足自贸港的经贸立法权,不仅聚焦于投资贸易规则,更要在负面清单制度完善、泛南海邮轮旅游合作、免税购物消费者权益保障、金融战略、数据传输与共享等领域进行多维度的重构与创新,促成与国际化相符,兼具海南特色的自贸港法规体系。在国际复杂局势带来的各种不确定性风险还未消除的环境下,更进一步凸显了人类命运共同体理念在打造新型国际法律制度的重要性[1],加快推进海南自贸港建设,积极实施好 RCEP 协定,构建系统科学的自贸港法律国际合作新机制,适应国际经济治理体系的大变革大调整,为实现构建法治命运共同体贡献自贸港发展的先进经验和智慧。

第三节　自贸港对标 CPTPP 规则立法创新研究

自贸港是我国不断拓展对外开放,深度融入全球经济治理体系的试验田和新高地,成为我国对接高标准国际经贸规则,主导和引领国际经贸规则

---

[1]　赵骏:《构建人类命运共同体与国际法治变革》,《光明日报》2019 年 5 月 10 日第 11 版。

话语权上与西方博弈的主阵地①。习近平总书记"4·13重要讲话"发表和中央"12号文件"发布,支持海南逐步探索、稳步推进中国特色自贸港建设,分阶段建立自贸港政策和制度体系。营造良好的法治环境,是建立自贸港法治秩序的根本所在,推进法治创新是创建中国特色自贸港政策和制度体系的新优势、新趋势,法治先行则是建设中国特色自贸港的指导思想和核心要求。RCEP生效后,我国正推进加入《全面与进步跨太平洋伙伴关系协定》谈判工作。CPTPP以全方位、高标准、高质量,强调约束性和强制性为基本特征,被称为"21世纪最高规格的经贸协定",代表当今国际经贸规则最新标准和新趋势②。CPTPP无论是开放程度,还是涉及领域都比RCEP更高更广,尤其在数字贸易、劳工标准、国有企业、竞争政策等协定内容上,对我国形成很大程度的挑战。海南自贸港率先对标CPTPP高水平国际经贸规则新要求,发挥自贸港国内国际双循环格局的重要作用,充分运用先行先试、法治创新的政策制度和法治新优势,进行对接CPTPP高水平规则的压力测试。③ 自贸港对标CPTPP规则,并因此推动自贸港法治创新秩序、新机制和新优势,是一项系统性的课题,也是实现封关运作前的一项重要压力测试指标,由此研究相对应的法律对策。

一、自贸港对标CPTPP规则的法治基础

建设海南自贸港,充分发挥自贸港立法创新优势,打造自贸港法治新秩序,营造自贸港优质的法治环境。《自贸港法》第10条明确规定海南制定自贸港法规的相关权限内容,以此将有利促成海南自贸港法规体系,有助提升自贸港建设的法治软实力。自贸港对接CPTPP经贸规则,核心在于探究

---

① 刘云亮、许蕾:《海南自由贸易港法规的体系定位与衔接分析》,《重庆理工大学学报》2021年第5期。

② CPTPP前身TPP,是全球最大的自由贸易协定之一,原由美国牵头12国组成,2017年美国退出TPP后,其余11国在日本主导下签署了新的CPTPP,成员国有日本、新加坡、马来西亚、越南、文莱、澳大利亚、新西兰、加拿大、秘鲁、墨西哥、智利11个国家。

③ 王晓红:《加入CPTPP:战略意义、现实差距与政策建议》,《开放导报》2022年第1期。

CPTPP 经贸规则在自贸港先行先试措施,研究实施落地的压力测试的法律对策。

(一) 自贸港对标 CPTPP 经贸规则推进法治创新

借鉴先进的国际经验,主动制定、引领、对接主流的国际经贸制度体系和管理体制,这是自贸港高水平国际化发展的特征要求,是自贸港建设的必然要素和发展导向,适应全球化发展导向是海南自贸港打造"三区一中心"①的核心要义和根本目标。从我国加入 WTO 到 RCEP 生效以来,自贸区战略与国家对外开放大局有着紧密关系。探索自贸港实施 CPTPP 贸易投资新规则的实践,实行"一线"放开、"二线"管住的管理模式,实现自贸港与境外经贸活动的对接畅通,加速推进自贸港国际化进程。当今世界经济复苏受阻和新冠疫情变异毒株反复困扰的国际形势,逆全球化、民粹主义、单边主义思潮不断抬头,加上乌克兰危机引发的各种经济制裁,严重冲击 WTO 协商机制,WTO 已名存实亡。此时,以区域经济集团化为核心的经贸外交因具有发展共同体特征,能够成为我国融入全球新一轮开放格局的重要依托②。海南自贸港对标全球高水平经贸规则有先行先试的探索优势,尤其是对标 CPTPP 规则,如 CPTPP 第二章、第九章、第十章、第二十四章有关贸易投资便利化、跨境服务贸易、电子商务、中小企业等内容,既是自贸港当前重点发展的领域,也是自贸港建设的法治创新聚焦内容,以此探究构建自贸港对标 CPTPP 高水平规则的法律对策措施,成为我国打造高水平开放型经济的先行区。

国际化发展是自贸港建设的基本特征要求,海南自贸港不仅立足中国特色,借鉴国际成功经验,更重要还要对标国际高水平经贸规则,积极推进自贸港的国际化发展,打造适合国际经贸活动自由化、便利化、市场化、国际化、法治化的一流营商环境。以 CPTPP 为代表的高水平经贸规则,是自贸

① "三区一中心"即全面深化改革开放试验区、国家生态文明试验区、国家重大战略服务保障区、国际旅游消费中心。
② 刘云亮、卢晋:《RCEP 视域下中国特色自贸港国际化建设的法治路径》,《广西社会科学》2022 年第 7 期。

港法治创新发展的目标导向,精准研判 CPTPP 各项经贸规则的差异化和兼容性,有助推进自贸港法规体系构建的国际化路径,提升海南自贸港制度规则体系更加符合国际经贸规则的主流标准,形成具有国际高水平竞争力的优质营商环境。自贸港对标 CPTPP,构建"发展型法治",推进法治与发展,完善国际经济治理规则,促进和保障"双循环"依法有序展开,为国家经济与社会的长远稳定发展奠定制度基础①。

(二) 自贸港对标 CPTPP 实现国内国际双循环的法治引领

在构建国内国际双循环的新发展格局进程中,海南自贸港具有独特的地理区位优势和制度创新对标国际最高经贸水平新动能,成为双循环关键节点,是国内企业"走出去"和境外企业"引进来"新型窗口②。依托于国内 14 亿消费人口的内需市场和域外临近的亚太经济腹地,根据海口海关数据统计,截至 2022 年 6 月,海南货物贸易进出口总值大约 746 亿元,同比增长约 61%,增速位于全国第二;在连结内地消费市场上,由于新冠疫情对国际贸易造成的冲击,中央在疫情之下积极完善海南离岛免税销售政策,在离岛免税新政的有力刺激下,2021 年海南 10 家免税店离岛免税销售额突破了 600 亿人民币,有效吸引了境外消费回流,释放了疫情下的消费活力③。在即将实现封关运作的关键时期,积极考虑自贸港对接 CPTPP,倒逼自贸港加快国际化发展力度,加快建设具有世界影响力的中国特色自贸港。

2022 年自贸港充分利用 RCEP 生效的新机遇,上半年海南与 RCEP 各成员国贸易进出口额达 257.9 亿元,占全省对外贸易总额 40%左右;RCEP 和 CPTPP 的各大经济体中有多数重叠,超半数以上都是 RCEP 国家④,日本作为 RCEP 中第二大的经济体和 CPTPP 的主导国,受益于我国与日本首

---

① 张守文:《新发展格局与发展型法治的构建》,《政法论丛》2021 年第 1 期。

② 朱福林:《十四五期间中国特色自由贸易港建设思路与路径》,《国际贸易》2020 年第 4 期。

③ 王岩:《新发展格局下海南免税零售发展的对策建议》,《国际贸易》2022 年第 4 期。

④ RCEP 是当今全球覆盖人口最多、规模最大的自贸协定。CPTPP 虽然经济规模总量仅占全球的 13%,其覆盖地域范围领域最广、成员结构以发达国家为主,发展潜力巨大,被誉为 21 世纪高标准经贸协定。

次在自贸协定下达成自贸伙伴关系①,贸易便利化的相关措施使海南也成为了日本重要的农产品进口来源地区。如海南鰤鱼苗是日本重要的渔业产品,海南出口日本的量占全国出口量的 70%,加上海南自贸港正好位于中心区域,CPTPP 的成员国日本、新加坡、马来西亚、文莱、越南都位于海南 4 小时飞行经济圈,澳大利亚、新西兰也位于海南 8 小时飞行经济圈。基于地缘和经济上的关联性有助于海南有选择性的试行 CPTPP 的高标准且创新性强的内容。② 以此作为我国未来加入 CPTPP 的先行先试,海南自贸港有望在封关运作之处,成为后对接 CPTPP 的"试验员",成为四个大市场的重要交汇点(即内地消费大市场、RCEP 大市场、CPTPP 大市场和全球大市场)。为此,海南自贸港对接 CPTPP 经贸规则,更要加强制度集成创新和风险测试,率先进行对接 CPTPP 规则的法治创新尝试,为我国签署 CPTPP 谈判积累经验。

海南自贸港对接 CPTPP 高标准规则,是在为中国实现第二次"入世"进行先行探索和奠定前期基础的系统性工程。如果说 RCEP 的签署和加入 CPTPP 是中国的第二次"入世"③,那么建设海南自贸港作为国家对外开放的重大战略,则是在为中国制定、引领和对接国际经贸规则做长期性的规则试验④。在受逆全球化影响下,海南自贸港不仅要担负我国吸引境外优质资本"桥头堡"作用,而且更要"双循环"格局下连接国内外市场的最高开放形态试验区功能。从我国加入 WTO 以来,不断在国内法律制度改革上加强与国际规则的衔接,通过修改法律法规和政策制度以此符合国际最新标准,推动我国改革开放与国际最高标准接轨。海南自贸港借鉴欧美等发达

---

① 有学者认为,美国退出 TPP 日本成为了 CPTPP 的主导国,如果中国能加入 CPTPP,中日在全球产业链上互相配合会更多。王卓:《介于 TPP 和 CPTPP 间的印太经济框架——美国的另起炉灶、日本的追随与中国的应对》,《东北亚经济研究》2022 年第 5 期。

② CPTPP 协定内容都包含着一整套贸易投资自由化便利化的制度和规则,涉及面很广 CPTPP 是协定义务,其零关税是狭义的零关税,仅指进口关税。

③ 周汉民、黄骅:《中国加入 CPTPP 之必要性与可行性分析》,《上海对外经贸大学学报》2021 年第 3 期。

④ 周汉民:《从 WTO 到 CPTPP:中国对外开放的进程》,《国际商务研究》2021 年第 6 期。

资本主义经济体的成熟经验,积极推动自贸港贸易投资活动规则的法治创新,着力对标 CPTPP 经贸规则和标准体系,探索海南自贸港法治创新的作为和担当,发展提升自贸港法治环境的软实力,能够触动国际规则影响力的话语。在复杂的国际局势中,对标 CPTPP 等国际最高水平经贸规则,提升自贸港的世界影响力和竞争力,为我国促成全国统一大市场,实现我国第二次"入世"做出自贸港开放优势的法治引领、促进和保障新贡献①。

(三) 自贸港对标 CPTPP 开创开放法治

我国日益成为全球经贸规则变革的主要参与者、推动者与协调者,积极参加国际经贸活动,参与国际经贸规则谈判,充分彰显广大发展中国家的利益诉求的国际话语权。我国成功加入 RCEP,并已申请加入 CPTPP,以此推动我国参加更高水平经贸体系活动的国际新格局,努力打造具有全球竞争力的制度型开放体系。探索建设中国特色自贸港,是实现社会主义现代化和中华民族伟大复兴的关键一环,是应对国际经济形势和发展开放型经济的迫切需要。美国退出 TPP 后,日本主导下的 CPTPP,其目的是实现全球自由贸易和高度开放的多边经贸新格局。自贸港对接 CPTPP 经贸规则,需要创新贸易投资活动的新法治,强化充分利用《中华人民共和国海南自由贸易港法》第 10 条有关自贸港立法权,构建与 CPTPP 经贸规则相适应的自贸港开放法治。依据《自贸港法》第 9 条规定②,在最高开放形态视域下,积极对标最高水平的国际经贸规则,制定海南自贸港法规,促进自贸港国际化发展,需要与其相适应的涉外法治和外向型经济法治。

中国特色自贸港国际化发展和 CPTPP 开放本质要求是一致的。自贸港对标 CPTPP 经贸规则的压力测试,显现自贸港法治开放创新的导向和对象,并以此作为我国加入 CPTPP 的先行先试法治规则,这不仅是对美国非

---

① 美国彼得森经济研究所的研究成果显示,若中国加入 CPTPP,2030 年时中国国民收入有望增加 2980 亿美元,将给 CPTPP 的现有成员带来巨大的经济利益,使贸易额有望增长约 50%,全球收入有望增长 76.7%,达到 6320 亿美元。

② 《自贸港法》第 9 条规定:国家支持海南自由贸易港主动适应国际经济贸易规则发展和全球经济治理体系改革新趋势,积极开展国际交流合作。

理性贸易霸权主义的有力回击,也在很大程度上彰显了中国开放包容的格局和决心。中国特色自贸港建设体现的本质理念和中国倡导"共商共建共享""一带一路"倡议、"人类命运共同体"精神是高度契合的,这不同于西方资本主义自贸港所倡导"资本逐利""利益价值至上"理念①。建设中国特色自贸港本质上仍是面向全球高度开放的外向型经济,让全球资本共享中国新时代改革开放的机遇和红利。构建自贸港开放法治,其对标的对象就是 CPTPP 等最高开放形态的国际经贸规则,体现自贸港最高开放水平形态的应有之义,是海南不断借鉴国际先进经验,加强与国际通行规则衔接,去除各种影响自贸港营商环境的堵点难点,努力在 2025 年封关运作时实现国内一流营商环境的目标。因此,海南自贸港必须建立一套与 CPTPP 经贸规则相衔接的高水平开放法治制度新秩序,推动自贸港法规体系的国际化发展,不断优化区域法治化营商环境,促成自贸港发展外向型经济②。诸如《自贸港法》出台后,2021 年 9 月 29 日海南省第六届人大常委会第三十次会议通过的《海南自由贸易港优化营商环境条例》《海南自由贸易港公平竞争条例》等实施《自贸港法》相配套的自由贸易港法规,这两部条例充分吸收借鉴了 CPTPP 和国际知名自由贸易港的有益经验,积极对标国际高水平营商环境规则和强化竞争基础性地位,这与 CPTPP 的 30 章节有关优化营商环境、公平竞争制度的内容高度相似,CPTPP 第九、第十和第二十八章关于投资、跨境服务贸易、争端解决有关市场准入、负面清单管理、替代性争端解决机制、去行政化的专业性和市场化的监管模式等内容,可倒逼海南自贸港加大"全省一盘棋,全岛同城化"理念下的行政区划科学设置及其政府职能转型,促升国家治理能力和治理体系现代化的开放型法治建设。

二、海南自贸港对标 CPTPP 规则的先行先试立法创新

海南推进实施"1348"战略框架,结合构建海南自贸港"614"制度实际

---

① 王俊生、田德荣:《正确义利观与中国周边外交:理念与实践》,《太平洋学报》2022年第 7 期。

② 刘云亮:《中国特色自贸港法规体系构建论》,《政法论丛》2021 年第 6 期。

情况,充分发挥海南自贸港地缘区位优势和资源环境特色,以打造全球最高开放经济形态为根本目标,以超常规的推进力度,以构建完善较好的风险防控体系为抓手,积极对标和先行先试 CPTPP 经贸规则。探索 CPTPP 主要经贸规则的先行先试措施及其立法创新对策,纳入构建自贸港法治体系的协同促进规划中来,对标 CPTPP 规则的先行先试与自贸港法治先行,实现同步推进、同步引领、同步保障。CPTPP 经贸规则影响力将日益增强,也将影响未来世界国际贸易规则的发展变化,引发全球价值链重构及其经贸规则法治秩序的重构,这也为海南自贸港经贸法治环境的构建与完善,提供了"水暖鸭先知"的自贸港法治先行之优势,也为我国法治现代化开创自贸港法治创新先行先担当。

(一) 自贸港对标 CPTPP 规则的先行先试优势

我国决定加入 CPTPP,犹如实现继加入 WTO 之后的第二次"入世",对接 CPTPP 经贸规则也成为一种重要议题。如何选择确定能够担当我国加入 CPTPP 的先行先试区域,也因此成为一个敏感选题。面对 CPTPP 的挑战,我国须先选择在一个相对封闭的区域环境和法治创新秩序下进行制度先行。海南自贸港独特的区位优势和相对独立的地理单元,尤其是海南定位为新时代全面深化改革开放试验区,有"三区一中心"战略目标协同发展,相互促进,又有《自贸港法》明确规定自贸港立法权的法治创新优势。可见,在推动我国加入 CPTPP 进程中,海南自贸港有着 CPTPP 经贸规则先行先试的许多新优势。

作为我国第二大岛和全国海洋面积最大的省份,四面环海,与内地位置相对隔离,具有天然屏障,是相对独立。自贸港不仅便于控制货物进出、资金流动、人员往来和数据安全有序流动,实施特殊的管理体制和差异化的法规制度,也利于实施国际上通行的高标准经贸规则。[①] 海南自贸港利用其广阔的岛屿面积、便于实施"一线"放开,"二线"管住的物理围网隔离的封闭优势,适当试行 CPTPP 经贸规则,率先与国际接轨,同时兼顾海南实际情

---

① 胡加祥:《我国自由贸易港建设立法模式研究》,《法治研究》2021 年第 3 期。

况和风险防控监管体系要求,建设国际先进经贸规则的创新先行先试法治秩序。自贸港封关运作,其高水平开放经济属性和特殊区域制度创新体制优势,更适合试行 CPTPP 经贸规则,并先行测试其所产生的有关风险、利益及其相关因素变化等情形,以便更好制定出相应风险防控措施机制等对策。

鉴于我国在参与 CPTPP 谈判上还存在着部分成员国意见分歧大、服务贸易全面性承诺要求高、高门槛严要求贸易规则带来的新挑战等突出问题,探究通过自贸港先行先试 CPTPP 的一些超前规则,尝试自贸港最高开放水平的格局下各类指标压力测试情况,为我国未来加入 CPTPP 积累更多先行先试的制度集成创新经验,为我国打开对接 CPTPP 最高开放标准规则探寻可行的突破口。只要需要形成与高水平开放压力测试相适应的监管体系,海南自贸港即使试行 CPTPP 与我国现行法律制度不一致的规则,对内地经济体以及国家整体的制度体系造成的影响也是有限的,可以将自贸港率先尝试的一些风险降至可控的范围,不至于发生系统性的风险。事实上,海南自贸港对接 RCEP 规则的实践经验,也一定程度上为海南自贸港对标 CPTPP 经贸规则,做了一定先行先试的范例。2022 年 1 月 8 日,海南省政府出台了《海南落实 RCEP20 条行动方案》①,要求吃透 RCEP 高水平的经贸规则,引领和推动本省的高水平开放。对标国际最高水平经贸规则,一直是建设海南自贸港的发展方向和对标路径,如何充分运用自贸港立法权优势,营造自贸港优质的法治环境,也是推动自贸港制度集成创新的先行先试的法治引领、促进和保障焦点所在。这表明自贸港在推动我国参与亚太地区经贸交流合作中扮演着重要角色,在对接经贸规则、密切与成员国间的经贸往来已有一定基础,为我国加快实现与 CPTPP 更高水准的规则对接,奠

---

①　2022 年 1 月 1 日 RCEP 正式生效实施。海南省委省政府高度重视 RCEP 协定对海南自贸港建设带来的新机遇和新挑战,早研究早部署,先后成立由各职能部门组成的国际高水平经贸规则研究工作专班,海南省政府在扩大货物贸易规模、创新服务贸易规模、推动双向投资和跨境产业链合作、深化区域一体化和互联互通水平、推动制度创新和优化营商环境五个方面出台 20 条落实举措,抓紧抓好 RCEP 实施机遇,对有关工作进行全方位部署。海南省商务厅官网,https://www.hainan.gov.cn/hainan/tingju/202201/fd92dc807e474f029a55d1-c445e97168.shtml。

定重要的法治先行制度基础。

（二）自贸港对标 CPTPP 规则的立法创新优势

《自贸港方案》将法治制度列入自贸港"614"制度之一,显现了自贸港法治制度构成自贸港建设的重要内容。改革开放实践已经证明,每次重大改革实质上就是一场变法。我国重大改革不仅是始于地方,且是试验性的,显现亟待推行先行先试,期待立法先行,规避违法,确保不违反现行法律秩序。建设自贸港,是新时代我国全面深化改革开放的重大举措,制定出台《自贸港法》更加明确和彰显依法治国战略实施的重要性和正当性,《自贸港方案》指出以《自贸港法》为基础,推动构建自贸港法治体系,这更加有力推动构建自贸港法规体系,①促成自贸港法治创新,也为自贸港对接 CPTPP 经贸规则奠定了先行先试的法治基础。

海南自贸港立法创新优势,为对接 CPTPP 规则提供了创新空间,且海南自贸港地方法规体系的建设将积极探索"小切口,短快灵"的特点,立法内容更加贴合实际和发展所需,具备聚焦性、可操作性和灵活性②。海南自贸港建设的政策和制度体系构建还处在初级建设阶段,而 CPTPP 是一个体现时代进步性、规则高要求性的世界先进自贸协定,涉及的领域和内容十分广泛,自贸港发挥"小切口,短立法"的地方立法精细化模式,有选择性的借鉴和吸收 CPTPP 引领全球高水平开放的内容,运用海南自贸港法规立法权转化为试验性的立法内容,并加强立法前调研和立法后评估。例如服务贸易自由化是 CPTPP 的重点内容,第八章的服务贸易章节规定除了采取负面清单管理制度外,还对禁止业绩和高级管理人员任职的国籍限制条件要求作出规定。我国作为最大的发展中国家,一直对境外商业存在机构的人员任职国籍条件持谨慎态度,但海南作为承担建设全球最大的中国特色自贸

---

① 自贸港法规体系构建内容,聚焦自贸港自由便利制度、政府与社会治理体系制度集成创新、风险管理控制体系、生态环境保护和自然资源开发利用、现代产业发展和竞争政策、"三区一中心"战略协同发展等方面内容。参见刘云亮:《中国特色自贸港法规体系构建论》,《政法论丛》2021 年第 6 期。

② 宋才发:《地方立法的功能、权限及质量》,《社会科学家》2022 年第 18 期。

港的实践重地,应在服务贸易准入上放宽对于高级管理人员的国籍限制条件上融通 CPTPP 规则。诸如《海南自由贸易港法》第四十条第二款规定:境外理工农医类高水平大学、职业院校可以在海南自由贸易港独立办学。因此,未来基于建设国际教育创新示范岛的实践需要,可以适当发挥出自贸港法规的灵活性和创新性优势,加之我国《高等教育法》只对国内高等院校的法定代表人作出国籍限制规定,并未对境外独立办学的高等院校法定代表人国籍作出规定。所以,可以利用自贸港法规立法权的特殊创制功能,对境外理工农医高等院校的校长任职国籍条件放宽约束,发挥特殊立法权与 CPTPP 服务贸易规则的有限衔接,以此更好地在双循环格局下推进自贸港教育国际化水平。这都充分显现海南自贸港完全可以充分利用立法创新优势,打造自贸港法治创新优势,实现自贸港法规体系新秩序。围绕自贸港法规的定位和性质,尽管学界有了重新的审视,也引发相关不同的争议,①但是对自贸港法治创新的作用及其优势是几乎没有质疑的,自贸港立法创新和法治体系的引领、促进和保障机制的作用,已成为自贸港对接 CPTPP 经贸规则的最有力的优势。

（三）　自贸港对标 CPTPP 规则的立法创新视角

建设海南自贸港的核心是实现制度集成创新,承担试点更多的高水平开放政策和高标准国际经贸规则的使命任务。在强化"依法治国"战略背景下,立法创新需要有特殊的政策创新,获得现行法律框架下逾越"法律红线"的合法性。②

自贸港作为我国试行国际高水准经贸规则的最前沿,在封关运作前的先期准备阶段,已在部分领域的开放度上做到了与 CPTPP 相关领域的开放水平相当,甚至比 CPTPP 的有关领域更加超前。例如宽松便利的人员出入境管理制度作为 CPTPP 中投资和服务贸易的配套保障性措施,CPTPP 第

---

①　谭波:《海南自由贸易港法规的体系定位与衔接分析》,《重庆理工大学学报(社会科学版)》2021 年第 5 期。

②　崔凡:《国际高标准经贸规则的发展趋势与对接内容》,《人民论坛·学术前沿》2022年第 7 期。

十二章的自然人临时出入境章节里作出了高度开放便利的商务投资人员临时入境和居留承诺,并扩大商务人员和投资活动的范围。由此可知,无论是RCEP 还是 CPTPP 等区域多边自贸协定,人员出入境免签的范围一般限于商务和投资事由,而海南自贸港的人员出入境免签政策范围更为宽广,成为我国内地唯一实行单向免签入境的地区。由于受到疫情的影响,2018 年 4 月国家出台了 59 国人员旅游免签入境的政策后,仍未持续放宽外国人免签入境政策。就《自贸港方案》规定将进一步扩大外籍人员免签入境的事由,允许以商贸、探亲、就医、体育竞技等事由免签入境,这充分显现体现了自贸港更高水平的开放程度,显现出比 RCEP、CPTPP 有关自然人流动规则的开放性程度更高更有影响力。另外,在宽松便利的人员跨境流动政策基础上,2020 年 6 月 9 日,中国民航局正式出台《海南自由贸易港试点开放第七航权实施方案》,支持外航在现有航权安排的基础上,在海南经营客、货第七航权。其中,客运第七航权是除海南外国际上其他国家或地区均未涉及的,包括 CPTPP 第十章里跨境服务贸易里空运服务业的适用范围也并未包括航权事项。因此,海南自贸港开放客运第七航权是我国超出现有双边航权安排的最高水平开放,符合海南自贸港要对标 CPTPP 全方位、高标准经贸规则的战略目标定位。

海南自贸港的开放程度是全面的、分阶段有序推进的。自贸港主动适应国际高水平经贸规则革新,对标 CPTPP 经贸规则,推动自贸港立法创新的新视角新对象,逐步促进自贸港法治创新和促成自贸港法治体系。自贸港法治创新,以对标 CPTPP 经贸规则为路径导向,结合自贸港“614”制度的构建实际情况。诸如自贸港充分发挥了敢闯敢试,改革创新的探索精神,在对标 CPTPP 贸易投资自由化和便利化的高标准规则上,推动实施更多的制度创新措施的规定,尤其是具体紧扣自贸港六项自由便利制度核心内容,明确确定构建自贸港法治新制度新秩序的新视角。对标 CPTPP 的关键点,也许聚焦 CPTPP 经贸规则,其实更重要的将 CPTPP 的自由便利理念吸纳到自贸港法治创新中来,充分彰显自贸港自由便利创新的核心价值。自贸港法治创新,可以源自对标 CPTPP 经贸规则所取,却不囿于 CPTPP 经贸规则,以此发展拓展到自贸港其他方面的自由便利创新制度内容,这成了自贸港法治创新更加清晰的借鉴和发展路径。诸如自贸港高起点和高水平建设谋划自身制度体系建设,不断创新 CPTPP 有关数字贸易、知识产权、竞争中立规则在自贸港内的适用条件和标准,这也为加快海南自贸港具备封关运作的硬性条件,进行更为开放前瞻的国际经贸规则压力测试奠定坚实基础。

CPTPP 经贸规则虽未来生效,但它的许多规则标准却是具有未来的指引导向和影响力。它与生效的 RCEP 一样,是当今世界上成员规模和经济体量规模最大的自由贸易协定,两者都代表着当今全球较为开放和高质量标准的经贸规则。RCEP 目前是我国缔结的自贸协定中最为开放的规则文本,我国申请加入 CPTPP 并以此为转型发展的路径导向,推进新时代我国全面深化改革开放持续创新发展。CPTPP 成员国中有 7 个都属于 RCEP 成员国,两者的成员主体范围有一定重叠性,虽然 CPTPP 和 RCEP 中涉及的领域、开放性承诺以及对成员国的义务要求有较大差别,CPTPP 的规则内容里包含了大多数的义务性规则,对各成员国有严格的约束性和义务性,RCEP 则更多的是鼓励性的义务①,两者的基本出发点、原则精神、价值理念都是相当吻合的,都是致力于推进经济全球化,消除全球性的贸易壁垒,实现自由贸易②。

三、海南自贸港对标 CPTPP 经贸规则的立法对策

海南自贸港对接 CPTPP 经贸规则,这是一个总的发展思路,须通过法治化将其设想有步骤、分阶段依法有序推动。探究自贸港法治创新的路径与轨道,吸纳 CPTPP 的自由便利创新等理念规则,这才是推进自贸港法治创新的核心价值。

---

① 于鹏等:《RCEP 和 CPTPP 的比较研究与政策建议》,《国际贸易》2021 年第 8 期。

② CPTPP 是一个有强制性、制约性更强的组织。RCEP 只是货物贸易,涉及服务贸易较少,CPTPP 有许多服务贸易包括数据流动等,在国际生产链上实现了市场的全面融合,产业链广,产业互补性也比 RCEP 强,总的来说,CPTPP 在重建产业链、经济一体化上起的作用比 RCEP 更大。

体现多边主义和自由贸易的 CPTPP 协定,被誉为 21 世纪最高标准、最高质量、最高层次的自贸协定之一,涉及政治、投资、贸易、金融、关税、人权、清廉建设、环境等多方面议题,诸多创新性的经贸规则在全球的区域自贸协定中属于首创,也对中国制度改革带来了许多压力①。

（一）树立自贸港对标 CPTPP 规则的立法创新理念

CPTPP 的本质是致力推动经济全球化发展,其法治理念仍是依法推动自贸港构建法治引领、促进和保障的客观理念要求。自贸港高度开放、高度自由、高度法治的核心特征与 CPTPP 总体规则宗旨也是相吻合。CPTPP 条款的形式和实质体现了关税减让的全面性、原产地规则的灵活性、投资准入的便利性、知识产权保护的严格性、反腐败规则的清廉性和效力性等。具体体现在 CPTPP 对成员国货物贸易"零关税"水平达到 99%,协议生效后立即"零关税"的范围达到 80% 以上,并且 6 个国家在协议生效后将立即实现 90% 以上的商品零关税;投资准入上倡导非歧视原则和透明度原则的完整规则体系,知识产权保护突出"权利人本位",取消货主反担保放行权;国际贸易和投资中要求缔约方消除腐败和贿赂行为,要求各成员加入《联合国反腐败公约》等②。这些规则内容,都体现了 CPTPP 规则法治理念和法治规则内容。CPTPP 这些内容,将为自贸港立法创新提供了大量"素材",尤其是这些经贸活动的法治创新空间非常大,极容易推动海南自贸港贸易投资法治创新范例,充分彰显自贸港法治新秩序新理念的话语权,也容易更大更广泛更优化自贸港营商环境。

基于此,CPTPP 全面统一和高效治理的规则理念,有效推动区域内经贸活动实现有法可依、秩序可循的法治体系,强化自贸港法治思维及法治体系重要性,极大促升海南自贸港法治水平。自贸港法治思维,凸显法治程序规则性,创新构建自贸港法治体系前瞻性,是全面实现依法治国战略目标的

---

① 陈利强著:《中国特色自贸区（港）法治建构论》,人民出版社 2019 年版,第 91—94 页。

② 王跃生等:《中国经济对外开放的三次浪潮及其演进逻辑——兼论 RCEP、CECAI、CPTPP 的特征和影响》,《改革》2021 年第 5 期。

基本内容要求,更是党和国家事业发展奠定基础。这是依靠法律的规范力、执行力、强制力,促使我国全面朝着"两个一百年"奋斗目标、实现中华民族伟大复兴的中国梦前进和发展。[①] 海南自贸港进行规则先行压力测试,首要前提在于转变规则对接法治规范的思路,应当从调整扩大"零关税"清单、全面推行服务贸易负面清单、扩大自贸港原产地加工增值政策适用范围、转变海关监管理念、强化规范自贸港社会治理和法治政府建设、优化营商环境等方面吸收 CPTPP 的精神和原则,促进自贸港的法规和政策者制定者在压力测试工作中强化法治思维和能力,确保政策法规与 CPTPP 的兼容性,借鉴 CPTPP 监管一致性和非歧视原则。诸如在货物贸易全面实现零关税上,海南自贸港四张"零关税"清单的实际减让水平和免税种类与 CPTPP 的关税减让目录有较大差距,自贸港可尝试对接 CPTPP 试行"零关税"清单,放宽"一线"放开的空间,推进实施"成熟一项,推出一项",缩小与 CPTPP 的差距。

同时,各级部门要积极开展 CPTPP 经贸规则的研究以及普及工作,树立以规则为导向的治理理念,培育自贸港对接 CPTPP 的国际化意识、市场竞争意识、高效监管意识,加快出台试行 CPTPP 投资贸易机制相对应的自贸港配套专项措施制度,做到规则对接的精准性和科学性,形成以 CPTPP 全面完善的经贸制度体系引领自贸港涉外法治理念的革新。

（二）推进自贸港对标 CPTPP 规则的调法调规

我国加入 WTO 后,根据 WTO 机制要求对国内法律法规进行了大规模的清理调整工作。海南自贸港开展试行 CPTPP 规则压力测试工作,也应借鉴加入 WTO 后国内进行调法调规的经验做法,使海南自贸港涉外经贸法规体系与 CPTPP 体制精准对接,以适应自贸港高水平规则高标准发展的法治引领、促进和保障新要求。通过依法授权实现"立法和改革决策相衔接,做到重大改革于法有据、立法主动适应改革和经济社会

---

① 胡明:《习近平法治思想:新时代中国法治战略的总指引》,《政法论丛》2020 年第 6 期。

发展需要。"①促进改革开放和法治建构"双轮驱动",通过"立改废释",对海南经济特区法规等进行有针对性的调法调规修订,构建自贸港涉外经贸法规体系。实施高水平经贸规则的压力测试工作,涉及投资、贸易、关税、金融、环境及争端解决等领域的国家事权与地方事权,因此,必须就与自贸港建设相适应的法律法规进行相应的调法调规。

海南自贸港对标 CPTPP 进行相应的调法调规,主要就是将不符合《自贸港方案》和与 CPTPP 主要规则法治理念不相吻合的法律法规进行调整。诸如 CPTPP 有关电子商务、中小企业、发展、合作能力建设的章节,与《自贸港方案》明确构建自贸港现代化产业体系的目标相符,可以充分运用自贸港立法权进行创新立法,尤其是 CPTPP 有关知识产权、竞争政策、环境、反腐败等章节内容,其内容的创新性和超前性较高,促进调法调规实现高标准对接 CPTPP 很有实践价值意义。可以发挥自贸港变通立法的优势,推动创新性、变通性立法并加以对接完善。再如有关劳工、数据流动等与我国基本法律制度相冲突的敏感性议题,应结合《宪法》有关公民基本权利与义务的规定和《个人信息安全保护法》《网络安全法》《数据安全法》等有关个人信息保护和数据本地化的规定,研究对接 CPTPP 相关内容,可以从具备先行先试成熟条件的领域,在争取中央授权支持的条件下,用好用足《自贸港法》有关立法创新的规定,对接 CPTPP 有关数据传输、劳工保护标准等高难度规则,要进行渐进式推进,为适应数字贸易发展的新趋势,探索跨境数据流动在保证国家网络安全的基础上逐步实现数据自由便利传输,同时放宽对于数据本地化认定的分类标准;对劳工保护,在立足国家劳动法制度的基础上,创新自贸港的劳工保障水平,完善外籍劳工的权益保障,创新外商投资者利益维护与提高劳动者权益保障间的利益冲突纠纷、劳工维权等协调解决机制。

以对接 CPTPP 经贸规则为契机,推动海南充分用足用好自贸港立法

---

① 江国华:《习近平全面依法治国新理念新思想新战略的学理阐释》,《武汉大学学报(哲学社会科学版)》2021 年第 1 期。

权,实施调法调规工作,加快构建对标国际经贸规则法律制度体系。加快构建高端涉外法律事务的法律服务机构。自贸港法治建设,需要把握好自贸港法治服务特色,诸如突出家族信托财产理财经营特色法律问题①。同时,在自贸港法治保障服务方面,促进建设高效能司法裁判体系,高起点构建国际仲裁中心,高标准建设国际调解中心等。

(三) 强化自贸港涉外法治人才培养机制

围绕海南自贸港开展对接 CPTPP 规则的法治创新方向,自始至终在于培养适合国际化发展需要的涉外法治人才。坚持习近平法治思想指引,强化自贸港涉外法治人才培养,创新涉外法治人才培养渠道,是自贸港对接CPTPP 经贸规则的最核心要求。自贸港建设关键要素还是人才、法治人才、涉外法治人才,这是涉及自贸港法治环境持续竞争力的核心问题。高标准、高质量、高起点建设自贸港,对标国际经贸规则,协同国内法治和涉外法治,推进中国特色自由贸易港制度创新,构建自贸港新体制新优势,探寻发展新机制、法治新秩序、服务新标准新要求。"坚持统筹推进国内法治和涉外法治",不仅成为习近平法治思想体系新内容新发展,即从十个坚持发展到十一个坚持,将此前的"坚持处理好全面依法治国的辩证关系",发展完善为"要坚持在法治轨道上推进国家治理体系和治理能力现代化"与"要坚持统筹推进国内法治和涉外法治"②。海南自贸港对标 CPTPP 经贸规则,构建自贸港涉外人才培养机制,最大化提供服务企业"引进来""走出去"所需要的涉外法治人才。

当下海南自贸港法治创新和先行先试对标 CPTPP 经贸规则,更要强化习近平法治思想指导中国特色自贸港法治创新的伟大实践,认真学习把握领悟习近平法治思想的"三新""三基""六论"等学理范式。③ 立足对标CPTPP 等国际最高水平的经贸规则,培养涉外法治人才,从更长远视角构建和打造自贸港涉外法治人才的高端培养基地。研究自贸港法治人才培养

---

① 刘云亮:《家族信托财产的法律价值及规制》,《山东师范大学学报》2020 年第 1 期。
② 张文显:《习近平法治思想的基本精神和核心要义》,《东方法学》2021 年第 1 期。
③ 何志鹏:《国内法治与涉外法治的统筹互动》,《行政法学研究》2022 年第 5 期。

标准,推进尝试涉外人才多元化培养机制,尤其是建立与 CPTPP 成员国联合培养经贸法治人才,开拓涉外法治人才培养交流服务模式,争取凭借高水平的对外经贸法治建设工作,提升自贸港参与全球经济治理能力。

此外,也要重视自贸港国际法治人才培养质量,注重自贸港涉外高端法治人才培养,强化培养精通并运用高标准国际贸易规则和惯例处理国际投资争端和企业跨境服务贸易的、国际合规性审查的实用性法治人才。加快培养一批熟练掌握 CPTPP 关税减让、原产地管理制度、数据流动、竞争政策、知识产权保护、劳工保障等方面知识的涉外法治人才,打造法治化、国际化、现代化的营商环境,争取凭借高水平的对外经贸法治建设工作,提升自贸港国际竞争力。

（四）构建自贸港对标 CPTPP 的风险防控机制

海南自贸港试行对接 CPTPP 经贸规则,将会遇到许多风险,有必要适时选择相应的试行环节进行风险压力测试工作。对接 CPTPP 的风险防控涉及领域广、任务量大,是一项系统性的工程课题,是服务于新时代国家开放型经济建设的国际化发展重大战略,需要中央会同海南共同推进。自贸港对接 CPTPP 有关货物贸易全面"零关税"、负面清单全覆盖、知识产权高标准保护、数字贸易新模式等内容,关系到封关运作工作的阶段性目标实现和 CPTPP 新一轮谈判工作,是一项国家层面的战略性任务。从国家战略全局高度出发,推进海南自贸港对标 CPTPP,做好国家层面的顶层设计,加强自贸港对标 CPTPP 规则的压力测试工作的指导协调,要充分发挥中央统筹、部门督促、地方落实的监督指导协调机制,重视中央部门和海南省政府的会同立法研究,加快制定自贸港对标 CPTPP 经贸规则的过渡性办法。积极争取中央部门对海南自贸港常态化指导协调,整合专业化人才队伍和国内智库资源,做到产学教研智能相结合,开展 CPTPP 经贸规则先行先试的实地调查和指导监督工作,系统评估 CPTPP 试行的利弊权衡及其风险防控指标体系①。着重研究分

---

① 徐泉、耿旭洋:《边境后措施国际监管合作发展趋势与问题阐释》,《上海对外经贸大学学报》2021 年第 5 期。

析自贸港对标试行 CPTPP 经贸规则的发展机遇,综合分析试行 CPTPP 规则的贸易投资经济效应、系统性风险防控以及国家法制统一等关联性,平衡好压力测试的利益得失,为我国全面加入 CPTPP 提供可供可行的经验。

海南自贸港是我国对外开放的最前沿和对标全球高标准贸易规则的试验田,这要求海南自贸港不仅要实施更高水平的开放承诺,而且还努力接受 CPTPP 等更高标准的国际经贸规则,做好风险压力先行先试的实践测试,以此构建自贸港法治创新和法治体系,适应和助推自贸港国际化发展,提升自贸港在 CPTPP 成员国的国际影响力,加快建设具有世界影响力的中国特色自贸港。

建设中国特色自贸港须有与之相配套的完善经贸法治制度,以适应当今国际经贸环境的深度调整。我国已申请加入 CPTPP,标志着我国从被动的接受国际经贸规则,到主动融入国际经贸规则的重大转型,成为国际区域新型多边贸易体制的主力军。自贸港对标 CPTPP 规则,整体上契合新型经济全球化最新发展新主流,客观上也为我国未来加入 CPTPP 提供自贸港先行先试的示范作用,推动我国打造开放型经济体制的结构优化发展。在全面构建以国内大循环为主,国内国际双循环的新发展格局新时代背景下,海南自贸港主动接受和适应 CPTPP 为代表的高水准国际经贸规则,对标推动自贸港涉外法治现代化发展,促成自贸港法治体系,加快推进建设具有世界影响力的中国特色自贸港。

我们清醒认识到 CPTPP 机制复杂性和发展融合性,自贸港对标 CPTPP 经贸规则也具有较大的风险性和挑战性。同时,我们更加清晰看到海南自贸港对标 CPTPP 经贸规则的时代感和自贸港制度集成创新的紧迫性,面对国际经贸环境当下所处新冠疫情、乌克兰危机、新型冷战思维、数字经济等众多因素,尤其近些年中美贸易摩擦不断加剧,美国倒行逆施逆全球化的单边主义和贸易保护主义的负面因素,而且我国还未完全适应并完全参与世界经济治理,制定国际贸易活动更高标准更公平的国际经贸规则[①]。

---

① 赵骏、顾天杰:《国际法律斗争的攻防策略与法治破局:以国内法为视角》,《太平洋学报》2022 年第 7 期。

自贸港作为新时代中国全面深化改革开放的试验区,更具有更多改革开放创新先行先试的责任担当和使命责任。《自贸港方案》明确自贸港"614"制度及其法治体系,这与 CPTPP 主要规则法治理念极其吻合,自贸港率先对标 CPTPP 构建法治体系,敢想敢干,先行先试,强化对接 CPTPP 的压力测试和风险防控,这是海南自贸港打造开放型经济体制的本质要求,更是加快建设具有世界影响力的中国特色自贸港的先行先试之创举。

第七章　中国特色自贸港
立法风险防控论

　　中国特色自贸港建设,是新时期海南全面深化改革背景下的重大战略举措,更是实现发展的新使命与新目标。自贸港授权立法,则是全面推进中国特色自贸港建设,确保海南自贸港政策制度法规体系创建的重要保障。自贸港授权立法,将赋予海南省人大及其常委会享有更充分的立法权,推动海南构建中国特色自贸港法规体系,保障海南自贸港建设实现于法有据。

　　习近平总书记"4·13重要讲话"指明,海南自贸港建设,要以对外开放为途径,以当今世界最高水平为目标,以社会主义现代化法治为保障,推动中国特色自由贸易港制度体系的改革创新。中央"12号文件"还具体明确了自贸港探索发展旅游业、现代服务业和高新技术产业发展方向的领域空间,立足"三区一中心"的战略布局,探索自贸港制度集成和法治创新发展的新优势。《自贸港方案》明确指出自贸港将在"614"制度的引领下,聚焦新理念新制度的集成创新,实现自贸港授权立法的发展。① 制度的发展必然伴随相关理论研究的争鸣与进步,习近平总书记"4·13重要讲话"发表以来,国内外学者便纷纷聚焦自贸港制度及立法体制等方面的研究。在有关自贸港立法体制的创新研究中,则更多集聚于授权立法、立法方式、立法权限等方面。多数学者观点赞成自贸港授权立法,应争取获得中央的一揽

---

① 中共中央、国务院《海南自由贸易港建设总体方案》,《人民日报》2020年6月2日第1版。

子立法授权,通过自贸港授权立法权限、程序及使用条件等方面的改革,以解决贸易、投资等领域的立法权限缺失等问题。讨论的焦点多集中于海南如何向中央争取到更多的立法权,对赋权后滥权、越权等立法风险防范和化解的探讨较少。虽有学者提到了自贸港授权立法的风险防控问题,但多是点到为止,并未针对风险的来源、危害性及风险规避的方式和措施进行深入的分析。授权立法是自贸港全面推进制度集成创新的前提基础,防范和化解自贸港授权立法的风险,则是充分保障中国特色自由贸易港建设的关键所在。

建设中国特色自由贸易港,是前所未有之重大举措,既要解放思想,大胆建设,又要强化风险意识,尤其是规范自贸港授权立法风险,强化授权立法的风险防控意识。自贸港授权立法最有效和直接的规范方式,就是在认清相关风险及风险来源的前提下,从实体及程序两方面进行风险防控。如若在自贸港建设的过程中,以程序规范实体进而减少对实质性内容的限制,保障权力的充分行使,便可在保证自贸港授权立法改革顺利实施的同时,给改革留下可供商榷和创新的机动空间。《自贸港法》第10条充分表明海南自贸港将通过授权立法,在贸易、投资等相关领域实现管理活动的法治化及立法制度的集成创新。① 鉴于此,本文基于自贸港授权立法存在的风险问题为出发点,立足《自贸港方案》理念精神和指导思想,依据《立法法》和《自贸港法》制度框架,研究自贸港授权立法风险防控制度。

第一节　自贸港立法风险认知

一、自贸港立法风险定性

(一) 自贸港授权立法的风险属性

自贸港授权立法风险防控的前提是对相关属性有明确的认知。在我

---

① 《自贸港法》第10条规定:海南省人民代表大会及其常务委员会可以根据本法,结合海南自由贸易港建设的具体情况和实际需要,遵循宪法规定和法律、行政法规的基本原则,就贸易、投资及相关管理活动制定法规,在海南自由贸易港范围内实施。

国,授权立法源自特定的法律授权或是有立法权的国家机关专门授权,行政机关据此来进行相关的立法活动。自1988年建省以来,基于《宪法》第100条的规定①及《全国人民代表大会关于建立海南经济特区的决议》②,海南省人大及其常委会在拥有省级地方立法权的同时,也可行使经济特区立法权。2018年党中央宣布决定在海南全岛范围内建自由贸易港,为贯彻"给予充分法律授权"③的法治创新理念,使自贸港在国家法制统一的基础上享有更大的改革自主权,中央赋予了海南自贸港以相应的自贸港立法权。经济特区授权立法基础上的扩展和延伸,使得自贸港授权立法与之相比享有更多的立法权限,甚至可以触及《立法法》中的国家立法保留事项。同时,作为自贸港建设和管理的"四梁八柱",《自贸港法》在内容上明确了《自贸港方案》中的核心原则和制度,以法律的强制性、权威性和稳定性为自贸港贸易、投资管理活动提供保障。自贸港授权立法的明确意味着自贸港建设在制度供给上配置了省级地方性法规制定权、经济特区法规制定权及自由贸易港法规制定权的三重制度支撑,自贸港授权立法被赋予了更为深刻的理论内涵。

自贸港授权立法,旨在立足《自贸港方案》和《自贸港法》的价值理念,构建涵盖省级立法、经济特区立法及自贸港立法的自贸港法治体系。根据《立法法》第16条关于授权地方改革试点的决定可知,地方的授权立法实质上是在全国人大及其常委会的主导下开展的立法活动,体现了国家主导的特征。自贸港授权立法本质上也是在国家主导下的地方立法变通,依据全国人大及其常委会的授权在自贸港范围内就贸易、投资及其相关管理活动制定自贸港法规。作为一种创新型的地方立法授权模式,自贸港授权立法在经济特区立法的基础上放大了地方立法变通权,以此将自贸港建设成

①　《宪法》第100条第一款规定:省、直辖市的人民代表大会和它们的常务委员会,在不同宪法、法律、行政法规相抵触的前提下,可以制定地方性法规,报全国人民代表大会常务委员会备案。

②　参见《全国人民代表大会关于建立海南经济特区的决议》第2条。

③　《海南自由贸易港建设总体方案》,《人民日报》2020年6月2日第1版。

为深化改革开放和推动法治创新的"试验田",并在推动自贸港法治发展的同时,为国内其他地方的制度改革积累经验,形成良性互动。从《自贸港方案》《自贸港法》所呈现的价值理念及自贸港建设发展现状中可知,以中央的法治创新思想和改革深化决心为背书,自贸港授权立法在贸易、投资、金融乃至税收等领域被赋予更大的授权立法权限,与全国性的一般法律制度形成特殊差别。《自贸港法》的出台,已为海南自贸港建设构建起"四梁八柱",自贸港法治创新便有了最基础的制度框架。① 同时,法律概括性、原则性的特征,使得《自贸港法》在为海南提供制度供给的同时也为改革的发展预留了空间,根据党中央"赋予海南更大改革自主权"的整治决断和"给予充分法律授权"的精神,海南省人大及其常委会可以强化立法权力的行使,因地制宜地进行授权立法活动,填补和完善自贸港授权性法规建设的空白,使立法活动始终符合自贸港建设实践的需要。

(二) 自贸港授权立法权限界定风险

海南省人大及其常委会可根据中央的授权在自贸港内就贸易、投资等相关领域开展立法活动,自贸港授权立法可针对特定领域制定专门性法规,其立法权限的界定在主体、事项要素等方面与其他法规制定权存在较大不同。

首先,海南自贸港享有多重立法权。基于《宪法》《自贸港法》等法律的授权,海南省人大及其常委会便可在省级立法权、经济特区立法权和自贸港立法权的三重立法身份加持下进行立法活动。三重立法主体身份在权力来源及地位方面有较大不同,需明确相关内涵,就权力间的差异性进行探析。省级立法权是源于宪法赋权的职权立法,1979 年《中华人民共和国地方各级人民代表大会和地方各级人民政府组织法》第 7 条通过了省人大及其常委会可制定和颁布省级地方性法规的决议②,后经 1982 年《宪法》第 100 条

---

① 参见沈春耀:《关于〈中华人民共和国海南自由贸易港法(草案)〉的说明——2020 年 12 月 22 日在第十三届全国人民代表大会常务委员会第二十四次会议上》,中国人大网,http://www.npc.gov.cn/npc/c30834/202106/589f495e276f4adb9092d6b6d951af58.shtml。

② 参见全国人民代表大会常务委员会法制工作委员会编:《中华人民共和国法律及有关法规汇编(1979—1984)》,法律出版社 1986 年版,第 807—808 页。

的肯定使其享有基础性地位,因而省级立法权具有不受法律剥夺的宪法性效力,其可视为三重立法权中地位最高的立法权。经济特区立法权是特别的地方立法,其变通权限源于全国人大的专门授权,在《立法法》出台后实现权力的确认,拥有宪制性地位,是经济特区法治先行的有效试验。自贸港立法权则是源于《自贸港法》特别授予的专门性授权立法,因《自贸港法》是基于《宪法》第 67 条第 2 项之规定所制定的非基本法,自贸港授权立法的规范来源便在三者之中处于最低地位。①

其次,海南自贸港明确界定了被授权主体。地方立法权,既包括省级法规及经济特区法规等一般地方性法规,也包括省级地方政府规章、民族自治地方的自治条例和市级的政府规章。需要注意的是全国人大并未授权海南省政府在其专门的职权范围内制定经济特区条例,这是海南经济特区有别于其他经济特区的一个特殊之处。2000 年《立法法》修改时,经济特区立法变通权被限制在所处特区的国家权力机关内,而未将相关权力下放至行政机关。以海南经济特区授权立法形式为参照和延续,自贸港授权立法权力行使的主体也仅限于海南省人大及其常委会,海南省政府等机关部门并未享有自贸港规章制定权。

再者,海南自贸港拥有特殊立法权。普通地方性法规的制定事项由其所处的立法层级决定。为在法治改革过程中完善顶层设计,海南以顺应自贸港建设总体要求为前提,统一了自贸港法规在贸易、投资和相关管理活动中的立法调整范围。总体看来,《宪法》第 100 条规定的省、市两级地方性法规的适用范围没有区别,但《立法法》第 81 条将市级地方性法规的适用范围限定为城乡建设与管理、环境保护和历史文化保护等。② 与省级地方立法权相比,设区市的立法权限更为有限,在适用范围方面受到较大的限

① 王建学、张明:《海南自贸港法规的规范属性、基本功能与制度发展——以〈宪法〉和〈立法法〉为分析视角》,《经贸法律评论》2021 年第 4 期。

② 虽然海南省海口市、三亚市和三沙市享有设区的市立法权,但和海南省级地方立法权相比,设区的市立法权限范围仅为城乡建设与管理、环境保护、历史文化保护等方面,立法权限更为有限。

制。经济特区法规的制定应当以经济领域的建设为重点,以经济特区授权立法的特殊性推动立法活动的高效性。虽然经济特区的立法事项并非单纯局限于经济领域,但作为我国地方立法的典型代表,经济特区授权立法事项范围的确定对自贸港授权立法具有较大的参考价值。《自贸港法》颁布后,自贸港法规的制定在立法事项和修改权的范围上已经超越了经济特区的立法权限,更容易在贸易、投资内容的制定或修改方面与《立法法》第11条的法律保留事项产生冲突。特殊而宽泛的立法事项与变通权限相结合,使国家的法制统一在一定程度上有所减损,也不利于自贸港授权立法有效发挥其针对性效应。

（三） 自贸港授权立法程序规制风险

决策的科学性取决于决策程序的规范性。在自贸港授权立法过程中,立法程序的合理性与立法内容的科学性同等重要,以程序健全规避实体风险,立法程序的规范能有效保障授权立法的质量。我国法治建设过程中重实体轻程序的倾向并不少见,近年来对立法程序的规范虽逐渐引起重视,但还远未达到应有的程度。[①] 立法程序的各个阶段相互依存,彼此紧密联系,将立法内容以规范的秩序串联成为一个有机整体。根据我国的立法实践可知,法律法规的起草、审议、表决和通过等阶段共同构成了完整的立法程序,有的规范性文件还要经过批准和备案阶段。其中的每一阶段又可分为若干具体步骤与环节,各部分、各阶段之间环环相扣、循序渐进,从而构成一个动态的、完整的立法过程。立法必经步骤的特殊性在于,不论它们是否是立法机关所为,也不论其是否为法律规范所明确,都是立法程序不可或缺的构成部分。[②] 根据《立法法》第12、13、15、109条的规定,授权立法应遵循两个特殊的程序要求:一是授权立法大多产生于授权主体所作的授权决定,二是根据授权制定的法规必须报送备案。两个特殊的要求明确了授权立法的决定程序和备案程序,提出了授权立法制度的程序性规则,阐明了授权立法程序

---

① 宋方青:《习近平法治思想中的立法原则》,《东方法学》2021年第2期。
② 李培传:《中国社会主义立法的理论与实践》,中国法制出版社1991年版,第81页。

完善的宗旨和原则。对于授权立法,如果没有具体的认定标准和立法体系,授权机关就无法实现立法计划。同时,具体的认定标准使得授权立法机构在规章制度制定的过程中有明确的参照标准,快速进行对比和审查,大大提高了立法效率。[①]

　　根据《自贸港法》第 10 条的规定,报送全国人大常委会及国务院备案是自贸港法规制定和实施的必经程序,旨在审查自贸港授权立法活动是否与宪法、法律、行政法规的具体规定相冲突。对于授权立法过程中所涉及的变通事项,一般情形下只需说明变通的情况和理由。但若是授权立法所调整和变通的内容涉及法律或行政法规的立法保留事项,针对这一特殊情形的生效条件则改为须报全国人大常委会或国务院批准。就原有的经济特区授权立法而言,经济特区法规的制定不同于自贸港法规,故《立法法》第 109 条对经济特区授权立法的限制,也仅体现在报送备案时说明变通情况。自贸港授权立法是在经济特区授权立法基础上的延续和创新,“三重立法权”的交错性和多样化使得自贸港法规需要在程序规制方面更加完善,针对自贸港授权立法程序的制度设计也应更加严格。

二、自贸港立法风险防控理念

(一) 自贸港立法风险产生情形

　　自贸港授权立法的特殊性使得自贸港法治建设面临的难点颇多。法治改革创新,既要坚持法治统一的原则,又要在此基础上打破利益固化思维,冲破旧理念旧制度的藩篱。自贸港授权立法虽然是自贸港范围内的地方性改革,旨在形成可复制、可推广的法治经验。因而自贸港的授权立法活动,既要巩固立法先行先试的成果,满足自贸港当下的立法需求,又承担着为国家层面的法治创新预留制度设计空间的重任。如何处理好授权立法过程中的种种矛盾是现下自贸港授权立法面临的理论难点和制度难点,同时也是以风险防控制度为前提,应对授权立法过程中的重大挑战和立法工作的重

---

　　① 陈多旺:《论重大改革特别授权中的程序价值》,《法学》2021 年第 7 期。

大考验。[①]

一方面,授权立法是自贸港法治化建设和改革的创新之举。既然是创新,那就一定会面临前所未料的风险,而自贸港法规体系建设的阶段性与改革开放的前瞻性,使得自贸港的授权立法风险更甚于其他立法形式。上层建筑由经济基础所决定,作为上层建筑的组成部分之一,法律的制定和实施毋庸置疑会受到所处时代经济和社会的影响,其特征会以阶段和滞后的性质呈现。对于自贸港授权立法工作而言,若要相关法律法规的制定超前于社会经济的发展,引领法治改革的步伐,是一项极具挑战性的任务。自贸港如何在授权立法的过程中,坚持法律上层建筑的地位,保障改革发展的前瞻性与即时性不断适应新形势的变化要求,是相关立法发展的难点和风险点。上层建筑反作用于经济基础建设,授权立法的过程也应及时调整和应对社会经济活动过程中面临的新问题、新难点,为自贸港法治化改革提供保障,以法治创新更好地服务于经济建设和发展。

另一方面,自贸港授权立法应成为可复制、可推广的立法改革经验。法律的普适性与改革开放需求的特殊性要求,自贸港授权立法承担先行先试的立法改革作用。《自贸港法》及其配套法规的内容不应只局限于海南自贸港建设发展的现实需要,更要立足国际化的大发展格局,重视中国特色自由贸易港战略,同其他新时代改革开放区域性战略之间的良性互动与有效衔接。特别是在区域全面经济伙伴关系协定(RCEP)构建的大背景下,自贸港授权立法更应坚持国际化的发展路线。[②] 在法律发展的过程中寻求法律的变革,先行先试意味着要摒弃不破不立的观念,按照法律规则和程序,合理规避可能产生的越权滥权风险,循序渐进地开展相关法律法规的变革。自贸港在贸易投资领域的立法变通极易与《立法法》的法律保留事项产生冲突,稍有不慎则会构成对法制统一的挑战。这就需要被授权者积极思考

---

① 参见周旺生:《立法学》,北京大学出版社 1988 年版,第 292 页。

② 李猛、孙鸽平:《探索构建中国自由贸易试验区与海南自由贸易港法治保障体系——以完善国家立法为主要视角》,《西北民族大学学报(哲学社会科学版)》2021 年第 4 期。

如何在授权立法过程中对立法程序进行规制,使法律的强制性在普遍、统一、平等的适用过程中保障和彰显法律的权威性,确保授权立法在《立法法》允许的框架内进行,避免"法律豁免"及"法外飞地"等风险问题的出现。同时,对授权立法全过程的风险进行评估,以完善的评估情况推动风险反馈制度的建立,以自贸港授权立法经验为范本,形成可复制可推广的经验成果以便在全国范围内推行。

（二）　自贸港授权立法风险关联性

《自贸港方案》强调,在自贸港建设过程中,要对贸易、投资、金融、数据流动、生态和公共卫生等领域制定有效措施,秉承授权立法底线思维,防范和化解重大风险。风险防控情况作为 2025 年和 2035 年发展目标中的一项重要指标,应立足自贸港法治体系构建的目标,坚守立法底线,通过完善制度措施防范系统性风险的发生。[①] 贸易、投资、财政、生态环境保护、产业发展与人才支撑五大自由便利是《自贸港法》的核心,也是自贸港授权立法风险防控的着眼点和关键点,授权立法的风险防控制度便是围绕几大自由便利的相关内容进行风险研判和制度建设。

《自贸港方案》对风险防控体系的各项具体措施做了明确的安排,目的在于加强重大风险识别和系统性风险防范,在授权立法活动进行的过程中建立健全风险防控配套体系。贯彻落实党中央有关加强海南自贸港建设风险防控的明确要求,充分认知自贸港授权立法过程的复杂性、交织性和全域性,在授权立法过程中坚持底线思维,提高防控能力。[②] 自贸港授权立法过程中所涉及的投资、税收、金融等事项均属于国家事权,若仅凭借一般的地方授权立法措施则无法满足自贸港立法改革的前瞻性需求。自贸港授权立法如果限制过多,相关政策法规的出台必然滞后于社会发展的需要。因此,探究加强顶层设计完善立法风险防控机制,充分利用授权立法。在保障中央领导性的前提下,充分调动自贸港立法的积极性与主动性,政府和部委要

[①]　王瑞贺主编:《中华人民共和国海南自由贸易港法释义》,法律出版社 2021 年版,第202—203 页。

[②]　习近平:《论坚持全面依法治国》,中央文献出版社 2020 年版,第 39 页。

在自贸港法治探索过程中给予及时的协调配合,加大立法风险防范监管的同时,以风险防控保证授权立法改革在法治的轨道上运行。

（三）自贸港授权立法界定的风险

根据《自贸港法》及《自贸港方案》的相关内容和价值理念,可将自贸港授权立法可能面临的风险,划分为实体风险和程序风险两大类,以风险种类标准的明晰和划分,对自贸港授权立法风险进行清晰地界定,以便有针对性地提出风险防控的措施和制度。

一是授权立法可能面临的实体风险。《自贸港方案》在制度设计部分提出,要针对贸易、投资、金融、网络安全和数据安全、公共卫生以及生态六大风险构建风险防控体系。从《自贸港方案》和《自贸港法》的价值理念和相关内容可知,自贸港授权立法在贸易、投资乃至税收、金融等领域与国内的一般性立法制度形成较大差别。作为法治改革理念下的发展创新之举,自贸港法规的制定是我国地方立法变通权扩大的体现,其拥有的立法事项和变通权界限要远甚于之前的经济特区立法权,因而更容易与《立法法》第11条规定的法律保留事项相冲突。① 在自贸港法规的制定过程中,涉及贸易、投资、税收、金融等领域的事项一旦出现越权滥权的情况,也必然会对国家法制统一造成更大程度的减损。对授权立法实体风险的界定,关键在于鉴别授权所立之法律规范的内容是否违宪,是否存在权力滥用的情形,以及是否和《自贸港方案》《自贸港法》的立法要求、精神理念相一致。

二是授权立法可能面临的程序风险。根据《自贸港法》第10条可知,自贸港法规的备案、情况变通说明是法规制定出台的必经程序,法规备案制度在一定程度上防范了权力滥用的风险,对立法主体的立法活动进行全过程的监督,也是对规范性法律文件进行存档备查的过程给予程序上的规范与细化。但在当前海南自贸港"三重立法权"并行的情况下,备案审查制度的"过紧"或"过松"都会给当前授权立法的法治建设工作造成较大的风险

---

① 《立法法》第11条规定:税收的设立、税率的确定和税收征收管理等税收基本制度和基本经济制度以及财政、海关、金融和外贸的基本制度所涉及的事项只能由法律规定。

阻碍,因此,如何界定法规备案制度是否符合海南当前授权立法发展的需要也是风险防控的重要内容之一。①《自贸港法》全文多次出现"会同"一词,关于自贸港法规的诸多内容,皆由"国务院商务主管部门会同国务院有关部门和海南省制定"。由此来看,自贸港法规的制定权还是掌握在国务院相关部门手中,"会同立法"的过程中如若相关意见"会商不同"又当如何?是尊重海南自贸港相关法规的创新性还是坚持保守? 此外,根据法律"宜粗不宜细"的制定理念,《自贸港法》仅就原则性、基础性的内容进行框架的搭建,其中具体的规则条款还要靠后续自贸港相关法规的制定进行填补。那么,如何把握"粗"与"细"之间的平衡,则是自贸港授权立法风险界定的重要内容之一,太粗则规制不健全,太细则会束缚自贸港立法改革创新的手脚,使投资、金融等领域的法规建设跟不上自贸港发展的速度。

第二节　自贸港立法风险要素

《自贸港方案》已在制度设计中明确要建立自贸港授权立法风险防控体系,制定实施有效措施,针对贸易、投资、金融、数据流动、生态和公共卫生等领域可能出现的风险,要提出有针对性的防范化解机制。贸易、投资、财政税收及生态保护等方面的自由便利制度,是《自贸港法》的核心内容,自由贸易港法治化建设至今,针对关税、跨境资金流动及产业发展等领域已陆续出台三批自贸港地方性立法,但相关法规落实的效果仍有待考量。同时,在贸易投资等相关领域授权立法的过程中,很有可能会与《立法法》第11条存在冲突,因此,重视授权立法的实体风险,坚持底线思维,有助于加强自贸港授权立法风险防控体系建设。②

---

① 王锴:《论备案审查结果的溯及力——以合宪性审查为例》,《当代法学》2020 年第6 期。

② 张春生主编:《中华人民共和国立法法释义》,法律出版社 2000 年版,第 198 页。

一、自贸港立法风险实体要素

（一）自贸港授权立法经济风险要素

自贸港授权立法经济风险要素主要是指贸易、投资、金融三大风险领域。在当前自贸港贸易活动开展的过程中存在离岛免税套购走私等风险；在税收投资领域，应当避免让海南成为"避税天堂"；在金融领域要注意防范个别企业债务风险的存在，坚决规避区域性、系统性金融风险的产生。根据《立法法》第11条的立法精神，金融基本制度的立法权专属于全国人大及其常委会。涉及我国金融制度的部门规章和规范性文件，则由作为我国金融监管法规统领机构的中央金融监管部门负责。故而可预见，纵然自贸港的授权立法具有三重权力来源，但金融方面的立法事项作为中央保留事权仍专属于国家，自贸港在经济领域的授权立法仍面临诸多约束和矛盾，动辄便会产生与上位法冲突的风险。根据《自贸港方案》和《自贸港法》的要求，针对贸易风险，要在加强特定区域监管的同时，以区域为层级设立综合执法点，以便实时监控和处理相关贸易活动。针对投资风险，要严格落实备案主体的备案责任以及备案受理主体的审查责任，建立健全投资方面的法律责任制度，完善与投资规则相适应的全过程监管机制，对相关违法行为进行严厉监管和打击。针对金融风险，要以金融法规制度的建立为基础健全资金流动监测体系，推动自贸港金融监管协调机制的制度化和审慎化，构建自贸港跨境资本流动宏观审慎管理体系，守住授权立法金融制度的底线，以强化系统性金融风险的识别的防范。① 立足《自贸港方案》和《自贸港法》的总体布局和指导思想，针对授权立法的经济风险要素，主要措施在于建立高标准的监管体系，对涉及经济领域的授权立法进行监管和评估。

（二）自贸港授权立法公共安全风险要素

自贸港授权立法公共安全风险主要针对网络安全和数据安全、公共卫生和生态安全三大风险领域。针对网络安全和数据安全，《自贸港方案》强

---

① 王瑞贺主编：《中华人民共和国海南自由贸易港法释义》，法律出版社2021年版，第204页。

调要以提升自贸港建设过程中的网络安全保障能力为目标,贯彻实施网络安全等级保护制度,健全自贸港数据出境安全管理制度体系和数据流动风险管控措施。针对公共卫生风险,海南自贸港也无法独善其身,病毒以人或者物为载体进行传播的风险使得自贸港在人员进出、货物运输等方面面临更大的阻力。这就要求自贸港在保障经济活动平稳进行的同时,加强公共卫生防控救治体系建设,提高自贸港突发公共安全事件时的早期预防、风险研判和及时处置能力。针对生态风险,以旅游产业为支柱的自贸港要在全岛范围内实行严格的进出境环境安全准入管理制度,通过授权立法保障突发性生态环境实践应急准备与响应能力,以制度规范健全环保信用评价制度。① 当前,在涉及公共安全领域的制度、事权及法治三方面,自贸港的相关授权立法活动仍存在权限界定不清、制度体系不健全以及监管措施不完善等难题。诸如数据的跨境流动,虽然《中华人民共和国网络安全法》的出台使网络安全防控有了具体的法律支撑,但数据安全事项并未单独立法,地方立法呈现碎片化趋势。② 同时,自贸港高新技术产业的发展更是离不开互联网发展和数据发展的支撑,如何在深化现代化网络空间发展,避免"数据孤岛"现象发生的同时防范数据泄露等风险,是自贸港网络和数据安全保障过程中的重点和难点。对公共安全领域的立法进行有效监管是自贸港授权立法风险防控的最有效机制之一,国家层面还未在公共安全领域对自贸港展开明确有效的赋权,致使监管部门在自贸港相关领域的授权立法过程中缺少明确的职权分配依据。部门间常常各自为政,权利不清极易造成职权交叉,最终导致相关立法的监管工作陷入两难的境地。

（三）自贸港授权立法特殊风险要素

习近平总书记多次强调要坚持底线思维着力防范化解重大风险,并在"4·13重要讲话"中明确了"加强风险防控体系建设"的法治改革要求。

---

① 王瑞贺主编:《中华人民共和国海南自由贸易港法释义》,法律出版社2021年版,第206页。

② 陈利强、刘弈瑶:《海南自由贸易港数据跨境流动法律规制研究》,《海关与经贸研究》2021年第3期。

中央"12 号文件"和《自贸港方案》都将"重大风险防范"列入基本原则予以强调,并对有关制度内容作了具体安排。自贸港授权立法应以坚持中国特色为前提,坚持将本土化与国际化融合,保障自贸港法治改革的长足发展。在涉及投资贸易等实体领域的授权立法过程中,海南产业定位发展应重点关注持续性风险领域。然而,当前自贸港法规的制定呈现出一种立法活动碎片化和授权决定个别化的潜在趋势,使得当前自贸港法规的法治化改革作用仅限于自贸港范围内,对国内其他自贸区制度建设的参考作用不明显。根据全国人大及其常委会的活动方式来看,普遍性事务的规定由法律规范,个别特殊性具体事项则由决定来实施,二者各司其职,分工明确。[①]《自贸港法》第 10 条通过法律的形式对海南省人大及其常委会进行个别授权,这种排他性的立法方式本身就是对立法普遍性要求的重大改变。自贸港授权立法是地方立法变通权的创新之举,如果放任其以碎片化和个别化的趋势发展,将有可能产生破坏国家法制统一的不利影响。鉴于此,定期对自贸港授权立法过程中的制度举措进行质量评估和效果比较,不断总结自贸港法规制定的实践经验以形成有效的反馈机制,以国家法制统一为发展前提,有效化解特殊的授权立法风险要素,引领自贸港授权立法与立法的稳健性与改革的创新性要求相适应。

二、自贸港立法风险程序要素

授权立法过程不仅要实现立法内容的科学性,还要以立法程序设置的合理性规避立法实体风险。自贸港法规制定实施的必经程序之一是备案审查,《自贸港法》明确了对法律或行政法规作变通规定时,应当说明情况和理由。若涉及依法应当由全国人大及其常委会或国务院制定的法律及行政法规,还应分别报送审查,待批准后方才生效。自贸港法规的程序规制在一定程度上规避了授权立法程序失序的风险,但如何把握备案审查与法治创

---

① 秦前红、刘怡达:《"有关法律问题的决定":功能、性质与制度化》,《广东社会科学》2017 年第 6 期。

新之间的平衡是自贸港授权立法的一大难点。针对自贸港法规"会同立法"的新形式,如何在《自贸港法》构建起"四梁八柱"的前提下,有效填补自贸港法治建设的空白,也是自贸港授权立法程序风险要素之一。

（一）备案制规则创新风险要素

自贸港授权立法在立法事项上存在触及法律保留内容的可能,因此相较于原有的省级立法权及经济特区立法权而言,《自贸港法》将报送备案时说明变通情况及理由,明确为变通备案审查的必经程序。宪法与法律将备案审查作为重要监督职权被赋予人民代表大会,使其有效保障宪法法律实施,维护国家层面的法制统一。这一宪法性制度安排能有效推动合宪性审查工作的展开,更有助于宪法权威的维护。① 自贸港的建设正是如火如荼之时,授权立法滞后性的特征使得法治建设时常跟不上经济发展的需要。备案审查制度是授权立法风险防控的重要保障,但在现行"一案一议"的程序框架下,如果备案制度太过严格,将很大程度上束缚授权立法制度创新的优势,使自贸港法规体系的建设难以如期完成。

党中央印发的《法治中国建设规划(2020—2025年)》对备案审查制度的建立有了进一步的明确,备案制度的完善和审查能力的提升成为当前工作的重点。健全备案审查的程序,以明确的审查标准和具体的审查范围,来推动审查措施的建设和完善。有件必备、有备必审、有错必纠,应成为自贸港授权立法备案审查的原则与目标。关于行政法规、地方性法规、规章、自治条例等公布后的备案情况,都在《立法法》第109条中得到明确,报送备案的时间以及报送的主体也做了具体规定。② 但在当前海南自贸港"三重立法权"并行的情况下,《立法法》中并无关于自贸港法规备案相关内容的规定,虽然《自贸港法》通过第10条明确了自贸港法规备案审查的必要性,但相关的时间、范围和方式并未进行明确,如果单纯依照《立法法》相关规定进行备案审查,是否是将自贸港授权立法等同于经济特区授权立法? 多

---

① 陈希:《我国地方立法合宪性审查制度特色研究》,《法学论坛》2020年第6期。
② 李雷:《人大备案审查结论存疑的优化机制探究》,《法学》2021年第12期。

重立法权的行使是否要面临更为复杂的备案审查程序？《自贸港法》赋予海南贸易、投资及相关管理活动的立法权限，意味着运用经济特区立法权制定法律法规的备案机制到了更新换代的时间点，亟待一次脱胎换骨的创新，立足自贸港授权立法备案审查规则，针对备案实施范围、行使备案的程序、审查的方式、标准及对社会公众的公开机制进行详细规定。如何在授权立法的过程中防范越权滥权的风险，坚持底线思维的同时实现自贸港体制改革的创新，使备案审查制度在创新与风险防控中实现二者的平衡，是自由贸易港授权立法程序方面需要研判的要素之一。①

（二）"会同立法"新形式新风险

自贸港法规体系构建的有效途径之一，在于"会同立法"形式的创新。针对自贸港法规体系核心内容，《自贸港法》第 10 条第一款做了相应诠释，阐明自贸港享有国家层面赋予的包含"会同"立法权的自贸港法规立法授权。然而，关于如何定义"会同立法"以及在自贸港内真正落实和推行授权立法，《自贸港法》的条文内容尚存在许多模糊暧昧之处。纵观该法全文，"会同"一词以极高的频率出现，如第 13 条第二款规定的"由国务院商务主管部门会同国务院有关部门和海南省制定"，"会同立法"以极高的频率出现在《自贸港法》全文中。②"会同"一词在现代汉语语义中解释为"跟有关的方面一道（去做）、会合有关方面共同办理"，中央部委与自贸港地方的会同，在一定程度上来说将极大强化自由贸易港法规政策落地实施，并促进部门规章或政府规章向自贸港法规体系的转型升级③。然而需要注意的是，"会同立法"并非真正意义上的国家立法形式，而是相关立法主体机构之间的协调，目前《自贸港法》涉及"会同"制定的多为政策性内容，但其内容将

---

① 刘作翔：《论建立分种类、多层级的社会规范备案审查制度》，《中国法学》2021 年第 5 期。

② 《自贸港法》第 14 条第三款、第 17 条第二款、第 19 条、第 20 条第一款、第 27 条第三款、第 28 条第一款、第 29 条第三款都提到了"会同立法"的问题，足可见"会同"理念贯穿了《自贸港法》全文。

③ 刘云亮：《中国特色自由贸易港法规体系构建论》，《政法论丛》2021 年第 6 期。

成为深刻影响自贸港授权立法创新的有效途径。但从另一方面来看,这是否意味着自贸港立法改革的桩桩件件,仍需与中央或有关部门共同协商方可制定,如若授权之事必经会同之议方可实行,则自贸港授权立法的自主权将充满不确定性,投资、贸易方面的立法授权仍然是有条件有限度的授权。若所有立法改革的事项都须经会同商议,自贸港授权立法便只能桎梏于中央立法制度的框架,立法改革过程中的不确定因素将大大增加。"会同立法"并非传统立法体制下的立法形式,相较于"硬法"而言,其更多表现为一种"软法"立法。《自贸港法》"会同立法"的概念模糊问题,究其本质还是中央立法权与地方立法权的协调问题。①

（三）自贸港法规体系的技术性风险要素

在自贸港建设过程中,改革与法治并行不悖,缺一不可,重大改革于法有据是自贸港法治建设的前提,也是授权立法风险防控的着眼点和出发点。在此背景下,明确认知自贸港法规体系建设过程中的技术性风险就显得尤为重要。立法技术一般涵盖立法的表达、立法程序建立和运行以及立法体制的确立等几方面技术规范,在整个过程中尤其注重对经验、知识及操作技巧的应用。自贸港授权立法过程要重点聚焦《自贸港法》及配套法规内容制定的粗细平衡,其所面临的技术风险则是自贸港配套法规的制定存在与自贸港立法理念及价值功能不符的可能。鉴于此,需要在明确《自贸港法》功能作用的前提下,探寻自贸港法规体系建设与总体战略布局实现有效衔接的方法。从地位功能来看,《自贸港法》作为海南自贸港内一切法规制度制定和运行的纲领,在自贸港法治建设中起着"四梁八柱"的基础性作用。

自贸港法规的完善作为自贸港法治建设创新的重要载体,既是自贸港授权立法实践的产物,也是基于其他法规制定权的局限性而发展和延伸的创新型授权模式。基于中央授权立法事项的单一性特征,在自贸港授权立法模式确立前,经济特区授权立法因立法权限的制约而难以有效弥补自贸

---

① 周宇骏:《论地方国家权力机关的授权立法:问题与理据》,《福建师范大学学报(哲学社会科学版)》2017 年第 2 期。

港法治建设的空白,法治改革创新的速度无法满足新时期自贸港经济建设发展的需要。因此,通过授权立法以发挥自贸港法规对自贸港法治建设的支撑作用,积极将自贸港法规制定权赋予海南省人大及其常委会,是自贸港法治创新的重要之举。为避免立法规定过细而束缚改革创新的脚步,作为自贸港法治建设的"纲领",《自贸港法》秉持着"宜粗不宜细"的立法思路,仅对相关立法内容做出宏观性和基础性的制度安排,还存在诸多需要具体配套法规来填补空白的细节。① 自贸港授权立法尚处于起步阶段,法治建设经验不足,需要在《自贸港法》的制度支撑下加快自贸港法规体系构建的步伐。自贸港法规要注重对授权立法实践经验和立法知识的应用,规范立法的表达方式,借助授权立法效果的评估反馈及时填补立法空白。发挥自贸港立法变通的技术手段,运用独特优势立足发展实践,为自贸港授权立法风险防控提供技术性保障。

第三节　自贸港立法风险防控新思维

一、自贸港立法风险情形认知

1955 年,全国人大常委会根据全国人大的授权而享有制定单行法规的权力,此次权力的授予正式开启了我国第一次立法活动。1959 年第二次立法改革时,全国人大常委会在单行法规制定权的基础上又被赋予了修改法律的权力。1979 年地方组织法的颁布为我国立法发展开辟了新的局面,立法机关以专门决议或决定进行特别授权的方式,使得立法在新发展格局的推动下具备了主体扩大化和授权事项宽泛化的特征。我国立法实施及适用的法律效力在 1982 年宪法有关条款的制定中得到明确,2023 年修改《立法法》更加彰显我国立法制度的科学性、规范性和权威性。

---

① 王建学、张明:《海南自贸港法规的规范属性、基本功能与制度发展——以〈宪法〉和〈立法法〉为分析视角》,《经贸法律评论》2021 年第 4 期。

（一）自贸港法规制定新思路

依据《总体方案》和《自贸港法》的相关规定,自贸港法规作为一项立法,目的在于同经济特区法规、多元商事纠纷解决机制、普通的地方性法规等共同搭建体系完整、规范详备的自贸港法治体系。这就意味着海南自贸港法关于自贸港法规制定权的授权决定,搅动了固有的海南省地方立法权格局这一池春水。对自贸港法规的理解与界定离不开地方性法规和经济特区法规。考察各类立法权的构成要素可以发现,自贸港法规作为海南省人大及其常委会就贸易、投资及相关管理活动等特定领域制定的专门性法规,在制定主体、立法事项、生效方式等诸多方面与其他法规制定权存在异同之处。

在立法权的主体要素方面,海南省的地方立法主体结构高度复杂。除普通省级地方性法规制定权和经济特区法规制定权以外,地方立法权还包括省级地方政府规章制定权,民族自治地方（自治州和自治县）的自治法规（即自治条例和单行条例）制定权,以及普通市级地方性法规制定权和市级地方政府规章制定权。其中,普通市级地方立法权又在 2015 年《立法法》修改过程中,实现由较大的市（在海南省仅有作为省会的海口市）向所有设区的市的主体扩容,但在立法事项上则收缩至城乡建设与管理、环境保护、历史文化保护等方面。就经济特区立法形式来看,海南经济特区与其他经济特区还存在一个重要区别,即全国人大在专门授权中并未授权海南省人民政府制定经济特区规章。2000 年《立法法》关于经济特区变通立法权的规定本身也仅限定于相应特区的国家权力机关,而未扩展至行政机关。《自贸港法》也参照了海南经济特区立法的形式,将自贸港地方立法权仅限于海南省人大及其常委会,未赋予海南省政府自贸港规章制定权。前述这些既存的立法权形态均与海南自贸港建设存在直接或间接的联系,也与自贸港法规存在一定关系。

在立法权的规范来源方面,海南省人大及其常委会能够以海南的三重主体（即省级行政区域、经济特区和自贸港）进行立法,不同身份的规范来源和地位各不相同。第一种主体的立法是具有宪法基础的职权立法,因为省级地方性法规制定权最初由 1979 年《中华人民共和国地方各级人民代表大会和地方各级人民政府组织法》（以下简称《地方组织法》）所赋予，后来得到 1982 年《宪法》的肯定。第二种主体的立法最初源于全国人大专门授权并得到 2000 年《立法法》的确认，因此，可以视为具有法律基础的专门性立法。第三种主体的立法则是《自贸港法》的特别授予，因此也可以视为以法律为基础的专门性立法。《宪法》所赋予的省级地方性法规制定权具有宪法效力，不受法律的剥夺，其规范来源和地位最高；《立法法》关于经济特区法规的确认性规定具有宪制性地位，因为《立法法》本身是由全国人大根据《宪法》第 62 条第三项所制定的基本法律；《自贸港法》则是全国人大常委会根据《宪法》第 67 条第二项所制定的非基本法律，其关于立法权的规定也就不具有宪制地位，因此，《自贸港法》的规范来源和地位在三者之中也就最低。事实上，无论是经济特区法规还是自贸港法规，显然都具有突出的改革试验功能。

（二）自贸港法规风险防控新机制

在立法事项方面，自贸港法规存在一定的特殊性。基于顶层设计的目的和自贸港建设的总体需求，自贸港法规的立法调整事项范围主要集中于贸易、投资及相关管理活动，普通地方性法规的事项取决于立法层级。省市两级地方性法规的事项范围在《宪法》第 100 条中没有差别，但 2023 年《立法法》第 81 条则将市级地方性法规的事项限定于城乡建设与管理、生态文明、历史文化保护等方面。经济特区法规作为一项授权性立法，在制度设计初衷上本应集中于与经济特区相关的经济方面，但其调整领域尚存在争议，实践中经济特区法规的立法事项并未仅仅限于纯粹的经济领域。宽泛的立法事项再加上变通权限，在一定程度上会减损国家的法制统一，也影响经济特区法规本身针对性效应的发挥。民族自治地方的自治法规以充分发挥民族自治地方的自治权为规范基础，可结合当地的政治、经济和文化特点来利用其变通权限，与其他法规制定权相比，享有更为广泛的政策优势和较为宽松的立法事项范围。

在各类法规中，自贸港法规与经济特区法规最具有可比性。从立法事项来看,两者在经济领域的变通立法权必然存在一定的交叉或包容关系。在自贸港法规制定权尚未正式授权之前,海南自贸港已探索以经济特区立法权的形式来完善经济特区法规体系。此种路径,一方面在自贸港法规制定权正式授予前使自贸港层面完善自身制度建设具有可能性,但另一方面也存在着混同自贸港建设、自贸区建设与经济特区建设的风险。目前,《自贸港法》尚未对自贸港法规的内涵作出详尽界定,自贸港法规是否取代地方性法规和经济特区法规这两种情形,又或是与两者并存成为海南省第三种立法权运行模式仍存在争议。从两种法规制定权所依托的制度设计来看,经济特区作为我国改革开放的第一批窗口,目的在于"摸着石头过河",以试错和示范的方式积累经验、对外开放。而自贸区、自贸港作为新时期党中央为全面深化改革所部署的重要举措,既与当年经济特区承担着同样的改革、试验的使命,又肩负着与国际接轨进一步扩大改革探索路径的责任,是新时期对经济特区进行升级的产物。因此,在新时期自贸港深化改革开放的同时,更需要以强有力的法治来保障、引领和规范自贸港建设。单纯依靠海南经济特区法规制定权已无法应对自贸港所形成的制度变通幅度,也难以解决自贸港建设面临的新情况、新问题。所以,自贸港法规的立法事项虽在经济事项方面与经济特区法规存在交叉,但更多的是突破和改革创新,比较而言,自贸港法规可以对《立法法》第 11 条规定的法律保留事项作出规定,即涉及贸易、投资及管理活动相关的基本制度层面的立法事项。在生效要素方面,自贸港法规也存在一定的特殊性。依据《自贸港法》第 10 条的规定,自贸港法规应当报送全国人大常委会和国务院进行备案,备案中应对其变通规定说明变通的情况和理由,但当其所调整或变通的内容涉及法律保留事项或行政法规保留事项的,则须报全国人大常委会或国务院批准后生效。地方性法规在制定主体方面,涉及省级和设区的市级人大及其常委会。省级地方性法规在作出决定后,法律文本的公布便是其生效的要件。市级地方性法规由于并非属于完整的地方立法权主体,则须依据《立法法》第 81 条规定,经省级人大常委会批准后施行。对于经济特区法规而言,虽然变通是其原则而非例外,但经济特区法规无法触及法律保留事项,2023

年《立法法》第 109 条对其变通规定也仅作出报送备案时说明变通情况的限制。自治法规作为自治机关行使自治权的重要方式,可以结合本民族特点对法律、行政法规作出变通性规定,考虑民族自治地方的自治法规在变通上权限较大,因此,《立法法》对其规定了较为严格的报批程序,即经过自治机关上一级人大常委会批准后生效。此外,自治州、自治县的人大制定的自治条例和单行条例,还须由省级人大常委会报全国人大常委会和国务院备案。总体来看,自贸港法规在生效要素上分为更具多样化的环节,其制度设计也更为精致。

作为新时期经济特区升级的产物,自贸港承担着与经济特区同样的改革使命,并在此基础上肩负着进一步深化法治改革创新的责任,旨在打造自由化、便利化的对外开放窗口。在这一新使命下,自贸港难以仅凭省级立法权和经济特区立法权就能实现法治创新,也难以解决改革过程中存在的制度创新与风险防控之间的矛盾。在新时期自贸港深化改革开放的同时,需要以强有力的立法风险防控措施来保障、引领和规范自贸港法治建设。

二、自贸港立法困惑及其风险防控新认知

(一) 自贸港立法困惑

对自贸港立法风险的评判大多具有针对性,具体表现为分析和评价某项具体的自贸港法规或《自贸港法》某项具体条文在整个自贸港立法体系中的逻辑、作用及影响等。其目的在于实现自贸港立法的制度创新,推动自贸港享有更充分的改革自主权,实现立法的高效性及可复制可推广经验的可行性。自贸港立法工作在相关制度的支撑下取得了法治化改革的重大突破,但立法在相关权限、程序设置、"会同立法"定位及风险监督防范制度等方面仍存在较多的缺陷,亟待立法完善工作的进一步推进。

1. 立法的范围及权限界定不明

关于授权主体和被授权主体的定义,我国现行立法中并没有明确的界定。在法条授权中常用"国务院有关部门"等模糊的字眼来定义被授权主体,导致当前的立法工作存在着授权不清,职权定位不明等问题。同时,立

法成本过高、立法程序错位、立法体制不畅通以及多头主体等问题,也造成了立法过程中多方利益难以协调的局面。《自贸港方案》中对许多内容的前瞻性规定,都可谓是法治重大创新之举,但《自贸港法》及自贸港相关条例并未将超前的改革方案实际落实,立法的改革性和创新性得不到法律权限的明确,同时,"会同立法"问题不易实践和协调,如此种种,造成了自贸港立法实践中制度落实的合法性难题。

一方面,自贸港立法与经济特区立法都采取概括性规定。同经济特区立法相似,《自贸港法》采用一揽子授权模式对贸易、投资及相关管理活动的立法进行规定,使得自贸港法规和经济特区法规在贸易、投资等领域的相关规定存在交叉关系,在很大程度上给二者的区分造成了困难。另一方面,中央授权下的自贸港法规在制定过程中可以触及法律或行政法规保留事项,但具体可作变通的事项范围仍有待界定。结合《自贸港法》第7条的有关规定可知,海南省政府及有关职能部门可以基于自贸港经济与法治建设的实际需要行使相关的管理职权。然而在当前自贸港立法开展的过程中,其与原有的省级立法和经济特区立法相比尚未有实际性的进展和突破,甚至仍旧以省级立法权和经济特区立法权作为立法工作开展的主要依据。此外,作为创新型的立法,《自贸港法》应在开篇就对立法事项、变通界限与其他法规制定权之间的关系进行明确界定,但受限于《自贸港法》的宏观性定位,使其在内容制定方面无法完全遵循立法明确性原则的基本要求。省级立法权、经济特区立法权及自贸港立法权的交叉关系,使得当前自贸港立法的发展面临着三重效力位阶的矛盾,大大增加了自贸港多重立法权的复杂性。自贸港配套法规应在理清"三重立法权"权属关系的基础上进行完善,落实法律赋予的自贸港内特殊情形规制权,在用好省级立法权和经济特区立法权的同时,实现自贸港立法权的过渡性延伸,推动自贸港法规体系的构建和发展。关于自贸港内立法活动的具体依据、立法权限及程序规范等内容,尚未在《自贸港法》中得到明确,这就使得自贸港立法活动的开展难以实现法治创新与法制统一之间的平衡:在重大改革于法无据的情况下,自贸港立法制度集成化创新的过程中便极易产生权力滥用的风险;反之,倘若立法工作的开展瞻前顾后、犹豫不决,自贸港立法便囿于不敢立、不敢改的保守思想,与立法体制改革创新的初衷背道而驰。

2. 立法的专门程序法律依据缺失

自贸港立法的改革创新得益于中央层面的政策支持,体现了自上而下的政治推动力。但在立法实践中,自下而上的立法方向更为常见。这种自下而上的方式有时候会缺乏联动机制将立法系统规范化。法治对权力的制约并非单从实体上规制法律授予立法主体的"量",而是从程序上将被授权主体的权力限制在制度的框架内行使。在自贸港改革进程中,不仅要落实地方至中央的协调,中央各部门也需配合联动,但实践中协调程序往往繁琐且所需时间较长,立法的自下而上仍然存在较大阻力。自贸港的建设正是如火如荼之时,若自贸港的立法都需层层上报,经中央议事协调再行调整,无疑严重阻碍了自贸港建设的进程。中央立法权和自贸港立法权的平衡始终是当前立法过程中的一个难点,如何实现二者权力的平衡,在中央最大限度放权的同时,防止被授权主体对权力的滥用,专门立法程序的制定便是值得商榷的改革方式之一。

立法全过程通常由立法的原则、内容、范围、期限等共同构成一个有机整体,各个部分之间相互联系、相互依存,为立法制度提供完整的程序支撑。但目前从中央到地方,立法工作开展的过程中并无诸如《立法程序法》等专门性的法律法规可供遵循,在《宪法》《立法法》等立法规范的条文中关于立法程序的规定也仅是寥寥数语。基于此,自贸港的立法在授权范围、权力界限及程序规范等方面缺乏完备的制度依据,不利于自贸港法规备案审查制度的推进,也不利于自贸港在立法的过程中理清与上位法之间的关系。自贸港立法肩负可借鉴可推广立法经验形成的重任,亟待相关程序规范的落实,以实现自贸港法治化创新改革的特殊性需要。当下,已出台的《规章制定程序条例》《行政法规制定程序条例》等可为专门性《立法程序法》的制定提供参考,但法律普适性和原则性的特征又要求立法程序法在限制权力行使的同时兼顾法治改革创新的需要,以程序规范保障实体规范,显然是立法程序法制定的首要目标所在。自贸港立法工作开展的过程中,如果没有健全的程序规制,那么自贸港配套法规的制定、实施、修改或废止就无明确的制度依据可供遵循。为保障自贸港法规体系在 2025 年前初步构建的设想顺利实现,海南省人大及其常委会在贸易、投资等相关领域享有更为充分的改革自主权。但权力的扩大往往伴随着风险的增加,自贸港"6+1+4"制度的构建离不开《自贸港法》的引领,更少不了系统性的约束和监督。缺少立法程序严格限制的情况下,自贸港立法工作的开展便把握不好分寸感,底线思维的缺失更不利于自贸港法治化改革的高质量发展。

3. 立法的监督机制尚待完善

风险防控的有效方式之一就是进行针对性的监管。自贸港在贸易、投资及金融领域,以及网络安全与数据安全、公共卫生及生态卫生领域等公共领域,尚未有统一的监管方式以应对立法风险。

监督机制的完善对自贸港立法风险防控至关重要,被授权主体的立法活动在授权主体的监督下,按照一定的时间、方式、程序等要求进行。目前,全国人大及其常委会是对自贸港授权法规制定进行监督的权力主体。在实践中,由于立法任务繁重以及备案法规所涉及的地方事务较多,故全国人大及其常委会等授权主体对立法监督职能的履行十分有限。关于备案审查时间和形式的具体规定,在当前已出台的法律中并未明确呈现,致使大多被授权机关并未具备立法工作开展后及时上报备案的意识。同时,标准的不明确和不具体使得立法的批准存在一定的随意性,完全由批准机关自己决定是否批准,并无须对批准的结果作出解释。自贸港"6+1+4"制度构建和配套法规完善的任务十分紧迫,而备案审查制度的实施在发挥立法风险监督效力的同时,却也在一定程度上抑制了自贸港法治创新发展的进程。自贸港法规应当报送备案这一必经程序在《自贸港法》第 10 条第二款的规定得到明确,且针对法律法规的变通应说明相关情况事由。然而,该条文并未就备案的具体形式及需要报备的变通程度作出明确的界定。目前,需要备案的情形、报送备案的时间、备案的形式以及备案机关等内容虽《立法法》作了相关的规定,但具体的备案程序、不备案的法律后果及违法责任承担等内容尚未作出详细的规定。因此,备案审查应成为立法监督工作开展和贯彻的新方式,实现备案审查制度与自贸港立法工作的有效结合,有助于推动自贸港法治化改革工作的规范性、有序性发展。自贸港法规在备案审查工作开展的过程中,还面临着备案流程繁琐、备案效率不高、备案与审查程序分节等问题。备案审查流程的复杂性和时间的滞后性导致该制度对立法监督的推动作用不明显,使其难以满足自贸港立法创新发展的需要。此外,由于我国目前缺乏关于立法的责任追究制度,使得被授权主体在进行立法活动的过程中极易产生立法权力和违法责任脱钩的现象。若无严格的程序规范和监督制度作为保障,立法工作开展时所面临的越权滥权风险,将难以依照具体的责任追究制度对其进行防范。

（二）自贸港立法风险防控认知

目前,中国自由贸易试验区的试点城市不断扩大,不仅在发展数量上覆盖了从南到北、从沿海到内陆的广大区域,并且在发展质量上通过制度创新在投资、贸易、金融、政府职能转变等领域取得了一系列显著成效,这些成功实践的制度创新源源不断地向全国进行复制推广,推动着我国改革开放不断迈向新高度,自由贸易试验区也由此成为新时代改革开放新高地。因此,海南更应发挥自贸港立法先行的重大作用,强化风险防控能力,使其法治实践成为可复制可推广的立法经验,使之与中国自由贸易试验区战略发展形势相适应,贯彻落实"法治先行,法治引领"的改革发展理念,为中国特色自由贸易港战略提供顶层法治保障,通过完善的法治保障体系推动自贸港建设不断迈向更高水平。

1. 提供顶层法治保障,助力经济高质量发展

随着2020年北京、湖南、安徽成为新一批自由贸易试验区,国内自由贸易试验区数量进一步增长,成为全面推动我国新一轮高水平对外开放的重要力量。同时,自贸港建设进入了新时代新阶段,需要构筑与之相适应的更高层次、更高水平、更加全面的法治保障体系,为其顺利实施提供高质量的法律服务和强有力的制度支撑,使自贸港法治建设成为引领全国其他自贸试验区建设的标杆。尤其要通过立法在国家层面引领和推动各地自由贸易试验区之间的协同发展,使分布于全国各地的自由贸易试验区能在自贸港

的制度引领下,实现有机结合并形成相互配合、优势互补、资源共享的战略体系,最终实现"开放合作,命运与共"的"命运共同体"。同时,鉴于中国特色自由贸易港的建设以对标国际高标准经贸规则和打造法治化、国际化、市场化的一流营商环境为主要任务和目标,"先行先试"的制度创新多是接轨国际最高水平的投资贸易制度,具有相当的先进性和创新性,自贸港也因此成为国内领先的经济制度特区,为新时代我国扩大开放和深化改革提供了新思路、新途径。在此情况下,借助《自贸港法》及自贸港法规可将海南自贸港成功实践的制度创新及时转化为权威性更高、更具法律效力的法律法规,把具有可复制性的高水平制度创新以法律形式进行系统集成,从而在国内更多地区、更广范围内予以推广适用,充分释放制度创新的改革红利,这样不仅可为新时代我国改革开放中的痛点、难点、堵点问题,提供切实有效的解决方案,同时也有利于促进形成国际化、现代化、系统化的高质量发展政策制度体系,以更加先进的政策制度体系助力中国经济高质量发展。

2. 以法治创新推进国家治理体系和治理能力现代化

党的十八届三中全会将"完善和发展中国特色社会主义制度、推进国家治理体系和治理能力现代化",作为全面深化改革的总目标,十九届四中全会又将"研究坚持和完善中国特色社会主义制度、推进国家治理体系和治理能力现代化若干重大问题"作为会议的主要议程,"坚持和完善中国特色社会主义制度、推进国家治理体系和治理能力现代化"由此成为全国全党的一项重大战略任务,而法治创新则是实现国家治理体系和治理能力现代化的重要驱动力量和制度保障,在新时代改革开放背景下要坚持以法治创新全面引领深化改革,确保在关键重点领域实现重大突破。与法治创新相适应,自贸港是我国"先行先试"的制度创新特区,两者之间具有先天的内在一致性,借助"一线放开,二线管住"的风险管控模式,自贸港成为我国践行法治创新的最有力平台。截至目前,各地自由贸易试验区陆续"先行先试"了,包括临时仲裁、知识产权法庭、多元化纠纷解决机制、互联网在线调判机制、区块链法治化等在内的一系列法治创新,有效推动了区内治理体系和治理能力的现代化。然而"一花独放不是春,百花齐放春满园",要坚持和完善中国特色社会主义制度、推进国家治理体系和治理能力现代化,需要从国家层面提供全面有效的法治保障和制度支持。因此,应当将自贸港法治化建设成功实践的各项法治创新,及时上升至法律层面予以固化,通过法律方式对法治创新成果予以确认,进而在全国范围内更好地推广适用,在实现改革红利广泛共享的同时,也借此立法过程加快构建和完善中国特色社会主义法治体系。以此为目标,通过《自贸港法》可将试验成功的法治创新成果最大程度地予以有效整合,以实现法治创新成果的集成化、系统化、体系化,避免在复制推广过程中所可能出现的分散化、碎片化、边缘化等情形的发生,以此确保各项法治创新能够形成合力,推动中国特色社会主义制度的完善,促进国家治理体系和治理能力的现代化。

总之,法治创新是驱动力量,自贸港是有利平台,国家立法是实施载体,三者之间有机结合为新时代"坚持和完善中国特色社会主义制度、推进国家治理体系和治理能力现代化"总目标的实现,提供了新理念、新思维、新路径。

3. 服务支撑 RCEP 协定,推动全球经济治理体系变革

海南自贸港因其优越的地理环境,使其成为东盟十国往来贸易的重要枢纽,除了地理交通要素的"硬件支撑"以外,更为重要的是制度、文化、价值观念等"软实力"的输出和供给,自由贸易试验区所孕育和孵化的制度创新、科技创新、文化创新,及其所蕴含的自由、开放、包容、合作、普惠、共赢等价值理念将会在更大范围、更深层次、更高水平助力 RCEP 协定的建设发展,尤其近年来面对国际上单边主义、贸易保护主义、逆全球化思潮的抬头,更应发挥自由贸易试验区扩大对外开放、促进国际经贸合作、支持投资贸易自由化的作用,在地缘、制度、人文、经贸等领域加强与 RCEP 协定的战略对接,破除阻碍东盟十国之间相互合作的贸易制度壁垒,全力推动新一轮经济全球化。然而,这必然离不开《自贸港法》的有力制度支援。

第一,优化改革开放空间布局。通过国家立法的形式确认中国特色自由贸易港的国家战略地位,同时以法律形式统筹国内各自由贸易试验区及其所在地之间的相互协作与共同发展,形成区域经济政策的叠加效应、联动

效应和乘数效应,作为关键节点更好地同京津冀一体化战略、长江经济带战略、西部开发战略、东北振兴战略、粤港澳大湾区战略等其他区域性国家战略相互配合、相互协作、相互促进,进一步完善以中国特色自由贸易港为统领的中国自由贸易试验区建设,建设新时代我国改革开放的空间布局。第二,为 RCEP 协定提供有效制度供给。自贸港建立至今通过对标国际高标准经贸规则,形成了一系列国际领先的制度创新,这些制度创新在现实中具有促进投资自由化、贸易便利化、金融国际化的主要功能,与 RCEP 协定体现的开放包容的基本属性相一致海南自贸港建设适用《自贸港法》,在坚持"一线放开、二线管住"的基础上,立足海南实际,兼顾与国际经贸规则的接轨,在贸易自由便利化、市场准入、关税制度、人才引入等方面对标新加坡港、中国香港等国际先进自由贸易港,在贸易投资领域也基本做到了与WTO、RCEP 规则相衔接,进一步彰显我国对外开放、推动经济全球化决心的客观要求。推进实现 RCEP 框架下不同国家和地区之间的政策沟通、制度融通、贸易畅通,这既是自贸港为 RCEP 协定提供的制度供给、制度支持、制度红利,也将成为今后自贸港服务支撑 RCEP 协定发展的主要方式。但是,制度创新红利的国际共享同样离不开国家立法的有力支持,借助《自贸港法》能够有效保证各项制度创新的权威性、有效性、稳定性、可预见性,从而更易被 RCEP 框架内的国家和地区所熟知、认可和接受,可使得中国特色自由贸易港及其制度创新,在 RCEP 协定发展中具有更加广泛且深远的传播力和影响力。第三,积极参与国际经贸规则制定。习近平总书记明确指出"当今世界正经历百年未有之大变局",全球经济治理体系现处于破立并举的转型过渡时期,中国秉持"共商共建共享"的全球治理观,倡导国际关系的民主化、法治化,努力为形成更加公正合理的国际经济新秩序贡献智慧和力量。

全球经济治理体系变革,体现在新一轮国际经贸规则重构过程之中。以美国为首的西方国家正试图为国际经贸规则树立"新标杆",主导国际经贸规则未来走向,倘若我国不主动引领、积极参与新一轮国际经贸规则重构,将来在国际经济竞争与合作中就有可能会面临被边缘化的风险。所以,为适应国际经济新形势新变化,自 2013 年以来我国借助自由贸易试验区,再到 2018 年宣布建自贸港,对有利于促进国际经贸交流与合作、维持多边贸易体制、推动经济全球化的国际经贸规则进行深度改革试验,并在投资贸易领域形成了一系列具有先进性、公正性、灵活性、实用性的制度创新,这不仅为我国参与国际经贸规则谈判积累了宝贵经验,同时也为我国掌握国际经贸规则重构主动权奠定了基础、创设了更好的国际环境。未来一段时期内,我国可通过《自贸港法》将这些有利于构建国际经济新秩序的制度创新,尽快在法律层面予以规范化、制度化、体系化,并以《自贸港法》作为我国参与国际经贸规则重构的重要规范渊源、法律载体和对接窗口,将其核心内容逐步融入我国参与的国际投资贸易谈判和制定的双边或多边自由经贸协定之中,使这些在中国特色自由贸易港内成功实践的制度创新以及风险防控理念,能够转化成为新的国际规则或国际惯例,提升我国在国际社会中的制度性话语权的同时,让中国高水平对外开放经验造福世界,推动建立起更加公正合理的全球经济治理体系。

4.完善风险防控制度,践行立法先行理念

规范立法风险防控制度,主要是在规范层面通过法律解释来解决,通过法律修改来进行制度设计的完善。前文所提及的自贸港法规的立法事项、变通界限、与其他同类法规之间的关系等问题,可以结合未来的自贸港立法实践,通过解释《自贸港法》和《立法法》等予以进一步明确和解决。但《自贸港法》的制度设计特别是其立法的根本性体制问题,则需要法律修改才能得到彻底解决,诸如自贸港法规制度、浦东新区法规制度的地位宜在未来修改《立法法》时在第四章关于地方性法规的规定中进行统筹考量。但无论是释法还是修法,都必须始终铭记海南自贸港是我国改革开放进程中力度最大的"试验田",自贸港法规的变通性是实现以法治手段保障改革试验的重要途径。因此,自贸港法规中诸多问题的解决及其制度的完善,必须在改革与法治双轮驱动之下进行考虑。在我国处理改革与法治关系的具体机制中,《立法法》第 16 条规定的授权决定机制最为成熟,其若干具体安排对于发展和完善自贸港法规制度具有借鉴意义。《立法法》第 16 条的法律变通具有日落条款、效果评估和报告制度的限制,有助于防止地方立法变通对法治体系的常规性造成颠覆性例外。可以考虑对自贸港法规制定权进行一定限制,从而更好地发挥其保障和促进自贸港建设的功能,并对全国改革开放更好地发挥"试验田"的功能。具体而言,自贸港法规对法律和行政法规作出变通规定时,不仅应要求海南省人大及其常委会在立法前向全国人大或国务院说明变通的情况和理由,而且应当在法规付诸实施后,定期对法规的实施情况进行科学的效果评估,总结其经验和不足,并向全国人大常委会和国务院报告其实施情况和评估结果,从而促进全国性制度的完善,使海南自贸港的改革试验与全国的改革开放进行更好衔接。从我国目前各自贸区的改革情况来看,由于缺少效果评估和报告制度等机制,行政化运作等各种现实因素"冲淡试验的科学性,使试验无法对改革充分发挥试错和积累经验的作用,背离试验机制的初衷",这一点在未来的自贸港建设和自贸港法规实践中应当予以特别注意。

建设海南自贸港是改革开放的重大战略决策,为保证自贸港制度行稳致远、久久为功,必须在立法和法治方面下足功夫,"实现自由贸易港制度的顶层设计法治化"。重大决策的法治化实施必须审慎、稳妥和周全,并考虑法治发展的长远性和全局性。自贸港法规将在未来海南自贸港法治体系中发挥重要作用,其立法初衷、解释适用和制度发展也应当从法治发展的长远性和全局性进行审慎和周全的思考。自贸港法规等新的地方立法变通形态,应当与《立法法》规定的立法体制有效融合,并最终和《宪法》进行有效衔接,成为以《宪法》为统帅的中国特色社会主义法律体系的有机组成部分。

三、自贸港立法风险防控新思路

必须始终坚持打造改革开放"试验田"的创新理念,在自贸港法治建设的过程中牢固树立"先行先试"思想,为国内其他自贸试验区的建设提供积极示范。自贸港立法风险防控的创新理念在于,必须贯彻落实党的法治建设的集中统一领导,以自贸港经济建设的高质量发展为目标,把握法治改革的大方向,坚持走具有中国特色的自贸港立法发展道路,紧紧围绕中央"12号文件"和《自贸港方案》的价值理念,以《自贸港法》为立法工作的出发点和立足点,以国家安全、意识形态、贸易走私等方面的"六个决不允许"为底线开展立法工作。实现《自贸港法》及配套法规的粗细相宜,在确保自贸港法治建设符合实际需求的同时,为后续的改革深化预留制度创新的空间。自贸港立法风险防控要想实现经验的可复制可推广,反馈机制的完善和创新便是有效方式之一。反馈机制包含效果评估和情况报告两方面,其不仅是对相关立法经验的总结,更是国家及社会各阶层对于自贸港相关立法活动知情权的有效保障,为自贸港法规的制定和完善提供来源,同时对立法全过程进行有效的监督。《立法法》第113条规定了"反馈"的概念,但这种"反馈"的概念仍旧宽泛与模糊,对反馈的内容、时间、方式以及责任等并未有明确的规定。形成可复制、可推广的立法经验是自贸港立法活动的主要任务之一。因此,通过建立立法情况报告制度及创新授权效果评估体系,以健全的反馈机制推动相关立法经验的可借鉴可参考,有助于自贸港立法体系建设与国内其他自贸试验区形成互联互通,共同促进我国立法的体系建设与发展。

（一）创新自贸港立法效果评估体系

评价立法的效果如何,是通过对立法项目内容进行客观、准确地梳理,针对授权情况、立法效果等的评估,可以判断立法的结果是否实现了立法的目标,是否产生了预期的改革创新效果。自贸港的立法效果评估应贯穿立法的始终,以及时效性、前瞻性和回应性标准保障自贸港法规在立法前、中、后三项评估环节的均衡性。在自贸港立法效果评估的过程中,评估主体应为被授权机关,评估对象应是被授权机关的立法活动,评估范围应具体涵盖所有被授权机关根据授权所制定的法律法规。囿于立法评估理念不强及立法评估制度不健全等原因,自贸港立法评估标准、评估程序等方面的规定还比较缺失,亟待发展和完善。

一是立法的事前评估。事前评估应体现为自贸港的立法项目和立法行为,在正式进入立法程序前的综合评估,该评估环节由立法机关或第三方评估机构进行,在保障自贸港立法程序正当性的同时,提高其对立法内容的有效性作用。通过自贸港立法的事前风险评判,及时预见自贸港相关法规的适当性和及时性、法规体系的系统性和协调性、所立之法与自贸港建设的契合度等。对自贸港内立法项目进行综合分析和评价的内容可包括:相关立法的必要性、立法活动的可行性、制度措施的科学性和合法性,以及立法规范的可操作性、立法效果的影响力等,使被授权主体可以根据相关反馈作出更为科学的立法决策,防范立法失序的风险。立法的效果反馈制度可以极大排除诸多不利因素对立法质量的影响,保障自贸港立法工作的规范性与科学性,对自贸港法规质量的提高具有重要意义。

二是立法的事中评估。可将事中评估的范围,理解为自贸港法规草案进入审议开始至公布实施前的阶段。从事中阶段开始对自贸港立法的内容和适用程序进行全方位实时监督,一旦发现有任何不适应自贸港立法的条文或制度,立即予以纠正,避免立法资源的浪费,将立法风险和相关损失降到最低。

三是立法的事后评估。因对立法措施和最终效果的认识及评价最为明确直观,事后评估被应用得更为广泛。《立法法》第 67 条明确了有关法律及规定的立法后评估方式,自贸港立法因肩负着法治改革经验可借鉴可推广的重任,对立法的事后评估工作应体现为及时总结立法经验,分析过程中的难点和不足,对立法工作过程及立法质量进行全面客观的评价。但目前针对自贸港立法效果评估工作的开展并不顺利,专门性制度依据的缺失给立法工作的开展造成较大阻碍。对此,应将立法评估工作作为法定工作职责赋予相关职能部门,并督促其他有关部门配合评估责任单位的评估工作。立法评估的范围应包括主体、内容、对象、程序及方式等,通过具体的法规制度充分保障立法评估结果的科学性、民主性和合理性。2020 年《海口市政府规章立法后评估办法》的制定,在一定程度上填补了自贸港政府规章立法后评估制度建设的空白,那么可以此为参考对自贸港法规事后效果的评估进行制度方面的完善,通过规章条例的制定对立法的事后评估方式、内容及程序等进行明确。

通过构建自贸港立法前、中、后全过程的评估体系，制定涵盖评估适用范围、评估责任主体、评估对象、经费保障、评估标准、评估程序、评估报告的形成及使用等方面内容的《自由贸易港立法评估办法》，以实现对立法全过程的有效监督和反馈。以国务院《法治政府建设实施纲要》和《规章制定程序条例》为基础，根据自贸港法治建设的实际需要建立立法评估制度，贯彻立法风险防控新理念，切实提高立法水平和满足高质量制度建设需求的重要保障。

（二）构建自贸港立法情况报告制度

立法情况报告制度是自贸港立法工作开展后，对相关经验进行总结和梳理的重要方式。对立法工作过程中的重点、难点及不足等情况进行整理报告，能有效增强立法评估实效，使自贸港立法效果评估和立法经验总结工作实现有效衔接。这一制度的完善在改进立法工作方式的同时，提高了立法的质量，实现立法效果评估和相关情况报告的有机结合，在促进增强立法工作实效、形成立法工作经验的基础上，也能帮助立法监督主体更好地行使立法和监督职权。

自贸港立法的情况报告，目的在于通过及时的梳理和审查，了解相关法规实施情况，针对缺漏和不足进行整改和补充，以此完善自贸港的立法制度，为国内其他自贸试验区的建设提供法治化改革的范本。针对立法的内容、程序及实施效果，相关主体可以编制和实施立法规划和年度立法计划，以季度或年份为期限，出台《海南自由贸易港立法情况白皮书》。针对制定、实施、修改满一定期限的自贸港法规，开展自贸港立法工作的有关部门应在规定期限内对法规实施的情况进行调研和审查，并将具体实施情况书面报告海南省人大常委会及其专门委员会，以便对立法相关工作的开展进行监督。立法情况报告制度应立足以下规定进行制定：一是负责自贸港法规实施的部门应落实全过程监测，充分了解相关法规的实施情况，以年度或季度为时间节点及时向全国人大常委会提交报告；二是坚持《自贸港方案》和《自贸港法》的价值理念，以维护法制的权威性和统一性为前提，在密切关注上位法动态的同时开展自贸港立法工作；三是对立法过程中可能出现的突发情况进行重点防范和及时监测，重大变化情况应当及时报告；四是被授权主体积极行使自贸港立法权,认真做好自贸港配套规定制定工作;五是针对因重大情况变化而不能满足社会发展需要的自贸港法规或法规中的部分内容,要进行及时的筛选和整改,并就整改的情况形成书面报告。

在开展自贸港立法情况报告工作的过程中,应始终坚持合法性、科学性和审慎性的立法原则,严格遵守相关法律对立法程序的规定,遵循立法的起草、论证、审议、公布实施等环节。对自贸港法规的制定进行详细化、理论化的研究,深入开展自贸港立法制度的调研,在调研的过程中坚持深入自贸港社会基层,倾听梳理社会各界对立法工作的意见建议。通过开辟自贸港建设意见信息专栏、召开专家论证会、举办智库论坛等方式完善自贸港法规体系的构建。将自贸港立法情况报告制度同立法规划编制、立法工作协调及立法听证等工作有机结合,通过编制自贸港年度立法计划以及制定自贸港法规草案审议细则等方式,及时反馈立法工作的效果,以高质量标准和严格要求,做到每个立法环节都有制度做保障,实现立法过程的清晰透明和制度规范。结合《立法法》等有关法律法规的要求及自贸港立法效果评估的有关情况,落实敦促立法工作制度、立法程序和立法技术规范等情况的报告。立法效果评估体系的建立与立法情况报告制度的实施相辅相成,以立法评估经验的总结保障自贸港立法情况报告工作的顺利展开,有效梳理和评价相关法律法规的实施情况,提升自贸港立法质量,防范化解重大风险,对自贸港乃至国内其他自贸试验区的法治建设和创新具有重要意义。

第四节 自贸港立法风险防控规制

针对上述授权立法过程可能存在的风险,要在充分认知和防范的前提下,通过实体和程序两方面对自贸港授权立法进行规范。树立授权立法风险防控新理念,构建自贸港风险防控体系,评估、防范和化解授权立法风险。[1]

---

[1] 刘云亮:《中国特色自由贸易港授权立法研究》,《政法论丛》2019 年第 3 期。

自贸港对外开放和制度集成创新要求要远甚于一般的自贸试验区,应对授权立法风险提出更多前瞻性的防控措施。研判自贸港授权立法的实体和程序风险,构建相应的防控体系,完善相应的监管机制,保障中国特色自由贸易港法治建设的顺利推进。

一、自贸港立法风险防控实体规制

(一) 明确中央立法权与自贸港立法权的关系

自贸港虽有依据授权进行立法的权力,但权力的划分并不明确。若未对授权主体的权力进行明确,那么享有某种授权的机关都可开展立法活动的行为将导致授权立法的混乱。① 自贸港授权立法,需要处理好中央立法权与自贸港立法权的关系,解决地方立法与上位法、地方性法规与政府规章之间的权限问题。尤其是明确立法权限及其相关程序规则,否则会产生程序违法或超越立法权的风险,从而造成授权立法结果的失效。

在一定条件下,在我国被授权主体的权限可以扩大。《立法法》修改时指出,授权立法须事先明确授权目的、范围、期限以及被授权机关遵循的原则等,尤其是在立法规范上突出体现"针对性""可执行性"。② 自贸港授权立法体制创新已走在我国法治化改革的最前沿,在大胆进行突破的同时如何实现于法有据,就需要明确和理清中央立法权与自贸港立法权之间的关系。③ 根据《宪法》《立法法》及《自贸港法》的有关规定,海南省人大及其常委会基于授权能够在省级立法权、经济特区立法权的基础上再凭借自贸港立法权进行立法活动,并可以触及《立法法》有关国家立法保留事项。那么,对于立法保留事项可触及内容和限度就必须进行明确。对此《立法法》也有必要针对授权立法的有关内容进行增设规制,探究有关自贸港等特殊经济区域的相关立法制度问题。当下可通过《自贸港法》的完善和自贸港

---

① 封丽霞:《中央与地方立法关系法治化研究》,北京大学出版社 2008 年版,第 376—377 页。

② 宋才发:《地方立法的基本程序及功能研究》,《河北法学》2021 年第 3 期。

③ 曹亚伟:《论我国自由贸易港专门立法的必要性》,《人民法治》2019 年第 22 期。

法规体系的构建,明确有关自贸港立法权的依据、权限及范围等内容,同时指明自贸港的授权立法是中央授权海南完全自主管理,还是根据相关立法指导海南进行管理,或是立法指导下的部分授权管理。

此外,根据《自贸港法》第 10 条规定,海南省人大及其常委会可以就贸易、投资及相关管理活动制定法规,报全国人大备案,但涉及法律保留事项等需报全国人大或国务院批准方才生效。在该法后续相关法规的制定或修改的过程中,就应明确哪些属于海南有权制定的与贸易、投资相关的法规,哪些需要备案,哪些需要批准,使之与上位法的立法原则及指导思想相适应。① 2021 年 8 月,海南省人大常委会开始启动《〈中华人民共和国海南自由贸易港法〉配套法规专项规划(2021—2025)(初稿)》的起草工作,旨在系统地推进自贸港法规体系的建设,《自贸港法》尚未明确的制度和内容应当在配套法规的订立中得以补充和实现。自贸港授权立法的规范,需要以立法权限的明确为前提,通过制度的完善守住授权的底线,使自贸港立法符合中央立法的原则,防范超越或滥用立法权进行立法活动的风险。

（二）强化完善专门机构的授权立法监督职能

授权立法监督制度的建立是防范立法风险的有效措施。当下,由于立法机关工作繁杂、行政机关存在相关利益纠葛、司法机关监督范围有限,授权立法的监督工作未能有效开展,因此有必要加强对授权立法的专门监督。在 2018 年《宪法》修正案中,将"全国人大法律委员会"更名为"全国人大宪法和法律委员会",将"全国人大内务司法委员会"改为"全国人大监察和司法委员会"。前者负责"开展宪法的实施和宪法的解释工作,通过合宪性审查制度的推进,配合宪法宣传,以加强宪法监督职能等职责",后者负责"审查全国人民代表大会常务委员会交付的被认为同宪法、法律相抵触的行政法规、地方性法规和司法解释等,提出意见"。② 可见,全国人大这两个专门

① 韩龙、戚红梅:《〈海南自由贸易港法(草案)〉的三维透视与修改建议》,《海南大学学报(人文社会科学版)》2021 年第 2 期。
② 宋方青:《立法能力的内涵、构成与提升以人大立法为视角》,《中外法学》2021 年第 1 期。

委员会担负着地方法规备案审查的立法监督职能,自贸港授权立法的备案审查监督被划进这两个委员会的职权范围。强化完善全国人大宪法和法律委员会等专门机构的监督职能,可以在自贸港授权立法过程中起到有效的监督作用。

事实上,国外有许多国家也是在最高权力机关下设专门机构,行使立法监督权,目的在于"以权力制约权力,从而有效防止权力滥用"①。域外许多国家在议会设置专门的委员会,仅以议会内部职能机构的地位引导着实质性的立法活动,对专门委员会活动合法有效性的确认才由议会进行。如英国于 1944 年在下议院设置专门委员会,主要负责审查行政机关依据议会授权而制定的法规;法国的宪法委员会就本国各项裁决拥有最终的法律效力,被宣布违法或违宪的法案也在事实上被撤销,政府部门无权就裁判结果进行上诉。② 国外授权立法的相关经验表明,在最高权力机关下设专门委员会以行使立法审查职能,是行之有效的立法监督模式。赋予全国人大宪法和法律委员会等专门机构立法监督职能,强化该委员会对自贸港法规备案活动的监督,使专门机构享有听证、审查和提请否决议案,且直接向全国人大报告的权力。全国人大宪法和法律委员会等专门委员会,就自贸港法规备案审查等程序性事项进行监督,及时评估自贸港法规内容、立法形式、立法程序等情形状况并形成有效反馈。自贸港法规备案审查时,要求立法机构作出解释和说明,并可提出相应的修改立法建议。对自贸港法规实施备案审查,如果发现所制定的自贸港法规不符合上位法或授权立法的规定时,可提请全国人大或全国人大常委会就该法规条款作出修改、补充或撤销的决定,充分发挥该委员会专门立法监督的作用。

(三) 健全授权立法风险责任追究机制

自贸港授权立法既要充分行使立法权,又要防控相关权力行使不当,有效平衡权利行使和义务承担间的关系,对于越权滥权的授权立法活动给予

---

① 孟德斯鸠:《论法的精神》,许明龙译,商务印书馆 2012 年版,第 156 页。
② 伯纳德·施瓦茨:《行政法》,徐炳译,群众出版社 1986 年版,第 57 页。

相应惩罚。完善自贸港授权立法的风险防控制度,要建立健全授权立法的责任追究机制,制定监督控制的责任主体制度,确定相关责任的问责人、问责方式和所在单位需要承担的各项职能。如此便能有效敦促被授权机关依法立法,从实体和程序两方面规范自贸港授权立法从而提高自贸港法规的质量。① 有关立法责任问题,《立法法》仅规定了违反授权立法原则及授权规则要求的行为无效或可撤销,对授权或被授权主体的责任及其方式却未进行相关规定。

在现有制度中,针对相关部门或工作人员的不履职现象仅给予一般意义上的行政处分和纪律处罚,并无对其在授权立法过程中出现违法问题时该如何追究责任的规定。建议通过《自贸港法》配套法规细则的制定,增加有关授权主体和被授权主体的责任条款,明确授权主体的监督责任和被授权主体的立法责任,越权制定的自贸港法规条款固然无效或者应当被撤销,并由此进一步明确监督制度和保障自贸港授权立法活动的规范化。自贸港授权立法的过程中,省人大及其常委会作为自贸港法规体系构建的主体,应明确其制定和完善配套法规建设的主体责任。实行自贸港授权立法的第一责任人制度,将授权内容、权限及所应承担的责任落实到位,督促相关立法部门及人员对所授权力的正当行使。② 但若过分约束备案审查部门或相关人员,反而会使立法创新工作难以为继,审查表面化、流于形式的现象会愈发严重,因此,针对责任主体的惩处力度的衡量则十分有必要。权力行使部门也应按规定公开关于自贸港授权立法备案审查的情况,包括接受备案的具体内容、审查结果、不合规内容的处理以及事后纠正情况等。自贸港授权立法,我们既要鼓励被授权主体大胆创新,推动自贸港法规体系的建立,也要防止权力越界或滥用,有效防范越权滥权导致的社会风险发生。因此,健全授权立法的风险责任追究机制,规范被授权主体的创设责任方式,促进权力部门合法合理积极行使自贸港立法权,实现科学立法目标。

---

① 林鸿潮:《重大行政决策责任追究事由的偏离和矫正——以决策中对社会稳定风险的控制为中心》,《行政法学研究》2019 年第 6 期。

② 刘风景:《第三方立法前评估的制度设置与具体实施》,《江汉论坛》2019 年第 8 期。

二、自贸港立法风险防控程序规制

（一）完善创新授权立法备案审查机制

授权立法备案审查制度可对自贸港法规的制定和实施进行有效审查。具体表现为将违法制定或实施不当的自贸港法规改变或撤销，依法对被授权机关的立法活动进行监管和审查，此环节属于针对自贸港授权立法的上级立法监督或立法事后监督程序。习近平总书记在党的十九届二中全会上明确提出，为保障各类规范性文件的合法性、科学性，各类法规、规章、司法解释和规范性文件都应纳入备案审查范围。鉴于此，根据授权所制定的自贸港法规也应践行备案审查的精神理念，对根据授权所立之法开展监督。[①]我国立法监督主要体现为上级人大对下级人大所制定的地方法规进行监督，海南省人大及其常委会制定的省级地方法规、经济特区法规、自贸港法规，一般通过向全国人大常委会备案的形式实现立法监督。《自贸港法》第10条对自贸港法规的备案以及变通情况说明的规定，明确了备案环节成为自贸港法规制定并生效的必经程序，更加体现了对自贸港法规进行备案监督的重要性。

依据《自贸港法》第10条的规定，自贸港法规备案制与经济特区法规备案制相比要求要更加严格，很大程度上还超出《立法法》所规定的备案制度内容要求。实施法规备案审查，一般严格依不同法规不同情况而采取不同审查措施：合法的备案法规，予以备案登记；如果备案的法规存在一定的瑕疵，可在整改后再次审查办理；如果备案法规属于违法违规的，应当立即驳回。实施法规备案审查制度，是确保国家法制统一的基本要求，自贸港法规也无例外。自贸港法规属于明显的地方法规，仍无法逾越《立法法》第11条"法律红线"规定。针对《立法法》中"逐一事项授权立法、逐一事项备案、逐一事项报告"的审查制度，可否探究和创设一种有助加速推进构建自贸港法规体系的立法体制，简化自贸港立法程序和优化自贸港法规备案制度的程序规则，这期待解决自贸港的立法需求与上位法立法限制

---

① 梁鹰：《2020 年备案审查工作情况报告评述》，《中国法律评论》2021 年第 2 期。

的冲突问题。① 从《立法法》第 16 条产生的背景及《自贸港法》内容来看，中央事权对地方事权的限制并非绝对禁止，改革的途径之一就是推进自贸港备案审查制度创新。基于此，可以考虑探索"集中统一备案"模式或是"定期备案"模式，简化备案手续，通过统一或定期备案的方式打破"一案一议"在程序上的枷锁，在防范立法风险的前提下提高备案审查的效率。②

此外，除《立法法》第 11 条外，可以针对其他的授权立法事项，制定自贸港立法的"正面清单"。自贸港授权立法的"正面清单"，依据具体授权事项可以实行快速备案、快速审查机制。待到授权立法的"正面清单"机制发展成熟后，可以有条件地改革试行自贸港法规备案审查"负面清单"机制，即除了"负面清单"规定的授权事项需接受严格的备案和审查外，其他清单外的事项可以快备快查，甚至可以只备案不审查。在保证实体合法的同时，不必拘泥于传统而繁杂的自贸港法规备案审查程序，在保障自贸港授权立法合法的基础上，实现提升自贸港立法效率。③

（二）明确"会同立法"新形式

根据《自贸港法》的相关规定，"会同立法"应明确参与会同协商的有关部门的权限，通过具体的权利范围划定以规避不敢用权或是越权滥权等情况的出现。进一步明确中央、地方、各级管委会等各类主体在自贸港建设过程中的职权范围，科学界定"会同立法"方式，审慎设置开放性兜底条款，明确其主体、内容、条件及权限。在保障权力可控的前提下，赋予自贸港被授权主体更多的改革自主权限，充分激发自贸港授权立法制度创新的活力，为法治改革预留发展的空间，推动自贸港经济环境的自由化和便利化。由于自贸港授权立法活动涉及贸易、税收、金融等领域，极有可能触及《立法法》

---

① 彭真明、王少祥：《论中国特色自由贸易港建设的立法创新》，《海南大学学报（人文社会科学版）》2020 年第 3 期。

② 刘作翔：《论建立分种类、多层级的社会规范备案审查制度》，《中国法学》2021 年第 5 期。

③ 刘亮、邹立刚：《海南自由贸易港授权立法的框架性制度创新探讨》，《海南大学学报（人文社会科学版）》2020 年第 3 期。

第11条的法律保留事项,故而在促进自贸港贸易自由的同时,也必须坚守立法底线。以确保国家法制统一为前提,以授权立法的制度规制防范立法风险,维护授权立法基本的安全利益。

"会同立法"仅是推动授权立法创新的有效途径,并非传统立法体制下的立法,"会同"机制较真正的授权立法而言不管是在形式上还是在内容上,都还存在一定的区别。应理清"会同立法"机制的内涵,明确自贸港授权立法的定位,保障自贸港授权立法的创新性和立法制度的改革性,推动海南更充分的立法改革自主权的实现。基于安全性和稳妥性需要,综合考虑我国当前的经济运行态势,故仅在海南全岛范围内试建自贸港,将海南自贸港作为我国经济建设和法治发展的试验田。自贸港授权立法是基于省级立法权和经济特区立法权的又一次地方立法变通改革。在自贸港法治建设的过程中,授权立法要平衡改革创新与重大改革于法有据之间的关系,明确"会同"的权力和范围,在充分发挥自贸港授权立法改革自主权的前提下,审慎把握和有效应对立法风险。准确运用"会同立法"新形式,用好自贸港法规的立法权,更需要自贸港在具体工作中多与中央有关部分沟通,明确"会同"新定义,争取最大程度的共识,以便在报请全国人大常委会或国务院批准的程序中顺利通过。

（三）制定自贸港授权立法程序的专门规制

《自贸港法》第10条明确了海南省人大及其常委会可以就贸易、投资及相关管理活动制定法规,而贸易投资相关管理活动法规的制定就必然会涉及到税收征管、财政、海关、金融及外贸,如果不通过明确的权限、范围等立法程序加以规制,就会存在与《立法法》第11条产生一定冲突的风险。①针对立法过程制定专门的程序法可以对国家的立法体制进行有效规范,诸如美国的《美国联邦行政程序法》、德国的《联邦德国行政程序法》等,以详细的立法程序规则,规范本国境内各个法律条文的制定及实施,对授权立法

---

① 饶常林、常健:《我国自由贸易区（港）的模式转变与法治一体化建设》,《行政管理改革》2019年第5期。

的对象、内容、期限、立法方式和程序等进行规范。[①]

立法程序是立法活动的制度设计,在我国,授权立法的程序依据主要来源于《立法法》。《立法法》第一章就针对全国人大及其常委会的立法程序作了专门而详细的规定。程序规范是保证实体正确的前提,然而相较于中央立法程序而言,地方立法在程序制定方面不甚健全。2023年《立法法》的修订推进和落实了地方人大及其常委会关于地方立法权的行使,地方授权立法实现了宪法和相关法律制度方面的于法有据,海南省人大及其常委会在对自贸港配套法规进行制定、修改、补充、解释和废止的过程中,也应当遵循地方立法程序所规定的步骤与方法。权利保护和规范的有效模式之一就是程序控权,立法程序应在地方立法从草案颁布到正式立法出台并施行的过程中,发挥着"限权""控权"的作用。因此,完善地方立法程序,规范授权立法活动,是当下自贸港授权立法应探索和完善的工作重点。

《自贸港法》有关授权立法的规定,亟需明确相关的程序规则,规范自贸港授权立法的全过程的监管和审查,积极发挥自贸港授权立法的"监督者"和"执法人"的角色作用。规范自贸港授权立法活动,需要有一套完整的授权立法程序规则。构建自贸港授权立法的程序理念,可以考虑借鉴《联邦德国行政程序法》《美国联邦行政程序法》等国际上成熟程序法的立法方式,尽快制定一套较为系统和实用的地方立法程序法体系,尤其是自贸港授权立法程序。[②] 程序控权是一种对权利起到有效保护作用的模式,由此,就中央立法而言,需要制定国家层面的《立法程序法》,以中央立法程序的明确性和规范性统领地方立法程序,使中央到地方所有诸如立法草案的提出、审议、表决等立法实践活动都能实现法律化、制度化、规范化和常态化。就自贸港授权立法而言,需要全国人大及其常委会专门制定有关自贸港授权立法程序的决议,有效规范自贸港授权立法的程序问题,其内容应囊

---

① 陈伯礼:《授权立法研究》,法律出版社2000年版,第316—317页。
② 杨登峰:《行政程序地方先行立法的主体、模式与规范》,《政治与法律》2020年第3期。

括自贸港有关的法规起草、审议、备案、公布、修改等制度程序,同时针对自贸港法规的制定程序规则、权限、调整对象、管辖范围和基本原则等内容进行明确。通过专门决议明确自贸港立法程序规则,确保自贸港授权立法活动的合宪性和科学性,授权立法程序的完善可以在极大程度上规避立法过程的越权风险,使得自贸港授权立法的全过程在有效可控的监督和规范下进行。

自贸港授权立法,催生自贸港立法权。行使自贸港立法权,须从实体及程序两方面对全过程进行规范,尤其是规制自贸港立法风险防控制度,目的在于保障自贸港授权立法顺利推进,加快自贸港法规体系构建。立足《自贸港法》第 10 条的规定,保障自贸港授权立法紧扣贸易、投资等五大"自由便利"内容,提升自贸港授权立法质量。规制自贸港授权立法的权限、内容、期限及被授权主体责任等事项内容,防止自贸港立法权的越权滥权风险。针对《自贸港方案》提到的"六大风险",需要在理清自贸港立法权与省级立法权、经济特区立法权的属性关系的基础上,明确自贸港授权立法的权限,防控自贸港法规与上位法产生冲突的风险。结合《立法法》及《自贸港法》的有关内容,完善以《自贸港法》为统领的自贸港法规体系建设,以立法的实体及程序规范为保障对自贸港的经济体制及发展政策进行创新。在风险防控的理念创新方面,建立自贸港授权立法效果评估及情况报告制度,形成有效的反馈机制,为国内其他自贸试验区法治建设提供可复制、可推广的经验。在实体风险的防范方面,明确立法权限及范围,健全自贸港授权立法的风险责任追究机制,对授权及被授权主体的立法责任进行规制,督促权力的正当行使,以提高立法质量保证立法效率。在程序风险的规制方面,防范和化解自由贸易港授权立法风险,理清"会同立法"新形式,大胆尝试推行"一揽子授权"同时,以备案审查的规范和创新为支撑。

中央赋予了自贸港授权立法更多的改革自主权,支持海南大胆试、大胆改,以立法体制的创新推动经济体制的建设。此外,从法律属性和功能价值分析,自贸港授权立法并非局限于地方的小打小闹,而是以成为法治创新发展的范本为目标,同国内其他地方的自贸区建设实现制度促进、优势互补,以独具特色的中国特色自由贸易港授权立法法治保障体系和风险防控制度经验,在全国形成辐射带动作用。目前自贸港的发展仍处在起步阶段,针对授权立法的理论认知和制度建设等方面还存在许多不足,未来还需要以体制机制的创新和配套法规的健全进行完善。作为我国立法体制的重大创新之举,自贸港授权立法更应秉承底线思维,强化授权立法的风险意识,有效防止越权滥权行为的发生,实现自贸港授权立法的于法有据。

主要参考文献

一、著作类

1. 郭道晖:《中国立法制度》,人民出版社 1988 年版。

2. 刘云亮:《建设海南国际旅游岛法律对策研究》,法律出版社 2016 年版。

3. 刘云亮:《中国特色自由贸易港法治创新研究》,法律出版社 2022 年版。

4. 王瑞贺:《中华人民共和国海南自由贸易港法释义》,法律出版社 2021 年版。

5. 林中梁:《WTO 改革与国际经贸规则重构:WTO 法与中国》,知识产权出版社 2021 年版。

6. 孙佑海、李曙光:《德国法院与司法制度》,法律出版社 2020 年版。

7. 黄鹏:《世界经济再平衡下的国际经贸规则重构:动因、方向及可能路径》,上海人民出版社 2020 年版。

8. 王燕:《国际经贸规则重塑的二元制度构建》,法律出版社 2020 年版。

9. 肖冰:《WTO 争端解决中的中国现象与中国问题研究》,法律出版社 2020 年版。

10. 石佑启等:《地方立法学》,高等教育出版社 2019 年版。

11. 薛虹:《国际电子商务法通论》,中国法制出版社 2019 年版。

12. 胡戎恩:《中国地方立法研究》,法律出版社 2018 年版。

13. 焦慧莹.《国际经贸规则框架下自贸区制度创新》,中国财政经济出版社 2018 版。

14. 韩逸畴:《WTO 贸易政策灵活性机制研究》,法律出版社 2018 年版。

15. 张慰慈:《政治学大纲(外二种)》,安徽师范大学出版社 2017 年版。

16. 张宇燕:《〈跨太平洋伙伴关系协定〉文本解读》,中国社会科学出版社 2016 年版。

17. 刘正:《中国自贸区金融创新与法律支持研究》,北京交通大学出版社 2016 年版。

18. 龚祥瑞:《比较宪法与行政法》,法律出版社 1985 年版。

19. 陈立虎:《自贸区法律制度研究》,法律出版社 2016 年版。

20. 林雄:《中国自贸区建设与国际经验》,中山大学出版社 2016 年版。

21. 刘松山:《中国立法问题研究》,知识产权出版社 2016 年版。

22.《中华人民共和国立法法释义》,法律出版社 2015 年版。

23. 上海发展研究院:《全球自贸区发展研究及借鉴》,上海人民出版社 2015 年版。

24. 魏建国:《中央与地方关系法治化研究:财政维度》,北京大学出版社 2015 年版。

25. 陈公雨:《地方立法十三讲》,中国法制出版社 2015 年版。

26. 李璐玲、张娜:《自由贸易区法律问题研究》,中国政法大学出版社 2014 年版。

27. 陈运生:《地方人大常委会规范备案审查制度研究》,中国政法大学出版社 2013 年版。

28. 程树德:《宪法历史及比较研究》,商务印书馆 2012 年版。

29. 世界银行:《2008 中国营商环境报告》,社会科学文献出版社 2010 年版。

30. 李培传:《论立法》,中国法制出版社 2010 年版。

31. 周旺生:《立法学》,法律出版社,2009 年版。

32. 张永和:《立法学》,法律出版社 2009 年版。

33. 谭兵、符琼光:《海南经济特区立法研究》,海南出版社 2008 年版。

34. 徐孟洲:《金融监管法研究》,中国法制出版社 2008 年版。

35. 封丽霞:《中央与地方立法关系法治化研究》,北京大学出版社 2008 年版。

36. 刘丰名:《国际金融法》,中国政法大学出版社 2007 年版。

37. 胡光志:《虚拟经济及其法律制度研究》,北京大学出版社 2007 年版。

38. 史锦华:《金融开放对金融监管有效性影响研究》,中国财政经济出版社 2007 年版。

39. 顾功耘:《金融衍生工具的法律规制》,北京大学出版社 2007 年版。

40. 王林生、张汉林:《发达国家规制改革与绩效》,上海财经大学出版社 2006 年版。

41. 曾筱清:《金融全球化与金融监管立法研究》,北京大学出版社 2005 年版。

42. 管仁林、程虎:《发达国家立法制度》,时事出版社 2005 年版。

43. 应松年:《外国行政程序法汇编》,中国法制出版社 2004 年版。

44. 曹海晶:《中外立法制度比较》,商务印书馆 2004 年版。

45. 武康平、吴蓉:《自由贸易区功能特征与法律保障》,经济科学出版社 2004 年版。

46. 尤光付:《中外监督制度比较》,商务印书馆 2003 年版。

47. 刘莘:《行政立法研究》,法律出版社 2003 年版。

48. 马卫华:《WTO 与中国金融监管法律制度研究》,中国人民大学出版社 2002 年版。

49. 戚渊:《论立法权》,中国法制出版社 2002 年版。

50. 邓世豹:《授权立法的法理思考》,中国人民公安大学出版社 2002 年版。

51. 陈新民:《中国行政法学原理》,中国政法大学出版社 2002 年版。

52. 刘剑文:《知识经济与法律变革》,法律出版社 2001 年版。

53. 陈伯礼:《授权立法研究》,法律出版社 2000 年版。

54. 苗连营:《立法程序论》,中国检察出版社 2000 年版。

55. 张春生:《中华人民共和国立法法释义》,法律出版社 2000 年版。

56. 周旺生:《立法学》,法律出版社 2000 年版。

57. 董安生:《国际货币金融法》,中国人民大学出版社 1999 年版。

58. 郑成思:《知识产权论》,法律出版社 1999 年版。

59. 曹建明、贺小勇:《世界贸易组织》,法律出版社 1999 年版。

60. 张乃根:《国际贸易的知识产权法》,复旦大学出版社 1999 年版。

61. 马怀德:《中国立法体制、程序与监督》,中国法制出版社 1999 年版。

62. 苏力:《法治及其本土资源》,中国政法大学出版社 1996 年版。

63. 顾培东:《法学与经济学的探索》,中国人民公安大学出版社 1994 年版。

64. 吴大英等:《比较立法制度》,群众出版社 1992 年版。

65. 胡建淼:《十国行政法》,中国政法大学出版社 1992 年版。

66. 张文显:《法学基本范畴研究》,中国政法大学出版社 1993 年版。

67. 李培传:《中国社会主义立法的理论与实践》,中国法制出版社 1991 年版。

68. 张根大等:《立法学总论》,法律出版社 1991 年版。

69. 刘云亮:《中国经济特区立法研究》,南海出版公司 1996 年版。

二、报刊类

1. 习近平:《在庆祝海南建省办经济特区 30 周年大会上的讲话》,《人民日报》2018 年 4 月 14 日。

2.《中共中央国务院关于支持海南全面深化改革开放的指导意见》,《人民日报》2018 年 4 月 15 日。

3. 习近平:《营造稳定公平透明的营商环境,加快建设开放型经济新体制》,《人民日报》2017 年 7 月 18 日。

4. 中共中央、国务院:《海南自由贸易港建设总体方案》,《人民日报》2020 年 6 月 2 日。

5.《中共中央关于全面推进依法治国若干重大问题的决定》,《人民日报》2014 年 10 月 29 日。

6.《强化政府执行力建设,奋力推进海南全面深化改革开放》,《海南日报》2018 年 7 月 12 日。

7. 王崇敏:《中国特色自由贸易港建设与法治保障》,《海南日报》2018 年 6 月 6 日。

8. 王崇敏:《从十个方面着力建设海南自由贸易港》,《上海证券报》2018 年 5 月 31 日版。

9. 王利明:《负面清单管理模式的优越性》,《光明日报》2014 年 5 月 5 日。

10. 刘云亮:《法治先行引领自由贸易港建设》,《海南日报》2020 年 1 月 22 日。

11. 朱宁宁:《聚焦规范性文件备案审查关键问题》,《法制日报》2018 年 10 月 16 日。

12. 岱石:《御史的历史沿革》,《中国纪检监察报》2018 年 6 月 22 日。

13. 谭波、邓颖颖:《海南自由贸易港建设总体方案的法治框架》,《中国社会科学报》2020 年 8 月 12 日。

14. 吴娜:《RCEP 促跨境电商加速跑》,《北京日报》2022 年 7 月 16 日。

15. 汤莉:《借势 RCEP 拓展东南亚跨境电商市场》,《国际商报》2022 年 5 月 12 日。

16. 严冬峰:《加快构建海南自贸港法治体系》,《海南日报》2020 年 8 月 28 日。

17. 泓冰:《2018 两会系列评之七人民网评:优化营商环境正其时》,《人民日报》2018 年 3 月 6 日。

三、期刊类

1. 刘云亮:《中国特色自由贸易港法规体系构建论》,《政法论丛》2021年第6期。

2. 刘云亮:《中国特色自由贸易港授权立法研究》,《政法论丛》2019年第3期。

3. 刘云亮:《中国特色自由贸易港优化营商环境的法律途径》,《社会科学辑刊》2021年第3期。

4. 刘云亮、卢晋:《RCEP经贸规则与中国特色自贸港法治创新研究》,《济南大学学报(社会科学版)》2023年第1期。

5. 宋林霖、赵宏伟:《论"放管服"改革背景下地方政务服务中心的发展新趋势》,《中国行政管理》2017年第5期。6. 冯洋:《论地方立法权的范围——地方分权理论与比较分析的双重视角》,《行政法学研究》2017年第2期。

7. 刘云亮:《中国特色自由贸易港建设法治先行论》,《上海政法学院学报》2022年第2期。

8. 程慧、张威:《中国自贸试验区法治建设展望》,《国际贸易》2017年第10期。

9. 龚柏华:《中国自贸试验区到自由贸易港法治理念的转变》,《政法论丛》2019年第3期。

10. 彭浩:《授权地方改革试点决定的性质与功能探析》,《法制与社会发展》2018年第1期。

11. 王春业:《论我国"特定区域"法治先行》,《中国法学》2020年第3期。

12. 熊勇先:《论海南自由贸易港法规制定权及其行使》,《暨南学报(哲学社会科学版)》2022年第8期。

13. 裴广一、陶少龙:《海南自贸港建设视域下中国加入CPTPP路径思考》,《学术研究》2023年第3期。

14. 甘露:《国际典型自由贸易港政府治理的实践经验及中国特色自由

贸易港的策略选择》,《经济体制改革》2023 年第 1 期。

15. 叶光亮等:《以竞争政策促进有效市场和有为政府更好结合——论公平竞争审查制度》,《中国行政管理》2022 年第 11 期。

16. 叶光亮等:《政策评估视角下的公平竞争多元审查机制》,《社会科学战线》2023 年第 4 期。

17. 韩龙、戚红梅:《〈海南自由贸易港法(草案)〉的三维透视与修改建议》,《海南大学学报》(人文社会科学版)2021 年第 2 期。

18. 彭真明、王少祥:《论中国特色自由贸易港建设的立法创新》,《海南大学学报》(人文社会科学版)2020 年第 3 期。

19. 夏锋:《中国特色自由贸易港治理体系框架建构和制度创新》,《经济体制改革》2020 年第 4 期。

20. 钟瑞栋、刘经青:《论自贸区融资、租赁的立法创新》,《厦门大学学报(哲学社会科学版)》2017 年第 5 期。

21. 秦前红:《依规治党视野下党领导立法工作的逻辑与路径》,《中共中央党校学报》2017 年第 3 期。

22. 刘剑文、侯卓:《事权划分法治化的中国路径》,《中国社会科学》2017 年第 2 期。

23. 郭锐:《央地财政分权的“选择构筑”视角兼论中央财政权力的宪法约束》,《中外法学》2018 年第 2 期。

24. 王崇敏、曹晓路:《海南自由贸易港一流营商环境的法治基础》,《河南财经政法大学学报》2021 年第 2 期。

25. 李恒:《海南建设自由贸易试验区的构想》,《对外贸易》2014 年第 4 期。

26. 王琦:《海南经济特区立法效益研究》,《海南大学学报(人文社会科学版)》2008 年第 4 期。

27. 王振民、王逸冉:《全国人大常委会特定事项授权的立法完善》,《现代法学》2019 第 6 期。

28. 郑开如:《税务部门深化“放管服”营商环境更添“获得感”》,《税务研究》2018 年第 4 期。

29. 李宏兵等:《RCEP 框架下跨境电子商务国际规则比较及中国对策》,《国际贸易》2022 年第 4 期。

30. 李德旺、叶必丰:《地方变通立法的法律界限与冲突解决》,《社会科学》2022 年第 3 期。

31. 王蕊等:《从 CPTPP 与 RCEP 差异看我国应对数字贸易规则竞争的思路》,《国际贸易》2022 年第 3 期。

32. 王锴:《合宪性审查的百年历程与未来展望》,《环球法律评论》2022 年第 3 期。

33. 韩大元:《坚持依法保障人权,健全人权法治保障机制》,《人权》2022 年第 2 期。

34. 王建学:《改革型地方立法变通机制的反思与重构》,《法学研究》2022 年第 2 期。

35. 门中敬:《不抵触宪法原则的适用范围:规范差异与制度逻辑》,《法学论坛》2022 年第 1 期。

36. 陈多旺:《论重大改革特别授权中的程序价值》,《法学》2021 年第 7 期。

37. 马光:《FTA 数据跨境流动规制的三种例外选择适用》,《政法论坛》2021 年第 5 期。

38. 竺彩华、刘让群:《中美博弈对国际经贸规则体系重构的影响》,《太平洋学报》2021 年第 4 期。

39. 陈柏峰:《习近平法治思想中的"党的领导"理论》,《法商研究》2021 年第 3 期。

40. 东艳:《国际经贸规则重塑与中国参与路径研究》,《中国特色社会主义研究》2021 年第 3 期。

41. 宋方青:《习近平法治思想中的立法原则》,《东方法学》2021 年第 2 期。

42. 梁鹰:《2020 年备案审查工作情况报告评述》,《中国法律评论》2021

年第 2 期。

43. 黄鹏：《重构全球化：全球经济治理的改革取向》，《探索与争鸣》2021 年第 2 期。

44. 孙丽、赵泽华：《日本依托区域经济一体化主导国际经贸规则制定权的战略分析》，《现代日本经济》2021 年第 1 期。

45. 李墨丝：《CPTPP+数字贸易规则、影响及对策》，《国际经贸探索》2020 年第 12 期。

46. 孙波：《论行政立法后评估制度的完善》，载《江西社会科学》2020 年第 11 期。

47. 张春生等：《推进合宪性审查加强宪法实施监督》，《中国法律评论》2018 年第 4 期。

48. 朱新力、余军：《行政法视域下权力清单制度的重构》，《中国社会科学》2018 年第 4 期。

49. 王锴：《论备案审查结果的溯及力——以合宪性审查为例》，《当代法学》2020 年第 6 期。

50. 陈希：《我国地方立法合宪性审查制度特色研究》，《法学论坛》2020 年第 6 期。

51. 焦盛荣：《推进地方立法科学化民主化特色化的遵循和机制》，《甘肃社会科学》2020 年第 5 期。

52. 王春丽、冯莉：《国际经贸规则重构对中国对外开放的影响与应对策略》，《亚太经济》2020 年第 5 期。

53. 杨登峰：《行政程序地方现行立法的主体、模式与规范》，《政治与法律》2020 年第 3 期。

54. 齐湘泉、姜东：《国际投资争端解决中的透明度原则》，《学习与探索》2020 年第 2 期。

55. 钊阳、桑百川：《对标高标准国际经贸规则优化外商投资制度环境》，《国际贸易》2019 年第 10 期。

56. 朱未易：《构建地方法治建设监测数据指标体系的可能、原则与途径》,《政法论丛》2018 年第 5 期。

57. 王晓红等:《对"三零"国际经贸规则的认识》,《国际贸易》2019 年第 6 期。

58. 李林:《新时代中国法治理论创新发展的六个向度》,《法学研究》2019 年第 4 期。

59. 梁立新:《法治化视角下的基本公共文化服务均等化》,《浙江学刊》2019 年第 4 期。

60. 钟英通:《国际经贸规则适用的差异化现象及其法律应对》,《环球法律评论》2019 年第 3 期

61. 陈柏峰:《中国法治社会的结构及其运行机制》,《中国社会科学》2019 年第 1 期。

62. 李鸿阶:《国际经贸规则调整与福建自贸试验区的政策选择》,《亚太经济》2019 年第 1 期。

63. 封丽霞:《制度与能力:备案审查制度的困境与出路》,《政治与法律》2018 年第 12 期。

64. 陈甦:《改革开放 40 年来我国经济体制与经济法制的互动发展》,《中州学刊》2018 年第 11 期。

65. 关保英:《依法治国背景下立法先行问题研究》,《中州学刊》2018 年第 11 期。

66. 杨登峰:《行政改革试验授权制度的法理分析》,《中国社会科学》2018 年第 9 期。

67. 张守文:《改革开放与中国经济法的制度变迁》,《法学》2018 年第 8 期。

68. 苗连营:《合宪性审查的制度雏形及其展开》,《法学评论》2018 年第 6 期。

69. 周宇骏:《中国地方性法规立法程序合法性的审查基准研究》,《江西财经大学学报》2018 年第 6 期。

70. 张文显:《中国法治 40 年:历程、轨迹和经验》,《吉林大学社会科学

学报》2018 年第 5 期。

四、外刊类

［1］Kerr, W. A. "'Aggressive Unilateralism'——The New Focus of US Trade Policy", Estey Centre Journal of International Law and Trade Policy, 2020 (21):1-17.

［2］Jeffrey Milliman, Michael Landon-Murray, City council and national security: oversight of local counterterrorism and security intelligence, Intelligence and National Security, 22 Oct, 2020.

［3］Mutimatun Niami, Adi Sulistiyono, Pujiono Pujiono, Burhanudin Harahap: Impact of the Indonesia Australia Free Trade Agreement, Proceedings of the 3rd International Conference on Globalization of Law and Local Wisdom (IC-GLOW 2019).

［4］Eugenia Nissi, Massimiliano Giacalone, Carlo Cusatelli. The Efficiency of the Italian Judicial System: A Two Stage Data Envelopment Analysis Approach ［J］. Social Indicators Research, 2019.

［5］Policy and Internet; Data on Policy and Internet Described by Researchers at Cardinal Stefan Wyszynski University (Media Diet on Facebook During a Political Crisis: The Case of Judicial System Reform in Poland in 2017) ［J］. Computers, Networks & Communications, 2019.

［6］OECD, WTO. TradeinValue - Added: Concepts, MethodologiesandChallenges［C］. WTO, 2012.

［7］Furubotn E G and Richter R. Institutions and economic theory: The contribution of the new institutional economics ［M］. University of Michigan Press, 2005.

［8］BYOUNG C. A Study on the change and implication of trade policy under global value chain［J］. Regional industry review, 2019, 42:281-307.

［9］ASSCHE A V, BYRON G. Global value chains and the fragmentation of trade policy coalitions[J].Transnational corporations,2019,26:31-60.

［10］Gabriela Thompson,Anthony Staddon & Rick Stapenhurst,Motivation of Legislators and Political Will,Public Integrity,17 Dec,2018.

［11］Louise Delany,Louise Signal,George Thomson.International trade and investment law:a new framework for public health and the common good,2018.

［12］Evan Gatev,Mingxin Li.Hedge funds as international liquidity providers:evidence from convertible bond arbitrage in Canada[J].Financial Markets and Portfolio Management,2017.

［13］Baldwin R.The World Trade Organization and the future of multilateralism[R].CEPR discussion papers,2016,30(1):95-116.

［14］Toohey,L.,et al.,China in the International Economic Order:New Directions and Changing Paradigms,Cambridge:Cambridge University Press,2015:1-76.

［15］Gouldson A and Murphy J.Regulatory realities:The implementation and impact of industrial environmental regulation[M].Routledge,2013.

后　记

　　研究海南自贸港立法体制创新动力,在于认知把握自贸港持续优化营商环境的动态性与发展性。自贸港立法先行创新,更需聚焦法治海南、法治自贸港智慧政府治理,推动数字转型创新发展,实现传统政府职能否定之否定,创优自贸港营商环境的新动力。当下主张自贸港立法先行与创新立法,仍是坚持完善"放管服"为核心的政府治理与法治政府建设,优化营商环境的创新持续性,释放市场活力。自贸港立法先行的创新度,是促进自贸港实现制度集成创新的核心度。自贸港制度核心内容在于实现贸易投资等领域的自由便利制度,自贸港立法创新内容则聚焦自贸港持续创新自由便利制度,实现自由再自由、便利再便利、创新再创新,推进营商环境持续优化,促成优化再优化的辩证发展。自贸港立法先行创新制度,彰显法治引领作用和法治创新的社会价值。自贸港立法体制创新,凸显中国特色、中国国情、海南定位,致力营造和探索中国特色自由贸易港法规体系、法治体系和政策制度体系,打造市场化、便利化、法治化、国际化营商环境。

　　中国特色海南自贸港法治建设,核心在于用好《海南自由贸易港法》赋予的自贸港法规制定权,推进自贸港立法体制创新,构建完善自贸港法规体系,促成自贸港法治体系。研究科学推进实施海南自贸港调法调规,也是自贸港立法体制创新的先行先试之举措。聚焦研究自贸港调法调规对策建议,成为推动自贸港立法体制创新的"小切口"和抓手点。随着海南自贸港封关运作愈加临近,调法调规工作压力也倍增。2023 年 6 月,本人课题获得 2023 年度海南省哲学社会科学规划课题立项,并开展"海南自由贸易港

2025 年封关运作前调法调规研究";2023 年 9 月,该项成果之一的《海南自贸港 2025 年封关运作前调法调规的对策建议》研究报告,获得海南省政府主要领导肯定性批示,自贸港调法调规成为推动构建自贸港立法体制创新和实现构建自贸港法规体系的最大立法实务。研究如何推进自贸港调法调规,为海南自贸港立法体制创新及其立法先行先试进行"松绑",使自贸港制度集成创新于法有据,也成为本题研究的核心内容和海南自贸港时下封关运作的实务要务。

2022 年,本人在《中国特色自由贸易港法治创新研究》的后记中畅忆亲历海南经济特区法治建设、法治创新、法治研究等情怀;当下完成的这本《中国特色自由贸易港立法体制创新研究》更是感受到三年来潜心研究海南自贸港立法体制创新的用心、精心和静心所致。应该说《中华人民共和国海南自由贸易港法》的通过,海南自贸港立法权、立法体制创新和自贸港法规体系,已成为我研究自贸港法治领域的关键词。2021 年 7 月撰写的《关于构建海南自由贸易港法规体系的建议》研究报告获得海南省委主要领导肯定性批示,研究构建海南自贸港法规体系,成为本课题的核心内容;2021 年 12 月在《政法论丛》发表的《中国特色自贸港法规体系构建论》则更聚焦研究规划构建自贸港法规体系问题,凸显自贸港基本制度特色中国化、经济形态机制开放化、治理机制透明化、经贸规则国际化等特性,推动自贸港法治创新,促进和保障自贸港制度集成创新。

本书作为国家社会科学基金"中国特色自由贸易港立法体制创新研究"(20XFX023)课题项目结项成果,得益团队成员勠力奋发、勇毅前行,衷心感谢团队成员精诚合作! 全书撰写任务分工如下:第一章(刘云亮)、第二章(卢晋第一节、第二节、第三节,许蕾第四节)、第三章(刘云亮第一节,卢晋第二节、第三节、第四节)、第四章(黄少宣)、第五章(刘云亮)、第六章(赵天涵第一节,卢晋第二节、第三节)以及第七章(翁小茜);刘云亮负责全书统稿。段怡帆、冯晋秀等参加本课题有关资料收集、整理工作。

本书出版得到海南自由贸易港法律创新团队自由贸易港法治研究专项经费计划资助,感谢海南自由贸易港法律创新团队全力支持。诚挚感谢人民出版社茅友生编辑,本书及已出版的《失信惩戒法律制度研究》(人民出版社 2023 年版)的众多编辑出版事务,都得到茅编辑的大力支持,感动颇深。

　　加快建设具有世界影响力的中国特色自由贸易港,让海南成为新时代中国全面深化改革开放试验区,这是新时代新使命。我们正处在中国式现代化推进实现中华民族伟大复兴的最好时代,我们更要以"功成不必在我"的精神境界和"功成必定有我"的历史担当,踊跃投入到中国特色自由贸易港建设的伟大时代。为此,强烈呼吁:

　　拥抱自贸港,奋进新征程!

刘云亮

2023 年 12 月于海南大学东坡湖

责任编辑：茅友生

封面设计：胡欣欣

图书在版编目（CIP）数据

中国特色自由贸易港立法体制创新研究/刘云亮等 著. —北京：人民出版社，
 2024.5

ISBN 978－7－01－026251－2

Ⅰ.①中⋯　Ⅱ.①刘⋯　Ⅲ.①自由贸易区-贸易法-研究-中国　Ⅳ.①D996.1

中国国家版本馆 CIP 数据核字（2024）第 024137 号

中国特色自由贸易港立法体制创新研究
ZHONGGUO TESE ZIYOU MAOYIGANG LIFA TIZHI CHUANGXIN YANJIU

刘云亮 等 著

人 民 出 版 社 出版发行
（100706　北京市东城区隆福寺街 99 号）

北京新华印刷有限公司印刷　新华书店经销

2024 年 5 月第 1 版　2024 年 5 月北京第 1 次印刷
开本：710 毫米×1000 毫米 1/16　印张：26
字数：359 千字　印数：0,001-5,000 册

ISBN 978－7－01－026251－2　定价：128.00 元

邮购地址 100706　北京市东城区隆福寺街 99 号
人民东方图书销售中心　电话（010）65250042　65289539